2552

HISTOIRE

DE LA

LITTÉRATURE

DRAMATIQUE

PARIS. — IMPRIMERIE DE J. CLAYE,
RUE SAINT-BENOIT, 7.

HISTOIRE

DE LA

LITTÉRATURE

DRAMATIQUE

PAR

M. JULES JANIN

« Leur mémoire a péri avec le petit
bruit qu'ils ont fait ici-bas! »
SALOMON.

TOME SIXIÈME.

PARIS.
MICHEL LÉVY FRÈRES, ÉDITEURS
RUE VIVIENNE, 2 BIS
—
1858

HISTOIRE
DE LA
LITTÉRATURE DRAMATIQUE

MADAME DORVAL

OU LA COMÉDIENNE

Parlons, maintenant, des personnes du théâtre; mettons-nous à la recherche de la comédienne et du comédien; essayons d'expliquer cette vie à part dans l'exercice assidu de tous les arts. Si le lecteur finit par trouver que nous tenons trop longtemps le même discours, à qui la faute? Au lecteur lui-même, qui ne veut entendre parler que de la comédie, et de tout ce qui l'avoisine.

C'est la loi!... et la volonté du lecteur! Le poëme est négligé; l'histoire est dédaignée; on ne veut plus de la philosophie et des philosophes. La comédie et le théâtre ont envahi le peu d'intérêt, de passion et de curiosité qui nous restait. Un de nos vieux amis (il a brûlé son livre, il en a jeté la cendre au vent, il ne veut pas que je le nomme ici, tant il a honte de son labeur inutile) arrive à Paris, tout glorieux d'une traduction de Pindare, à laquelle il avait consacré une part de sa vie. Il avait éclairé le nuage; il avait expliqué le mystère; et sans attendre une rencontre impossible, à savoir un éditeur, il avait fait imprimer son livre, à ses frais, au grand contentement de l'imprimeur et du marchand de papier, « car le gain le plus cher et le plus désirable, est celui qui se fait, de gré à gré, par le consentement du preneur. » C'est Pindare qui l'a dit.

Son livre imprimé, notre homme (il est loin d'être un idiot) n'attend pas qu'un éditeur se présente; il envoie, à domicile, franc de port, son *Pindare*, aux esprits difficiles, priant et suppliant que, tout au moins, on accorde une heure de lecture à ce travail qui lui a pris trente ans de sa vie! On était en hiver, un rude hiver qui *avait fait une terrible pluie au soleil;* l'heure était propice et favorable aux lectures sérieuses. — Pindare et moi, se disait notre ami, nous aurons bien (l'ambitieux!) tout au moins, deux lecteurs.

Deux lecteurs!... Pas un seul des hommes qui devaient s'intéresser à son travail, ne se donna la peine d'ouvrir ce livre abondant en science, en esprit, en talent. Les savants et les lettrés de Paris, quand un inconnu leur fait l'honneur de leur offrir son poëme ou son roman, à peine éclos, répondent à l'instant même (et nous parlons des gens bien élevés) qu'ils vont lire avec le plus vif empressement, l'histoire ou le poëme de monsieur un tel; ou bien ils répondent par une louange à brûle-pourpoint : « Monsieur, vous êtes un vrai poëte, un véritable historien, un romancier de premier ordre. » Il y en a beaucoup qui ne répondent pas... et en voilà pour toute l'éternité.

Ainsi fut traité le *Pindare;* il obtint à peine une ou deux lettres de remerciement banal, et le traducteur, désespéré, disait : — « O siècle impie, attaché seulement aux bagatelles! Pour lui plaire, il faut lui parler de la comédie et des comédiens, de mademoiselle Rachel, de madame Malibran, de madame Dorval, de M. Frédéric Lemaître ou de madame Adélaïde Ristori. Et toujours du théâtre, et toujours des comédiens! » Bref, ce brave homme insultait l'art dramatique; il fallut que l'un de nous lui répondît, pour le consoler, que c'était, chez toutes les nations policées, un usage immémorial. Le théâtre a toujours pris la première place dans l'estime et dans le discours des mortels.

L'*OEdipe* de Sophocle, quand il vient de s'arracher, lui-même, à la douce lumière du jour, en maudissant son inceste et son parricide, il dit à sa fille Antigone (entre autres menaces douloureuses) : « O ma fille!... tu n'iras plus à la comédie ! » Hélas! la Grèce autant que la France, et l'antiquité, non moins que les temps modernes, ont toujours donné, dans leur curiosité et dans leur préférence, la première place à la tragédie, à la comédie, à la danse, à la chanson, voire aux chanteurs et aux danseurs.

Lui-même, ô naïf traducteur de Pindare ! — votre ami Pindare, il ne parle guère que des spectacles, des courses et des athlètes du Péloponèse, des jeux de Pise, et des cirques d'Agrigente. Pindare a consacré toute une ode au lutteur Erzotèle, vainqueur, deux fois, dans chacun des quatre jeux, et quand Erzotèle fut mort, le poëte trouva qu'il était de toute justice, qu'on élevât à Erzotèle une statue admirable, un bronze éternel, de la façon de Lysippe, qui était le David (d'Angers) de l'ancienne Grèce.

Erzotèle, il est vrai, était un lutteur, et la lutte, comptait parmi les grandes fêtes des peuples grecs. — L'athlète avait ses priviléges : vainqueur, il était nourri par la ville même qui partageait son triomphe. Homère est mort de faim, peut-être ; Erzotèle était, de son vivant, un véritable satrape. On l'appelait *Dunastès*, c'est-à-dire le *Satrape*, un adjectif qu'il partageait avec le vin de Chio. Que si vous voulez absolument des exemples tirés du théâtre et des comédies, venez avec nous, dans le pays des Lydiens, où florissait la ville de Magnésie, une Athènes de province, florissante, et folle de l'art dramatique. Entre autres favoris, la ville de Magnésie avait adopté un chanteur qu'elle appelait Magnès ; un ténor (j'en ai peur) qui, par la douceur de sa voix, la beauté de son visage, et la magnificence de ses habits, finit par prendre un tel empire sur les dames de la ville, que les maris se fâchèrent et finirent par le siffler à outrance. « Ah ! ah ! disait Magnès, ils me sifflent, mais je m'applaudis moi-même ! » Et tant, et tant, il s'applaudit, qu'il finit par être insupportable à tout le monde, et qu'il lui fallut quitter la docte ville de Magnésie.

Il partit, comme en triomphe, et il s'en fut, d'un pas superbe, rejoindre son ami, le roi Gigès. — « Ils m'ont exilé, ils m'ont sifflé, sire, vengeance ! » Et le roi Gigès, pour venger dignement ce fameux comédien, s'en vint assiéger la ville de Magnésie, à la tête d'une armée immense. Il prit la ville, il la rasa, et il en donna l'emplacement, avec tous les matériaux et tous les habitants, à son ami le comédien Magnès. Ceci fait, il s'en revint à Sardes, sa ville capitale, aussi glorieux que le jour où il prit Milet, Smyrne et Ctésophon. Et voilà comment furent vengés la vanité, la gloire et le talent du fameux comédien Magnès !

Vous donc, les dupes éloquentes d'ici-bas, qui faites, tout simplement, de beaux et bons livres, où il n'est pas question de comédie et de comédiens, consolez-vous de l'abandon de votre livre, en songeant que cet abandon est la loi commune. Pindare a chanté les athlètes ; les rois d'Asie ont mené leurs soldats à la vengeance des comédiens ; que diriez-vous si le plus bel esprit, le plus ferme et le plus sérieux de l'ancienne Rome, au beau milieu d'un livre de philosophie, avait proclamé l'excellence et les rares mérites d'un comédien sans rival; un comédien, son maître, et son exemple ; son modèle et son ami ?

Cicéron, dans son *Traité de la Divination*, que l'on prendrait pour un des bons livres de Voltaire, a raconté qu'à la première représentation des premiers grands jeux votifs, à l'époque de la guerre latine, il arriva que Rome ayant pris les armes, les jeux furent remis à un autre jour. On se battit ; on battit l'ennemi, et le premier soin de Rome triomphante fut de reprendre le spectacle, où Rome l'avait laissé. Le spectacle était assez bien ordonné, et tous ces gens revenus de la guerre, y prenaient grand plaisir, lorsqu'un certain paysan nommé Julius Justus (dont on a fait le J. J. de la critique romaine), à peine rentré chez lui, se met à déclamer contre le mime principal, qui lui avait déplu. *Præsulem sibi non placuisse ludis!* C'est le mot à mot du premier feuilleton, qui fut balbutié dans la ville éternelle. Cependant, quand on eut bien grogné, et déclamé tout à l'aise, contre ce malheureux comédien, Julius Justus se mit au lit, et s'endormit de ce bon sommeil qu'apporte un mauvais spectacle aux heureux spectateurs qui savent profiter de la comédie, et, tout endormi qu'il était, il revit en songe ce maladroit comédien.

Trois fois, le songe insolent le réveilla, trois fois ce mime odieux revint en le narguant. En même temps ce bon paysan entendit une voix qui lui disait : Va-t'en au sénat, demain, et raconte aux pères conscrits, comment et pourquoi toi, Julius Justus et *rusticus*, Jules le juste et le rustique, tu as trouvé la nouvelle comédie absurde, ennuyeuse, et mal jouée ! Il le faut, ajoutait le songe; il faut que les faiseurs de comédies et ceux qui les jouent, apprennent enfin qu'ils sont soumis à la censure publique, et que le premier venu dans son taudis, aussi bien que le sénateur, sur sa chaise curule, a le droit de dire aux mauvais poëtes, aux mimes inintelligents : « Vous n'avez pas de talent; vous manquez d'intelligence, allez vous coucher ! »

Ainsi parlait le songe ; il parlait comme un livre d'Aristote ; il ne fut guère plus écouté. « — Que j'aille au sénat, me plaindre à mon réveil, d'un mauvais joueur de comédie, en vérité, ce songe abuse de ma bonhomie, et je serais le bienvenu, de nos seigneurs les sénateurs ! »

Ainsi se parlant à soi-même, et dédaigneux des conseils de l'esprit invisible, l'ami Jules le Juste s'en fut, non pas au sénat, mais à son champ, qui avait grand besoin d'un trait de charrue ; il laboura, de son mieux, riant, tout bas, du songe irrité ; mais jugez de sa peine, il se trouva qu'en son absence, un fils qu'il avait, était mort. Pauvre enfant, innocent petit Justus ! Il fut la première victime, et la plus innocente, des négligences de la critique. Hélas ! elle en a tué bien d'autres, la critique, et pas un seul qui l'ait moins mérité que ce pauvre enfant qui n'avait jamais écrit A ne B.

Huit jours après, notre rustique endormi oubliait sa peine et ses chagrins, lorsque le même songe (il sortait de la porte de corne) : — « Imprudent, disait le songe, imprudent et téméraire, pour qui les plus cruels avertissements sont inutiles, tu n'as donc pas compris, pour quel méfait, les dieux eux-mêmes t'avaient ravi ton fils ? Les dieux sont las, plus que les hommes, des mauvais comédiens et des mauvais poëtes, et ils te commandent, pour la seconde fois, de les dénoncer au sénat. « *Caveant consules !* » C'est un mot terrible ; il est fait surtout pour imposer une terreur salutaire aux malavisés, poëtes et comédiens qui font supporter, à tout un peuple, leur stupide poésie et leurs difformités physiques. Ainsi, pour la seconde fois, je t'adjure ! il faut aller dire au sénat, que ces comédiens ne valaient pas le diable ; il le faut... »

Le songe ainsi parlant, s'évanouit comme une fumée, et (voyez de quelle pierre entêtée est sortie, il y a trois mille ans, la critique) ce malencontreux Julius, ce rustre obstiné, quand la mort de son unique enfant le devait rendre attentif, une mauvaise honte le retint d'aller au sénat. « — A quoi bon, disait-il, à quoi bon ? Et le sénat sera bien avancé, quand je lui aurai dit que cette comédie était une sotte comédie, et que le comédien est un sot comédien ! » Il hésitait, il hésita tout le jour... à la fin de la journée il fut frappé de paralysie. Alors enfin le digne homme, cédant à la volonté des dieux, se fit porter, en litière, au sénat (*lecticula in curiam*)! — « C'est l'ordre de Jupiter, pères conscrits, qui m'envoie à vos seigneuries, pour que je vous dise à quel point la nouvelle comédie, et le nouveau comédien étaient indignes de votre urbanité. »

A ces mots, chose étrange, et toute autre affaire étant oubliée, il advint que le sénat, charmé que ce rustre eût traité cette mauvaise poésie, à la façon d'un crime de lèse-majesté, voulut savoir, exactement les motifs de ses répugnances, et pourquoi, et comment, il ne s'était pas amusé à la nouvelle comédie? Alors ce Julius, qui possédait, certainement, quelques-unes des qualités de la critique, à savoir : la mémoire et le sangfroid, la logique et l'analyse, un brin d'imagination, une grande facilité à bien parler, expliqua, de son mieux, ses mécontentements et ses mépris. Il fut clair, il fut net, il fut très-vif; il n'épargna personne, et le sénat, content de ces révélations, décida que la pièce nouvelle serait rayée à jamais du répertoire; que le mauvais comédien serait renvoyé à ses moutons; que de nouveaux jeux recommenceraient au premier jour; que Julius Justus y serait invité en grande cérémonie, et qu'enfin ce Julius et ses enfants, et les enfants de ses petits-enfants rendraient compte au sénat, et au peuple romain, des comédies nouvelles et des nouveaux comédiens, afin que chacun eût sa part d'hommage ou de sévérité. Telle fut la volonté de ce grand sénat. Au même instant le brave Julius Justus (les dieux étaient contents) se redressait sur ses deux pieds, et rentrait, sain et sauf dans sa maison.

Ainsi fut fondée, à la fois, par la volonté du sénat romain, et par la volonté des dieux, la critique de l'art dramatique romain.

Tantæ molis erat romanam condere gentem !

D'où il suit que la critique, elle aussi, est une royauté de droit divin: « Louis, par la grâce de Dieu, » etc., et si pourtant le lecteur difficile ne trouvait pas cette origine assez illustre, il ne serait pas impossible, en descendant aux demi-dieux, de rencontrer même des rois qui racontaient à leurs peuples les variations de l'art dramatique. Un des premiers historiens, et le meilleur historien du théâtre dans l'antiquité, n'était rien moins que le puissant roi de Mauritanie, un des petits-fils de Massinissa, un descendant d'Hercule. Il était à la bataille d'Actium, où il se battit pour Auguste, et contre Antoine. Après Actium, et quand la république eut succombé, Auguste rendit à notre historien les domaines de son père, et lui fit épouser une fille de la reine Cléopâtre et d'Antoine, une grâce, une beauté. Or, il s'appelait Juba, ce roi d'Afrique à qui nous devons l'histoire du théâtre; il fut le père de Ptolémée; il a bâti la ville d'Alger. De son vivant, on l'appelait déjà « le Divin. » A peine mort (c'est Lactance et Minutius Félix qui nous racontent son apothéose), on lui dressa des autels, et il devint dieu, tout à fait, par l'ordre même de son peuple : « *Juba, Mauris volentibus, Deus est!* » Son nom même fut glorieusement adopté, comme le nom de César, pour le surnom des rois Africains, ce que Tacite a très-bien remarqué, à propos de l'usurpateur Albinus, qui, pour se consolider sur ce trône emprunté, usurpa le nom de Juba : « *Jubæ nomen usurpavit.* »

Ce roi Juba, sans aucune usurpation, peut être placé au rang de nos ancêtres, les écrivains de feuilletons. Il avait écrit, lui aussi, ce roi Juba, en plusieurs tomes, une *Histoire de la Littérature dramatique*, et l'antiquité, en perdant ce livre à jamais regretté, a perdu un de ses titres à l'admiration du genre humain. Telle fut même l'admiration des Athéniens pour cette *Histoire*, qu'ils élevèrent une statue à son auteur! Une statue, entendez-vous? Cependant plusieurs traités du roi Juba ont été sauvés de ce grand naufrage, à savoir le *chapitre des danses*, le *chapitre de la musique*, et le *chapitre des décorations*. Ce même Juba (un confrère, un dieu!) avait écrit un chef-d'œuvre intitulé *Biblidion*, un tout petit tome où il parlait (déjà) *de la corruption de la diction*. De ce petit livre, on n'a sauvé que cette admirable définition du solécisme : « *Le solécisme est la corruption d'un langage sain!* »

Et voilà comme aucune espèce d'art, de philosophie, ou de poésie, en histoire, en roman, en contes, en chansons, n'a jamais occupé et préoccupé les critiques, et passionné la curiosité des peuples, autant que les œuvres et les personnes qui appartiennent, de près ou de loin, à l'art dramatique! A l'heure de sa mort, l'empereur Auguste : « Allons, dit-il, la farce est jouée! » Ainsi, tout grand qu'il était, l'empereur Auguste, il ne sut pas de comparaison plus éclatante que cette comparaison funèbre, empruntée à la profession du comédien. En ce moment suprême, le maître du monde n'était plus, à ses propres yeux, que le comédien qui a bien joué son rôle. Et Néron, ce misérable, sur le point de mourir, comme il se frappait d'une main lâche : « — Euh ! disait-il, quel grand comédien je tue, en ce moment. » Comédien, en effet, il se poignardait *pour rire ;* il fallut achever, sérieusement, ce vil comédien, à coups de bâton.

Si donc la vie humaine *est une comédie,* il ne faut pas s'étonner de l'importance que les plus grands philosophes ont attachée à ces histoires. « Il ne faut pas négliger, disait Quintilien, dans une éducation bien faite, les conseils de comédien : *Dandum est, etiam aliquid comœdo !* » Le texte est formel.

Mais, pour en revenir à Cicéron, rien ne se peut comparer à l'admiration de l'orateur romain, pour son ami le tragédien Roscius et pour son compère Ésope, le comédien. C'était à ce point que Cicéron se vantait (voyez quelle louange énorme !) de n'avoir pas eu d'autres maîtres, en ce grand art de l'éloquence, qu'Ésope et Roscius ; même il citait souvent certain parallèle entre l'art de la comédie et l'art oratoire, écrit par Roscius, dans lequel ce dernier démontrait, pertinemment, que le meilleur orateur ne vaut pas un bon mime. Quoi d'étonnant ! Tout ce que dit l'orateur en tant de périphrases, le mime, à l'instant, va l'exprimer d'un geste ! Enfin, autant que Cicéron, Roscius possédait les trois principales qualités du comédien, qui sont aussi les qualités de l'orateur : *Solutam linguam, canoram vocem, latera firma ;* le souffle, l'accent, la voix ; ils adressaient aux dieux la même prière : « O dieux, que je sois entendu du peuple entier ! »

Roscius était encore un enfant au berceau, lorsque sa grandeur future fut annoncée (honneur accordé à Hercule enfant, et à Sylla, honneur qui manqua au berceau de Scipion l'Africain) ; il reçut la visite d'un serpent qui jouait dans son lit. A lui seul, ce Roscius, il fit plus de bruit que tous les héros célébrés dans les *Isthmiques* ou dans les *Olympiques* de Pindare ; il tint Rome attentive et charmée plus que n'avaient fait, Plaute, à cinquante ans de distance, et ce charmant Térence, il y avait trente ans à peine. Eh ! qui compterait les odes, les élégies et les chansons, en l'honneur du grand Roscius ? Pindare y eût perdu son grec, le père de Catulle y perdit son latin ;

> Ce matin j'assistais au lever de l'Aurore,
> Je m'inclinais vers toi quand je te vis marcher ;
> Je ne vis plus que toi, Roscius passe encore,
> Comme un dieu je vais t'adorer !

Notez bien que ce brillant Roscius était louche, au dire de Caton, un homme digne de foi : *Erat perversissimis oculis;* mais ces fanatiques tournaient cette perversité en louange. Il jouait sous le masque, et ses deux yeux, à droite et à gauche, étaient également fixés sur le spectateur éperdu. Un jour qu'il jouait Oreste, il advint que le grand comédien rencontrant, sur son passage, un esclave... il frappe l'esclave d'un glaive, et le tue. « O le grand comédien ! s'écriait Rome entière, est-il assez imprégné de son rôle ! » Il a tué cet esclave, à la bonne heure ; il n'eût certes pas tué un chevalier, moins encore un sénateur, maître Roscius, et même y eût-il regardé à deux fois, si ce pauvre esclave lui eût appartenu. La réclame par le meurtre, et le *rappel* à l'esclave assassiné ! Ils ne se sont pas encore avisés, Dieu merci ! de cette espèce de réclame et de ce sanglant *rappel*, les grands comédiens de nos jours.

Non-seulement Cicéron, mais Plutarque et Quintilien, et les plus sages parmi les Romains, ont proclamé l'excellence et la grandeur du comédien Roscius ; les uns et les autres, ces hommes prudents, ils ont parlé, sans cesse et sans fin, de la suprême façon dont il disait :

> Le sage ne fait pas, de la gloire, une proie.....

ou bien :

> De glaives entouré, je suis maître du temple !

ou encore :

> O patrie ! ô mon père ! ô maison de Priam !

Au propos de ces passages célèbres s'élevaient, parmi les descendants de Julius Justus, le critique, des dissertations sans fin, comme en font, encore aujourd'hui, les têtes chauves de l'orchestre, au Théâtre-Français, à propos de Fleury, de mademoiselle Contat, de Talma ou de mademoiselle Mars :

> Connais-tu la main de Rutile ?

ou : « Faites-le-moi descendre ! » en parlant de Tartufe ! Ils étaient aussi fanatiques de leurs comédiens, là-bas qu'ici.

Même ici, je n'aurai rien à comparer, en l'honneur d'un comédien français, à l'admiration, au dévouement, à l'amitié de Cicéron pour Roscius. Vous rencontrez, à chaque instant, le nom et le souvenir de l'excellent comédien dans les discours, dans les plaidoiries, dans les lettres, dans les philosophies, dans les rhétoriques de l'orateur romain. Quel beau plaidoyer contre Hortensius, lorsque, par la voix de Cicéron, ce même Roscius se défendait de donner une indemnité au possesseur d'un esclave dont lui, Roscius, il avait fait un comédien ! L'esclave était, comme qui dirait *indivis*, entre Hortensius et Roscius, et naturellement Hortensius réclamait sa part de l'esclave. — « Il est *à nous*, » disait-il. « — Il est *à moi*, il n'est plus à toi, » répliquait Roscius… Ce n'était qu'un esclave, et j'en avais fait un comédien, donc il n'y a plus d'esclave, et partant, plus de maître ; en revanche, il y a le disciple de Roscius, un comédien excellent qui appartient à Roscius. » C'était Cicéron lui-même, qui plaidait pour l'ex-esclave. Et comme ce jour-là, le peuple n'écoutait pas Cicéron avec son attention accoutumée : « Il faudrait cependant être attentifs, reprenait l'orateur, quand je parle de Roscius. » Une autre fois, il se fâche tout net, contre Rome entière qui avait murmuré contre un rôle nouveau, joué par Roscius.

Certes, celui-là aussi, Cicéron, il eût donné tout Pindare pour une exclamation de son comédien favori. — « Et n'est-ce pas une chose étrange, disait-il à Pison, son juge (le père de ces Pisons auxquels l'*Art poétique* est dédié), n'est-ce pas une chose étrange que devant vous, qui l'honorez de tant d'estime et d'amitié, je sois obligé de faire l'éloge d'un si galant homme ? » Et non-seulement Cicéron plaida pour son comédien, mais encore il prit en main la défense du beau-frère de Roscius, Quintilius. — « *Amores et deliciæ tuæ*, » disait-on, à Cicéron, en parlant de Roscius.

Notez bien que le fanatisme de la ville égalait, à tout prendre, le fanatisme de l'orateur. La maison de Roscius était devenue, dans Rome, une espèce de lieu d'asile. Un certain *l'Amour*, qui était un comédien très-novice, *in novissimis histrionibus*, poursuivi à coups de pierres, après une première représentation, se réfugia dans l'école de Roscius, comme à un autel, *sicut ad aram*, et le peuple s'arrêtait à ce seuil vénéré. Quinze jours après, Roscius ramenait *l'Amour* au théâtre, et l'Amour était applaudi, comme si les *Romains* du lustre..... et du théâtre, eussent vécu en ce temps-là.

Que vous dirais-je des honneurs que l'on rendit à ce grand homme? Certes, Sylla ne plaisantait guère; eh bien, il donna au comédien son anneau d'or, cet anneau qui avait signé tant de meurtres, tant de spoliations et tant d'exils. Quelle tragédie on ferait avec l'*Anneau de Sylla!* Roscius recevait, du peuple romain, un traitement de mille deniers par jour, ce qui faisait une grosse somme d'argent au bout de l'année..... Oui, mais il refusa son traitement pendant les dix dernières années de sa vie! Il était, disait-il, assez riche, pour amuser ses concitoyens, gratis! Rare exemple, et qui n'a pas trouvé d'imitateurs. Il disait souvent, à mesure qu'il vieillissait : « l'âge arrive, mais je lui résiste. » Il voulait seulement que ses rôles fussent concordants avec se années; ils étaient moins longs; il les récitait plus lentement et sur une flûte plus douce; ainsi il mourut plein de jours, plein de gloire, entouré d'honneurs, et Cicéron, peu de temps après sa mort, plaidant pour le poëte Archias (un ami de Roscius), s'arrêtait au milieu de sa plaidoirie : — « Eh! qui de nous, disait-il, fut assez barbare pour ne pas être profondément touché en apprenant la mort de Roscius? Il était vieux, mais les grâces de sa personne, et l'excellence de son art, auraient dû le mettre à l'abri de la mort! »

A ces témoignages sans réplique, de la passion que portaient les anciens aux hommes et aux œuvres de théâtre, vous auriez vu le malheureux traducteur de Pindare aussi furieux que son poëte lui-même, lorsqu'il appelle à son aide les dieux et les hommes! — Mais enfin, disait-il, on a vu, de nos jours, le portrait de comédiens célèbres envahir la place des plus illustres images; on a vu graver sur l'acier l'image de plusieurs comédiennes sans nom! Que dis-je? on a frappé des médailles sur le bronze éternel, destinées à reproduire quelque fabuleuse Camargo d'Allemagne ou d'Italie. Or, le poëte l'a dit :

> Une médaille est, dans nos mœurs,
> Ce que jadis était un temple!

Que diable! les anciens étaient les anciens, j'en conviens, mais ils n'étaient pas si bêtes que nous!

— Je n'en jurerais pas, reprit un des interlocuteurs de cette causerie; en fait de folies, il en est peu, dans lesquelles les anciens ne soient passé maîtres, et ce n'est pas leur faute, si les modernes ont fait moins de sottises dans les coulisses, que les anciens.

Le théâtre ancien appartenait exclusivement aux comédiens; la comédienne alors n'était pas inventée, et sans doute elle doit entrer, pour deux bons tiers, dans les folies et dans les perversités de l'art dramatique. En revanche, ils avaient, ces chastes anciens si réservés, inventé l'affranchie, et l'affranchie, hors du théâtre, était une dangereuse, une habile, une horrible comédienne. « Tu as fait teindre à la fois ta robe et ton visage », est un mot d'un ancien, à je ne sais quelle experte en l'art d'ajouter au feu du regard, à l'incarnat du sourire, à la couleur et à la quantité des cheveux! Plus d'un chevalier romain s'est ruiné pour Cynthie et plus d'un sénateur pour Néère, deux comédiennes du premier calibre! On lisait Ovide en ce temps-là, on ne lisait pas Pindare! Ah! bien oui, Pindare! Enfin, si vous vous fâchez, parce que le balancier des victoires et conquêtes aura frappé sur l'airain, l'image errante de mademoiselle Taglioni, la souriante image de Fanny Elssler, n'allez pas si vite, on a trouvé des médailles...

— Des médailles? s'écriait le traducteur de Pindare. — Oui, les médailles de Roscius! On a bien retrouvé les médailles et le buste, et même une émeraude, à l'effigie éternelle de la danseuse Eucharis. Cette émeraude appartenait jadis à une reine; je l'ai tenue entre mes mains, je puis la décrire; il n'y a pas un plus beau visage dans les odes de Pindare, à peine dans les couplets d'Anacréon! Sur cette pierre, admirablement gravée, on voit une jeune personne en buste; elle n'a pas plus de seize ans; la tête est naïve et piquante; elle est coiffée à la façon des dames de la maison de Coriolan. Ce fut d'abord l'ordre du Sénat, que ces dames seules fussent coiffées ainsi; mais les danseuses ont fini par usurper cette coiffure — *insigne pudoris!* Agrippine elle-même, l'a prise, à son tour!

Cependant le buste de cette aimable et charmante Eucharis se termine par un nuage, emblème de la vitesse et de la légèreté, et voilà soudain que de ce nuage, un oiseau s'échappe. — Un vau=

tour? diraient MM. les jeunes gens de Paris, en songeant au prix de leurs bonnes fortunes. — Une alouette, répond l'émeraude, et sous l'alouette, un dauphin! L'oiseau s'explique, à la louange de la dame; le dauphin s'explique un peu moins. A la cour de Louis XIV, quelle jolie épigramme on eût faite, avec ce dauphin frétillant!

Cette émeraude ne portait pas de nom, et l'on a su que la jeune danseuse s'appelait en effet Eucharis, parce qu'on a retrouvé son buste en marbre pentélique, où il fut prouvé aussi que la belle s'appelait, de son vrai nom, Auliodémis! Eucharis était un nom de guerre, un nom de théâtre que lui avait donné ce même Pison, grand pontife et consul de Rome, en l'an 623. — « Avec cette danseuse, ô Pison! vous avez oublié les dangers de la république, et les inquiétudes du Sénat! »

Mais, Dieu nous garde ici d'écrire, *in extenso*, l'histoire des comédiens, depuis le commencement de l'art dramatique. On tenterait une tâche impossible, et l'on arriverait, après tant de peines, à cette inévitable conclusion, que tous les comédiens se ressemblent, dans toute l'universalité de la comédie. Ils sont tous les mêmes; poussés par le même orgueil, enflés de la même vanité; curieux de plaire, avides, avant tout, de renommée, et si remplis du vif sentiment de leur importance, que pas un d'entre eux ne s'est avisé de mettre en doute, s'il était, tout au moins, l'égal du poëte dont il raconte les drames, les terreurs, la pitié, les larmes, le rire et les passions? Véritablement, nul ne saurait nier l'immense influence et la très-grande responsabilité du comédien, en toutes les choses de l'art dramatique. Immédiatement il arrive après le poëte, et parfois même il a le pas sur le poëte. Qui voudrait compter les comédies insipides qu'un bon comédien a fait vivre; en même temps, qui dirait le nombre des belles choses qu'un mauvais comédien a entraînées dans sa ruine? Il est facile aussi de ne pas trop s'étonner de la jactance de ces messieurs, de la majesté de ces dames, si parfois ils font expier au public, les mépris et les cruautés du public.

Le comédien, chez nous, le comédien, libre et citoyen, a remplacé l'esclave antique, et, malgré tant et tant de nouveaux privilèges, il a conservé plusieurs des stigmates de l'esclave, à savoir : la passive obéissance aux volontés de la foule, et la déférence extrême à ses moindres caprices. Une fois donc que le public s'est passionné pour une comédienne, ou qu'il a adopté un comédien, ces illustres ne s'appartiennent plus.

« Te voilà, marche! » Il faut marcher, absolument. Malheureuse, tu es en plein de deuil, il faut rire; ou bien gaie et contente, au milieu des ravissements de la vie heureuse, il te faudra verser pendant cinq actes, chaque soir, toutes les larmes de ton corps. Tu es malade, et tu demandes un peu de grâce et de répit, disant que te voilà confinée en ta maison silencieuse..... Eh! ni répit, ni grâce; et tant mieux si ta souffrance est réelle, c'est ton rôle de souffrir; l'agonie est dans ton rôle, et, si par malheur tu mourais à la peine (es-tu contente?) on t'applaudirait, à tout rompre!

Ainsi parlent et se conduisent les vrais amateurs de la tragédie et des émotions violentes; ainsi ils ont parlé longtemps, à madame Dorval, jusqu'à ce qu'elle fût morte à la peine; après quoi ils n'y ont plus pensé. « Madame Dorval est morte, ah! la chose étrange, elle est morte!..... » Oui, elle est morte à se briser le cœur, à s'arracher les cheveux, à se frapper la poitrine, à se vautrer dans toutes les gémonies, à produire, au monde épouvanté, les plus terribles tentatives de la moderne poésie, et du théâtre nouveau..... « Ingrat public que j'ai formé! » disait Baron. « Ingrat public dont j'étais la fête et la douleur! » disait madame Dorval, expirante. Le public fut pour cette femme éloquente, une façon de docteur Feria.

Ce docteur Feria était l'ami de mademoiselle Duthé, qui vivait en reine de Paris, le Paris du vice et du scandale. Il la trouvait la plus belle du monde; il aimait cette taille, souple comme un jonc à pomme d'or; il aimait ces yeux, vifs comme le diamant et qui brûlaient comme le feu; il aimait ces bras, modelés sur les bras que la Vénus de Milo a perdus. Même, il trouvait une grande majesté dans cette tête, mignonne et fière comme une tête antique, une grâce infinie en ce sourire sérieux et tendre; il ne jurait que par mademoiselle Duthé, il célébrait ses louanges, il chantait ses amours; rien ne le passionnait tant que ses refus, sinon sa condescendance. — Mademoiselle Duthé était le refrain de sa vie! Elle était le dernier cantique de son amour!

Un jour, que le docteur avait été absent tout un mois, il revient à Paris, il court en toute hâte à l'hôtel de sa déesse;

il entre : mademoiselle Duthé était morte dans la nuit, et voici le billet de condoléance que le docteur Feria écrivait le lendemain :

« Pauvre Duthé, si jeune, si charmante, si belle, j'ai assisté à « sa dissection, et je n'ai jamais été si heureux de ma vie ! »

Mourez donc, ou vivez, pour amuser de pareils cerveaux !

Parmi toutes ces familles de comédiens, dont le temps qui dévore en passant toutes choses : *tempus edax rerum*, a emporté même le nom, il en est une assez étrange, et qui vaut qu'on s'en souvienne, après les souvenirs de la comédie ancienne et du drame romain. Nous voulons parler de la race auguste des Crispins, ou, si vous l'aimez mieux, de la famille ancienne des Poisson. Les Crispins-Poisson remontent jusqu'au roi Henri IV ; ils avaient même la prétention d'appartenir à un certain écolier que le bon roi Louis XII avait fait fouetter, pour avoir raillé sa femme, la duchesse Anne de Bretagne ; même le bon sire l'eût fait pendre haut et court, n'eût été l'intervention de la bonne duchesse. Le Crillon et le Montmorency de cette famille illustre s'appelait Raymond Poisson ; homme avenant, esprit délibéré, un tantinet bohémien, et tout disposé à coucher à la belle étoile.

Il florissait dans les premiers jours du XVIIe siècle ; or l'on sait que le grand siècle aimait la comédie, autant qu'il aimait les belles dames ; et comme il se voyait jeune, alerte, en bon point, et tourné de « façon à contempler une glace amoureuse », il s'abandonna volontiers à sa verve, à son génie, à son libertinage, à cette humeur aventureuse, qui poussait le jeune Poquelin à travers le monde naissant de la comédie bégayante. En ces temps de jeunesse et de hasards, c'était une rage, pour les jeunes esprits, fils de la Satire, habiles à la raillerie, et disposés au joyeux tintamarre des tréteaux, d'échapper à cette société correcte, austère et quelque peu dédaigneuse, avec beaucoup de pruderie, un peu de religion, et des vices qu'il fallait estimer. On ne pouvait plus être un satirique comme Régnier, un impie, un railleur, comme Théophile, on se faisait un vagabond, comme Molière. On n'osait pas songer aux honneurs d'une fortune bourgeoise... on élevait des tréteaux à tous les carrefours, et de ces hauteurs turbulentes, on racontait à la foule, charmée de cette nouveauté hardie, tous les hasards de son esprit, de sa tête et de son cœur.

Que voulez-vous? C'était la vie, une vie à part, à l'usage des bohémiens de vingt ans, qui se faisait jour, dans le siècle de Louis XIV. Traqué de toutes parts, le bohémien se montrait de nouveau, sous la forme comique; la vie errante du grand chemin, à travers le vagabondage de la place publique et les revenant-bons de l'hôtellerie, reparaissait aussi gaie, aussi confuse, aussi joyeuse que dans le *Don Quichotte*. En effet, c'était à peu près la même existence de chevaliers errants, mêlée de bons et de mauvais jours, d'oripeaux et de haillons, de tendresses et de morsures, d'applaudissements et d'infamies. Sous la bure et sous la dentelle, ils étaient adorés, sifflés, vantés, excommuniés!

La comédie, en ce temps-là, c'était vraiment la chevalerie errante; ici Sancho, et don Quichotte, et Dulcinée, et Maritorne, et tant de belles figures, et tant de tristes figures. Le Cervantes de ce monde à part s'appelait Scarron. Regardez ces chevaliers, regardez ces comédiens, la vie est la même. Exposés au même soleil, à la même poussière, aux mêmes batailles; tantôt les noces du riche Gamache, et tantôt le fameux baume de fier-à-bras. Des coups, des baisers; des éventails, des bâtons. Le comédien errant de ces belles années, forcé de se suffire à soi-même, aussi bien que le chevalier errant, improvisait, çà et là, son histoire, son poëme, sa douleur, son amour. Il fallait vivre; et chacun vivait du conte qu'il portait dans sa tête, comme on dit que le crapaud y porte un diamant. Il y avait même, en ce temps-là, une très-grande dame, destinée à devenir la plus grande dame du monde, qui, chez elle, à sa table affamée, remplaçait le rôti absent par une historiette bien contée. Ainsi, chacun vivait à la pointe de son esprit, et s'asseyait gaiement à la table de cette philosophie abondante et contente de peu : *mensa philosophica*, disait Racine.

On inventait, alors, en voyageant; on écrivait, en courant, et chemin faisant on montrait du doigt, le vice auquel on ne pouvait pas atteindre par les mille détours de la comédie. Elle n'était pas faite encore, la comédie, et le théâtre étaient à peine un tréteau. En ce temps-là le tréteau représentait mieux qu'une comédie, il représentait une opinion; il représentait une liberté; car le moyen de soumettre au *visa* préalable du censeur royal, ce Crispin goguenard, cet enfant de la balle, cet Arlequin endimanché, ce Gilles enfariné, ce Cassandre ridé, ou l'égrillarde Marton, qui jettent au vent des parodies, les cent mille caprices, enfantés par cette sage façon de parler au peuple, et dans sa langue abrupte, et face à face, avec la licence de tout dire, à condition qu'on lui parlera de ses vices, de ses passions, de ses ridicules, de ses instincts, de ses douleurs, de ses amours?

Ainsi commença, ainsi vécut Raymond Poisson Ier. Il vécut à la façon de Sancho, qui jette à tout venant, sa goinfrerie et sa sagesse, sa gourmandise et ses proverbes. Enfant sans souci de la muse au brodequin percé, au sein nu, aux cheveux mal en ordre, mais jeune, et vivante, et vigoureuse, Poisson Ier écrivait ses comédies, pleines de farine et de falerne, sur la nappe rouge du cabaret, au chant harmonieux de la poêle à frire, au choc des verres remplis jusqu'au bord, à la vapeur odorante de la marmite, où barbottaient mille et mille chansons, accompagnement savoureux des poëmes comiques que la faim et la gaieté inspiraient à cette muse effrontée. Et voilà comme, à l'heure où cet autre et cet admirable vagabond, Molière, un vagabond de génie, obéissait, même en courant, à l'inspiration des maîtres, à Plaute, à Térence, à ce grand Aristophane, à tous ces fameux railleurs de l'espèce humaine qu'il devait effacer un jour, maître Poisson n'obéissait qu'à la fantaisie, à la faim, à la souillure, au cynisme, à la soif du moment. Il faisait sa comédie, à la façon du merle qui siffle; il créait des rôles, pour lui et pour les siens, par la raison toute simple que les comédies ne se trouvaient pas toutes faites, comme les chemises, sur les buissons. Hélas! ce qui les a perdus, ces partisans de la comédie ambulante, c'est justement le répertoire fait à l'avance, et joué dans *la Capitale*, au préalable, par *MM. les comédiens ordinaires du roi*.

Ce sont les comédies que l'on fait venir de Paris, tout imprimées, avec l'indication exacte des plus futiles costumes, des plus savantes décorations, qui ont détruit la Comédie, et chassé le poëte ambulant que chaque troupe errante amenait à sa suite. A l'instant même où ils n'ont plus été les fournisseurs uniques de leurs *poëmes*, il est arrivé que les comédiens errants ont perdu la grâce et le piquant, le sel et l'esprit, l'estime et l'intérêt qui les entouraient jadis.

Autrefois, ils étaient des poëtes... ils ne sont plus que des colporteurs; autrefois, ils vivaient de leur propre esprit, des inventions qui leur étaient personnelles, des comédies qui naissaient sous leurs pas, et de cette ardente improvisation qui attire même le respect du bourgeois, comme tout ce qui ressemble à quelque chose de créé ; aujourd'hui ils vivent de leur mémoire, ou plutôt leur mémoire est inhabile à retenir les cent mille scènes qui se fabriquent, chaque année, à Paris.

Et puis la concurrence, et la diffusion ! Aujourd'hui, les comédiens passent dans les villes comme des ravageurs, ils y entraient jadis comme des conquérants ; aujourd'hui il n'est pas de bonne mère qui ne sache, par cœur, la troupe nouvellement arrivée, tant elle est sûre que chacun de ces braves gens porte le même rôle dans son bisssac... aux bons jours de la comédie en tous lieux colportée, une troupe de comédiens était un événement, car ces nouveaux venus étaient précédés d'un poëte à leurs gages ; ils ne jouaient que des choses de leur crû... des mystères à leur convenance, et des drames faits pour eux seuls. Ils étaient des poëtes et des comédiens tout ensemble, également inspirés par les volontés, par les passions du moment. Singulière et poétique façon de chercher la comédie, au fond de toutes les consciences, de toutes les âmes et dans tous les sentiers ! Mais aussi que d'éclairs infinis, que de lueurs intelligentes, quelles profondes découvertes, que d'observations inattendues, et comme on comprend, quand il est de retour chez le prince de Condé, son illustre condisciple, que Molière, appelé du fond de la province charmée, en soit revenu, mille fois plus versé dans l'étude et dans l'observation des mœurs, que lorsqu'il est parti, enfant gâté du quartier des Halles, poussé à travers le monde, autant par son génie et par ses amours, que par sa jeunesse et par ses instincts.

A la fin cependant, la chose arriva, qui devait arriver ; le roi-maître, et le gouvernement absolu ne s'arrangeaient guère de la licence de la parole ; elle tenait, de trop près, à la Fronde ; elle tenait à la Ligue ; elle était la résistance ; elle portait même en ses sourires, en ses bombances, en ses gaietés, comme une fumée de résistance, et comme un écho de liberté politique. Aussi bien, le roi domina et régla cette force, comme il dominait, comme il avait réglé toutes les autres. Pour le roi Louis XIV, la voix qui ne chantait pas un cantique à sa louange, était une voix importune.

Son joug était, vraiment, le joug universel; il ne dédaigna pas de l'appesantir sur les inspirations de la place publique, et sur la bonne humeur du carrefour. Un despote vulgaire eût brisé ce merveilleux esprit de raillerie, qui courait dans le royaume, à la façon de la séve dans les bois..... le grand roi ne brisait que l'obstacle à sa puissance; il ne brisa pas la comédie, il la tourna en profit pour sa gloire, et pour les plaisirs de son peuple.

Il fit donc bâtir, sur l'emplacement des tréteaux en plein vent, des palais pour la comédie, en lui recommandant qu'elle fût désormais un art régulier, une science, une institution. Il comprenait que si elle perdait quelque chose de sa verve et de son entrain, à devenir plus régulière, elle y gagnerait plus de correction, de décence et de retenue. Aussi bien, le roi voulut avoir ses comédiens comme il avait ses prédicateurs; il fit de Molière son grand maître de l'art dramatique, et parfois même il en fit le grand justicier des petits ridicules de sa cour. En même temps, s'il rencontrait sur son passage un bateleur habile, un grimacier qui le faisait rire, aussitôt le roi confisquait à son profit ce gai bohémien, qui se serait bien passé de cet honneur, et il le mettait au joug, comme les autres. C'est ainsi que maître Poisson Ier, pour avoir fait rire sa majesté, un jour qu'elle était en voyage, fut incorporé dans la troupe des comédiens ordinaires du roi.

En vain Poisson résistait à tant d'honneur... il fallut obéir, il obéit; il apporta, dans la société de ses nouveaux camarades une soif inextinguible, une faim insatiable, beaucoup de verve, d'esprit, de naturel, beaucoup de cette vérité naïve d'un homme qui a vu de près les originaux qu'il copie. En même temps il apportait son bagage dramatique, ses comédies à l'état d'ébauche, et les mille scènes détachées qu'il attrapait, dans ses courses aventureuses. Croquis informes qui pourtant n'étaient pas sans valeur; ils valaient surtout, par la vérité des attitudes, et par les grâces de la soudaineté. C'est ainsi que le rapin de l'atelier crayonne au charbon, les charges que lui inspire la malice et le rire ingénu de l'heure présente. Il rit de son œuvre..... et le voilà désarmé.

Ce comédien Poisson peut compter, à bon droit, parmi les pères de la comédie; il est un des petits ruisseaux que Molière, un fleuve, allait absorber dans son passage. Enfant du hasard, sa comédie est écrite de verve, et sur tous les tons de la gamme amoureuse ou folle. Elle est écrite en prose, elle est écrite en vers, elle est écrite en patois, elle est écrite à la diable, en vers de quatre pieds, en vers alexandrins, en rimes croisées. De ces souvenirs, ou, comme on dirait aujourd'hui, de ces « impressions de voyage », Poisson a composé *son Théâtre !* A savoir : *le Fou de qualité*, *l'Après-Souper des auberges*, et son chef-d'œuvre, une œuvre voisine du *Baron de Fœneste*... le *Baron de la Crasse !*

En ces esquisses, empreintes d'une certaine vie éphémère dont rien ne reste, le *poëte* songeait surtout au *comédien*, et pourvu qu'il se fît à lui-même, un beau rôle égrillard et narquois, maître Poisson était content. Gens heureux ! L'imprévoyance est leur Muse unique ; ils ne savent rien, au delà du jour d'aujourd'hui, et s'ils appellent le jour de demain, c'est que *demain apporte son pain*, dit le proverbe. Il y avait cependant certains jours affamés qui n'apportaient ni pain, ni viande ; alors ils avaient la ressource d'implorer le prince de Conti, le duc de Créqui, M. de Colbert, ou même le roi Louis XIV, qui bien volontiers, faisaient l'aumône à ces farceurs, attendus par les divertissements de Versailles. La Muse nécessiteuse de ce doyen des Poisson a laissé, en ce genre de mendicité, des chefs-d'œuvre d'humiliation et de bassesses poétiques. Que voulez-vous ? c'était l'usage, et qui disait : « un comédien, un poëte ! » disait, en même temps, un manteau rapiécé, une main tendue.

A la mort de Poisson Ier, son fils, Paul Poisson, monta sur les planches, illustrées par son père. Ce Paul Poisson avait un emploi à la cour de Monsieur, frère du roi ; il était porte-manteau de S. A. R. le premier prince du sang, frère du roi, tout comme Molière était valet de chambre du roi. Paul, digne fils de Raymond, ne voulut pas que la comédie expirât, faute d'un Crispin. On a prétendu que Poisson Ier avait inventé, pour son usage particulier, ces longues bottes et ce manteau court : il avait les jambes cagneuses et le dos voûté, et il n'était pas fâché de montrer sa bosse, et de cacher ses jambes.— A son tour, Paul Poisson quitta le théâtre (1724), et alla se reposer quelque part, dans un jardin de comédien, de cette immense fatigue d'avoir amusé le parterre pendant vingt ans. Il avait été un comédien moins habile que son père; la saveur de la comédie primitive, *prisca comœdia*, lui avait tout à fait manqué; les hasards des tréteaux ne l'avaient pas habitué, de bonne heure, à rencontrer cette gaieté vraie en son effronterie, éloquente en son audace, et si chère au peuple de France. Il avait plus d'art que Poisson Ier; il avait plus de goût et d'habileté, mais avec beaucoup moins de vivacité, d'abandon, de gaieté, de bonne humeur.

Poisson II, finit par jeter aux orties son manteau de Crispin, avec défense expresse à messieurs ses fils, de ramasser la défroque de monsieur leur père. Ah! le bon billet! Comme si la comédie, une fois qu'elle est dans le sang de certaines familles, en pouvait jamais sortir? C'est comme la goutte, et encore la goutte, à ce qu'on dit, *saute* une génération, pendant que la passion de la comédie atteint également, le grand-père et l'aïeul, le père et le petit-fils. Certaines familles, en remontant aussi haut qu'elles peuvent remonter, ne rencontrent, dans leur généalogie enfarinée, que des gens de théâtre. Enfants, ils ont joué la comédie, ils ont appris à marcher sur le tréteau; on dirait qu'ils sont venus au monde, uniquement pour se montrer. Il est vrai que parmi ces bohémiens charmants, c'est une déclamation universelle, du père et de la mère et des ancêtres : « Enfants, prenez garde à la comédie! Enfants, croyez-nous, mieux vaudrait, pour vous, être morts que comédiens..... » Le vent du nord et le tiède aquilon emportent ces fariboles de serments et de sermons.

L'enfant, grondé, l'enfant, quand il a juré haine à la comédie, est comédien comme l'était son grand-père.....; et voilà comment il y eut un Poisson, troisième du nom, qui ramassa l'habit et le manteau des Crispins. Il s'appelait Philippe Poisson, et comme il avait eu le malheur de toucher à la tragédie, il advint que le public ne put jamais s'habituer à voir Oreste ou bien Agamemnon, sous le manteau de Crispin. Mais qu'y faire? « L'association des idées! » Ce Philippe Poisson, rétabli par la rumeur publique dans la famille des Crispins, écrivit des comédies; et qui l'eût dit, pour le descendant du magnifique dom Poisson Ier, ces comédies de Philippe étaient douces, fluettes et mignonnes... un avant-goût de Marivaux!

Poisson Ier s'inspirait de la bouteille, au fin fond des cabarets du *Cabinet satyrique*, et comme lui, Philippe Poisson, son petit-fils, prenait le thé (déjà le thé!) au café *Procope*... Aussi bien a-t-il ajouté à ses comédies, des *Poésies fugitives*. Il fut un Dorat précoce, après avoir été un Marivaux précoce ; et son neveu, Paul Poisson, voyant que son oncle avait décrassé le nom de la famille, acheta, bel et bien une compagnie, et, l'épée au côté, la plume au chapeau, il finit par s'appeler « monsieur de Rainville. » Oui, ma foi ! gros comme le bras. Mais voyez la chance, et comme il est vrai de dire que : « bon sang ne peut mentir, » monsieur de Rainville, monsieur le baron de Rainville, et bientôt monsieur le marquis de Rainville, était parti, lui et sa compagnie, aux grandes Indes, et le monde entier le croyait tout à fait... *décrispiné*, lorsqu'au retour de cette campagne mémorable que l'histoire a négligée, il rencontre, en pleine mer, une troupe de comédiens ! Lassés de courir après la fortune :

> Ces comédiens sur le vaste Océan
> Voguaient tranquillement. ...

lorsqu'ils voient arriver, dans une barque, le capitaine baron de Rainville. Il avait flairé ces comédiens au milieu des flots, et soudain il avait brisé son épée, il avait jeté ses épaulettes à la mer, il était redevenu Crispin.

> O navis, referent in mare, te novi
> Fluctus.....

Bref, notre capitaine s'était fait directeur de théâtre ; il avait changé, contre une troupe de comédiens, sa compagnie de cavalerie, et il s'en revint à Paris, plus fier et plus content que s'il eût gagné la bataille de Rocroy. Désormais le *baron de Rainville* s'appela, glorieusement, Crispin.

Virgile a très-bien dit, en son poëme, que les voyages forment la jeunesse ; et lui aussi, Crispin troisième, il avait vu les mœurs des hommes et les villes : *Mores hominum vidit, et urbes*. S'il n'avait pas été un grand capitaine, il était devenu un habile observateur ; et sous le soldat indolent, l'actif comédien s'était enfin révélé. — C'était vraiment Crispin Ier qui reparaissait sous le Crispin III. En même temps, de son ancienne profession d'auteur dramatique, il avait conservé l'habitude active, ingénieuse, excellente, d'une improvisation digne de Tabarin Ier... et dernier. Et tant il improvisait, au gré de l'heure présente, en l'honneur des petites gens, et pour la confusion des gros personnages, que plus d'une fois M. le lieutenant de police fut obligé de mettre le *holà!* aux piquantes railleries de l'ancien capitaine. Il mourut, au moment où sa gloire et sa fortune étaient à leur zénith; il eut l'honneur d'être remplacé par Préville, et d'être chanté par Dorat.

§ I

Voulez-vous maintenant que de la comédie à son aurore, et de l'art qui commence, nous passions au comédien qui vient de dire au public indifférent, le dernier mot de sa comédie? Il n'y a rien de plus facile, et qui se puisse faire avec une transition plus complaisante. Arrivez donc, et lisez au coin de la rue, une affiche absurde, une affiche, en grandissime caractère, une monstrueuse affiche..... « *A la demande générale du public.....* » (Notez bien que le public n'a jamais rien demandé, il prend ce qu'on lui donne au théâtre et dans le monde, et s'il n'est pas content, tant pis pour lui) donc, « *à la demande générale du public*, le célèbre monsieur *Trois-Étoiles*, a consenti à donner encore quelques représentations, sur l'ancien théâtre de sa gloire.

Il jouera son fameux rôle de ***, et puis son fameux rôle de ***; enfin, on nous fait espérer son chef-d'œuvre. » (Il y a quelquefois, trente ans de distance, entre *la rentrée* et le chef-d'œuvre !) A cette nouvelle, on voit accourir, le premier jour, bon nombre de curieux des temps passés. — O bonheur! nous allons *le* revoir, disent les belles dames d'autrefois. O fortune! Enfin nous *la* reverrons, disent les jeunes gens, d'il y a trente ans... Hommes et femmes, ils s'imaginent déjà qu'en retrouvant le comédien de leurs beaux jours, ils vont rentrer, en même temps, dans les grâces et dans les bonheurs de la vingtième année.

O vanité des vanités! C'est surtout la comédienne âgée, et c'est surtout le vieux comédien qui sont des vanités. Cependant il se

montre enfin, c'est lui-même ; on le reconnaît à peine ; il joue...
Oh ! le bonhomme, et qu'il est changé ! disent les contemporains ;
ce que c'est que de nous ! Puis chacun de s'enfuir en toute
hâte, comme s'il avait vu l'ombre de son grand-père ; et le lendemain de cette quasi résurrection, si vous saviez les gorges
chaudes de la présente jeunesse, à propos de cette vieille, ou de
ce vieillard !

Grands dieux ! disent-ils, nos parents sont fous, avec leur
admiration pour ces débris, et pourquoi diable ces comédiens
ont-ils oublié de se faire enterrer ? Quoi ! ce serait là le célèbre
Martin qui avait trois ou quatre espèces de voix à son service ;
voilà donc ce fameux Elleviou qui a tourné la tête à toute une
génération, et ce charmant, cet adorable et divin Potier qui
faisait rire aux éclats, d'un signe, d'un clin d'œil, d'un mot de sa
voix enrouée ? Éloignez-vous, spectres, laissez-nous, fantômes !...
Ainsi dit la jeunesse ; elle a raison, elle est dans son droit...
« cet âge est sans pitié. »

Cependant le héros de cette rentrée intempestive, ce vieux
reste de comédien que le public a supporté, et même applaudi le
premier jour, entendant ces huées, et devinant ces mépris, se demande en tremblant, si c'est à lui qu'on en veut, et ce qu'il a
fait pour déplaire à ces gens-là ? — Ce n'est pas à toi, vieillard,
que s'adressent tant de répugnances, c'est à ta vieillesse ; et
vraiment ces enfants ont raison lorsqu'ils ne veulent pas reconnaître le comédien qu'ils n'ont jamais vu. Le fameux Martin, la
célèbre mademoiselle Duchesnois, le grand monsieur Baptiste,
que leur importe ? Et s'il est vrai que dans toutes les choses qui
tiennent aux arts, s'arrêter à temps, soit une des plus grandes
conditions du succès, quoi de plus invincible que cette nécessité,
imposée au comédien ? Quel est l'homme, ici-bas, qui vieillisse
plus vite, que cet infortuné dont la vie entière est en spectacle ?
Les passions qu'il représente sont bornées ; les événements dans
lesquels il s'agite sont comptés ; il use chaque jour une passion
nouvelle ; il agit pendant que les curieux le regardent ; il parle
pendant que les oisifs se taisent ; il marche, et les spectateurs
sont assis ; il est bien vite au bout de son compte, il a bientôt
touché le : *hic jacet !*

Baron, à quatre-vingts ans, amoureux éreinté que son valet de chambre était forcé de ramasser aux pieds de sa maîtresse, quand le public se met à rire enfin, avait tort de dire au public : — *Ingrat parterre que j'ai formé!* C'était bien, au contraire, au public de dire à Baron : —*Ingrat Baron, que nous supportons à quatre-vingts ans!*

Mais si c'est une grande faute au comédien de rester trop longtemps au théâtre, c'est une faute bien plus grande d'y rentrer après l'avoir quitté. Quitter le théâtre, pour le comédien, c'est la mort. On lui a dit : Adieu ! On a jeté des fleurs sur sa tombe, on est quitte avec lui, on ne lui doit rien. La loi est cruelle ; c'est la loi. Même dans la mort réelle, y a-t-il beaucoup d'hommes qui seraient les bien accueillis, après un an de sépulture, par ceux qui ont porté son deuil? L'acteur qui s'en va du théâtre, ne peut donc pas prétendre à plus de sympathie, que les morts véritables, qui s'en vont de la scène du monde. — *Adieu, va!*

Il n'y a qu'un homme (on me l'a dit) qui, une fois sorti du théâtre, ait été assez sage pour résister à toute tentation ultérieure. Cet homme est un nommé Tiercelin, que je n'ai jamais vu. Il paraît qu'il était excellent. Il avait des rôles dans lesquels il était inimitable ; entre autres rôles, les connaisseurs s'extasient sur le *rempailleur de chaises*. Eh bien ! à peine Tiercelin eut-il quitté le théâtre, qu'il ne voulut plus en entendre parler. En vain a-t-il été prié, sollicité, supplié de reparaître, à son tour : *pour cette fois seulement*, rien n'y a fait. Sous aucun prétexte il n'a voulu reparaître, *ni au bénéfice de la caisse des pensions*, ni au bénéfice d'un acteur quelconque, *ni au bénéfice d'un homme de lettres malheureux* (horrible et mensonger prétexte), ni à son propre bénéfice, et voilà comme il est resté l'acteur le plus regretté de Paris. Pour ma part c'est le seul acteur en retraite que j'aurais voulu voir reparaître, tant j'étais sûr que celui-là ne reparaîtrait jamais.

Il est vrai que c'est un si grand plaisir à ces vieillards poussifs, à ces vieilles édentées, à ces têtes chauves, de reparaître à la lumière mensongère, et d'entendre chanter à leurs vieilles oreilles, cette vieille chanson :

« Nous avons revu, hier, notre inimitable Potier sur le théâtre de ses anciens succès. C'est toujours la même verve, le même esprit, la même jeunesse. Le temps n'a fait que passer, sans s'appesantir, sur la grâce et sur l'esprit de l'inimitable Potier. »

Ou bien :

« Nous avons revu hier, sur le théâtre de ses anciens succès, notre inimitable Perlet. C'est toujours, etc. »

Ou bien :

« Nous avons revu hier, sur le théâtre de ses anciens succès, notre inimitable tragédienne. On dirait qu'elle est encore en toute la verve de son âge heureux. C'est toujours la même verve, la même jeunesse, enfin le temps n'a rien changé, etc. »

« Nous avons revu, cette semaine, sur le théâtre de ses anciens succès, notre inimitable Martin. C'est toujours la même verve, le même esprit, la même voix. Martin est le Richelieu de son temps ; le temps n'a fait que passer, sans s'apesantir, sur la voix de Martin. »

Comme aussi c'est une espèce de bonheur, pour quelques-uns de ces obstinés amateurs de comédie et de comédiens, qui passent leur vie obscure et nonchalante à l'orchestre endormi d'un théâtre, de s'écrier, à l'aspect du revenant : — « Paix, là-bas ! silence, interrupteurs ! Laissez-nous, du moins, saluer le grand comédien un tel ; nous le reconnaissons, nous autres ; c'est lui, il a toujours la même voix, le même feu et la même vigueur ! » — D'ailleurs, entre nous, ajoute le voisin, il n'est pas si âgé qu'on le dit et qu'on le pense ; M. Martin n'a guère que cinq ou six ans de plus que moi, tel que vous me voyez, Monsieur ! » En même temps, notre homme rajuste sa perruque, afin de cacher une longue mèche de cheveux blancs.

Voilà ce qui s'appelle *la rentrée de Martin*, *la rentrée de Potier*, *la rentrée de mademoiselle Duchesnois*. D'ordinaire les vieillards se hâtent d'accourir à ces solennités ; ils se poussent, ils se pressent pour voir, encore une fois, le Martin de leur jeunesse, ou plutôt pour revoir dans ce vieux Martin, leur jeunesse d'autrefois. Innocent plaisir, pardonnable illusion ! Comment, en effet, blâmer ces bonnes gens, qui se trouvent si heureux de saluer leurs jeunes années. — « Eh ! c'est donc vous, ma jeunesse ? »

Et si mons Martin est encore une fois, devant leurs yeux, en grande livrée, en bottes à revers, si Martin redevient, encore une fois, le joyeux valet de toutes les fantaisies et de tous les caprices de ses jeunes maîtres, pourquoi donc serait-il rajeuni, lui tout seul? Donc embrassez-vous, jeunesses d'autrefois, et n'y revenez pas!

Hélas! en raison même de sa vive admiration pour les œuvres et pour les personnes du théâtre, il faut bien convenir que le public est un être oublieux, et que le passé ne compte guère, avec cette créature aux mille têtes changeantes et frivoles. Vous l'avez amusé vingt ans..... il est quitte avec vous, uniquement parce qu'il a bien voulu sourire à vos livres, jeter un coup d'œil à vos tableaux, chanter vos chansons, enfin par la grande raison que si vous l'avez amusé, vous ne l'amusez plus!

— « Ton nez déplaît, » dit l'esclave, à la maîtresse du sénateur, et parce que *son nez a déplu,* elle est chassée, à coups de pied dans le ventre, hors de cette maison, naguère obéissante à ses moindre caprices. A peine avez-vous pris congé de la foule, aussitôt la foule adopte un nouveau phénomène, et bon voyage! Enfin, tant pis pour vous, si vous vous avisez de revenir au bout de huit jours! On vous regarde... on ne vous connaît plus. — Qui es-tu?... — D'où viens-tu?... Que nous veux-tu? Nous avons vu M. Chérubini, vieillard, donner à l'Opéra, son *Ali-Baba* au milieu des grands cris : *Sublime! admirable! et divin!* Cependant le public, étonné de ces cris, de cette musique et de ce vieillard qui avait, disait-on, tenu tête à l'empereur Napoléon, se demandait : qui donc on trompait, en ce moment?... La foule, en ce moment, appartenait, triomphante, à l'heureux, au triomphant Meyerbeer!

Que d'exemples, aux temps passés, de ces retours funestes! Mademoiselle Duchesnois s'était retirée; elle est revenue un jour, et ce jour-là, ils l'ont sifflée... Ils ont sifflé, en même temps, mademoiselle Duchesnois et la tragédie. En vain, un sincère ami de cette ancienne renommée avertissait mademoiselle Duchesnois que la place était prise, et que la curiosité publique appartenait à une certaine madame Dorval, une joueuse de mélodrame, mademoiselle Duchesnois répondit qu'elle ne connaissait pas cette Dorval, et qu'elle voulait *reparaître.* Elle reparut, elle joua une tragédie intitulée *Pertinax,* elle fut sifflée, elle quitta, pleurante, la tragédie, et huit jours après, elle était morte!

Perlet, ce fameux Perlet, dont vous avez peut-être entendu parler, était la joie et la fête universelle; le monde entier le proclamait, sans contrôle et sans conteste, le premier comédien de Paris; tout souriait à ce *génie*, et le Théâtre-Français l'avait voulu, forcément, à tout prix, pour un de ses sociétaires.

> Plutôt la mort que l'esclavage,
> Est là devise de Perlet.....

Ainsi chantant, il s'était exilé lui-même, et çà et là, il avait promené sa gloire et sa fortune, en jouant, mille fois, le *Comédien d'Étampes!* Puis, quand il vit que la France et le Théâtre-Français ne pensaient plus à lui, il revint à Paris; il fit sa rentrée au Gymnase, où il fut traité de Turc à Maure. Au bout de huit jours de cette *rentrée*, il quitta le théâtre; il n'en mourut pas tout de suite, mais il mourut, qu'il n'avait pas cinquante ans.

Parmi ces lugubres histoires de tragédiennes vieillies, usées jusqu'à la corde, et que le public ne veut plus voir, vous avez ouï parler de la gloire et des misères de mademoiselle Clairon. Ce n'était pas seulement de l'enthousiasme et de l'admiration que mademoiselle Clairon excitait sur son passage... elle touchait à l'apothéose, à l'adoration; on lui dressait des autels. M. de Voltaire en avait tant parlé à nos pères, et nos pères, à leur tour, en avaient tant parlé à messieurs leurs enfants, que mademoiselle Clairon était une légende. Sans compter que le théâtre, à son tour, a fait de cette illustre, une héroïne, et qu'il a chanté ses cantiques. Chose étrange! que l'on porte aux nues les vertus, les grâces, l'esprit, le talent, le génie, le désintéressement d'une comédienne, à l'heure même où d'autres écrivains, qui ne sont pas des *biographes* de profession, couvrent de boue et d'injures toutes les femmes qui ne sont pas des comédiennes : la duchesse, la comtesse, la femme du roi, tout cet innocent amas de dentelles, de gaze et de velours sur lequel on jette à plaisir toutes sortes de venins et de ridicules; d'où il résulte que, par un éloge exclusif et excessif, la comédienne est exaltée, en raison même de l'ignoble abaissement dans lequel plus d'un romancier plonge les autres femmes.

Eh mon Dieu! laissez-nous en repos avec vos fétiches fanés, ridés et vicieux. Tant que vos comédiennes sont belles et jeunes, criez : *Au miracle!* je le veux bien; mais quand ce flambeau éteint n'est plus qu'une cendre inerte, quand cette dentelle est à

peine un lambeau, quand ce laurier poudreux n'est plus bon qu'à
être jeté dans une cuisine, laissez-nous en repos avec vos divinités
éreintées, ou plutôt laissez-les dans leur néant, ces pauvres dia-
blesses. N'allez pas retirer ces squelettes fardés, de la tombe où
ils se cachent; faites comme le parterre, laissez les vieilles, passez
aux jeunes, et souvenez-vous qu'en fait d'enthousiasmes ridicules,
et il y en a de bien des sortes. Le plus ridicule de tous, c'est
l'adoration de ces divinités du néant. Le beau projet de vanter
mademoiselle Clairon, comme on vanterait madame Roland; de
célébrer un vice flétri, comme on célèbre une de ces vertus immortelles, qu'on ne saurait entourer de trop de vénération, de sympathie, et de respect!

Même il faut que mademoiselle Clairon ait été, de son vivant,
une bien mauvaise comédienne, car elle a été toute sa vie une
femme remuante, inquiète, agitée. Elle a donné beaucoup plus
de son temps et de sa vie au monde qu'au théâtre, à ses amants
de la cour, qu'à ses admirateurs du parterre. A en juger, même
par les gens qui l'admiraient, c'était une emphatique déclama-
trice, affectée, monotone, d'un jeu outré, sans vérité, sans naturel,
sans une larme. Elle faisait le pari (l'insolente!) *qu'elle ferait
applaudir, tel vers qu'on lui indiquerait;* ce qui donne une
assez triste idée de son intelligence et de son inspiration.

Il me semble que je la vois d'ici; car si elle est morte, son
ombre est errante en détail, sur les planches du Théâtre-Français. — C'est une femme qui a été élégante, mais dont la taille est
déjà replète; son cou est rouge et gros, ses bras sont difformes,
sa main est assez belle : il y a du feu dans ses regards, sa voix
est retentissante. Elle arrive, elle se pose, elle se drape, elle jette
le vers un à un; elle appuie, en grinçant, sur la rime; elle fait
halte, à la césure; elle agite ses grands bras; elle oublie tout à
fait la tragédie qu'elle joue, elle ne songe qu'à se faire applaudir.
En effet on l'applaudit, on l'admire à outrance; et quand elle est
hors de la scène, un abbé qui veut devenir cardinal, comme M. de
Bernis, improvise, à l'intention de cette autruche empanachée,
une gargouillade galante :

....
Sur votre bouche séduisante,
Sur votre gorge palpitante,

> Dans vos bras unis par l'amour
> Je veux laisser mon âme errante,
> Et ce sera mon dernier jour.

Ceci n'est point une fiction, ces jolis vers ont été faits pour mademoiselle Clairon, par M. de Bernis; et, non contents de ces vers et de mille autres, les amis de la *grande* comédienne, faisaient frapper une médaille en son honneur. Bien plus, de toutes ces louanges, on a composé un gros volume intitulé : *La Couronne poétique de mademoiselle Clairon.* Quand Garrick vint à Paris en 1765, il fit peindre mademoiselle Clairon, sous les traits de Melpomène, avec ces vers de la composition de lui, Garrick :

> Elle a couronné Melpomène;
> Melpomène lui rend ce qu'elle en a reçu.

Je vous prie, a-t-on jamais poussé plus loin le pathos? Et quand par malheur, un vrai critique, animé de toutes les passions de ce grand art, touchait à cette femme, et la dépouillait de ses oripeaux, ce vaillant homme était perdu ! Fréron lui-même (un bon critique, un galant homme, et parfois un héros), Fréron, le fondateur de la critique moderne, pour avoir touché à cette héroïne, et de la façon la plus détournée, il fut envoyé au Fort-l'Évêque. Au Fort-l'Évêque ! Heureusement qu'il était si malade et si torturé par la goutte, que l'exempt chargé de l'arrêter, en eut pitié, et le laissa sur son lit. A cette horrible nouvelle que Fréron malade n'était pas au cachot, voilà mademoiselle Clairon qui s'emporte, et qui, dans ses fureurs, n'épargne même pas la reine Marie Leczinska, cette modeste et sainte vertu, qui osait protéger Fréron, contre une comédienne de sa sorte !

En vérité on croit rêver, en lisant de pareilles histoires! — Et quelles fureurs, hors du théâtre et dans le théâtre, quand à son tour, cette demoiselle fut envoyée au Fort-l'Évêque, et retenue aux arrêts, pendant trois semaines, — *aux arrêts* comme un colonel d'armée! Et plus tard, quand elle veut quitter le théâtre, et qu'on la supplie de rester, savez-vous qu'elle fait ses conditions, et que le roi, lui-même, répond qu'il faut passer outre ! nfin savez-vous que Voltaire lui a fait une ode..... une ode !

Clairon, daigne accepter nos fleurs.
Tu vas en ternir les couleurs!
  La rose expire;
  Mais ton empire
  Ne peut passer!

Oui-da! Mais après tous ces excès, toutes ces folies, toutes ces grandeurs, ce qui devait arriver, est en effet arrivé. Elle était partie, elle voulut faire sa *rentrée*. Elle avait été une espèce de reine, à la cour d'un idiot de petit prince allemand, le margrave d'Anspach; le margrave a fini par la mettre à la porte de ses petits États, et la dame revint, à Paris, pauvre, malade, et vivant d'aumônes. Enfin, après tant de bruit, d'admiration, de louanges, cette femme, qui avait fait l'apothéose de Voltaire dans ses soupers, où se pressait tout le beau Paris, est morte au fond d'un taudis, sans laisser de quoi se faire enterrer.

Une autre épave, un débris du même genre, une reine encore, une honte, avait nom mademoiselle de Montansier. Après avoir joué le grand rôle et le grand emploi dans la comédie, elle n'était plus, en l'an de misère et d'abandon 1819, qu'une horrible et dégoûtante petite vieille, abominablement racornie et recroquevillée en ses rides tricolores, la tête et les yeux éraillés; si laide et si tachée, en guenilles, en haillons, en jupon verdâtre! Elle avait par sa laideur et par son baptême, soixante et dix-sept ans, bien comptés. Cette femme était une plaideuse, une escroqueuse, une enfarinée, une mendiante de la pire espèce, et elle s'en allait de ci, de là, par le froid de l'hiver, par la chaleur de l'été, de grand matin et jusqu'au soir, dans l'antichambre des ministres, dans la salle des Pas-Perdus, partout, réclamant la modique somme de neuf millions, pour le *Théâtre-des-Arts*, que lui avait enlevé, sans forme de procès, la nation de 1793.

Elle avait fait bâtir ce théâtre des deniers de la reine, sa bienfaitrice (elle avait abandonné la reine, elle l'avait insultée), et dans ce *Théâtre-des-Arts*, elle avait introduit la tragédie, la comédie, l'opéra et le ballet; puis, un beau jour, la Révolution avait mis à la porte cette femme et sa bande, et elle avait amené là messieurs ses chanteurs et mesdemoiselles ses danseuses ordinaires; car la Terreur avait ses comédiens ordinaires comme elle avait ses tragédiens extraordinaires, le matin, la Grève, et le soir, le théâtre de la Montansier.

Et parce que cette malheureuse avait touché à tous les excès du faste et de la misère, parce qu'elle avait mené la vie agitée, impossible, abominable, parce qu'elle avait spéculé sur le rire, sur les larmes, sur le vice et sur les passions de son temps, parce qu'elle avait prodigué à tout venant, son amour, son esprit et son argent, parce qu'elle avait reçu, dans son théâtre, Marat, Robespierre, Danton, tous les affreux comédiens de 93, hyènes qui venaient rire en pleine loge, tyrans dont le coup d'œil vous glaçait le sang dans les veines, et parce qu'enfin cette femme a fini par être vieille, percluse, trouée, abominable et plaideuse, était-ce bien une raison de la venir glorifier, sur son théâtre? Où diable, je vous prie, l'apothéose va-t-elle se nicher? Que nous fait cette femme, à nous autres? Que nous importe sa jeunesse, son âge mûr ou sa vieillesse, et quel intérêt pouvons-nous porter à ses procès, non plus qu'à ses amours? Mais non, c'est la mode, et c'est la volonté de la comédie..... *Ora pro nobis, sancta Montansier!*

Vous pensez bien que dans ces cantiques à la louange des comédiens et des comédiennes, madame Favart n'a pas fait faute avant mademoiselle Clairon, et mademoiselle Champmeslé avant madame Favart. Celle-là, du moins, mademoiselle Champmeslé, elle est célèbre, à bon droit, parmi les comédiennes de l'hôtel de Bourgogne, pour avoir été un instant, l'amour du grand poëte Racine, un noble cœur, un chaste et grand poëte, honnête et toute-puissante imagination, imagination sans rivale, du plus beau siècle de notre poésie et de notre histoire. L'amour de Racine a jeté sur mademoiselle Champmeslé, je ne sais quel poétique reflet ; ce reflet dure encore ; il a sauvé la mémoire de cette jeune et belle personne qui a créé presque tous les grands rôles de la tragédie de son temps. La Fontaine, l'ami, le commensal, et même (ô complaisance des amours adultères!) le collaborateur du comédien Champmeslé (ils ont fait ensemble, et les vers en sont charmants, *la Coupe enchantée*), est un des amoureux de cette beauté si bien servie. On dit même que Molière avait poussé de ce côté ses plus gros soupirs, mais on ajoute, et la chose est peu vraisemblable, qu'il ne fut pas écouté. Un plus heureux, M. le marquis de Sévigné, passa de Ninon de Lenclos, à la douce Monime, et il ne se plaignit pas du changement.

Un grand honneur pour la Champmeslé : son nom revient souvent dans les Lettres de Madame de Sévigné, qui l'appelle en riant, *sa belle-fille !* Le sévère Despréaux lui-même, qu'on accusait de peu d'amour, a pourtant adressé une épître à mademoiselle de Champmeslé ; en un mot, c'est là un nom charmant que nous associons avec une certaine reconnaissance, aux noms les plus poétiques de notre histoire. — Racine, madame de Sévigné, Molière, La Fontaine et Despréaux, en voilà plus qu'il n'en faudrait pour la justifier, dans sa gloire et dans ses élégantes faiblesses, cette charmante femme qui eut tant d'esprit, tant de charme et tant de bonheur.

La femme d'un autre comédien de ce même hôtel de Bourgogne, une amie, et parfois une rivale de mademoiselle de Champmeslé, *la Raisin*, est devenue à son tour, l'héroïne et le prétexte d'une comédie, et d'une comédie en vers. Cette mademoiselle Raisin, qui compte, elle aussi, parmi les courtisans de sa beauté, Molière, Racine et La Fontaine, avait régné un instant, mais d'un règne obscur et non avoué, dans le palais du roi d'Angleterre, Charles II, ce pâle copiste, et licencieux, de son protecteur le roi Louis XIV. La Raisin régna, plus tard, mais toujours dans les ténèbres, sur le cœur ingénu (il faut être poli avec les princes) de M. le dauphin, ce triste échantillon de la double pédagogie de Bossuet, et de M. de Montausier. Mademoiselle Raisin, mariée aussi bien que la Champmeslé au plus complaisant des maris, n'eut pas grand peine à se faire aimer de ce prince idiot, qui n'a jamais su distinguer, en toute sa vie, une belle personne d'une laide, et qui se contentait de la première venue. Ainsi était fait « ce fils des dieux ! » — La Raisin, belle, éloquente, hardie, ambitieuse, eut grand'peine à encourager ce nigaud « qui n'osait pas oser. » Vraiment, elle fit toutes les avances, et il ne fallait rien moins que cette luronne, tout nouvellement débarquée des fêtes, des corruptions et des licences de la cour de Charles II, la compagnonne égrillarde et délurée de ces parasites et de ces flatteurs, une *babilonienne* des boudoirs de Witehall, pour venir à bout des timidités, ou, pour parler comme Bossuet, de *la simplicité* de M. le dauphin.

Pourtant, à la fin, elle le déniaisa, tant bien que mal, et elle en fit ce qu'elle en put faire, un sot. — Mais, disait-elle, j'aurais voulu voir à cette tâche ingrate, nos plus célèbres dames d'honneur : la duchesse de Portsmouth, la duchesse de Cleveland, ou même madame la duchesse de Mazarin ! Or ces dames justifiaient à la cour du roi Charles II cette parole de Shakspeare : « En voilà des créatures, qui ne peuvent pas être enfermées dans le cercle étroit des mœurs d'un pays ! »

Quand il apprit cette *escapade* avec la Raisin, Bossuet se voila la face; au contraire, on dit que le grand roi ne fut pas très-fâché que son propre fils eût une *faiblesse*, seulement le roi exigea, pour sauvegarder la *gloire* de M. le dauphin, que la Raisin quittât le théâtre, et — la maladroite ! — au lieu de quitter M. le dauphin, elle quitta en effet son lustre, son déguisement, son prestige, son piédestal. « Une chaumière et son cœur ! » c'est plus vieux qu'on ne pense, et M. Scribe ne l'a pas inventé. Donc la Raisin se confina dans une chaumière en marbre, sur la lisière du château de Versailles, si bien qu'à Versailles même où l'on voyait tout, on voyait se glisser, de temps à autre, en grand mystère, *la bonne amie* de monseigneur. Voilez-vous la face, ô pieux courtisans de mademoiselle de La Vallière, de madame de Montespan et de mademoiselle de Fontanges ! Une comédienne, une excommuniée, à Versailles, et chez M. le dauphin ! Même en parcourant *l'allée des Philosophes*, où Bossuet se promenait avec M. de Montausier, avec Fléchier, avec les sages, Bossuet lui-même a pu voir cette ombre obscène, s'avancer d'un pas furtif, dans ces ténèbres percées à jour. C'était bien la peine, pour assister à un pareil scandale, d'avoir dépensé tant de volonté, tant de persévérance et tant de génie ! O vanité de tant d'espérances, vanité d'un si légitime orgueil !

Lui-même, Bossuet, dans un temps meilleur, quand son disciple était encore un enfant, il avait écrit au souverain-pontife Innocent XI, ses peines et ses espérances, et il les racontait dans la langue même de Cicéron et de saint Augustin :

« Le roi, très-saint Père, nous a dit, en nous confiant cet unique appui d'une si auguste famille, qu'il ne souhaitait la vie à son fils que pour faire des actions qui fussent dignes de ses ancêtres, et de la place qu'il devait remplir ! » Ainsi parlait Bossuet; en même temps il explique, au pontife, qu'il a arraché, avant l'heure, ce précieux enfant aux soins des femmes, à la mollesse du premier âge ! Il lui a enseigné dès le berceau (*a teneris unguiculis*) le travail et la vertu ; il l'a entouré de toutes les sciences et de toutes les politesses qui conviennent à un grand prince : « afin qu'un jour monseigneur le dauphin pût servir d'exemple pour les mœurs, de modèle à la jeunesse, de protecteur aux lettrés (*homines litteratos*) ».

Tel était le programme de cette austère éducation. Pas un jour sans étudier, pas un moment d'oisiveté ; la plus assidue application à ces trois forces : bonté, piété, justice. On lui fit connaître en même temps, l'élégance de la langue latine, et la force ingénieuse de la langue française. « Ainsi, tout jeune, il entendait fort aisément « les meilleurs auteurs latins ; il en cherchait même « les sens les plus cachés, et, chemin faisant, nous lui appre- « nions la connaissance des mœurs et celle de la politique : Égyp- « tiens, Grecs, Romains. » On lui fit lire aussi, non pas en fragments, mais d'un bout à l'autre, *l'Énéide* et les *Commentaires de César*. Il savait par cœur, Salluste et Térence.

« Il voyait dans Térence (et c'est toujours Bossuet qui parle) « les trompeuses amorces de la volupté et des femmes, les aveugles « emportements d'une jeunesse que la flatterie et les intrigues « d'un valet ont engagée dans un pas difficile et glissant, qui ne « sait que devenir, que l'amour tourmente, qui ne sort de peine « que par une espèce de miracle, et qui ne trouve de repos qu'en « retournant à son devoir ! » Convenez que vous n'attendiez guère, ici, cette louange d'un poëte comique, faite à un pape, par le plus grand évêque de la chrétienté ? Bossuet aimait Térence ; il en parle avec la verve et l'esprit d'un bon critique, et certes il avait raison de l'aimer, pour sa grâce et pour sa politesse, avec tant de charme et d'élégance ; mais proclamer Térence au jeune dauphin, au pape lui-même, comme un maître ès-arts de sagesse et de belles mœurs, voilà ce que nous ne comprenons guère, dans ce génie à la Bossuet. Un jour il a réprimandé Santeul, parce que Santeul avait fait l'éloge de la comédie, et Santeul repentant s'était fait représenter, la corde au cou, à genoux, et demandant pardon à Bossuet ! Bossuet cependant, que fait-il, quand il accorde à Térence une louange qu'il a refusée à Molière?... il traduit, à sa façon, le *castigat ridendo mores*, de ce même Santeul.

Il est vrai qu'il ajoute un peu plus loin : « Nous ne pardonnions rien à ce poëte charmant (*jucundissimo poetæ*), nous reprenions les endroits trop libres, en nous étonnant que plusieurs de nos auteurs eussent écrit pour le théâtre, avec beaucoup moins de retenue (*intemperatius lusisse*), et nous condamnions une façon d'écrire si déshonnête et si contraire aux bonnes mœurs. » Ici apparaît à qui sait lire, un souvenir de *Tartufe*, et comme une introduction à la lettre du père Caffaro.

Que de peines Bossuet s'était données cependant, pour accomplir, dignement, cette tâche illustre ! De quel zèle il avait entouré ce jeune homme, « fils des dieux ! » disait La Bruyère, qui semblait destiné à porter la plus belle couronne de l'univers ! L'aigle même, quand il apprend à son aiglon, comment on regarde le soleil, ne peut se comparer à ce maître absolu, lorsqu'il explique au fils du roi Louis XIV, comment il ne lui est pas permis « d'ignorer le genre humain. » Achille est nourri avec la moelle des lions... M. le dauphin a été nourri avec la moelle de tant de chefs-d'œuvre éclos pour lui, pour lui seul, et qui retentissaient à son oreille inintelligente, à la façon du tonnerre. Il écoutait sans entendre; il lisait sans comprendre ; il allait à la suite de Bossuet, son maître, et quand celui-ci pensait que son disciple marchait, d'un pas léger sur sa trace formidable, il ne se doutait pas qu'il traînait son élève dans des sentiers trop rudes pour les pas de ce faible enfant. Et voilà comme, lorsqu'il arriva sur le Sinaï de Bossuet, M. le dauphin était à demi mort d'épouvante et de confusion.

On fit lire aussi à M. le dauphin, qui n'y mordait guère, les œuvres de Cicéron; on lui fit lire et relire les œuvres philosophiques, et le *Traité des devoirs;* on lui fit même observer l'agrément attique de ce bel esprit qui savait sourire à propos. En même temps on lui enseignait la géographie ; on lui apprenait l'histoire, « qui est la maîtresse de la vie humaine et de la politique » (*humanæ vitæ magistram, ac civilis prudentiæ ducem*), et dans l'histoire, on lui apprenait, principalement, « les coutumes an-
« ciennes, les lois fondamentales, les secrets des conseils, les
« fautes des rois, les calamités qui les ont suivies, et les événe-
« ments inespérés pour y accoutumer l'esprit, et le préparer à
« tout ! » Pour la logique et la morale, on lui fit lire Aristote et

Platon. On lui expliqua le « connais-toi toi-même, » ou, comme dit l'Évangile : « considérez-vous, attentivement, vous-mêmes ! » En même temps on lui expliquait « les lois particulières, et les « coutumes du royaume de France », et tant de soins, tant de peines, tant d'exemples, toute l'*Histoire universelle*, afin d'arriver..... à mademoiselle Raisin la comédienne !

« Et songez, Monseigneur, à tant de peuples, à tant d'armées, à cette nation si belliqueuse et si nombreuse, dont les esprits sont si inquiets, si industrieux et superbes (*tam mobiles animos, tam feroces !* car il parlait en latin.....) » Et plus loin : « N'eussiez-vous qu'un cheval à gouverner, il faudrait songer à vous bien tenir. Comment donc gouvernerez-vous cette multitude où bouillonnent tant de passions, tant de mouvements si divers? *Diversissimis motibus et cupiditatibus æstuantem.* » Or, toutes ces belles paroles, autant de paroles en l'air, et tant de sages conseils, indignement oubliés pour une chanson de mademoiselle Raisin la comédienne. O Bossuet !

Pourtant il avait si bien prémuni son élève, contre les séductions de la comédie et les tentations de l'opéra !

« Au nom du ciel ! Monseigneur, ne commencez pas, par l'inapplication et par la paresse, une vie qui doit être si occupée et si agissante! A quoi vous serviraient des armes bien faites, si vous ne les avez jamais à la main? Cessez d'écrire ou de danser, aussitôt vous manquez d'habitude ; cessez d'exercer votre esprit, vous tombez en pleine léthargie. Alors il s'élèvera en vous de honteuses passions ; alors le goût du plaisir et la colère, qui sont les plus dangereux conseillers des princes, vous pousseront à toutes sortes *de crimes.....* » Ici Bossuet s'égare et va trop loin ; M. le dauphin était « incapable de mal, incapable de bien. » Et lorsqu'il le comparait au « fils de Dion, » qu'il lui avait fait lire dans *le Cornelius Nepos*, il lui faisait beaucoup d'honneur.

M. le duc de Saint-Simon l'a vu, et nous l'a montré, tel qu'il était, ce pauvre dauphin qui fut un si fameux témoignage de l'impuissance et de la vanité de l'éducation, et il ne tarit pas sur son inaptitude aux plus simples devoirs ; sur son aversion, au plus haut degré, non-seulement de toute espèce d'étude et de travail, mais pour les plus faciles et les plus naturels amusements de l'esprit, à ce point que, de son aveu, depuis qu'il avait été affranchi de son maître, il n'avait lu que la *Gazette de France*, et encore « à l'article des mariages et des morts ».

Tel était ce prince avorté; voilà tout le profit qu'il tira de ces exhortations solennelles. Certes le roi lui avait imposé le plus grand instituteur de son siècle et de son règne... il eut peur de ce maître absolu, et, le voyant tous les jours, il ne songeait qu'à la fin de ses études, qui allait être aussi l'heure de la délivrance.

Aussi bien, moins le crime, il réalisa toutes les craintes de Bossuet, son maître! Il ne lut plus, en effet, que *la Gazette!* Il fut lui-même, une gazette imbécile. O honte! ce disciple de Bossuet et de Jules César, devint tout de suite, un des sujets les plus timides et les plus tremblants du roi son père. Il ne vécut pas, il traversa ennuyeusement, une vie ennuyeuse : « Il était, dit Saint-Simon, noyé de graisse, et de la plus profonde *apathie* (il se sert du mot de Bossuet); grand mangeur, à la façon de son père, de sa mère et de sa grand'mère; sans vice et sans vertu, sans goût, sans choix, sans discernement; né pour l'ennui qu'il communiquait aux autres; une boule roulante au hasard, par l'impulsion d'autrui; toute sa vie il fut opiniâtre à l'excès; petit en tout; il était doux par paresse, et par une sorte de stupidité; insensible à la misère d'autrui; avare au-delà de la bienséance; livré aux mains les plus pernicieuses, incapable de s'en tirer et de s'en apercevoir..... » Enfin, M. le duc de Saint-Simon ajoute, et ceci est le dernier coup de cette massue... « Sans aucune volonté de mal faire, il eût été un roi pernicieux! »

C'est pourtant ce même dauphin qui fut si brave, un jour où il fallait être brave!... Il a fait, si courageusement, le siége de Philipsbourg qu'il fallut l'arracher, de vive force, au poste le plus dangereux de la tranchée, et qu'il mérita les louanges de M. de Vauban lui-même. A le voir combattre, à le voir monter à l'assaut, à l'entendre qui donnait l'ordre et l'impulsion aux plus vaillants capitaines, on eût dit qu'il voulait vivre, en un jour, tout le temps de sa vie, et puis s'endormir du dernier sommeil. « Fils de roi, père de roi, jamais roi! » C'était une prédiction des *Nostradamus* du Pont-Neuf.

Les apologistes de la Raisin ont poussé si loin leur dévotion à cette dame, qu'ils ont supposé un secret mariage, entre le dauphin et la Raisin. Comme si monseigneur n'avait jamais vu représenter, à la cour du roi son père, *Bérénice,* un chef-d'œuvre commandé à Racine, par une illustre princesse qui commandait à Corneille, aussi :

> ..... Plaignez ma grandeur importune !
> Maître de l'univers, je règle sa fortune ;
> Je puis faire les rois, je puis les déposer,
> Cependant de mon cœur je ne puis disposer !

Le fils de Louis XIV épouser, même de la main gauche, et même au grand autel du Théâtre-Français, qui a fait bien d'autres mariages du même acabit, l'amie intime de Baron, mademoiselle Raisin ! Le disciple de Bossuet, écrire à cette majesté de théâtre, une promesse imprudente ! Y pensez-vous ? Comme s'il n'était pas écrit, à la dernière ligne du *Discours sur l'Histoire universelle :* « Telle est, Monseigneur, la solide grandeur où un *homme sensé* doit mettre son espérance ! » Que cette parole : *homme sensé,* était la bienvenue, et quel mot, plus simple et plus utile, à conclure un si magnifique et solennel enseignement ?

Non ! quoi qu'en disent les comédies, malgré tous ces présages d'innocence et de naïveté qui faisaient peur à Bossuet, et qui déplaisaient si fort à M. le duc de Saint-Simon, Monseigneur n'a pas fait une promesse de mariage à mademoiselle Raisin, et mademoiselle Raisin n'a pas eu la peine de déchirer cette promesse de mariage. « Ventrebleu ! eût dit à ce propos M. de Cavoye, il ne s'agit pas ici d'une de ces minuties qu'il faut regarder avec un microscope ! » On a murmuré, il est vrai, aux oreilles de Louis XIV que M. le dauphin, veuf de la dauphine Marie-Anne-Christine-Victoire de Bavière, et père de M. le duc de Bourgogne et de M. le duc de Berry, avait épousé mademoiselle Chouin, pour imiter en tout, le roi son père... Le contrat de M. le dauphin et de mademoiselle Chouin est écrit au folio-verso, du contrat de Louis XIV et de madame Scarron. Le bel autographe que ce serait là, pour le cabinet d'un curieux !

Il est arrivé, plus d'une fois, que la comédienne applaudie, ou le comédien, cher au public, se sont arrêtés, soudain, au beau milieu du chemin, soit que le public se lassât de les voir, soit que la comédie elle-même ait trahi leur courage et leur ardeur. Certes, mademoiselle Mante était une des bonnes et habiles comédiennes du Théâtre-Français ; elle avait eu les débuts les plus brillants du monde, à ce point qu'elle avait *inquiété* mademoiselle Mars. Mademoiselle Mante était véritablement une femme d'un grand mérite ; elle avait donné son accent véritable à plus d'un rôle, et si elle n'a pas duré plus longtemps, il faut s'en prendre au plus féroce, au plus abominable ennemi de l'art dramatique, au brigand si lâchement ennemi des plus belles personnes, que le séducteur le plus dangereux qui les enlève, ou le traître affreux qui les abandonne, est cent fois moins à redouter pour leur repos ou pour leur gloire. Hélas ! hélas ! Mademoiselle Mante, jeune encore, et chaste autant qu'Agnès elle-même, mademoiselle Mante, ignorante, absolument, de toutes les passions de la vie et de tous les bonheurs de la jeunesse..... un exemple décourageant pour les princesses du théâtre, elle se vit exposée, ô misère ! et dès le bel âge, aux violations de ce misérable ennemi des femmes.

Quel monstre ! Il arrive, insinueux, perfide et câlin, tout rempli des plus belles promesses ; il raconte, à la dame crédule, qu'il est le meilleur ami de sa jeunesse ; il lui promet l'éclat, l'ornement, la blancheur, la fraîcheur ; la neige au sein, la perle aux dents. — Entrez ! lui dit la dame, et soyez le bien venu.

Il entre ; on lui fait grande fête, grande chère et bon feu ; il est de toutes les parties ; sans lui pas de joie et pas d'espérance ; et lui, câlin, joyeux, fleuri, beau diseur, il marche, à petits pas, dans l'ombre. Il s'insinue et doucement, peu à peu, dans les plus profonds replis de cette beauté qu'il attaque d'une façon insensible, jusqu'au jour épouvantable où le perfide est déjà dans la place assiégée. Alors : — O monstre ! ô misérable ! A l'aide ! au secours ! Je suis perdue ! et grâce et pitié !..... Plainte inutile et défense impossible ! En vain, cette infortunée au désespoir résiste au monstre ; en vain elle veut combattre, en vain elle se défend de toutes ses forces, implorant le ciel et la terre ! Il faut succomber ; il faut avouer sa défaite ; il faut obéir ; enfin, après tant de combats, la pauvre enfant succombe.. eh ! c'en est fait, elle est perdue, à tout jamais, cette fleur de beauté ! Adieu ! la frêle et pompeuse jeunesse, elle s'est évanouie. Hélas ! que j'en ai vu vaincues par cette honte ; que j'en ai vu qui marchaient à peine, courbées sous le faix, et se traînant sur leurs genoux fléchissants, n'en pouvant plus !

Ho le cannibale! ho le plus atroce des don Juan! le plus ignoble des Lovelace! le plus damné des séducteurs! Hélas! hélas! si l'on n'y prend garde, le voilà qui tend déjà, mais de très-loin, ses horribles embûches à cette belle et innocente créature. Ho le lâche! ho l'insensé! l'infâme et le cruel! Cependant vous voulez savoir le nom du nouveau don Juan, du seul don Juan qui attaque aujourd'hui les femmes, du seul qui les menace et qui les courtise, du séducteur qui les enveloppe en ses piéges, du seul qui trouble leur repos et leur sommeil? — Eh! ne l'avez-vous pas deviné, déjà? Son nom est...... *l'Embonpoint!*

Or le monstre avait, de bonne heure, envahi mademoiselle Mante; elle était engraissée horriblement, et cependant, elle jouait encore les rôles ingénus des plus jeunes veuves; elle jouait *la Belle Fermière*, une idylle, une élégie, un sentiment. Dame, il fallait tirer l'échelle après *la Belle Fermière;* il n'y avait pas de jatte en pâte tendre, et pas de lait écumant, et pas de fraises écrasées au beau milieu de la crème des bergeries de Watteau ou de M. Léonard, qui se pût comparer, pour le fini, le lustré, le rosé, l'enjolivé, le pomponné, à la *belle fermière*. Une idiote de comédienne, à demi-bas bleu, poëte à demi, musicienne à demi, qui pinçait de la harpe, et qui chantait des romances (elle avait tous les vices, même elle écrivait des romans) avait composé, pour son propre apothéose, et pour son usage personnel, cette *belle fermière*. Elle appartenait, cette madame Candeille, à la race abominable des femmes à tout faire, reines au théâtre, et reines au salon, bonnes à bouillir, bonnes à rôtir; elle était bonne à tout, elle n'était propre à rien. En voilà une qui pouvait chanter sur *sa lyre* (un mot de l'*Almanach des Muses*) la chanson que chante Arnal :

> Je sais cirer, frotter, fendre du bois
> Et jouer de la clarinette...

Ho les sottes créatures! Fuyez vite, et fuyez vite, aussitôt qu'elles vous abordent! Vous ne sauriez trop les éviter et trop les fuir.— C'est madame Candeille, elle-même, à qui l'on offrait une tranche de mouton *bien tendre*. — « Hélas! disait-elle en minaudant, et la bouche en cœur, il n'en est que plus malheureux! »

Il faut le dire, à la louange de mademoiselle Mante et de son embonpoint, elle a fini par nous délivrer de la *Belle Fermière*.

Un soir (elle représentait la *Belle Fermière*, sur le théâtre, où la veille encore, *Hernani* pleurait et se lamentait sur les belles mains de Dona Sol), mademoiselle Mante entendit d'abord un murmure, et bientôt un frémissement. Bientôt les hommes et les femmes, en petit nombre il est vrai, qui écoutaient, bouche béante, cette platitude, se mirent à bâiller... à bâiller... Enfin, et tout d'un coup (mademoiselle Mante chantait encore sa romance en pinçant de la harpe), un butor de romantique, un manant, un rustique du parterre, entendant cette voix, cette chanson et cette harpe, savez-vous ce qu'il a fait? Il a fait..... ce que vous faites quand vous passez, le soir, sous les sombres arcades de l'Institut de France, espèce d'antres béants sans lumière, où se tient une femme voilée et qui chante! — Il a jeté un gros sou, à mademoiselle Mante; un vrai gros sou, qui rejaillit sur la harpe, à l'endroit où l'on voyait un Chinois, en habit brodé, qui porte l'éventail au-dessus de la tête d'une Chinoise, en pet-en-l'air!

La plaintive harpe en eut un gémissement du fond de ses entrailles; le Chinois en pâlit; la Chinoise, épouvantée, en resta la bouche ouverte, et vous pensez si la chanteuse, indignée, eut grande peine à dire le refrain de sa chanson! Après quoi, mademoiselle Mante, emportant sa harpe et sa chanson, s'en alla, sans demander son reste; ainsi fit le public, et depuis cette orageuse soirée il ne fut plus question de la *Belle Fermière!* Ainsi disparut mademoiselle Duchesnois, dans une tragédie intitulée : *Pertinax!* Ainsi disparut le *Devin de village*, au milieu des rires d'un parterre de jeunes fous, qui avaient couvert leur tête bouclée, d'un bonnet de coton à longue mèche. Il ne faut pas trop insister, croyez-moi, contre les volontés suprêmes du parterre, quand une comédie, ou quand une comédienne ont fait leur temps.

L'embonpoint et le célibat (chose étrange!) étouffèrent mademoiselle Mante, tout comme la maigreur et le feu des passions vinrent à bout de madame Candheille; elle était morte entre l'*Hector* de Luce de Lancival, et l'*Ossian* de M. Baour-Lormian, laissant après elle une abominable odeur d'ambre et de petit lait, de paille et de benjoin, de cuisine et de boudoir. On lui chanta, pour son *de profundis :* « O ma tendre musette! » et puis : « O Fontenay qu'embellissent les roses! »

Rien de plus malheureux que la comédienne qui ne sait pas vieillir, Saint-Évremont l'a très-bien dit, dans une de ses chansons :

> La raison me fait connaître
> Qu'amour n'est plus de saison :
> Mais quand l'amour est le maître
> Écoute-t-on la raison ?
>
> Qu'est-ce que mon cœur espère
> Quand il se mêle d'aimer ?
> Quand on n'est plus propre à plaire,
> Pourquoi se laisser charmer ?

Il a raison, l'aimable poëte, il n'y a que la jeunesse, en tous les arts. Elle est la gloire, elle est la force, elle est l'espérance ; il n'y a rien qui ne soit un chef-d'œuvre, avec la jeunesse, et sans elle, hélas ! il n'y a plus rien qui soit supportable. O frêle espérance, ô grandeur passagère, enchantement d'un jour ! Voyez cette fillette aux pieds légers qui s'avance, à la façon d'une flamme amoureuse, elle vient, elle arrive, et... la voilà !

La voilà, superbe, éclatante, inspirée, adorée et si jeune encore ! — Et quel âge a-t-elle ? Elle a deux grands yeux bleus ou noirs, à votre choix, des yeux qui partent bleu, qui frappent noir. Quel âge ? Elle a ces belles dents qui brillent... les trente-deux perles de son sourire. Quel âge ?... Eh ! voyez son pied ? Sa main est encore un peu rouge, et tant mieux ! Quel âge ?... Avez-vous vu sa taille, une tige élégante qui plie et se redresse à la façon de l'acier ? Elle est née avec le printemps ; elle en a les douces couleurs. Elle s'écrie, en frémissant de joie et d'orgueil, que la vie est éternelle, et que l'amour est comme la vie !

Elle ne sait pas quand vient l'été, quand vient l'automne, et quand viendra l'hiver ; elle est le mois de mai qui marche, en chantant : elle en a l'odeur suave, et la joie immense. Elle s'empare, adorablement, du monde, et le monde, enchanté, se laisse faire. Oui, mais pendant que le sang circule, actif, et plein de tumultes, sous cette peau limpide et fraîche, et pendant que le feu intérieur passe, de l'âme au regard, il arrive un jour, jour fatal, là, sous la peau... moins que rien, un souffle, un frisson, quelque chose enfin qui va fuir dans le sourire, un pli... le pli même de la rose, que le vent du matin a roulée, en soufflant...

Eh! tenez! C'est la chose invisible, ce pli de la feuille, et vous prendriez votre loupe, que vous ne le verriez pas!..... O misère! ô douleur! A ce pli invisible, à ce frisson... sous la tempe, à la lèvre, au front splendide..., à ce rien qui serpente à travers ces belles couleurs, soudain! malheur à toi, beauté; malheur à toi! C'en est fait de ta jeunesse, elle est partie, elle a fui comme un écho, elle a brisé tous les liens qui l'attachaient à ta belle personne; elle a disparu, elle est morte, elle ne reviendra plus, tout est dit... tout est fini! C'en est fait : adieu, adieu, adieu la jeunesse! Eh! l'âge mûr commence à ce pli du visage, et vous le voyez se glisser peu à peu, tout bas, sur les lis de votre joue... un serpent sur les fleurs. « Là nous nous sommes assises, là nous avons pleuré, en nous rappelant Jérusalem ! » Mais qui donc le peut découvrir, ce frêle et fugitif indice d'une ruine, qui ne viendra que vingt ans plus tard? Celle qui le devinera, la première, ce symptôme infaillible, c'est celle-là même qui le porte. Elle seule au monde, elle peut le voir, cet échec de ses vingt ans!

D'abord, cette première ride, on la soupçonne; et, soupçonnée, est-ce qu'on l'avoue? On se dit à soi-même, ah! bah! j'aurai mal dormi, cette nuit, et mon mari était insupportable, hier! Puis, la dame, en tournevirant sur elle-même, se chantonne un air favori, puis elle se regarde à quelque glace heureuse et favorable. Et le miroir de lui sourire! Alors elle ne voit plus rien que sa jeunesse brillante, colorée et tout unie comme le cristal de ces bassins de marbre, où se mirent les belles nymphes de bronze. En voilà pour six mois de récréation, de contentement, d'oubli de la ride! — Où donc avait-elle vu cette ride? Il faut bien qu'elle l'ait rêvée! Elle s'était trompée, en effet...

Voilà bien le coin du rire où cependant elle avait vu ce pli funeste! Elle avait pris, pour une ride, ce beau petit duvet de la pêche où s'adoucit, finement, l'incarnat de la joue. Une ride, à cette joue, allons donc! On ne chantonne plus, on chante : — A bas les rides!... « Mais comme ce pauvre Ernest en a déjà! » se dit la dame. Or, ce *pauvre Ernest*, c'est son mari!

Bon cela! dit-elle encore, mais quelle peur elle m'avait faite, cette espèce de ride à ma lèvre! Ainsi la dame est rassurée, et jamais elle n'a mieux senti la verve et l'orgueil de la jeunesse! Pourtant un jour d'automne, un jour sombre et pluvieux, où tout est mort, où tout va mourir, la dame, en démêlant ses beaux cheveux, d'une main nonchalante... — Ah! Lisette. Ah! Marton! Qu'est-ce à dire? Et venez voir! venez donc voir!

C'est étrange, incroyable..... un miracle! A ce miracle elle appelle, hardiment, toute sa maison. — Un cheveu blanc! J'ai trouvé un cheveu blanc! Le voilà! blanc, tout blanc. C'est une bonne fortune... on en rit tout le jour! — Je veux vous le donner, Gustave (Gustave est l'amoureux de la dame), et vous en ferez faire une bague. Un cheveu blanc; on le montre à toute la terre; on le dit à toutes ses amies. — « J'ai un cheveu blanc! »

C'est bon! Mais le lendemain de ce premier cheveu blanc, qui va convoquer la grande armée et le grand cataclysme des cheveux blancs, et quand la dame, rêveuse, a démêlé ses cheveux, d'une main déjà moins superbe... elle retrouve, elle revoit, à la même place, et même... au front, et déjà plus marquée, un peu plus que rien, la fatale ligne droite ou courbée.—Ha! la voilà! voilà la menace, à jamais tracée et fatale, qui marque enfin ce beau visage d'un signe immortel! Le temps, qui semblait oublier et respecter cette beauté, l'a touchée, et désormais ce signe imperceptible ne fera que grandir, comme font ces chiffres d'amour, tracés sur l'écorce du hêtre. A mesure que l'amour s'en va, le hêtre se pénètre de ces initiales entrelacées, et quand l'écorce, à force de grossir, tombe enfin du bel arbre, il y a vingt ans, que l'amour est tombé de ces jeunes cœurs.

Donc la première ride est établie; elle est reconnue, elle est visible; elle est le premier sillon que trace le Temps, sur les beaux visages! Pourtant, à ce rude assaut, et le premier étonnement passé, la dame oppose un front calme. — Après tout, le beau mal, une ride! La joue est intacte encore; la tempe est fine et déliée à la façon des premiers jours; c'est à peine si l'épaule est arrivée à toute sa beauté! — Voyez ma main, voyez mon bras, voyez ma taille et le cou charmant! Une ride, ah bah! Seulement, on jette aux orties le roman commencé, on prend un livre sérieux, et ce livre est un moraliste rude et sévère qui vous dit toutes sortes de vérités cruelles. Le soir venu, la dame, en grand habit, et parée à ravir, se pose, en déesse, au beau milieu de sa loge, à l'Opéra, et couverte de diamants et de fleurs, à la lueur des lustres étincelants; qui donc se douterait, parmi les mortels attentifs, de cette ride et de ce cheveu blanc?

Hélas! pourtant, que de passions, de chagrins, de prévisions douloureuses dans ce seul mot : — *La première ride!* A tout prendre, Britannicus peut mourir empoisonné par Néron; que Rodogune s'empoisonne elle-même, et que Roxane poignarde Bajazet, pas une belle dame ne s'en inquiète... Une ride à son visage! O dieux et déesses!... touchez son cœur!

Scit te Proserpina canum! « Tu as beau te mentir à toi-même, et teindre en noir tes cheveux blancs, Proserpine en sait la couleur. » Ainsi parlait Martial à un vieux comédien, qui faisait le jeune homme. On résiste à la première ride; à la cent millième on succombe; autant donc en prendre son parti assez vite pour échapper à tant de mensonges, à tant de peines inutiles. Ce sont les femmes les plus enviées et les plus sages qui comprennent tout de suite les avertissements sérieux. Telle était, naguère, au théâtre, une accorte villageoise, une égrillarde soubrette, une Rosine en tablier vert, un jeune premier rôle (aïe! aïe! il est déjà très-avancé le *jeune* premier rôle) qui, tout d'un coup, prenant son courage à deux mains, franchit le pas difficile, et devint une mère-grand, à son tour. Madame Boullanger, à l'Opéra-Comique, était-elle assez fraîche, assez vaillante, et vive, accorte, et gaie? Et comme elle portait la cornette, et le tablier, le fichu très-ouvert, et le jupon court! Était-elle vive, et contente, et réjouie? Eh bien! elle s'est faite, un beau jour, duègne et mère-grand. Elle a sauté gaillardement, le fossé, au bout duquel il n'y a plus que la dernière culbute. A coup sûr, elle aurait pu retarder l'heure fatale; mais aujourd'hui ou demain, qu'importe? Aujourd'hui, on lui en sait gré; demain on aurait dit : Elle n'a pu mieux faire! Ainsi donc, adieu Florine, adieu les attifets galants; apportez-nous la robe feuille-morte, et les amples vêtements de ma tante Aurore. Adieu Julie! adieu Marton! adieu Lisette! adieu la folle, et la jolie, et la folâtre et l'espiègle!... Elle riait si bien, au nez de son parterre!... Et maintenant, maintenant c'est au parterre, à rire, à son tour.

Heureusement que son parterre a vieilli avec elle; nous étions des écoliers, quand elle était une simple et vive soubrette. Que sommes-nous, à présent qu'elle n'est plus qu'une duègne? D'elle et de nous, c'est elle encore la moins changée, hélas!

C'est elle encore la moins méconnaissable et la plus vivante. Le sentier fleuri... le voici ! Il lui manque bien, par-ci, par-là, quelques branches d'aubépine ; ses buissons chargés de roses se sont bien quelque peu effeuillés, cependant il est facile encore de reconnaître que l'amour a passé par là.

Eh ! mieux vaut encore ajouter à sa jeunesse, l'âge mûr ; à l'âge mûr l'âge déclinant ; mieux vaut encore être utile dans l'emploi sombre et sérieux de la comédie et de la vie humaine, que de renoncer tout de suite, à sa place, à son emploi, à sa condition. Que de peine s'était données Dorine, avant d'entrer en condition dans la comédie et dans la maison de Molière ! Elle avait étudié, et profondément étudié le caractère de son bon maître. Elle l'avait vu sérieux, même quand il rit, et conservant une certaine gaieté, même dans sa colère. Ainsi, peu à peu, Dorine, habile et prudente, s'était introduite en la familiarité de ce brave homme ; elle s'était appliquée à lui complaire, et si parfois il retombait, du haut de son génie, en ses habitudes moroses, elle redoublait de grâce et de bonne humeur ! Rien ne lui coûtait ; pour l'amuser une heure, elle lui racontait toutes sortes de bons mots, qu'elle lui avait entendu dire à lui-même ; elle le piquait, elle le provoquait ; elle allait chercher, et elle les ramenait par la main, tous les jeunes gens, aimés de Molière : Éraste et Lucile, Isabelle et Valère, Horace et la jeune Agnès, Dorimène et Lycaste, Éliante et Philinte, Élise et Valère, Marianne et Cléante, Angélique et Clitandre, Lucile et Cléonte, Zerbinette et Léandre, Henriette et Lycidas, et quand ils étaient tous réunis, sous ses yeux, ces beaux enfants de Molière, amoureuse et innocente famille, la digne servante vous les mariait bel et bien, dotés ou non dotés, les uns et les autres, au grand contentement du père et des enfants. Alors vous eussiez vu, grâce à Dorine, ce vieillard chagrin reprendre son sourire de joie et de contentement. Le bonheur de ces jeunes gens le reposait de sa longue et calme contemplation des vices, des ridicules et des travers de l'humanité !

Donc, on peut dire que dans cette glorieuse et bourgeoise maison, plus féconde en enseignements salutaires, que l'Académie ou le Portique, notre servante a fait longtemps un bon et loyal service. Elle était comme une domestique du bon temps, que son maître engageait pour tout faire, ne voulant pas être dévoré, espionné et critiqué par des laquais affamés et sans conscience. Les plus grandes et les plus petites affaires du logis passaient par les mains de Dorine, et comme elle était discrète autant qu'elle était avenante, il faut reconnaître, à ces signes, le bon sens et l'intelligence de son maître, heureux de se délivrer de tous les tracas du ménage, sur sa fidèle servante.

Elle, cependant, heureuse et fière de cet emploi de confiance, un peu maîtresse au logis, mais n'abusant pas de son autorité, elle accomplissait les entreprises les plus difficiles, à ce point difficiles, que son maître, abandonné à lui-même, ne les eût jamais tentées. C'est elle, elle seule qui a chassé Tartufe; elle a fait taire madame Philaminthe; elle a renvoyé la Dorimène et le petit chevalier qui envahissaient et dévalisaient la maison de M. Jourdain, un des bons amis de son maître. A l'avare, elle enseignait l'apaisement; au prodigue, elle conseillait l'économie, à la jeune Agnès, elle disait qu'il faut se méfier des vieillards; et quand enfin son premier maître, accablé par la maladie et par le travail, s'avoua vaincu, ce fut Dorine encore qui veilla au chevet de l'illustre malade. Ame forte et naïve, honnête et dévouée! Elle aimait et favorisait la jeunesse; elle honorait et protégeait les vieillards. Et voilà par quels services signalés, Dorine est devenue un des enfants du père Molière, l'amie et l'égide des dames de la meilleure condition, et des seigneurs de la plus haute volée; et, quand un jour, dans un moment d'oubli, elle se lassa de servir ce bon maître, ce fut, parmi les nouveaux venus qui pensaient à le remplacer, à qui donc embaucherait Dorine?

Elle aimait à servir les passions innocentes de la vie heureuse, et tant qu'elle fut loin de son premier maître, elle a suivi, pas à pas, Regnard et Dancourt, La Chaussée et Lesage; elle apprit la langue même de M. de Marivaux; elle a tenu sa place au foyer turbulent de M. de Beaumarchais. Mais, grands dieux! que ces gens étaient difficiles à servir, et comme ils ressemblaient peu au premier maître, au vrai maître! Elle portait, naguère, un accoutrement à l'ancienne mode; une robe de bure et des bas de laine, tricotés de sa main suffisaient à sa parure... Avec les maîtres nouveaux, plus de bure et de laine... Ah! fi! le tablier vert, les dentelles, le bas de soie, et même, au besoin, l'éventail!

Elle n'est plus une *servante*, elle est, par ma fi! une *sou-*

brette, et parfois même elle change d'habits avec sa maîtresse. Et plus de gros René ou de Lamerluche, qui vous fassent les yeux doux; nous ne connaissons que M. Pasquin ou M. Lafleur. Parlez moins haut, ma mie, et que votre rire ait moins d'éclat; un peu moins d'antichambre, un peu plus de salon, et chaque matin, pour avoir les mains blanches, lavez-vous avec de la pâte d'amande; c'est bon pour la petite Charlotte de se laver avec du son, quand don Juan lui vient baiser les mains!

Voyez! voyez! Dorine obéit à ces voix nouvelles! Elle renie, ou peu s'en faut, sa condition passée; elle ne veut plus s'appeler Dorine ou Marton, elle s'appellera, volontiers, mademoiselle Lisette! O maison de Molière! Une maison correcte, et décente, à l'abri de la dette, à l'abri de l'orgueil; amie de toutes les bonnes bourgeoisies; tiède en hiver, fraîche en été; toute à l'ordre, à la convenance, au respect des voisins! Au contraire, chez ce bandit de Regnard, ce ne sont que bombances, concerts, cadeaux, bals, neveux ruinés, usuriers tout puissants, oncles bafoués, Lisettes éveillées, Mascarilles effrontés. On s'enivre à l'office, on s'enivre au salon. Les valets font autant de bruit que les maîtres, et ils ne s'oublient pas dans les testaments des vieillards à l'agonie.

Eh! regardez de ce côté, sans y prendre garde, et vous verrez circuler les billets doux. Le beau taudis, cette maison de Molière, pour des valets de cette qualité! Un petit luxe, un petit feu, des meubles en bois de chêne ou de poirier bien luisant, un grand sentiment de l'ordre; eux-mêmes, les jeunes gens, enfants du père Molière, à peine ils ont parcouru leur cercle de folie, et soudain ils se rangent, ils se marient, et v'li, v'lan! ils vous flanquent à la porte les aimables valets, et les fidèles servantes qui les ont le mieux servis dans leurs amours.

Aussi bien, disent les Lafleur en grande livrée, et la Marton enrubanée: Ah! fi de ce bourgeois Molière, et fi de ce monde à part, fi de ce monde bourgeois, où, quel que soit l'excès de la vie ou de la passion, toute chose, au dernier acte, tourne au bon sens, à l'autorité, au mariage, à la dette reconnue et payée! Au contraire, ici, chez monsieur Regnard, des joueurs sans frein, des marquises débraillées, des comtesses barbouillées de tabac d'Espagne, et des vicomtes brodés et chamarrés sur toutes les coutures, qui jettent l'or à pleines mains. Ici la gloire et l'univers des valets de chambre, ici l'empire et la domination de la soubrette! On s'aime, on s'embrasse, on fait sa fortune, on se dépayse en vingt-quatre heures. Vive la joie! Et si, par hasard, mademoiselle Lisette est vieille, elle épousera, du produit de ses concussions, monsieur l'Élu ou monsieur Le Baillif.

Peuh! monsieur Regnard est mort; il est mort, en revenant de la chasse, un beau matin, que vingt amis et leurs amies l'attendaient chez lui, dans son château, pour le déjeûner. Il est mort! Un certain bon vivant, un bel esprit, aimant la feuillette, et la fillette, appelé Dancourt, comme il voulait remplacer le salon de monsieur le chevalier Regnard, il ouvre un cabaret; il arbore un bouchon en guise d'enseigne, et pour achalander le bouchon, il engage, à bas prix, Dorine et Lisette. « Allons ça, Dorine; allons ça, Lisette; il y a sous ma tonne une troupe de bons vivants qui vous en diront de belles. Sans doute on en dira de vives et de salées; mais, de bonne foi, on n'entend que ce que l'on veut bien entendre. » Il avait fait sa fortune, en huit jours, le cabaretier Dancourt, il voulut la boire et la manger en l'espace d'une semaine... il se trompa d'un jour : le septième jour, il n'y avait pas un écu dans son coffre, un pain dans sa huche, une bûche à son feu.

Étienne Becquet, notre ami, ce bel esprit dont l'histoire est à faire... et nous la ferons [1], aimait particulièrement Dancourt et sa comédie! Il se plaisait au spectacle animé de ces bombances, et de ces beaux esprits en belle humeur. Comme il était destiné à être fort riche un jour, et comme il comprenait qu'il n'avait pas longtemps à vivre, il voulut, en avancement d'hoirie, avoir, pour son propre compte, le secret de ces fortunes et de ces plaisirs. A ces causes, il emprunta à M. Hainguerlot, le banquier, et le bel esprit, son château de Stains. Le château était déjà une fête, rien qu'à le voir! Des eaux plates et jaillissantes, un ombrage, un parterre..... une féerie! Ajoutons que la maison avait été portée en ce lieu choisi, par les farfadets des anciens fermiers-

---

1. Dans la *deuxième série* de cette histoire de l'art dramatique, si Dieu nous prête vie! Il y aura, certainement, un grand travail, à entreprendre cette deuxième série. Un travail ingrat, pénible, et dont nous ne recevrons pas la récompense. Mais quoi? *Oportet unumquemque, de mortalitate, aut de sua immortalitate cogitare,* disait Pline le Jeune. Et vraiment le plus humble écrivain a bien le droit de songer au bagage qu'il doit laisser après lui!

généraux, ces mêmes fermiers-généraux qui ont commandé au graveur Eisen, les contes de leur fantaisie ! Il n'y avait rien de plus joli, de plus coquet, de plus charmant ! Dans ce château, qui était son château pour huit jours, Étienne Becquet apporta cinquante mille francs, qui représentaient, pour ces huit jours, une fortune de douze fois deux cent mille livres de rentes. Calculez la somme ! A peine installé dans cette oasis des noces de Gamaches, et toutes choses étant solidement et succulemment préparées, les caves à la glace, les cuisines brûlantes, il invite à ses fêtes tout ce qui était, à Paris, le nom, la beauté, la grâce et l'esprit, la fortune et l'élégance ; rien de trop glorieux, de trop charmant, disons tout... de trop vicieux pour ce surintendant d'un jour.

Fouquet, et les fêtes de Vaux étaient dépassés par les fêtes de Stains. Ce n'étaient que repas et festins, poëmes et chansons ; dîners, soupers, comédie et concerts. Le Gymnase et M. Scribe, à leur aurore, honoraient de leur présence, et de leurs cantilènes amoureuses, ces beaux lieux, étonnés de tant de splendeurs. Chaque soir, le feu d'artifice, et l'illumination à chaque fenêtre. Enfin, quand cette foule heureuse, abandonnait, au petit jour, ces demeures hospitalières, Becquet, debout sur le perron, criait à la livrée : — Holà ! vous autres, avez-vous bu, tout à votre aise ? — Oui, disaient-ils, à votre santé, Monseigneur ! — Et quel est, parmi vous, l'idiot qui n'emporte pas un peu de mon vin, dans son coffre ?... Oui, Monseigneur, disaient-ils encore, ayez bon courage... on a son compte ! Et ces messieurs de soulever leurs chapeaux galonnés : — « Il n'y a pas d'imbécile ici, Monseigneur. » Véritables valets, véritable comédie à la Dancourt ; elle a passé tout aussi vite... Au bout de huit jours, laquais, soubrettes, Araminthe et Lisette, Mondor et Frontin, le vin et la chanson, les diamants et les fleurs, le comédien et la duchesse, Chérubin et Figaro... autant de songes !

La dernière flûte, essoufflée, était gisante sur le dernier violon brisé ; l'épée et l'archet se croisaient au pied du hêtre enrubané ; le dernier verre avait brisé la dernière bouteille... et tout disparut : les belles amoureuses, les beaux esprits railleurs, les cuisiniers brûlés, les convives repus ; l'ombre seule resta avec le silence et le murmure, ces faciles trésors du printemps.

Le seigneur éphémère de ce beau parc (ses amis étaient partis si vite, qu'ils avaient oublié de l'emmener avec eux), le Béquet de Stains, resté seul, n'était plus que le Béquet de la grande route. Il emprunta quinze sous à son jardinier, et il revint à Paris en coucou, très-altéré de la route. — Gare! et gare! et place! nous disait-il, faites place à la comédie de Dancourt!

Revenons à Dorine; elle avait déjà quitté Molière, son premier maître, et monsieur Regnard, le riche monsieur Regnard; elle avait assisté à la ruine du bonhomme Dancourt. Quel dommage! Il était gai, joyeux; si content de tout, si peu grognon, si facile à vivre! — Et maintenant Dorine en était à chercher une nouvelle condition. En ce moment, notre soubrette entendit parler d'une assez bonne et déjà vieille maison, habitée par une moitié de grand seigneur, nommé Lesage. Cet honorable gentilhomme était loin de tenir table ouverte, comme faisaient les deux autres; mais il compensait, à force d'esprit, de bonne grâce et de politesse, ce qui lui manquait du côté de l'abondance et de la fortune. Il avait à son service, un admirable valet, nommé Gil-Blas, qui faisait presque toute la besogne de la maison, ne laissant presque rien à faire aux autres, au maître aussi bien qu'aux valets. La servante de Molière entra donc chez ce René Lesage, et tout d'abord, en si bonne compagnie, elle se figura qu'elle était retournée à sa condition première. Malheureusement, ce nouveau maître, honnête, et bon, et simple en ses mœurs, avait contracté des habitudes, incroyables, dans un personnage si bien né. Il avait pris peu à peu en grande passion le chemin qui menait à la foire Saint-Laurent, dont il faisait ses galeries, et là il ne rougissait pas d'amuser le populaire de ses bons mots grivois, de ses folles grimaces, de cent mille sornettes qu'il inventait, sans trop s'inquiéter de faire ainsi le métier de parasite et de bouffon.

Vous pensez si la pauvre servante se sentit ébahie, à cette heure, et si elle fut mal à l'aise sur ces tréteaux, elle, qui venait de si bon lieu! Aussi cette bouffonnerie lui fit mal. Ce n'était plus le rire franc, loyal, honnête, et plein, de son premier maître. Elle s'en plaignit; on lui proposa, puisqu'elle n'osait pas rire à la foire, de la faire entrer dans une maison triste et terne, loin du bruit, mal éclairée, entourée d'une cour sans air, et pleine d'herbes, dont le maître n'avait pas d'autre occupation que de verser des larmes amères, et de pousser de longs soupirs?

Elle accepta, faute de mieux, cette condition nouvelle. Dans cette maison, il fallait parler tout bas ; on était vêtu de noir ; on sanglotait toutes choses et même le rire ; il se passait là, en huit jours, plus d'intrigues et plus de changements de tout genre, on y faisait plus d'enfants et plus de mensonges que dans toute la maison de Molière, en vingt ans. Le seigneur de ce lieu de plaisance, honnête homme du reste, s'appelait le sieur de La Chaussée ; il se vantait de n'avoir jamais ri de bon cœur, une seule fois en sa vie, et de toute l'antiquité classique, il ne savait que deux mots de l'*Iliade*, qui signifient : *il pleurait en riant*. Dans cette hôtellerie du soupir, notre servante ne resta que le temps d'arranger deux ou trois intrigues, et autant de mariages. — C'est un cimetière, cette maison de M. de La Chaussée, — et du même pas elle s'en fut chez M. de Marivaux, la pauvre enfant !

A peine elle fut en ce logis de M. de Marivaux, notre servante comprit que toute son éducation était à refaire ! C'était une langue nouvelle à parler ; c'étaient des mœurs élégantes, mais étranges ; des aventures incroyables ; toutes sortes de mascarades, de mensonges et de déguisements. Dans cette espèce de petite maison, elle apprit à jouer de la prunelle et de l'éventail ; elle se frotta à toutes les paillettes d'or, à tous les diamants, à toutes les fleurs, à tous les blasons. En ce lieu de la mièvrerie ingénieuse, des fins sourires et des chuchottements délicats, sauf la poudre et les paniers, les perruques et les longues cérémonies, la vie était assez facile, et tout autre qu'une servante de Molière, s'en fût très-bien accommodée. Seulement ce n'était plus la langue qui se parlait chez Molière ; c'était comme une manière de patois qui n'était d'aucun pays, un idiome à part, où Marinette ne pouvait rien comprendre ; un murmure, un glapissement, une grammaire incroyables. Si bien qu'après les premiers efforts pour être à la hauteur de ce beau langage, la brave fille s'enfuit épouvantée autant que Martine, la servante, lorsqu'elle s'enfuit de la cuisine du bon Chrysale.

La voilà donc sans condition une fois encore. Ah ! mon premier maître, où êtes-vous ? Si vous saviez ce qu'ils ont fait de votre petite Dorine ? Cependant, il fallait vivre. En ce temps-là le monde ancien finissait. Non loin de la Bastille, enfin croulante, une nouvelle maison s'élevait, qui recrutait de toutes parts un nombreux domestique. On disait que dans ce nouvel hôtel de la comédie, seraient réunis toutes sortes d'éléments divers, le rire de celui-ci et les larmes de celui-là, les marquis de Dancourt, et les financiers de Lesage, le luxe de Regnard et les petites maîtresses de Marivaux. A Lesage, l'homme en question, voulant monter dignement sa maison, avait emprunté Gil-Blas, seulement il avait changé le nom de ce Gil-Blas, il l'avait nommé Figaro. Bref, le propriétaire de ce logis, bâti sur toutes sortes de ruines, parmi toutes sortes d'obstacles et de fantaisies, s'appelait Caron de Beaumarchais. Dans cette maison de Beaumarchais, la vagabonde soubrette est acceptée, et tout de suite elle entre en fonctions. Tout va bien, les premiers jours ; rien n'annonce encore la révolte qui va venir. On fait de la comédie, et le rire va comme il peut aller, un peu au hasard, du bout des dents.

Or, voici qu'un beau jour, le maître a convoqué sa maison, et il leur déclare à tous, que ce n'est plus une comédie qu'il va livrer, mais une bataille : il s'agit, cette fois, non pas de corriger en riant, mais de détruire et de renverser en blasphémant ; de briser toutes choses, sous la colère et sous l'injure, et qu'ainsi ils se tinssent sous les armes. Il ne s'agissait rien moins, cette fois, sous prétexte de marier mons Gil-Blas, je veux dire maître Figaro, que de débaucher la maison tout entière, à commencer par le petit Chérubin et la petite Fanchette, à finir par Antonio et Grippe-Soleil. Pour arriver à ce dévergondage universel, tous les moyens étaient bons : le vin, l'argent, les honneurs, les lois, l'escalade, l'effraction, l'adultère, l'amour, le paradoxe, le cynisme, et l'esprit... l'esprit surtout. Cette fois, toutes choses étaient bouleversées sans rémission : le grand seigneur devenait le valet, le valet était le grand seigneur ; la grande dame était la soubrette, et réciproquement ; l'enfant devenait tout de suite un homme, et sans qu'on lui donnât le temps d'être un jeune homme ; la mère, dont le fils était perdu, retrouvait son fils au moment d'être sa femme ; le langage était digne de ces mœurs : brutal, éclatant, trivial, boursouflé, énigme perpétuelle et stridente dont chacun savait le mot, à l'avance.

Ah ! pour le coup, la pauvre servante de Molière fut épouvantée ; cette dernière épreuve était trop rude, et c'en était fait : elle renonçait à son vagabondage. « O mon maître!... Il est mort! »

Comme elle allait pour se jeter à l'eau, la pauvre femme, une âme compatissante à ses malheurs lui apprit que Molière était ressuscité, ou plutôt qu'il n'était pas mort. Au contraire, à force d'avoir eu des successeurs et des remplaçants de son génie, il n'avait jamais été si universellement vivant, honoré, salué, glorifié. — Oui, ton maître, ô Dorine, est immortel; il t'appelle, et déjà il tend ses bras vénérables à ta misère. Aussitôt Dorine est consolée; elle accourt, elle arrive, elle est la bienvenue; elle dit adieu à ces palais, à ces cabarets, à ces taudis, à ces cavernes, à ces arènes politiques, où jamais elle n'aurait dû mettre les pieds. Elle revient humble et repentante à ce vieux bon Molière qu'elle pleurait toujours. Chemin faisant, son cœur battait de joie en songeant qu'elle allait rentrer dans le devoir, dans l'ordre, et dans la paix du foyer domestique. Elle se rappelait avec bonheur ces nuits remplies de sommeil; ces journées utilement occupées; ce seuil de la porte honnête et babillard; ce carrefour de son quartier où se disaient tant de choses, où elle avait vu passer tant de gens divers, depuis M. de La Souche, jusqu'à M. de Pourceaugnac. En même temps elle rentrait dans le sentiment naturel de son importance domestique : elle allait donc reprendre enfin les clefs de la maison, de la cave et même du coffre-fort? — Son bon maître, ce grand génie si modeste, qui dépensait, en son chemin, si peu de paroles, si peu d'argent, mais qui jetait à tout venant tant d'esprit et tant de sagesse, elle allait donc le revoir, elle allait se jeter à ses pieds vénérés! Quelle joie, et quelle fête, pour tous les deux!

Ainsi songeant, rêvant ainsi, Dorine aux pieds légers marche à son but charmant sans retourner la tête; elle arrive enfin..... La voilà, voilà notre maison : « O Patria! »

La voilà calme, honorée, et paisible, au beau milieu de la place heureuse dont les maisons sont habitées par les aimables voisins dont elle sait les noms, les affaires et les amours. Enfin, voici la porte du père Molière; la porte de chêne était luisante; le marteau était frotté. — Entrez! disait la voix bien connue et paternelle. Elle entre alors, émue, et si contente! — Ah! c'est toi, Nicolle, c'est toi, Dorine, c'est toi, Marinette, c'est toi, ma petite Georgette, c'est donc toi, mon enfant qui reviens au bercail? disait le flagellateur de Tartufe. O jour heureux, trois fois heureux, et même davantage, qui me rend ma fidèle servante! Allons, je t'attendais, sois la bien venue; tu arrives, je le sais, d'un monde étrange, et des pays lointains; mais tu reviens à la maison de ton maître, et c'est bien fait, ma fille; je ne te gronde pas, je ne t'en veux pas. Moi aussi, quand j'étais jeune, j'ai fait comme toi, j'ai couru par monts et par vaux après la comédie... elle m'attendait au seuil de ma porte. Et maintenant que te voilà, tu sais ce que tu as à faire : soigner mon pot, frotter mes meubles, me divertir quand je suis triste, me venir en aide quand je suis malade, me rire au nez quand je suis ridicule; si l'on vient me demander de l'argent, tu diras que je n'y suis pas; si c'est un pauvre diable : — Entrez, diras-tu, le maître est chez lui.

Cependant, souviens-toi de tenir ma porte close contre les oisifs. Si, par bonheur, Alceste me demande, saluez avec respect et venez me quérir en toute hâte. Si Tartufe frappe à ma porte, chassez-le à coups de grès; avertissez monsieur et madame Jourdain que j'irai dîner chez eux, demain, et mon frère Ariste, que je l'attends à souper, ce soir, avec sa jeune femme Léonor... Cependant je m'en vais, de ce pas, saluer mon voisin Sganarelle, et le féliciter de l'enlèvement de sa femme Dorimène; il est plus heureux que mon compère Georges Dandin, battu par sa femme, et cocu!

Ainsi la servante de Molière rentrait en grâce auprès de son bon maître, et depuis ce jour, en dépit de toutes sortes d'embaucheurs, à l'affût de tout ce qui touche au vieux Molière, elle n'a pas quitté cette bonne maison. Elle y veut vivre, elle y veut mourir. Chacun dans cette maison fidèle, est enchanté du service de Dorine. Célimène l'aime autant que Célimène peut aimer; la belle Elmire en fait autant de cas, que sa fille Marianne; madame Jourdain et M. Chrysale n'ont rien de caché pour Dorine; Angélique, la fille de M. Argant, et son amant Cléante, se souviennent qu'ils ont été mariés par elle. A tous ces biens, il faut ajouter que chaque année, et chaque siècle, agrandissant la gloire de son maître, son maître a fini par avoir une statue... Au piédestal de ce bronze immortel, le sculpteur a gravé l'image de Dorine, au gai sourire, aux yeux charmants!

§ II

L'art dramatique est semblable à ce jeu d'enfants : un enfant aux quatre coins, un enfant au milieu des quatre autres, et cherchant à prendre un coin à son tour. L'art dramatique est placé entre la débutante et la duègne, entre le souffleur et (Pardon ! je vais dire un mot du dernier argot!) le claqueur. Le poëte, au beau milieu de ces quatre coins, attend, pâle et craintif, l'arrêt de sa vie ou de sa mort.

Voyez passer, trottant menu, la taille raide, et les yeux baissés, cette jeune aspirante aux honneurs du théâtre. Entre mille, il est facile de la reconnaître. Elle a la maigreur d'un enfant mal nourri ; elle est grande, élancée, svelte, souffreteuse! Son teint est pâle, son sourire est triste, sa démarche est roide ; on dirait un angle droit, poussé par un ressort invisible. Au fond de l'âme, elle se trouve belle ; elle se remercie de ses grands bras, de ses cheveux épais, de ses coudes pointus, de son pied bien fait et mal chaussé, de sa main rougeâtre et mal gantée. Elle rêve, en marchant, à ses hautes destinées. Elle se traite en reine déchue, et rien ne l'arrête, ni l'ardeur de l'été, ni le froid de la bise, ni la porte inhospitalière du théâtre. O porte ingrate! *On n'entre pas!* c'est le mot d'ordre pour la femme jeune et pauvre. — *On n'entre pas!* Mais la débutante, il faut qu'elle passe à tout prix ; elle se fera petite, elle se glissera dans ces sombres couloirs.

« Ou dessus, ou dessous ! » Ou la vie ou la mort? Elle va dans ces limbes, sans guide, et non sans espoir ; quêtant un regard, un sourire, une sympathie. Hélas ! tous les comédiens répandus sur ces planches, la regardent, sans la voir. Celui-ci roucoule sa chanson, celle-là débite sa tirade amoureuse; on n'a pas le temps de vous regarder, ma mignonne!

Vastes déserts du théâtre, abîme sans fond ! Trop heureuse encore, la jeune enfant, si elle rencontre au coin du bois, sous la charmille et sur le banc de gazon, la seule créature qui ait un cœur sensible aux peines d'autrui, en ce lieu de malédictions !

Bien! que dites-vous du pompier? Le pompier est la providence des jeunes amoureuses, des jeunes princesses, des jeunes premières, des reines, des soubrettes, des Agnès de toute la gente encornettée et sans emploi. Seul, dans ce théâtre dont il est le bon génie, ce fidèle et dévoué gardien des temples d'Athènes et des palais de Rome, le pompier, reste étranger à ces rivalités féroces. Sur les débris du vieux manoir, et du palais grec, il tendrait la main à l'enfant qui débute. Et que de fois, dans les jours d'audition, quand enfin la *débutante*, au milieu de sa tirade, au plus beau moment de sa pirouette, voit s'enfuir tous ces méchants juges, seul, dans l'instant solennel de nos trilles les plus difficiles... le pompier nous reste, nous applaudit d'un petit signe de tête, son casque reluisant dans les ténèbres, comme un météore plus intelligent que lumineux.

Nous y voilà cependant! Je te touche des mains, ô mon royaume! Antique maison de Priam, salut! Même de ma chute, je veux faire un heureux présage, à l'exemple de Guillaume le Conquérant. Cependant, comme une âme errante, l'Iphigénie, ou la petite Lucile inconnue, s'en va, demandant de sa plus douce voix : *Le cabinet de M. le directeur?* Le cabinet de M. le directeur se cache ordinairement dans un trou de la muraille; la destinée en personne, et guettant sa proie, est mieux logée, et sous un toit moins sombre que M. le directeur; l'antre est fermé presque toujours; c'est un lieu maudit, froid, solennel, impitoyable, affreux.

Rien n'en vient, rien n'en sort; l'on se demande, en approchant de ce seuil maudit, quelle bête féroce a creusé cet antre à ses appétits féroces? Ce trou tient de la boutique, de la coulisse et de la maison de jeu. On y sent le froid, le moisi, le bruit, et les angoisses que porte en soi l'argent, cette bête immonde. On y parle un argot morose; on s'y montre en ses plus tristes nudités. Dans ce trou d'enfer, tout change d'aspect; les mots n'ont pas le même sens; le soleil n'est plus qu'une lampe fétide; le plus grand poëte qu'un faiseur de pièces. Mademoiselle Mars pâlit; Talma est un enfant; Jenny-Vertpré perd toute sa grâce; mademoiselle Déjazet toute sa verve; le tyran tremble; la grande coquette a le cœur serré; la souveraine plie humblement les deux genoux.

Ici, la jolie et la piquante figure, celle qui vit du sourire, qui s'anime au feu du regard, qui s'éveille à la pointe de l'esprit, cherche en vain un petit coin de miroir, pour se rassurer un peu elle-même.... Il n'y a pas de miroir, dans le cabinet du directeur; il n'y a pas de premiers ou de seconds sujets...; il n'y a que des sujets. — Les têtes les plus hautes se courbent, quand ce triste seuil est franchi.

Même les comédiens, enfants gâtés du public, les heureux que l'enthousiasme a nourris de son lait propice, et qui n'ont qu'à se montrer, pour faire *crouler* la salle, même ceux-là, quand il faut pénétrer dans l'antre du tigre... ils hésitent. A plus forte raison, si la *débutante* arrive en tremblant, jusques à *l'ogre!* Elle va donc parler au directeur, à la loi vivante, à la volonté suprême! D'un *oui* et d'un *non*, dépendent les destins, favorables ou cruels, de cette humble fille qui implore et qui supplie!

Eh bien! mettons au mieux, toutes choses. Le directeur, j'y consens, sera ce jour-là, dans sa bonne veine; il a, en ce moment, une petite pièce courante qui fait les frais de la semaine, et qui lui donne un certain bénéfice, le dimanche. Bref, monsieur l'ours n'est pas trop mal léché; d'ailleurs le temps est à la pluie, et l'orage est au ciel, son gros baromètre annonce de l'eau, pour le bon moment, c'est-à-dire, de midi à cinq heures moins un quart... A ces causes, Monsieur jette un regard de faveur sur la postulante; je crois même qu'il a fait le geste de porter la main à son bonnet grec, orné de papillons, brodés par la main des Grâces, politesse qui me confond et qui m'étonne! — L'ai-je bien entendu, juste ciel! Est-ce donc vrai, Monseigneur? Monseigneur a dit..... comment vous appelez-vous, Mademoiselle, et que font vos parents? « Il a parlé! »

Ah! voici le moment terrible! On ne ment ni aux rois ni aux directeurs de théâtre. Le moyen cependant d'aller dire à celui-ci: Monsieur, je suis la demoiselle à madame Pochonnet! Monsieur, ma mère jouait les ingénues à Carpentras! Et le petit nom que j'oubliais: *Amanda! Rosalba! Indiana!* Dieu merci, le directeur comprend à demi-mot; il cligne d'un petit œil bridé, en homme qui compatit aux peines des mortels, quelquefois même il daigne servir de parrain à l'ingénue: — Allons, dit-il, rassurez-vous, on vous trouvera un beau nom, tout battant neuf, et vous débuterez dans huit jours.

Je débute! Un mot superbe; un mot qui brûle; un mot qui contient la terre et le ciel! On a fait un chef-d'œuvre de bonne humeur avec le *Père de la débutante*, on pouvait, facilement, en faire un drame épouvantable. Ah! les terreurs et l'orgueil de la *débutante!* La terre, la vraie terre est-elle digne de nous porter? *Je débute!* Et rien qu'à voir son enfant, revenir, la tête haute, et l'œil en feu, de ce théâtre, où elle se rendait si tremblante, le vieux père a deviné, en toutes lettres, le mot *D-é-b-u-t-s*, l'énigme de ses rêves, la tentation suprême de sa vieillesse. A la fin donc, elle *débute*, et l'univers la va contempler, à son bel aise! En même temps tout s'arrange, et tout se dispose pour ce grand jour. Le voisinage est convoqué; les commères arrivent en toute hâte; chacun s'empresse à parer la victime. — J'ai un poignard! — Et moi j'ai des boucles d'oreilles? — Moi je prête mes bas à jour; — et moi ma robe à fleurs; — et moi ma montre d'or; — et moi la chaîne! Il faut les entendre, ces bonnes commères, caquetant bec à bec, et parant la *débutante*, comme on pare une châsse. Une révolution ne soulèverait pas plus de poussière et de bruit.

Heureusement, guidée par l'instinct, notre Agnès n'accepte pas ces funestes emprunts : supposez-la une mauvaise comédienne, elle est femme, et elle n'ira pas s'affubler de ces oripeaux de marchande à la toilette. Si vous saviez par quelles ruses merveilleuses ces princesses de la Grèce et de Rome, ces fabuleuses héritières des empires les plus puissants, et des plus magnifiques monarchies, parviennent à s'habiller d'une façon royale, vous penseriez, malgré vous, à ce lis de la vallée que Salomon ne pouvait égaler avec toute sa magnificence. L'habit avec rien; avec peu, la couronne d'or; le manteau de pourpre, teint deux fois, *bis murice tinctus;* les bandelettes sacrées, tout l'attirail de la dame romaine, à force d'habileté et de recherches précieuses, à force de simplifier l'ornement et le costume, la dame arrive enfin à se pourvoir de tout cela, sans trop d'encombre. Rois légitimes, votre vrai trône vous a coûté moins de zèle, moins de soins et de travaux que son voile à la jeune Iphigénie, ou sa robe à la blanche Lisette.

Pour la débutante humble et pauvre, les rôles les plus terribles et dans lesquels elle ne se hasarde guère, ce sont les rôles à trois ou à quatre costumes différents, et surtout les somptueuses comédies dans lesquelles la demoiselle s'habille pour le bal. Vous pouvez, tant qu'il vous plaira, faire de la débutante une dame à carrosse, la voiture ne se voit pas ; mais une coquette à cachemire... *nescio vos !* Plus d'une fois, telle, qui se fiait à sa belle chevelure qui ne lui coûtait rien, a pleuré de rage, quand il s'est agi de jouer une de ces scènes dangereuses que le théâtre moderne prodigue à tout bout de champ, et dans lesquelles il faut un chapeau. Par exemple la dame trahie par son mari : — « Mon chapeau ! » s'écrie-t-elle ; et la voilà qui met son chapeau, devant la glace. En fait de chapeaux, il vaut mieux encore n'être obligée qu'à tenir son chapeau à la main. Exemple : Mademoiselle Albertine entre doucement chez son amoureux ; mademoiselle Albertine, si son chapeau n'est pas bien frais, peut le tenir à la main, et le cacher derrière une crinoline intelligente... Bon rôle de début, le rôle où la débutante peut se servir de sa capote de tous les jours.

A la fin, tant bien que mal, la voilà convenablement vêtue ! Elle est prête ! elle est parée ! Son père la regarde de tous ses yeux ; sa mère, qui est un peu sourde, voudrait avoir trois oreilles, pour ne pas perdre un seul mot de sa chère enfant... Mais — ô fatal contre-temps ! Dans ce peu de jours qui séparent la *débutante* de ses débuts, le temps s'est mis au beau fixe, et la figure de M. le directeur s'est assombrie. O douleur ! la pluie a cessé ; le jardin des Tuileries et les Champs-Élysées ont repris leur belle humeur ; cette jolie pièce, sur laquelle M. le directeur comptait, au moins pour trois semaines, soudain le public la dédaigne ; un théâtre voisin a coupé l'effet de l'œuvre nouvelle, par un de ces tours de force, écrasants de richesse et de folie ! En ce moment notre directeur de théâtre est en train de chercher, par quels moyens ingénieux il pourra dépenser, à crédit, trente mille francs de plus que ses concurrents ? Donc la *débutante*, au milieu de ces pensées féroces, est reçue comme un chien : « Vous êtes vieille (elle a seize ans) ; vous êtes laide ! Où donc avais-je la tête et les yeux, quand j'ai accepté un pareil début ? — Revenez dans huit jours, ma mie, ou revenez dans un an ! » Et la voilà, positivement, à la porte ! Cette fois, quand elle sort, elle n'oublie pas de saluer le pompier qui la regarde d'un air paterne, et comme accoutumé à de pareils incidents.

Nous entrons alors dans la série des profonds désespoirs. *Pas de début !* Notre mère, au retour de ce beau pèlerinage, se lamente et nous accable d'injures; notre père nous boude, et nos voisines hospitalières viennent, en toute hâte, reprendre les nippes qu'elles nous ont prêtées..... Alors on cherche, on se consulte, on s'ingénie, on fait un appel à toutes les protections imaginables. Le père se rappelle très-bien, qu'il a manqué faire le coup de fusil dans les journées de Juillet; la mère a beaucoup connu madame de Saint-Alphonse, l'amie d'un prince portugais; notre propriétaire est un peu le parent d'un capitaine de la garde nationale, et puis le cousin Jacques n'est-il pas électeur? Ne connaissons-nous pas M. le vicaire, qui peut attester notre bonne vie et mœurs? Ce gros homme qui loge là haut, dans ce grenier, n'est-il pas comme qui dirait écrivain de quelque chose, quelque part? Ainsi, voilà la France, le Portugal, l'armée, la Chambre, la littérature, l'Église même, l'État tout entier, intéressés aux débuts de mademoiselle Chiffon !

Elle débute enfin ! Le théâtre est vide, *en ce jour solennel*, où le directeur ne sait plus à quel saint vouer le théâtre? Autant ce début-là qu'un autre; avec un début, faute de mieux, on enjolive une affiche. Allons, çà, débutez, mademoiselle, on le veut bien. — DÉBUTS !

Heures, hâtez-vous ! Europe, fais silence ! Que pas un homme ne s'avise d'avoir autre chose à faire, à l'instant solennel de mon entrée ! Que le théâtre soit plein..... à crouler ! Que la flamboyante affiche fasse briller mon nom lumineux, à tous les carrefours ! Adieu, mon père ! adieu, ma mère ! adieu, humble toit où j'ai rêvé la gloire !... Elle bénit son père, elle bénit sa mère, et, légère, elle quitte le trou domestique, dans lequel elle espère bien ne plus rentrer.

Eh ! les folles ! Cinq ou six exemples de fortunes subites, faites tous les vingt ans au théâtre, ont tourné la tête à ces filles de la pauvreté et de Momus. Leur pauvre tête est remplie d'histoires incroyables, d'aventures extravagantes, d'événements fabuleux, d'exemples surnaturels, de mariages souverains. Elles se figurent, parce qu'elles sont parvenues à déclamer des vers, à hurler de la prose, à confectionner une pirouette, à roucouler une romance, que désormais, le monde est leur chose. Toutes misérables qu'elles ont vécu, elles ne savent rien de la vie qui les opprime et qui les pousse ; elles ne font nul cas de la vérité, et même, en présence de monsieur leur père, accroupi sur son établi, elles se croient sérieusement filles d'empereur. Elles font litière de tous les rêves ; avec la gloire elles rêvent la fortune ; avec la fortune elles veulent le plaisir. Triomphe à la statue, à cette heure qu'elle est sur son piédestal !

Voyez pourtant la ville ingrate ! A la grande annonce de ce début splendide, elle ne s'est pas émue ; à peine elle a jeté un regard sur l'affiche que les gamins dédaigneux vont déchirer, pour allumer leur pipe. On se hâte peu, aux débuts de la *débutante*. Au parterre on ne voit que le groupe indispensable, assis paisiblement sous le lustre ; à l'orchestre somnolent, bâillent les douze ou quinze fidèles que la comédie et la tragédie ont conservés de leur ancienne grandeur ; dans les loges, se tiennent raides et empesés quelques gens de province, très-ébahis de voir combien cette salle ressemble à la salle de leur endroit. En même temps, au balcon, deux ou trois dandys de contrebande s'amusent à faire un tapage inoffensif ; dans les loges supérieures, sont blottis quelques amoureux qui n'ont même pas songé à demander le nom des acteurs. S'ils sont vieux ou jeunes, s'ils en sont, ou non, à leur début, que leur importe ? En fait de comédie, il n'y a plus que les comédiens qui s'occupent des comédiens. Le premier venu, pour peu qu'il soit suffisant à sa besogne, va satisfaire, et au delà, le public vulgaire ; or, ce public vulgaire est, simplement..... tout le public.

La toile se lève enfin, sur une ritournelle inintelligente et monotone, que l'orchestre joue en rechignant. Alors enfin, la débutante apparaît. Que de grâce ou quelle majesté ! Mais aussi quelle indifférence ! Elle s'attendait à un tumulte pour ou contre ; on la regarde... et tout est dit. Qu'elle ait, ou qu'elle n'ait pas un grand talent, nul ne s'en inquiète. Elle peut entrer et sortir, rire ou pleurer, aller et venir, le public sait à peine comment on l'appelle. Il est froid, il est dédaigneux, indifférent ; quelquefois même son indifférence va jusqu'à l'ironie. Il n'est plus, le bon temps où l'on se battait à coups d'épée, et, qui pis est, à coups d'épigrammes, pour ou contre la tête brune ou blonde, dont le parterre s'énamourait. Si bien que les infortunées qui comptent encore sur l'enthousiasme traditionnel, ne savent absolument pas ce que cela veut dire : une salle à demi vide; une suite de loges silencieuses; un parterre à demi couché, qui, de temps à autre, semble se réveiller en sursaut, pour procéder à quelques applaudissements, tarifés au plus bas prix, dans les fumées de l'estaminet voisin?

Ah! la débutante infortunée! Il me semble que je la vois, cette âme en peine, interrogeant, d'un regard hébété, cette abominable réunion de toiles peintes qu'on appelle *les coulisses*, horrible lieu rempli de graisse, de pommades, de faux cheveux, d'affreuses contorsions, de tout ce qu'il y a de plus vrai, c'est-à-dire de plus hideux dans l'art dramatique! Là, toutes choses changent de nom, ou plutôt toute chose attenante au théâtre reprend sa forme vulgaire, et son nom véritable. Le palais de marbre et d'or, n'est plus qu'un châssis brossé à la détrempe; l'éclatant soleil, n'est plus qu'un vil quinquet, rempli d'huile; le tonnerre qui gronde, et les éclairs qui éclatent, au loin... un sac de pois chiches, qu'on agite, et de la résine infecte, qu'on brûle dans un réchaud.

Et parmi ces hommes et ces femmes, qui vont assister, de si mauvaise grâce, aux débuts de cette enfant qui les implore d'un regard, quel pêle-mêle abominable! Ce comédien, qui était vieux sur le théâtre, et tout courbé par l'âge, et tout chenu, rentre dans la coulisse, alerte et vigoureux; le jeune homme, rempli de passion, n'est plus qu'un vieillard décharné; la jeune princesse entourée de respect et d'amour, l'idéale beauté, l'amour de la terre et du ciel, regardez-la, quand elle est redevenue une simple mortelle! Avez-vous rien vu de plus vulgaire et de plus laid, que cette lourde femme de quarante ans, aux grosses mains et à la voix rauque? Et de même que ces comédiens laissent l'héroïsme et l'ingénuité, sitôt que la rampe a cessé d'éclairer leurs vertus de convention, ils cessent, à l'instant, de parler la langue poétique; ils parlaient, tout à l'heure, la langue même de Corneille... ils parlent, à présent, la langue vulgaire du foyer des comédiens.

Non, jamais abîme plus profond n'a séparé deux natures plus diverses que cette toile : vivante, du côté des spectateurs; hideuse et sombre, à son envers, du côté des comédiens. Ici l'art, la vie, le mouvement; l'éclat; la passion qui s'agite; l'intérêt de la foule;

le poëte qui commande et qui gouverne. Là-bas, le murmure confus, le désordre : une comédienne arrangeant son visage ; un comédien attendant sa réplique ; un poëte qui tremble pour ses vers, une pâle et incertaine clarté, le bruit voilé de cette foule qui s'ennuie ou qui s'impatiente... En ces ténèbres, en ces discours, dans cette réunion de *camarades*, qui daignent à peine lui accorder un coup d'œil, la *débutante* hésite et se trouble. Les voilà donc ces grands comédiens, dont elle enviait les illustres destinées ! Le voilà donc ce théâtre éclatant, où la poussaient tous ses instincts ?

A la fin cependant, son tour arrive ; elle entend sa *réplique*... elle y court ; elle n'a pas dit une ou deux scènes qu'elle s'étonne, en son par dedans, du peu de mérite de ces gens-là ! Ah ! se dit-elle, avec épouvante, ils ne valent pas mieux que moi ! C'est qu'en effet, il n'y a pas de vulgaire artisan qui n'accomplisse avec plus de joie et de zèle, sa tâche accoutumée, que le comédien vulgaire attelé à quelque vieux rôle qu'il aura débité quatre ou cinq cents fois dans sa vie. A peine il a la conscience de l'œuvre ainsi déclamée, et tout *son art* consiste à dépenser, tout au plus, la moitié de ce qu'il pourrait dépenser de force et de *talent*. Quel meilleur calcul ? Ces messieurs et ces dames, habiles spéculateurs, pensent aujourd'hui à la comédie du lendemain ; les hommes, sont ménagers de leur esprit et de leurs paroles ; les femmes, sont bonnes ménagères de leur beauté et même de leur parure, et elles ne hasardent, tout juste, à ce jeu-là, que ce qu'elles peuvent hasarder, pour ne rien perdre. Au théâtre, et dans le monde, on ne se hait plus, on ne s'aime plus ; chacun se juge à sa juste valeur ; chacun se met, naturellement, à la place qui lui revient.

En un clin d'œil, les comédiens sont au fait du nouveau venu, ou de la nouvelle arrivée. — « Il est mauvais ! — Elle est médiocre ! » — deux refrains de la même chanson. — Et, ceci dit, le débutant et la débutante peuvent arpenter le théâtre, à leur aise ; en ce moment, personne ne leur fait obstacle, et ne leur porte envie ; seulement notre débutante, à son moment le plus pathétique, entend l'amoureux dire à la duègne : *Cette petite fille est assez jolie !* — Et la duègne de répondre : *Comme ça !* — *Elle a de jolis yeux ! — Une vilaine bouche ! — J'aime assez le son de sa voix!* — *Elle a des gestes abominables!* La pièce est jouée ; alors : *bonsoir la compagnie*, et *sauve qui peut!*

Au milieu de ces dédains réels, ou de ces mépris affectés, que fait cependant la débutante? Hélas! elle ne peut pas croire à ce sans gêne, et seule, elle espère encore! Elle attend, du moins, que ses *amis* la rappellent; et déjà elle se prépare, comme il convient, à cette auguste cérémonie. Écoutez! deux ou trois voix disent : *La débutante!*... Alors, les cheveux épars, à demi vêtue (car la comédienne est comédienne en toute chose, elle n'est que cela, mais elle l'est bien), vous la verrez accourir, éperdue et tremblante, dans le simple appareil d'une jeune beauté qui vient de créer un rôle nouveau, et que l'*enthousiasme* du parterre prend au dépourvu.

La chose est bien arrangée; un seul mot, et la *débutante* va se montrer à son peuple..... Mais les amis..... les amis! « O mes amis, il n'y a plus d'amis! » Ils ne songent guère à la redemander, ils se sont à peine souvenus de l'applaudir, et la comédie achevée, ils se sont sauvés de cette maison du drame, comme des gens impatients de prendre l'air. La toile se relève, il est vrai, mais sur une salle déserte, et l'espérance de la débutante tombe en même temps que le lustre descend du plafond d'Apollon..... deux astres éteints!

A si peu que cela se réduit cette joie et ce vaste espoir des premiers débuts! Restée seule, la jeune personne rentre en sa loge d'emprunt; là elle dépose en gémissant ses oripeaux d'emprunt, son luxe d'une heure. Elle était reine, elle est à peine une grisette, et la voilà qui reprend, tristement, son vieux manteau, et le chemin de sa maison, trop heureuse d'esquiver le bouquet des garçons du théâtre, qu'il lui faudrait payer deux louis d'or. Elle rentre à pied, entourée des larmes de sa mère, de l'admiration de son père, et des louanges banales de trois ou quatre voisins, à qui elle a donné ses billets. Vanité! fumée! et néant!
— Demain, de bonne heure, il nous faudra laver notre bonnet sale, et raccommoder nos bas, qui en ont grand besoin.

Telles sont les misères de la gloire dramatique! Et je ne les dis pas toutes, par la raison que je ne les sais pas toutes. Le drame qui se passe au fond de ces âmes ambitieuses, doit être épouvantable, atroce! La femme dédaignée, l'artiste méconnue, la beauté méprisée, le génie insulté, quelle chute! La malheureuse! Elle se morfond sur la ruine de tant d'espérances; elle se demande, si elle n'est pas le jouet d'un rêve funeste? Elle a rêvé le trône, et la voilà dans l'abîme! Les rois et les peuples étaient à ses pieds... elle se demande à quoi donc elle est bonne? Elle a tout sacrifié à la comédie! Elle a renoncé au travail modeste; à la joie intérieure et contente de peu; au gain respectable de chaque heure du jour, petit gain, bien gagné par un honnête et rude labeur. Elle a débuté, on n'en veut plus. *Son nez déplait!* La foudre ne porte pas, dans un jardin en fleurs, de coups plus soudains et plus cruels!

Eh bien! (je vais dire une chose énorme) je ne sais pas si l'abandon et le mépris du public, pour cette enfant qui finira par retourner à son aiguille, à ses fuseaux, n'est pas plus digne d'envie que cette adoption terrible, et cet engouement sans limites, qui, de temps à autre, va s'emparer de ce public qu'un rien décourage, et qui, pour un rien, va devenir un fanatique, un énergumène!

Alors, malheur à la *débutante!* Elle va passer, brusquement, de rien à tout, du silence au bruit féroce, de la plus extrême misère à la plus extrême opulence! Aussitôt, voilà cette femme, engrenée au succès, qui luttera, jusqu'à la fin de ses jours, contre ce public, extrême en toute chose, soit qu'il se dégoûte de sa passion, soit que cette *victorieuse*, au moment où le public veut lui échapper, le force à ramper à ses pieds. Cependant, quand la première bataille est gagnée, et gagnée à ce point que le public adopte avec fureur la *débutante*, et que désormais il ne peut plus se lasser de ce visage, de cette voix, de ce spectacle; quand, à tout prix, il lui faut sa reine, son idole; quand il porte aux pieds du nouveau miracle, sa louange, son enthousiasme, et sa fortune; quand la *débutante* d'hier, est devenue une *artiste*, à ce point entourée de louanges, d'hommages, et d'admiration, que c'est à peine si les plus hardis osent approcher de cette merveille... eh! quand les plus honnêtes gens donnent le bras à sa mère superbe, quand son père orgueilleux se pavane, en plein, dans l'auréole de sa fille glorifiée, ne vous étonnez pas que la triomphante personne fasse aussitôt payer, par ses dédains, par ses mépris, par ses insolences grotesques, les humiliations et les mépris de son jour de début.

Quoi de plus juste? Elle se venge et elle venge, en même temps, l'armée des Iphigénies éplorées, ses compagnes moins heureuses, qui sont retournées, philosophiquement et sagement, à la mansarde, à la cuisine, à l'antichambre; au comptoir du marchand, à la loge du portier.

§ III

Il y a cependant, au théâtre et dans le monde, une suite de débuts glorieux et charmants. Les débuts de mademoiselle Rachel au Théâtre-Français, les débuts de madame Rose Chéri au Gymnase; les *débuts* de madame Ristori.

Le théâtre anglais a conservé, précieusement, le souvenir des débuts de madame Siddons, cette belle, honnête et charmante personne, mistriss Siddons, l'honneur du théâtre anglais. Sa mère, qui était une comédienne errante, la mit au monde, en courant, dans une auberge de village, *A l'Épaule de Mouton*, le 5 juillet 1753. Elle était la fille d'un pauvre comédien de province, et sœur des trois Kemble, acteurs célèbres de l'Angleterre; elle-même elle partagea, longtemps, cette misérable condition de comédien ambulant, la plus misérable de toutes les conditions misérables. Enfant, à douze ans, elle jouait déjà la comédie, avec d'autres enfants de son âge. Devenue, un peu plus tard, la plus grande tragédienne de l'Angleterre, honorée et respectée à l'égal des plus grandes dames anglaises, mistriss Siddons revenait souvent, sur les premiers jours de la bataille dramatique, en ces temps misérables (ô le bon temps!) où elle était une gaie et rieuse Ophélie, à douze ans.

Quelle enfance! et quels débuts, pleins d'innocence et de fraîcheur! On n'eût pas dit une fille des hommes, à l'entendre, à la voir. Elle était une enfant de Shakspeare. Shakspeare l'avait prise en son manteau, cette blanche petite fille, et il la berçait dans ses bras robustes. Elle fut le nourrisson et l'élève de Shakspeare; à cette rude école elle apprit, non-seulement, le talent, mais la probité. Elle devint, en même temps, une grande tragédienne et une très-honnête femme; elle avait commencé de bonne heure, comme il faut commencer.

A douze ans, cette enfant nourrissait sa famille. Elle était le le seul appui de son père, de sa mère, de ses sœurs. Elle gagnait une demi-guinée par semaine. Le jour du paiement, la pauvre petite créature affamée était bien heureuse. Ce jour-là sa mère achetait la pièce de bœuf, pour sa famille. Or la pauvre enfant ne mangeait guère; seulement, il arrivait parfois que son rôle exigeait qu'elle se mît à table sur le théâtre; alors on lui servait un poulet rôti, et tout en récitant son rôle de princesse qui n'avait pas mangé de vingt-quatre heures, elle dévorait son aile de poulet avec ses belles dents blanches, et dures, à démolir une citadelle. Le parterre applaudissait; la voyant manger ainsi, il croyait que cette grande faim était dans son rôle!

Mais le jour dont je vous parle, l'enfant avait plus grand'faim qu'à l'ordinaire. La veille même on lui avait servi, sur son théâtre, un poulet si épicé, qu'elle en avait pleuré de douleur. Elle grimpa donc, lestement, sur le théâtre, et, par un défilé bien connu, elle arriva à une espèce de trou où se tenait monseigneur le vieux caissier. Ce caissier était un vieux bonhomme, qui portait la caisse dans sa poche. Tant qu'il y avait de l'argent dans la caisse, il en donnait, sinon, non. Il payait au hasard, sans tenir ni comptes, ni registres. Quand il vit venir l'enfant tout émue, lui demander son salaire, le bonhomme prit une guinée, et la donna à la petite Ophélie, et elle, aussitôt de s'enfuir, bien heureuse!

Déjà elle était au bas de l'escalier; elle sentait dans sa main cette demi-guinée, si péniblement gagnée; elle la touchait... elle voulut la voir. O surprise! Ce n'était pas une demi-guinée, c'était bel et bien, toute une guinée! La voilà dans sa main qui reluit, au soleil. Que de bonheur, contenu dans ce petit morceau d'or! La famille va mettre le pot-au-feu tous les deux jours, pendant quinze jours! Ses sœurs auront des bas et des souliers, pour aller au théâtre!... Une guinée!

Et pourtant l'enfant, poussée par cette rare vertu que tout noble enfant apporte en ce monde, rapporta la demi-guinée au vieux caissier. Celui-ci reprit ce trésor, sans même voir la douce larme qui brillait dans ce grand œil bleu, plein de feu et de vertu. Pourtant c'était là une action héroïque. Mistriss Siddons la racontait avec une grande fierté. Il lui en avait coûté beaucoup plus, pour rendre cette demi-guinée au vieux caissier du théâtre de Bath, que pour renvoyer à la reine ce blanc-seing de Georges III, que le roi d'Angleterre, dans un moment de passion, avait glissé lui-même, dans la main de mistriss Siddons.

Un pareil enfant grandit vite. La gloire lui vint, comme lui était venue la vertu. Bientôt toute l'Angleterre fut aux pieds de cette femme qui lui rendait Shakspeare. On dit que dans lady Macbeth elle se surpassait elle-même. Le peintre Reynolds, le van Dyck anglais, dans ses leçons publiques, prenait souvent, pour texte de son admiration et de ses conseils, la noble figure et la noble démarche de mistriss Siddons. Madame de Staël disait, en parlant d'elle : « L'actrice la plus noble dans ses manières ne perd rien « de sa dignité, quand elle se prosterne contre terre. » Lord Byron en parle souvent avec un enthousiasme bien senti : « La puis-« sance semblait assise sur son front. » — « Dans ses regards, « dans sa démarche, dans sa parole, il y avait un je ne sais quoi « qui semblait appartenir à une nature surhumaine ! »

Quand la belle miss O'Neil monta sur le théâtre, lord Byron refusa d'aller la voir, pour ne pas être infidèle à mistriss Siddons.

C'est le défaut de ces *illustres*; elles ont bien vite oublié leur triste origine, et l'on dirait, une fois reconnues, qu'elles se vengent du public. Et pourquoi se venger? De quoi se venger? Parce que, dans un instant de désœuvrement, le public aura découvert une petite fille qui danse, maussadement, dans un coin du ballet, qui déclame quelques vers d'une façon énergique, ou qui chante une ou deux phrases de Meyerbeer, et parce que le public remarque avec bonté cette intelligence précoce, est-ce un motif pour lui faire supporter tant de mépris et tant d'orgueil? Le public est le maître éternel de la comédie et des comédiens; il fait, de sa toute-puissance, en un clin d'œil, d'un peu plus que rien, un peu plus que tout. Une fois lancé dans cette voie de gâteries infinies, le public ne met plus de bornes à sa munificence. Il veut que la fille de son adoption soit riche, honorée, adorée; il n'a des regards que pour elle, des louanges que pour elle! Jusque-là tout est bien. Ce grand seigneur, le public, a bien le droit d'avoir des caprices, et de parer celle qu'il aime.

Mais voilà où est le mal : aussitôt qu'elle est adoptée ainsi, cette parvenue de la veille prend des airs de grande dame ; elle traite de pair à compagnon avec son maître souverain ; elle ne se souvient ni de son origine, ni de son obscurité, ni de son néant ; elle accepte cette fortune, cet éclat et ce bruit, comme choses qui lui sont dues. La veille encore si prévenante, si patiente, et polie, — heureuse du léger murmure qui partait de cette foule inattentive, le lendemain, dédaigneuse et mal élevée..... et la voilà toute crachée ! Quelquefois le public se laisse faire ; il s'amuse, comme un blasé qu'il est, de ces grands airs, de ces magnifiques coups de tête et d'éventail ; d'autres fois il écrase, entre son pouce et son index, ce papillon superbe dont il a bariolé les ailes ; le plus souvent, à l'insolence il répond par le dédain, et le voilà qui passe, ennuyé, d'une idole à une autre idole, abandonnant, au milieu de sa gloire, cette divinité morfondue.

Or, je le dis ici, et je le dis bien haut, pour vous tous, poëtes ou comédiens, peintres ou chanteurs, hommes d'État ou pairs de France, ministres ou danseuses, hommes, femmes, hermaphrodites, vous tous qui avez besoin, pour vivre, de la faveur populaire, et qui sans elle, ne pouvez faire un seul pas, vous pouvez manquer de respect à tout le monde, excepté au public. Vous pouvez être, impunément, et envers tous, menteurs, paresseux, endormis, égrillards, sans tête et sans cœur, mais pour le public vous ne sauriez avoir trop de vénération, trop d'estime, avec trop d'attention sur vous-même et sur les autres !

Cependant faites donc comprendre cette vérité, sans réplique, à ces jeunes parvenues du hasard ! Allez donc leur dire qu'elles manquent de reconnaissance, et même de piété filiale envers ce parterre, dont elles sont les œuvres chancelantes et mal venues ! Ces grandes dames riront de pitié. Paris ! Vous parlez de Paris ? Qu'est-ce Paris ? Un bon vieux bonhomme qui n'a pas le sens commun, qui s'est ruiné à payer le luxe de l'Opéra, le faste de la Comédie-Française, les broderies du Théâtre-Italien, la magnificence de tous les lieux où s'agitent la danse, le chant et le poëme ! S'il n'est pas content de nous, qu'il le dise ; nous ne sommes déjà pas trop contentes de lui, le vieil égoïste !

Dame, il est trop heureux que je lui montre ma jambe, et que je lui chante les airs qu'il aime, et que je lui débite les vers de ses poëtes ! Vous nous la donnez belle, avec votre Paris !

Rien n'est plus triste et plus hideux à voir que le déchet du comédien, et la décadence de la comédienne. Ils ont beau faire, elles ont beau se défendre, un jour arrive, où il faut s'écrier : « Je suis vaincu du temps! » Il est vrai que nous avons vu l'heure où dans le monde, au théâtre et dans le roman la femme de quarante ans était fêtée, honorée, adorée, et recherchée à ce point, que les fillettes n'osaient plus être jeunes, et qu'elles rougissaient de leur vingtième année. Ainsi, même en plein théâtre, on pesait volontiers, dans deux balances égales, les mérites rivaux de la mère et de la fille, l'innocence de l'une et l'habileté de l'autre ; la fraîcheur de celle-ci, les grâces de celle-là. Or ce duel impie entre la jeunesse et l'âge mûr, entre la seizième et la trente-sixième année, entre l'enfance heureuse, au moment où elle pose en souriant son pied léger dans le domaine de la jeunesse, et la jeunesse, empruntant le masque de l'âge mûr, ce duel impie était la conséquence d'une découverte qui a été faite aux environs de l'an de grâce 1830, la découverte de la femme de trente à quarante ans, et même au delà! Le Christophe Colomb qui nous a signalé, le premier, cet étrange et nouveau monde, l'a exploité dans tous les sens. Pas un recoin où il n'ait semé ses roses sans épines, ses lis épanouis, ses violettes parfumées ; pas un sillon où il n'ait jeté, à pleines mains, l'amour, le dévouement, la beauté, le malheur.

La femme de trente à quarante ans était, autrefois, une terre à peu près perdue ; on n'y semait plus guère que les bons raisonnements, les sages conseils ; à peine un mot de passion se disait-il, en passant, à ces dames, revenues des charmantes vanités de la première jeunesse! Aujourd'hui, grâce à ces récentes découvertes, la femme de quarante ans règne seule dans le roman et dans le drame. Cette fois, le nouveau monde a supprimé l'ancien monde. La femme de quarante ans l'emporte sur la jeune fille de seize ans. — Qui frappe? et qui va là? s'écrient le drame et le roman. — C'est moi! c'est moi! répond, en tremblant, la seizième année aux dents de perles, au sein de neige, aux doux contours, au frais sourire, au doux regard ; c'est moi! J'ai l'âge de la Junie de Racine, de la Desdemona de Shakspeare, de l'Agnès de Molière, de la Zaïre de Voltaire, de la Manon Lescaut, de Prévost, de la Virginie, de Bernardin de Saint-Pierre ; c'est moi! J'ai l'âge fugitif, le bel âge enchanté de toutes les jeunes filles de l'Arioste, de Lesage, de lord Byron et de Walter Scott. C'est moi ! Je suis la jeunesse et l'espérance, je suis la jeunesse et l'innocence, je suis la jeunesse et l'amour; c'est moi ! J'ai l'âge heureux de Cymodocée et d'Atala; l'âge enchanteur d'Eucharis et de Chimène ! J'ai l'âge de tous les chastes penchants, de tous les nobles instincts; l'âge animé de la fierté et de l'innocence !

Ainsi parle, en chantant, le bel âge de seize ans, aux faiseurs de romans, aux faiseurs de poëmes. Mais les yeux qui ne veulent rien voir, mais les oreilles qui ne veulent pas entendre ! On répond à la jeunesse, on répond à la beauté, on répond à la seizième année : Ah ! fi, ma mie ! En ce moment nous sommes occupés avec votre mère, mon enfant; repassez dans une vingtaine d'années, et nous verrons si nous pouvons faire de vous quelque chose. Est-ce qu'on a seize ans ? L'âge de seize ans, nous l'avons supprimé. Il n'y a plus dans le drame et dans le roman que la femme de trente ans, qui aura quarante ans demain. Celle-là seule, elle sait aimer, elle sait souffrir. Elle est d'autant plus dramatique, qu'elle n'a pas le temps d'attendre ; si nous ne lui donnons pas un petit amant aujourd'hui, la vieillesse est là, qui va l'emporter, demain.

Vive à jamais (disent-ils encore) la femme de quarante ans ! Dans le drame et dans l'histoire, et dans le roman, partout elle domine, elle est souveraine. Que voulez-vous que nous fassions d'une petite fille qui ne sait que pleurer, aimer, soupirer, sourire, espérer, trembler ?... La femme de quarante ans ne pleure pas, elle sanglotte; elle ne soupire pas, elle hurle; elle n'aime pas, elle dévore; elle ne soupire pas, elle crie; elle ne rêve pas, elle agit; voilà le drame et voilà le roman, voilà la vie ! Ainsi parlent, agissent et répondent, aux plus charmantes avances du mois de mai, nos grands dramaturges et nos illustres conteurs. Le premier article de leur code nouveau est celui-ci : « la fille de seize ans est et demeure supprimée ! Il n'y a pas de femme de vingt ans ! Trente ans, c'est l'aurore de la femme ! La femme n'est guère épanouie qu'au bel âge de quarante ans. » O les beaux docteurs ! O les tristes inventeurs ! Ils ont supprimé la jeunesse !..... Ils ont inventé les vieillards !

Invention d'une heure ! et paradoxe d'un jour ! La femme de

trente ans, elle-même, au bout de dix ans, elle était impossible, et vos femmes de quarante ans, que voulez-vous qu'on en fasse : en drame, en roman, en poésie? Elles font, tout au plus, ces infortunées, de *fort premiers rôles*, et plus tard, et bientôt, elles deviennent, ô ciel! comment prononcer ce mot terrible?...

O malheur! une duègne! Et quel plus odieux spectacle et plus digne de notre pitié, que cette femme éperdue, haletante, accroupie honteusement sur les débris de sa jeunesse? Elle était, de son vivant, un spectacle; elle n'avait pas d'autre fortune, que d'être vue, et pas d'autre espérance, que d'être écoutée. Elle avait, pour toute dignité, sa jeunesse, et pour tout respect, son esprit, sa grâce et sa beauté. Seule entre toutes les créatures de ce bas monde, elle avait perdu le droit de vieillir, et véritablement, de ce droit charmant au premier abord, elle avait usé jusqu'à la plus extrême limite. Comme sa vie appartenait au mensonge, à la fiction, elle avait oublié les années qui ne l'avaient pas oubliée. Elle n'était que jeune; elle obéissait à toutes les idées riantes; tout ce que la *morbidezza* italienne a de plus tendre, de plus animé, de plus touchant, resplendissait sur ce beau visage; autour de cette comédie en falbalas roucoulaient, batifolaient, chantaient les espiègles de Molière, les talons rouges de Marivaux, les enamourés de quinze ans que Beaumarchais nous a montrés, aux pieds de leur belle marraine.

Pour elle seule, M. le marquis Clitandre frisait sa perruque blonde, ornait d'un nœud d'argent sa frêle épée; pour elle seule elle serrait sa fine taille dans cet habit doré, son joli pied dans cet escarpin sémillant; pour elle, il mettait à son doigt, ce gros diamant, détaché des roues du char d'Apollon. Le nom de cette femme, au milieu des louanges et des menaces, de l'admiration et des blasphèmes, était dans toutes les bouches, dans tous les cœurs. Les poëtes célébraient à l'envi, ces yeux pleins de flamme, et ces lèvres brillantes du carmin de la vingtième année. O grands dieux! Quel profond silence après tant de bruit de tous les jours... quels changements soudains, quelles révolutions cruelles dans toute cette personne si vantée!

Un beau matin, cette merveille... elle se regarde au miroir, et la voilà soudain... telle que le Temps l'a faite... une vieille surannée, perdue, oubliée! A peine si elle a conservé un reste de vieux nom, et ce vieux nom, effacé si vite, n'agite plus que des souvenirs, passés de mode. O misère! la fleur brillante s'est fanée; le parfum suave, il s'est évanoui; la joyeuse amphore ne contient plus qu'une lie impure….; c'en est fait, cette beauté n'est plus qu'un songe! Le temps, ce rabat-joie de toutes les joies, ce trouble-fête de toutes les fêtes bouclées, cet impitoyable, qui démolit en silence toutes choses, a touché notre princesse, de son aile dédaigneuse. Hélas! plus de miroirs, plus de dentelles, plus de poésie et plus de louanges! Pas un jeune homme ne veut chanter à cette porte silencieuse, l'éternel et fugitif *Lydia, dormis?*

La voilà désarmée, même de son sourire, et surtout de ses caprices! — Désormais la pauvre dame, folâtre naguère, et qui concluait volontiers, aura plus d'avantage à montrer son esprit, que son visage. Hélas! elle n'a plus d'autre ressource que de devenir un dragon de vertu; son tendre cœur… son chien de cœur, n'a plus rien à faire, et la voilà qui trouble et qui gêne, à son tour, les amours des jeunes gens. Agnès est devenue la dame suivante qui prêche, d'une voix rêche, la modestie et l'honnêteté des vieux temps; Iphigénie aux longs voiles qui laissaient entrevoir sa beauté, se vante, gravement, d'être la première baillive « qui ait porté des pretintailles dans la ville de Bayonne! » Marton l'espiègle s'est huchée au rang des dames sérieuses; elle est passée *ancêtre*, au milieu des générations renfrognées. Pauvres femmes! l'éclair est moins rapide que leur jeunesse, et le printemps passe moins vite que leur beauté. Dans ce sursaut qui les frappe, elles se demandent si elles ne sont pas le jouet d'un rêve?

Elles s'interrogent elles-mêmes, pour bien s'assurer que le *moi* d'aujourd'hui est, en effet, la suite du *moi* d'avant-hier! La demoiselle à marier n'est plus qu'une automate, le trône est changé en abîme, et l'adoration en ironie! Ah! les cris, les larmes, les gémissements et les étonnements de ces oiseaux dépouillés, qui naguère dépouillaient les autres oiseaux! Andromaque, elle-même, après Troie, elle ne veut pas être une duègne, et elle s'inquiète du maître qui l'attend :

ANDROMAQUE.

« Eh bien! quel est mon maître, et de quel soldat, suis-je
« l'esclave, désormais?

HÉLÈNE.

« Andromaque appartient au prince de Scyros.

ANDROMAQUE.

« Et Cassandre?

HÉLÈNE.

« Cassandre suivra dans Argos, le roi des rois. »
Des rois, à la bonne heure! On n'oserait pas donner à des rois des princesses qui seraient de vieilles femmes; aussi bien Andromaque et Cassandre attendent, patiemment, le prince de Scyros et le roi d'Argos; elles se résignent, car elles conservent au moins l'attitude et l'autorité des belles personnes! — Hécube, cependant, s'impatiente de n'avoir pas de maître; elle se demande pourquoi donc elle n'a pas été tirée au sort, la première, comme c'était le droit de sa royauté perdue? N'est-elle donc plus la reine, la mère d'Hector? — Hélas! non, Madame, vous n'êtes plus la reine; vous n'êtes plus que la *duègne* Hécube! Dans le sac de Troie en flammes, vous avez laissé plus que votre couronne, vous avez laissé votre beauté, et ce reste de jeunesse éclatante, que reconnaissaient les courtisans menteurs, lorsqu'ils murmuraient autour du trône : — *Notre reine rajeunit tous les jours!*

HÉCUBE.

« Et moi donc, en suis-je venue là, que je ne trouverai même
« pas un maître, dans l'esclavage universel?

HÉLÈNE.

« O reine! l'urne vous donne au roi de la fertile Ithaque, mais
« votre nouveau maître se plaint amèrement de son partage; il
« dit qu'il n'a que faire d'une vieille esclave qui va mourir.

HÉCUBE.

« Dieux cruels! qui faites un vil présent au soldat à qui vous
« donnez une vieille reine! » — Toute l'histoire de la duègne, elle se trouve dans Sénèque *le tragique*, en supposant qu'il y ait eu deux Sénèque!

Eh oui! c'est la loi du monde, et surtout c'est la loi du théâtre: il faut vieillir, avec cette différence pourtant, que la vieillesse, au théâtre, est tout simplement horrible. Dans cette vie de futilité et de mensonge, la vieillesse est la seule chose qui soit vraie, irrécusable, manifeste. En vain, vous voulez résister au flot envahissant, le flot monte. Encore un jour, dites-vous, encore une heure! — Ah! pas un jour, pas une heure! Jette à ta fille les fleurs de tes cheveux; laisse là tes vêtements pimpants, pour les robes à la grand'gorre; oublie Hécube ou Clytemnestre, et cesse de parler le gazouillis des amoureux, pour ne plus écouter que les conseils de l'austère raison :

> Qui n'a pas l'esprit de son âge,
> De son âge a tout le malheur!

C'est pourquoi, ne faisons plus rien, au-dessus de notre âge, ma bonne dame, et devenons, il le faut, de bonnes personnes bien sages, d'un beau sang-froid, d'un sens rassis; soyons des vieilles de bonne foi, et de bonne humeur, à cette condition vous verrez que l'on peut vivre encore sous une perruque à frimas.

Cette *duègne* qui se montre à vos yeux, chargée de malédictions et d'outrages, l'effroi des jeunes femmes, la terreur des jeunes gens, le plus triste remède qui se puisse trouver à l'amour, cette malheureuse beauté éclopée, qui n'a pas d'autre ressource que de se rire au nez à elle-même, et de faire la parodie de ce qu'elle était autrefois, ce philosophe au vieux visage qui avale, sans les mâcher, les pilules amères que l'on jette à sa vieillesse, elle a été, cependant, une des fringantes comédiennes que la verte comédie a fait agir, a fait parler, a fait aimer! Volcans éteints dont il ne reste plus que la lave! Elles riaient, d'un rire si frais et si jeune; elles chantaient, d'une voix si limpide, les douces paroles; elles lançaient les gais propos, avec tant de naïveté et d'abandon! Elles étaient lestes, animées, fleuries, vivantes, entre l'heure de ce matin et la minute de tantôt; elles menaient, si grand train, le vagabondage et le décousu de cette vie de théâtre qui ressemble si peu à la vie réelle.....

Et maintenant il vous serait impossible de les reconnaître! Leur visage, comme leur âme, a été bouleversé par les plus faciles et par les plus absurdes passions! La belle maigreur rebondie et blanche a fait place à l'affreux embonpoint qui désole et qui dévore. Un pied si leste hier, un pas si lent aujourd'hui! C'est l'envers de la tapisserie! On avait, sous les yeux, des scènes riantes : la bergère et le berger sous l'arbre enchanté; le ruisseau qui jase, l'oiseau qui chante, la fleur qui s'épanouit dans les bois, tout le printemps ! Tournez la laine tissue, eh ! ce ne sont que flocons malséants, d'une laine pêle-mêlée des plus incertaines couleurs.

De sa nature, la duègne est l'ennemie jurée de tout ce qui est la joie, le plaisir, le bonheur. « Elle veut, à toute force, que l'ap-
« proche d'un homme déshonore une fille ; elle nous sermonne per-
« pétuellement sur ce chapitre, et nous figure tous les hommes
« comme des diables qu'il faut fuir ! » Elle paraît ; soudain s'en va toute gaieté et toute espérance ; elle est la voix qui gronde, et la voix qui menace ; elle fait taire la parole qui promet ; elle arrête la main qui donne. Vous la voyez apparaître à tous les moments difficiles et charmants ; elle est, de sa nature, impitoyable, acariâtre, querelleuse, maussade, ennemie du rire, amie du *comme il faut*, prévoyante et vaine, difficile et vaniteuse. Elle ne dort que d'un œil, elle ne mange que d'une dent (quoi d'étrange, elle n'a plus que celle-là ?), mais, en revanche, elle est tout yeux et tout oreilles ; elle en veut à tout ce qui est jeune et dameret, galant, amoureux et paré. Dangereuse ennemie, et d'autant plus dangereuse, qu'à chaque mot qui n'est pas pour elle, elle se souvient, avec amertume, du triomphe de ses beaux jours. « Hélas ! s'écriait Polyxène, au premier acte de *l'Hécube* d'Euripide, j'étais une souveraine parmi les femmes troyennes, j'égalais les déesses en toutes choses..... excepté peut-être en immortalité ! Et maintenant j'attends l'ordre d'un maître qui me fera balayer sa maison, pétrir son pain, et tisser la laine de ses manteaux ! » Rude combat des vieilles choses contre toutes les choses qui commencent ! — C'est la différence du ciel à l'enfer : *toto cœlo !*

Certes, en présence de tant de labeurs, et quand on repasse, en soi-même, le désenchantement de tant de malheureuses femmes, forcées par l'âge, de jouer le rôle odieux dans la même comédie, où naguère elles resplendissaient de coquetterie, et dont elles ont rempli si longtemps l'emploi brillant et passionné, on ne peut s'empêcher de leur souhaiter la vie et la mort de ce jeune héros, dans ce vers charmant qui me revient en pensée :

<blockquote>Il tomba, rit, et mourut.</blockquote>

Mourir, ce n'est rien dans le monde des arts, *vieillir* c'est tout.

La comédie ne sait de triste que la vieillesse, et peu lui importe le reste. — Le maître et le valet, le monarque et le sujet, la dame et la soubrette, tous sont égaux devant la comédie ; elle n'a de malédictions que pour les vieillards. L'esclave, si elle est jeune, la suivante, si elle est belle, nous en aurons fait bien vite autant de grandes dames, reines des fêtes et des élégances ! Si tu le veux, Briséis, la belle esclave, Achille t'achètera une reine troyenne pour te servir. La soubrette, est un peu la duègne, mais la duègne à dix-huit ans ; jeune et jolie, elle prend le parti de ce qui est beau, de ce qui est jeune ; elle prêche pour le jeune homme, elle est l'ennemie naturelle du vieillard ; elle a sa part, et sa bonne part, dans les intrigues galantes dont elle est la cheville ouvrière ; Horace la chante, à l'égale de Nééra ; Ovide s'en inquiète autant que de Lesbie, et l'*Art d'aimer* se demande si la servante doit passer avant, ou après la maîtresse?

Duègne rieuse, et duègne couleur de rose, la soubrette ; elle joue, elle aussi, le rôle subalterne, avec quelle grâce, et quel esprit ! — Rien ne la trouble, et rien ne la gêne ; elle s'en va, d'un pas leste et vif, entre tous les périls ; elle a nom Dorine, ou Susanne, ou bien, tout simplement, elle s'appelle Marton, un peu moins élégante, toujours vive et dévouée, et de bon sens. Susanne rit au nez de Marceline et de son argent ; Dorine se moque de madame Pernelle. Placée, un peu plus bas, dans l'ordre social que la duègne, la soubrette l'emporte de toute l'influence qui sépare l'agréable humeur de l'esprit morose ; la duègne est un espion, la soubrette est une camarade ; la soubrette est de cet avis que, lorsqu'on tient en main de bonnes cartes, le cœur est toujours de l'atout !

Dans la comédie et dans le drame des anciens, la duègne était volontiers la *nourrice*, bonne femme aux mamelles taries, qui ne pourrait soutenir de comparaison avec le fichu écorné et la cornette effrontée de Lisette. La nourrice d'Oreste, dans les *Coéphores*, raconte à ce jeune homme, qui a bien autre chose à entendre, les moindres détails de ses langes et de son berceau. Jouez donc ce rôle de nourrice, quand, depuis vingt ans, le rôle d'Électre était de votre domaine ! OEnone, la nourrice de Phèdre, est, j'en conviens, une nourrice, complaisante autant que le serait une soubrette, mais... voilà le malheur ! OEnone est exécrée, et chassée (« sauve-toi de ces lieux »!) pour un mauvais conseil que Dorine eût fait excuser, peut-être. Une autre duègne, une duègne de Molière, madame Frosine, *l'ambassadrice de joie*, est à peine supportable dans ce métier-là, parce que ce rôle manque de jeunesse et d'excuse, par conséquent. Mais qu'y faire? La nécessité le veut ainsi! Aussitôt que la malheureuse a posé sur son front, pâli et ridé, les froides bandelettes de l'âge de raison, la voilà condamnée, à tout jamais, à la robe *feuille-morte*.

> Je suis ce que le ciel m'a faite,
> Je n'ai que les beautés qu'il m'a voulu prêter!

Grande misère, au bout du compte, de changer son jupon de soie contre un jupon de bure! Vous flottez entre le ridicule et le mépris; vous êtes Marceline ou madame Escarbagnas; nul ne vous fait plus l'honneur de vous adorer et de vous haïr. La grande coquette vous raconte son intrigue; l'Agnès nouvelle éclose vous fait la confidente de ses transports; l'envie dans le cœur, vous êtes forcée d'accabler cette horrible petite fille de vos amitiés *maternelles*; chaque jour, c'est un nouvel échelon à descendre!

Hier, les femmes les plus élégantes vous citaient comme un modèle dans l'art des vêtements exquis, le plus grand des arts pour une femme. Aujourd'hui même, il faudra, forcément, vous affubler d'un habit ridicule, d'un chapeau ridicule; que dis-je? on ne vous trouve pas assez laide, et si vous n'y prenez garde, l'huissier du théâtre vous portera l'ordre absolu d'ajouter des rides à vos rides! Madame! votre dent est trop blanche, prenez-y garde! Votre main est trop fine, et c'est un crime! Que voulez-vous faire de ce pied leste et pimpant qui jure avec les soixante ans dont vous vous êtes chargée à plaisir? En même temps couvrez-vous de cheveux blancs; amortissez le feu de vos vives prunelles; prenez garde que quelques étincelles de feu et d'esprit ne sortent, malgré vous, de la cendre des morts. Surtout point de réminiscence de jeunesse; méfiez-vous des rechutes dans vos tendresses abolies; enfin, pour tout dire, oubliez les belles années, et souvenez-vous que, désormais, vous devez vous contenter d'ouvrir la porte aux passions qui attendent sur le seuil de la comédie.

— Entrez donc, et soyez les bienvenues, passions éternelles, apportées par des messagères d'un instant; la vieille portière, qui vous ouvre la porte, n'a pas le droit de vous regarder en face. *Janitrix!* dit Plaute. Elle a le nez aigu, le sourire béant, l'œil chassieux, c'est plutôt un menton qu'un visage. Oh! l'horrible vieille! C'était elle pourtant, au dernier mois d'août, qui frappait à cette porte, ou plutôt la maison s'ouvrait, dès que le pas léger s'était fait entendre sur ce seuil frémissant de joie et de plaisir. Horrible vieille! Aujourd'hui vêtue de trous et de taches; vieux manteau dépenaillé; vieilles mains ridées; vieille tête parcheminée de toutes les laideurs, c'était naguère la belle Cydalise, la belle Aminthe, et la charmante Angélique. Oh! ces poëtes grecs et ces poëtes latins! Ils sont sans pitié pour la duègne; ils la traitent comme la dernière des scélérates; ils la frappent à tout rompre; ils l'accablent d'injures et d'immondices; ils ne laissent pas une seule trace de l'idée divine sur ces têtes, défigurées par le ravage des passions; ils nous montrent la duègne chancelante dans l'ivresse; horrible, infirme et malade, et jouant le rôle odieux d'un chien de garde, d'un chien hargneux et galeux, attaché, par une chaîne de fer, à la porte de ces maisons pleines de licences! C'est surtout sur la tête de ces mégères qu'il faudrait écrire le *cave canem!* traditionnel : *prends garde au chien!* « Elle a une vieille esclave sale et mal vêtue, et c'est un grand signe de sagesse! » — Métier de comparse, et de comparse dont on ne sait plus l'âge, le nom et les mœurs!

Molière, et à son exemple tout notre théâtre, est plus bienveillant pour la duègne, que ne l'ont été les poëtes antiques; on dirait qu'il a prévu qu'une duègne fermerait, de sa main pédante, tout le grand siècle. La duègne est donc un personnage très-rare dans les comédies de notre poëte, et toutes les fois qu'il peut employer un homme, aux basses œuvres de la comédie, il n'y manque guère. Dans *l'Étourdi*, vous rencontrez quatre barbons; les femmes sont de la première jeunesse! Dans *le Dépit amoureux*, tout le monde est jeune, et même M. Métaphraste et M. de La Rapière; *les Précieuses ridicules* sont deux duègnes qui s'amusent à changer :

En faux printemps, leur véritable automne,

mais, au demeurant, ce sont deux vieilles filles très-supportables. Dans la comédie intitulée *Sganarelle*, et dans *l'École des Maris*, Sganarelle joue le rôle de la duègne, il s'appellera Bartholo, plus tard, mais quelle fleur plus fraîche que *l'École des Femmes!*

Silence ; voici *le Misanthrope*, où l'on voit la prude Arsinoé tournant à la duègne. Arsinoé, dès qu'elle aura pris son parti de ce triste *fidelium*, se fera dévote, ou bas-bleu ; elle sera madame Philaminte ou mademoiselle Bélise, la coquette sur le retour. Ce gai Molière trouvait, évidemment, que la vieille femme, comme l'entend la comédie, la vieille femme, dépouillée de la considération et du respect qui sont dus aux vieillesses sérieuses, eût attristé sa comédie ; aussi en trouvez-vous, le moins possible, en toutes ses œuvres sérieuses et charmantes. La Martine du *Médecin malgré lui* est une commère encore avenante et gaie, et tournée à merveille ; Martine a de grandes affinités avec la servante du *Bourgeois gentilhomme ;* elles ont le même âge, de trente à quarante ans. Où la soubrette finit, la duègne ne commence pas encore. Dans *les Fourberies de Scapin*, on rencontre une nourrice, Nérine, qui est une assez bonne diablesse. La comtesse d'Escarbagnas est une vraie charge, un de ces rôles qui désolent les grandes coquettes de comédie, lorsque enfin la nécessité, cette raison étranglante, force ces dames à renoncer aux beaux rôles. — « Eh! ventrebleu ! s'il y a, ici, quelque chose de vilain, ce ne sont point vos jurements, ce sont vos actions ! »

La femme du *Malade imaginaire*, Bélise, est une douairière, un peu plus que maussade ; impudente, au demeurant. Le seul rôle de duègne qui se trouve dans les comédies de Molière, la plus belle duègne du théâtre, c'est madame Pernelle, de *Tartufe*. — « Donnez-moi deux rôles comme madame Pernelle, nous disait mademoiselle Mars, et je reste au théâtre encore dix ans. »

Nous nous rappelons encore une aimable vieille, elle avait nom madame Saint-Amand ; elle représentait les duègnes, avec courage et résignation. Hélas ! la bonne dame, elle avait vu des jours meilleurs. Un père absent, une mère anonyme l'avaient déposée, enfant, sur le seuil de la maison du bonhomme Orgon, et le bonhomme avait été favorable à cet enfant du *roman comique*.

Cette aimable duègne, à l'heure suprême, au dénoûment définitif, quand elle ne savait plus que faire, et comme elle cherchait un asile enfin sérieux, elle fut sauvée, au moment juste où elle se croyait perdue. Comme elle était habile et clairvoyante, elle avait suivi, d'un regard intelligent, les amours d'un petit jeune homme éveillé, plein d'esprit, de bon air, qui s'en venait, chaque soir, dans ces infimes coulisses, pour contempler, tout à son aise, une drôlesse aux pieds plats, qui dansait maussadement dans le tas de la danse, au théâtre de la Porte-Saint-Martin. — Ah! se disait la bonne vieille, voilà un beau papillon qui se brûle à une laide chandelle.

Cependant les choses suivaient le train accoutumé; toujours le jeune homme en extase, et toujours la fillette au : *Portez armes! En joue!...* et *Feu!* de la danse, lorsqu'un jour notre duègne, attirée au Palais-de-Justice, par un de ces grands procès qui soudain s'emparent de l'attention universelle, retrouvait sous la robe éloquente d'un avocat, déjà plein de gloire, ce même petit jeune homme, si timide et si réservé dans ces abominables coulisses. A peine si la dame en croyait ses deux yeux. Quoi donc! cet enfant tremblant sous les regards de mademoiselle Amanda, c'est ce même orateur qui fait trembler sous sa voix formidable, sous son geste énergique, et sous la majesté de sa parole austère, ce grand coupable, accablé par cette écrasante conviction? Elle n'en pouvait pas revenir! De tous les mystères de l'esprit humain (elle en savait un grand nombre), c'était le mystère qui l'avait le plus inquiétée.

Et le soir venu, quand la justice eut sanctionné, par un terrible arrêt de mort, la parole de ce grand orateur, et quand la ville entière murmurait encore cette immense louange du génie et du courage de cet avocat populaire, la bonne vieille, qui jouait son rôle de fée en je ne sais quelle féerie, aperçut à sa place accoutumée, et suivant du même regard passionné cette même Amanda, le terrible accusateur, dont la voix retentissait, en ce moment, dans la ville entière. Alors, dans l'entr'acte, et n'y tenant plus, la bonne vieille, indignée, et sa baguette à la main, s'en fut droit au jeune homme : — Ah! Monsieur, lui dit-elle, ah! Monsieur, que venez-vous faire ici? Vous, chez nous? Vous, attaché à ce vil jupon? Vous, réservé à cette haute fortune?...

Elle en dit tant, elle en fit tant, d'une voix sensée et d'un geste indigné ; menaçant, au besoin, cet imprudent, de révéler son nom et sa profession, que notre amoureux prit la fuite et ne revint plus. — Je l'ai sauvé! s'écriait la duègne. Puis, avec un soupir : — J'aurais tout fait, pour qu'il fût perdu, il y a tout au plus quarante ans !

Comme je vous le disais, quand sa retraite définitive eut sonné à l'horloge abominable, la bonne duègne imagina que le petit jeune homme, qu'elle avait si fort tarabusté dans les coulisses de la Porte-Saint-Martin, lui viendrait en aide et protection, et, moitié honte et moitié confiance, elle vint frapper à cette porte, ouverte à tant de douleurs. Elle dit son nom, on la fit entrer, la première, avant tant de clients qui attendaient leur tour ; elle entre, et tout de suite elle est reconnue. Et comme elle eut raison d'être confiante et d'espérer, en ce galant homme-là !

Dans l'intervalle, il était devenu un maître. Il avait conquis la toute-puissance de l'éloquence et de la probité. Il tendit à la bonne vieille une main secourable, et, deux jours après, dans ces jardins du Neuilly ravagé et vendu à l'encan (c'était en automne, en pleine fenaison, le roi, fatigué de ses travaux de tous les jours, de toutes les heures, s'était endormi après son dîner, la tête appuyée sur une meule de luzerne odorante), le célèbre avocat voyant la reine attentive, et la sachant, cette sainte, si maternelle et si bienveillante, qu'elle n'était pas même étrangère aux folies de la jeunesse, il lui raconta, avec cette grâce et cet esprit qu'il met à toute chose, en la voilant un peu, mais d'un voile ouvert à demi, l'histoire du petit jeune homme et de la vieille duègne ; et comme la reine à cette histoire hésitait, souriait, cherchait, une voix sortit de ce foin fraîchement coupé, une voix franche, heureuse, éclatante, royale : « O reine ! que vous voilà embarrassée ! Il faut donner, disait la voix, un de nos lits de Sainte-Périne, à cette bonne madame Saint-Amand. »

C'était le roi qui parlait ainsi. Il ne dormait que d'un œil, le bon sire, et il se réveillait toujours à temps, quand il y avait du bien à faire, autour de lui.

Cependant (pour revenir à notre répétition générale), l'amoureuse et le premier rôle, le raisonneur et la duègne, et l'ingénue, en un mot, toute la comédie, ils sont à l'œuvre. Ils apprennent, depuis tantôt six semaines, au théâtre de la Porte-Saint-Martin, un mois au Vaudeville, et six mois (tout autant) au Théâtre-Français, un grand ouvrage orné d'un grand nom. Cet ouvrage est le : *va-tout!* du théâtre, et l'on en dit, à l'avance, une foule de merveilles. La ville entière, et toute affaire étant suspendue, accourt à la pièce nouvelle ; on l'attend, et demain sans doute... oui, demain.....

Voyons l'affiche..... O bonheur! l'affiche annonce, en toutes lettres : *Relâche pour la répétition générale!* C'est un mot d'argot qui signifie : O mon peuple! je dépense, en un soir, mille écus, pour me rendre compte de ma pièce nouvelle ; ces mille écus, je les ai dépensés hier, je les dépense demain, après-demain peut-être. *Relâche!* est une fête que je me donne à moi tout seul! Pendant que les curieux tentent en vain de percer le mystère de mon théâtre, moi seul, dans ma salle, je me contemple et je m'approuve, moi, le directeur du théâtre! J'ai vu naître et grandir ce chef-d'œuvre inconnu qui contient ma ruine ou ma fortune ; enfant, je l'ai porté dans ses langes, et maintenant je puis le contempler dans sa pourpre ; il se traînait d'un pas malhabile ; il marche, il court, il va comme le vent. Ceci est mon œuvre, encore plus que celle du poëte ; ces héros, c'est moi qui les habille, et ces reines, c'est moi qui les pare. Il est donc juste qu'ils s'habillent et qu'elles s'habillent, une fois au moins, pour moi tout seul. Grande fête! Il n'y a pas un roi de la terre qui s'en puisse donner une pareille ; il n'y a que le directeur de théâtre, un maître absolu.

Cicéron a défini la *répétition générale :* un exercice à l'ombre, *umbratilis exercitatio*, et je ne sache pas que l'on ait trouvé mieux que cela. La répétition générale se fait, le soir, aux grandes lumières, toutes les portes fermées ; seulement une porte latérale, cachée dans l'ombre, donne son entrée mystérieuse au tyran, au père noble, à la reine, à la grande coquette, à l'ingénue. Ainsi, porte close! Et nul n'est admis à l'honneur d'assister à ce pénible enfantement. Sont exemptés de la règle générale, les deux auteurs ; je dis *les auteurs*, car plus il y a d'auteurs pour écrire une pièce, et plus le nombre des répétitions augmente ; au beau milieu du parterre, le chef des applaudissements se tient, immobile et contemplatif, escorté de quelques satellites d'élite. Précurseurs de la postérité, ces Messieurs viennent à l'avance, dans le sanctuaire comique, afin de consigner, à l'avance aussi, les passages sublimes que l'instinct des nations ne découvre guère sans un peu d'aide, ils soulignent les entrées sublimes, les sorties sublimes, les mots sublimes, sauf à en manquer quelques-uns, car il est à croire qu'ils n'ont pas souligné, tout d'abord, le : « *qu'il mourût!* » du grand Corneille; et c'est ainsi, j'en suis fâché pour l'opinion, que se prépare à l'avance, cette chose incertaine que l'on appelle l'opinion du public.

Cependant le souffleur, comme toujours, est à son poste au fond de son trou, chargé de rassurer le comédien que sa mémoire désempare de son rôle. Sur le devant de la scène, et très-souvent le dos tourné au parterre, à la plus belle place, et dans l'attitude d'un marquis de l'OEil-de-Bœuf, se tient *M. le directeur !* M. le directeur est en effet le roi, le héros, le maître enfin de cette fête à huis clos, et le poëte ne vient qu'en second, dans l'estime de tout le monde. C'est M. le directeur qui fournit à toutes ces dépenses si favorables au génie. Il n'a pas fait la pièce, il en a indiqué les meilleurs passages; elle est sienne, par l'exactitude et par l'élégance de l'*accessoire* (un barbarisme, accepté par les plus illustres poëtes), et c'est pourquoi notre homme à ce point s'intéresse à l'œuvre commandée, habillée et décorée à ses frais, que plus d'une fois, vous le verriez arracher le manuscrit des mains du souffleur, et déclamer le grand rôle. — Voilà, dit-il, comment je comprends ce passage. Écoutez-moi ! — Mais ne l'imitons pas, reprenait mademoiselle Brohan.

Cependant le drame commence à voix basse; on le devine, plus qu'on ne l'entend, et c'est à peine si l'on écoute les confidences des confidents. L'attention n'est excitée quelque peu, qu'à l'entrée du comédien principal. On veut savoir s'il sera *sublime*, on veut savoir s'il *grandira* encore de cinquante coudées ? Notre homme, cependant, arrive le chapeau sur la tête, et les mains dans ses poches; il indique, plus qu'il ne les déclame, quelques parties de son rôle; il se ménage, il se dandine ; il aurait peur de se révéler avant le grand jour des complètes révélations. Non, non, pas d'éclairs... à peine des lueurs.

Le grand comédien de répétition générale parle tout bas; d'abord parce qu'il est enrhumé, dit-il, ensuite parce que monsieur ne veut pas prodiguer *ses effets,* devant une salle absente. Voilà donc tout ce que vous en aurez, pour ce soir. En revanche, le confident, le second rôle, le patient, le camarade obscur de cet homme précieux, prend-il soudain sa revanche à force de grands cris et de grands bras; il crie, il s'agite, il se démène; il a des poses qui seraient les bienvenues au Louvre, dans la galerie des statues! Il *brûle les planches,* et chacun l'admire en s'étonnant. Comment donc! mais ce brave un tel, il a *enfoncé* son chef de file. — Attendez à demain, ce brave un tel, sublime *à l'ombre,* aura peine à soutenir les regards de son chef d'emploi.

Bientôt après, voici venir dans la grande scène, où le mystère se noue à la façon de ces nœuds sacrés que seul savait trancher Alexandre le Grand, madame une telle, la grande comédienne! On l'entend venir, et déjà ce pas solennel commande une attention, voisine du respect. Cependant ce n'est pas l'artifice et ce n'est pas la parure de la dame qui fomente, en ce moment, cet enthousiasme silencieux. Pour la *répétition générale,* Madame est vêtue, à peu près avec autant de soin que Monsieur; elle est empaltoquée dans un affreux châle, elle est emmitouflée dans son plus vieux chapeau; figurez-vous Vénus en bonnet de nuit. Elle grelotte, et cependant, quand elle voit son chef de file si frileux, madame, après avoir commencé, elle aussi, par mâcher son rôle, s'anime peu à peu, jusqu'à ce qu'enfin elle joue, et pour tout de bon, et alors trouvez donc le moyen de contenir cette folle, qui rit aux éclats, ou de calmer cette inconsolable douleur, plongée dans le plus profond abîme du désespoir! On ne saurait croire à quel point une femme, seule en ce désert, une femme que personne ne regarde et qui joue pour ses camarades, se peut exciter, se peut exalter elle-même. C'est un sentiment, tout personnel, qui ne ressemble en rien à l'enivrement, à l'animation des représentations publiques; cette femme s'amuse, évidemment, à se conter, à elle-même, cette histoire de fête ou de deuil; elle parle d'amour avec l'enivrement de Juliette à son balcon; elle se désole avec la douleur de Desdémone.

Infortunée! Elle déchire ses habits; peu s'en faut qu'elle n'arrache ses cheveux; puis, tout d'un coup, par la plus brusque transition : — Par Dieu! dit-elle, depuis si longtemps que nous décrottons cette comédie, voilà un mot qui ne me va pas!

Voilà une phrase hargneuse comme un vieux coq, qu'il me faut déchirer à belles dents! Ou bien, dans le paroxysme de sa douleur, de volcan elle se fait glacière; et la voilà qui demande à sa voisine, le *prix* du beurre au marché Mélange emphatique et complet de sentiments faux, de vérité vulgaire, de trivialité et d'héroïsme; on n'est pas plus éloquente... on n'est pas plus *portière;* on n'a pas un sentiment plus profond de la beauté idéale... on n'est pas plus bourgeoisement occupée des plus tristes détails de la vie bourgeoise. C'est toujours un peu la reine Sémiramis, apportant du veau froid et du sel, qu'elle cache sous les pieds de son trône, pour manger une bouchée, après le grand travail de l'abdication.

Ne pensez pas, cependant, que dans cette scène clandestine, il ne s'agisse que de mesurer des syllabes, d'ajuster des consonnances, d'arranger des mots, des phrases, des synonymes, des fleurs. Ils sont là trois ou quatre forçats du drame, à faire chacun sa petite observation, très-importante. — Holà! vous devriez parler un peu plus bas, miss Clara, et vous pas si haut, monsieur Saint-Alme! — C'est par la gauche que vous entrez, et non par la droite! — L'air plus abattu! — Prenez donc un visage plus riant! Quand le directeur a parlé, arrive le *metteur* en scène, personnage important, et peut-être le premier dans la hiérarchie. Hélas! rien ne se fait, sans celui-là : ôtez-le du théâtre, aussitôt plus de comédie, à plus forte raison plus de drame. On a beau dire que les petits esprits sont minutieux, la minutie est justement le génie et le mérite du *metteur en scène.* C'est lui qui décide, en dernier ressort, des entrées et des sorties; c'est lui qui assigne, à chaque comédien en action, la feuille du parquet dans laquelle il doit faire au moins dix lieues en trois heures; sans son avis, pas un de ces comédiens, si ardents à la réplique, et si prompts à la question, ne saurait même s'entregloser. Il dispose les conspirations, il arrange les émeutes, il est le maître des cérémonies de toute fête un peu compliquée. Avant que le drame éclate, le *metteur en scène* a vu la pièce entière dans la chambre obscure de son cerveau; il ne sait pas toujours ce qui s'y fait, ce qui s'y dit, mais il voit *l'image* de l'action, la pose des personnages, le fauteuil, la table, le guéridon, le cordon de la sonnette.

Eh! que de fameuses pièces, grâce à cet homme habile, ont

réussi en détail, qui sont tombées en gros, par la faute des comédiens, ou par la *stupidité* de l'auteur !

Il est nécessaire à toute chose ; il vient, immédiatement, après le poëte, le *metteur en scène*. Il arme, il habille, il déshabille aussi les divers personnages de ces grandes machines ; il festonne le ballet ; il met la nappe, et il l'ôte. Il est le maître Jacques absolu du chef-d'œuvre à peine éclos ; il commande à la cavalerie et à l'infanterie ; il dispose également des anciens parlements et de nos cours royales ; il distribue, aux bien méritants, les décorations, d'une main avare, prenant bien garde à ne pas les placer sur les poitrines malhonnêtes : Respectons, dit-il à ses comédiens, respectons les signes d'honneur, si nous voulons qu'on y croie. Il est beaucoup plus coulant sur les petits ordres étrangers, à l'usage des dentistes, des faiseurs de romances, et des maîtres de ballet. — Ma foi, dit-il encore, il faut faire de temps à autre une concession à l'amour-propre. Ainsi, sur ces petits ordres en fer-blanc, il ferme les yeux ; plus d'une fois, la plaque du ver luisant ou le cordon du Plaqué, a rendu plus facile, un comédien qui se console d'un mauvais rôle, par un ruban éclatant. Malheur, cependant, à l'imprudent qui porterait la *Jarretière* ou la *Toison d'or*, sans en avoir le diplôme, signé du *metteur en scène*, qui en est le grand chancelier. Et de même qu'il dispose, en souverain, des vains honneurs d'ici-bas, il commande aux faveurs et même aux colères de là-haut. Il est le Zéphire, il est le vent du Nord. Si vous voyez luire un éclair dans le nuage déchiré, si vous entendez gronder le tonnerre sur les hauteurs nébuleuses du ciel, c'est par l'ordre absolu de ce génie infatigable, invisible, et présent partout.

Vient ensuite, encore imposant dans son labeur (tant d'orgueilleux sur un seul âne !), le machiniste, et le machiniste en est venu à commander, lui aussi, au poëte, cette humble cheville ouvrière qui ne peut plus commander à personne. L'homme aux machines (il était inconnu aux maîtres de l'art dramatique ; Molière l'eût chassé à coups de bâton ; Corneille et Racine l'auraient jeté par ses propres fenêtres ; Voltaire y croyait un peu, il a commandé, entre autres machines, le tombeau de Ninus et de Sémiramis) a conquis, dans le nouvel art dramatique, une importance énorme ! Avec cet homme-là, même les poëtes sérieux sont forcés de compter. Tantôt il *lui faut* vingt vers, ou vingt lieues de plus, si l'on veut qu'il ait le temps de disposer les jets d'eau du petit jardin, tantôt il annonce, hautement, que le poëte est absurde, qu'il n'entend rien à *son métier*, et que lui, le machiniste (il y avait un machiniste appelé M. Sacré), ne peut pas tenir suspendue en l'air, plus de trois ou quatre minutes, cette tour crénelée qui doit sauver le premier acte.

Ainsi, monsieur le poëte, retranchez cinquante vers de la tirade, où je donne ma démission. En vain le poëte fait-il observer à ce bras sagittaire qu'il n'a pas le droit, pour une méchante toile enluminée, de couper mathématiquement les ailes à son esprit, le machiniste n'a que faire de ces sornettes. Vingt minutes de plus, vingt minutes de moins, il n'y a pas de milieu, à moins de se passer du machiniste. Mais, juste ciel! comment s'en passer? Ce qui est simple n'arrange pas les hommes; ils veulent de l'enchantement, à tout prix; ils veulent être, à toute force, transportés, ravis, confondus, et le machiniste est encore le plus grand des enchanteurs.

Donc *notre artiste-machiniste*, bien plus que le comédien ou la comédienne à la mode, est l'âme vivante de la répétition générale. Le poëte appartient au machiniste, et le comédien le plus célèbre dépend de cette volonté suprême. Allez donc vous enfermer dans un cachot où le machiniste aurait laissé le banc de gazon, sur lequel la jeune amoureuse a jeté son écharpe, ou bien, le moyen que j'aille rire, dans un boudoir, orné de toutes sortes de pierres funèbres? Le machiniste est donc pour beaucoup, dans le succès de l'œuvre nouvelle; certes, en voilà un qui ne croit pas au hasard, au contraire, c'est pour lui, bien plus que pour les comédiens, que se répètent nos plus grands drames; son inspiration procède par A *plus* B; il tient à ses fils beaucoup plus que le comédien ou le poëte ne tiennent à leurs ficelles; le machiniste est ce gros homme que vous voyez, en manche de veste, calculant l'effet des lumières et des ombres, de l'éloignement et des lointains; le côté *cour*, le côté *jardin*, — il ne procède que de lui-même, et il répond des bévues de tous les siens!

Quand le machiniste a bien réglé la suite nombreuse de ses créations : — *le camp*, — *le jardin*, — *le palais*, — *la chaumière*, — *le tribunal*, — *le cachot*; — quand le metteur en scène a décidé que l'on ferait tel geste, à tel moment ; quand le chef des accessoires a tout disposé dans le plus grand ordre : le poignard, le poison, la fausse clef, l'échelle de cordes, la lettre, le brevet, le sceau des armes, le cachet ; — quand le tapissier est bien édifié sur la couleur et le nombre des fauteuils, — s'il faut un tapis, — s'il faut une armure, — si la table doit être *chargée* de plumes, de papiers et de livres, — s'il est besoin d'un joli petit repas en carton peint, — si l'amant doit donner, ce soir, un diamant à sa maîtresse, à la soubrette une bourse d'or ; — en un mot, quand ces niaiseries indispensables sont bien et dûment convenues, reste maintenant le tour du tailleur. — Homme important, le tailleur, car l'habit c'est la moitié du comédien, et quelque chose avec !

Çà donc, sommes-nous exacts ? Sommes-nous fidèles ? Ne faisons-nous pas d'anachronismes ? Cette étoffe est-elle bien de la même époque, et ce manteau me convient-il ? Avez-vous nuancé habilement les nuances diverses de cet entrecoupement de costumes ? Comment feront, aux lumières, mes galons et mon velours ?

C'est là une des inquiétudes les plus vives des répétitions générales, et, comme je vous l'ai dit, hormis la grande coquette qui veut produire son effet tout battant neuf, excepté le héros du drame qui ne serait pas content de s'habiller, vingt-quatre heures à l'avance, voilà nos acteurs, enfants gâtés de la fantaisie, qui font *répéter* leurs armures, leurs tuniques, leurs chapeaux, leurs épées, leurs beaux habits ! Il en est des habits, comme de la pièce ! Il y a par-ci, par-là, quelques morceaux tout neufs ; mais, juste ciel ! combien de rapetassages ! Combien de fois, d'un vieux manteau, a-t-on fait un pourpoint neuf ! Les broderies ont été retournées, tout comme le dialogue ; l'oripeau s'est étendu par couches, dans ces manteaux de pourpre et dans ces vers de tragédie ; vieux habits portés déjà ! vieilles périodes qui ont servi depuis cent ans ! Serge au reflet de velours, calicot que l'on prend pour de la soie, guipure en pur coton, poésie faite, à l'emporte-pièce, comme les plaques, les *ordres* et les cuirasses de ces messieurs, les comédiens.

L'habit, le décor, l'ensemble du travail dramatique, l'accessoire, ce n'est pas tout ; en fait d'accessoire vous avez le comparse, et de toutes les machines à remuer, c'est la plus à plaindre et la plus difficile. Eh quoi! tant de gens, et pas un comédien dans cette foule! Un comparse, un être à part, entre tout… et rien! Cependant, songez à la peine que cela donne de pousser, moutonnement, ces âmes dans un seul corps, d'animer ces visages inanimables, et de diviser un millionième de passions, dont le drame peut disposer, peut-être, entre tant de cœurs qui donneraient toutes les passions réunies de Cléopâtre et de Marc-Antoine, pour un jeu de boules!

C'est, surtout, pour ces éloquents officiers du silence que sont faites les répétitions générales, depuis que le comparse a été si fort mêlé à l'action du drame, que le drame ne saurait s'en passer. On a vu, de nos jours, des opéras-comiques sans chœurs, on n'a pas vu de drames, sans comparses. Au comparse appartiennent les grands rôles, non de l'histoire, mais de l'humanité; il représente la conquête, l'affranchissement, la bataille, la victoire et la défaite. Il est l'armée, il est le peuple, il est le courtisan, il est le conspirateur! Il tue, il sauve; il est le rempart des villes; il est l'arme active des sociétés qui ont l'avenir devant elles. Tribunal, le comparse est la loi vivante. Chambre des députés, le comparse est la voix qui rappelle aux pouvoirs oublieux les libertés nationales. Il est l'enfant de Démosthène, il est le dernier héritier de Mirabeau, le comparse!

Ou bien faites-lui porter le talon rouge de l'ancien Versailles, soudain il représente, à s'y tromper, toute l'ancienne France. Louis XIV est mort, le comparse est resté, et pourtant le comparse était bien plus vieux que Louis XIV. Il a été la nation athénienne; il a porté les haches et les faisceaux du licteur romain. Membre important, mais résigné, de l'œuvre dramatique, le comparse a donc mérité toutes les sollicitudes du metteur en scène; une faute, une seule dans ces masses d'hommes, et soudain tout se heurte et tout se perd… tout est perdu!

Il y a bien aussi, dans un coin de la salle, un peintre inquiet de son œuvre, et qui s'en occupe en dehors du drame et des comédiens. Ah! ma forêt! mon abîme! et mon boudoir! Voilà ce qui l'agite. Il donnerait tout *Hernani*, pour la forêt et le jardin du cinquième acte. Il a donc lui aussi, ce brave artiste, ses petites évolutions indispensables; il fait avancer, il fait éloigner les lampes (toujours avec la permission du machiniste); il trouve que la *rampe* donne trop de feu, que le lustre est terne et plein d'ombre ; il est comme tous les peintres qui ne sont jamais contents ni de la lumière ni de l'ombre, et qui, pas une fois dans leur vie, n'ont daigné remercier le soleil.

Suspendue à chaque instant par ces misères indispensables, la répétition du nouveau drame est bien lente, et ce n'est guère qu'après deux heures du matin que l'on touche enfin au dénoûment. Alors, quand tout est dit, pour cette fois, l'auteur arrive à son tour ; il n'est pas grand'chose en tout ceci, mais enfin il a écrit la pièce, et la plus simple politesse exige qu'on l'écoute un instant. Lui aussi, pendant cette répétition générale où il a joué le rôle modeste, il a fait ses petites observations, et il n'est pas fâché d'en faire part à ces messieurs.

Donc, voilà un mot qu'il efface, un mot qu'il ajoute ; cette tirade ne lui plaît pas, elle fait longueur, il veut la biffer, malgré le comédien qui se rebiffe. Hélas ! encore il n'a pas dit toute sa pensée à ses illustres interprètes : il a surpris l'amoureux et l'amoureuse en flagrant délit de barbarisme ; on ne sait pas ce que jargonne la duègne ; la soubrette aura beau mettre un visage blanc sur son visage brun, elle restera noire comme une taupe ; la tragédienne pleure à merveille, elle n'a de larmes que dans la voix ; le père noble est trop gros, l'amoureux est trop maigre, et le raisonneur est trop laid ; — on les voit en effet de si près ! — Ajoutez que ce public absent est si terrible !

Ah ! le public ! Si ce n'était *que* le public, mais la critique ! Elle est sotte, elle est farouche, elle est ignorante, elle est abominable, elle est envieuse, elle ne sait pas ce qu'elle veut, elle rit, elle dort, elle se moque, elle ose bâiller, elle est affreuse. Haro sur la critique ! Ils sont là, par Dieu ! une bonne demi-douzaine d'impuissants, de vaniteux, de reptiles, de brigands bons à rien, qui vont s'attacher à mon chef-d'œuvre, et qui n'en laisseront pas une parcelle ! Ah ! les bandits ! Et tenaces, et malins, et savants dans l'art de disséquer les pièces nouvelles. Comment faire ? — On s'en passe ! — Ah ! bien oui ; l'œuvre est morte.

On ne les lit pas, autre obstacle : un certain public, qui sait lire, a grand soin d'interroger ces estafiers de la critique, et il ne demande pas mieux que d'être de leur avis. Alors, voilà les transes, l'effroi, les peines secrètes, les colères cachées, les spasmes de ce pauvre homme. Entre la critique et le public il se sent étouffé. Tout est perdu, même l'honneur..... Deux jours plus tard, si la critique a daigné sourire à l'œuvre nouvelle, et si sa voix écoutée a retenti d'un son unanime, à la louange du poëte : — Après tout, se dit-il, ces gens-là ont fait... tout au plus ce qu'ils devaient faire, et j'étais sûr de ma comédie. Ainsi il rend à la critique, les dédains des comédiens, à la *répétition générale.*

Au diable le poëte et sa comédie! Est-ce, d'ailleurs, que l'on est un poëte, à cette heure suprême? Il n'y a pas de poëte, il n'y a pas de poëte dramatique, un jour de première représentation; il n'y a qu'un pauvre cerveau fêlé à qui chacun vient en aide : le directeur de ses dépenses, les hommes de leur talent, les jeunes femmes de leur jeunesse, les belles femmes de leur beauté. Donc on le laisse dire, et, sans tant lambiner, on l'affichera demain, on le jouera demain; *il* tombera demain, ou bien *nous* réussirons demain !

Un petit mot encore, s'il vous plaît, monsieur le chef d'orchestre : il ne faut pas toujours compter, comme vous faites, sur le triomphe du contre-sens. Vous nous avez fait là une musique bien ambitieuse pour un Rossini de mélodrame : vous êtes un peu long à l'entrée de mademoiselle Ernestine, vous êtes un peu bref pour mademoiselle Rosine! Bref, l'orchestre est passé en revue, de la flûte au cornet à piston, du fifre au chapeau chinois. C'est qu'en effet le directeur de théâtre est un joueur; il a la fièvre, il a la prudence, il a l'habileté, et quelquefois aussi les impatiences d'un joueur. Allons, il n'y a pas à s'en dédire, et c'est demain que nous enfarinons notre visage. Allons! que ces dames qui sont chrétiennes, fassent brûler des cierges à l'autel de la Vierge, et que ces messieurs invoquent Notre-Dame de *Frappe-Fort!* Toujours est-il que la première représentation *tient* pour demain.

Tient est le mot; si bien que l'on peut dire, à coup sûr, que les plus rares chefs-d'œuvre ont commencé par une faute de français, pour le moins.

§ IV

Cependant, pendant que nous sommes à raconter les misères et les nécessités du théâtre, il serait injuste et cruel d'oublier le malheureux que voici..... dans cet abîme ridicule, aux pieds même de la duègne, aux pieds même de Tartufe ou de Cartouche :

Non! Sisyphe haletant sous son rocher, les Danaïdes, penchées sur le tonneau qui fuit toujours; Tantale, mort de soif et de faim au milieu du fleuve limpide, Ixion sur sa roue, Prométhée sous son aigle, la Vestale dans sa tombe vivante, le jeune moine *in pace* pour ses fredaines; tout ce qui sent le renfermé, le moisi, l'esclavage, la torture, et la damnation, ne saurait se comparer à l'existence de cet infortuné que la mauvaise déesse de la fortune a destiné à passer sa vie au fond de cet abîme ridicule, appelé : *le trou du souffleur!* « Allez, et dites à tout Jérusalem, « si quelque douleur est comparable à ma douleur! »

Pourtant cet infortuné, qui s'est résigné à n'être que l'écho de la comédie, *le souffleur*, il est la pierre angulaire de l'édifice dramatique, et les archéologues sont en doute pour savoir si le souffleur n'est pas préexistant au poëte? Que dit-on d'un poëte sifflé? On dit : il n'a plus le souffle. Et vraiment, il n'y a pas de comédie, et pas de tragédie, et pas même un couplet de vaudeville, où soit absent le souffle du souffleur. Remontez seulement à la définition du mot *souffle* (*pneuma*, disent les Grecs), le souffle, c'est l'âme, et la vie ; or, celui-là qui donne l'éveil, le mouvement, la respiration, la lumière, le bondissement à l'œuvre dramatique, c'est le souffleur!

Le comédien qui fait ses grands bras, la comédienne qui fait sa petite moue, autant de pantins dont le souffleur tient tous les fils. Regardez dans quoi il est plongé! Il n'est pas de condition plus basse, mais tout de suite voyez agir, rentrer, sortir les personnages du drame; prêtez l'oreille à ces cris partis de l'âme..... et du trou du souffleur,... à coup sûr, c'est le souffleur qui accomplit toutes ces merveilles. Digne homme! Enseveli dans son silence, entre les grands bruits du parterre et du théâtre; enfoui dans son ombre, au milieu de cet Océan de lumière que projette la rampe enflammée, nul ne se doute de ce rude travail.

En sa qualité d'âme, intelligente d'une chose inerte, le distributeur de mémoire doit tout voir, tout savoir, tout prévoir ; il sait préparer l'effet de la grande tirade, et la réplique du moindre couplet ; il sent, avec une délicatesse infinie, la moindre différence de niveau dans le comédien qui entre ou qui sort ; à la figure, à la démarche, au geste de son héros, il doit comprendre où le bât le blesse, et lui venir en aide, tantôt d'un geste ou d'un coup d'œil, tantôt d'un souffle. Le comédien est-il bien sûr de sa mémoire, le souffleur reste calme, mais sans perdre de vue le grand homme qui s'agite dans sa haine ou dans son amour ; au contraire, que la tête du manœuvre dramatique s'égare en mille folies, que soudain son œil s'hébète et s'écarquille dans l'agonie de l'incertitude, que son visage même garde le silence, le malheureux comédien est perdu, s'il ne sent pas à ses côtés, invisible et présent, cette espèce de chien du mont Saint-Bernard qui l'arrache à l'abîme dans lequel il va s'engloutir.

Double danger pour l'homme qui, de son trou, surveille l'action dramatique : souffler trop ou souffler trop peu. — Il faut donc que tu te méfies de moi, pense aussitôt le comédien, qui se sent trop soufflé. — Ou bien, si le souffleur l'abandonne à son génie : Ce gueux-là, se dit-il, est payé pour me perdre ! L'un est sourd, il a perdu ses deux oreilles à entendre huer, siffler et applaudir des comédies, alors il est nécessaire d'enfler la voix ; mais cette voix martyrisée doit être, à la fois sonore et sourde ; sonore, ici tout au loin, jusqu'au fond du théâtre ; sourde, en deçà de l'orchestre, et de façon que le chef d'orchestre, lui-même, n'entende pas souffler le souffleur. Ou bien l'acteur, à l'intelligence épuisée, a conservé de ses cinq sens, le sens qu'il a jugé lui être le plus utile ; son ouïe est si fine qu'il entendrait pousser les vers dans le cerveau d'un poëte enrhumé. Alors, quelle délicatesse et quel tact dans la voix ne faut-il pas, pour envoyer à cette oreille exercée, à cet esprit troublé, ce trait final que notre homme va passer sous silence, comme un écolier qui sait mal sa leçon !

On admire et beaucoup, de nos jours, les tours de force des grands ténors, qui chantent les chefs-d'œuvre d'une voix qui s'est envolée à la cime des arbres ; eh bien ! ces sortes de miracles sont moins étranges, que les miracles accomplis par l'organe doublé de velours et de cuivre d'un habile souffleur. Ophicléide à la première scène, il n'est qu'une flûte soupirante, à la scène suivante. Pendant que le comédien se met à flatter le public par les gracieusetés de sa personne et de son talent, le souffleur, de son côté, se prosterne aux pieds du comédien, et je suis encore en doute, s'il ne vaut pas mieux flatter la bête à mille têtes, que l'amour-propre de ces tyrans, en couronne de carton doré?

Au moins quand le parterre est content, il applaudit, il admire, il lève un regard reconnaissant jusqu'à la magnifique créature qui a trouvé le chemin de son âme; au contraire, le comédien le mieux soufflé, aussitôt que son rôle est joué, ne daigne pas jeter un coup d'œil de reconnaissance à cette intelligence, prosternée à ses pieds. *Reconnaissance*, disons-nous? Le seul aspect du souffleur, est une humiliation véritable, pour le grand homme qui s'en est servi! Loin d'ici, ce témoin importun de mes fautes grossières, toujours épiant le côté faible de ma mémoire, toujours attentif à saisir le défaut de ma renommée! On m'applaudit là-bas, mais ici, dans ce trou, impassible comme le Destin, se tient un juge redoutable, un juge qui me voit, face à face, et qui me sait par cœur! Cache-toi donc, malheureux, dans ton néant, et ne va pas t'extravaser pour des ingrats.

Mais s'il est difficile de se faire agréer, du fond de ces profondeurs, *de profundis*, par MM. les comédiens, la tâche devient impossible avec mesdames les comédiennes. Il n'y a pas de tyran qui tienne; Néron lui-même, quand il a dépouillé ses insignes et renvoyé ses licteurs grenouiller au cabaret, s'humanise avec le souffleur, mais les femmes de théâtre, ces folles têtes éventées, ces organisations nerveuses, ces esprits malades, ces enfants gâtées (tant qu'elles sont jeunes) d'un public disposé à leur tout pardonner, voilà les ennemies les plus cruelles, les plus implacables, c'est-à-dire les plus fantasques de ce bonhomme, incessamment assis sur la brèche de leur vanité:

> Assise sur le sable, elle écrivait sur l'onde!

Ce qu'elle savait, avant-hier, sur le bout de son doigt, ce qu'elle savait tout à l'heure, avant d'entrer en scène, ce qu'elle a répété cent fois, devant douze cents personnes, la même femme, pour peu que sa robe ait un faux pli, pour peu que sa rivale ait une nouvelle parure..... si elle a été négligée ce matin, si elle voit dans la salle, tout en haut ou tout en bas, la figure adorée ou la figure abhorrée, soudain tout ce qui ressemble à l'intelligence s'arrête, et se perd en mille confusions éblouies dans ce cerveau à l'envers. La dame ne voit plus, elle n'entend plus, elle ne sait plus, elle ne dit plus ; alors c'est au malheureux souffleur à la remettre dans sa route, à lui souffler, mot à mot, ce qu'elle doit répéter ; à ramener dans cette âme, éblouie de colère ou de tendresse, le choc électrique ! C'est un enfant qu'il faut mener par la main, et pas à pas ; un enfant souvent mutin, qu'il faut conduire à la lisière ; à coup sûr ce n'est pas la dame qui débite son rôle en ce moment, c'est le souffleur.

Notez bien, qu'en même temps, ce martyr infortuné de l'art dramatique mène de front, tous les autres rôles ; il est à lui seul et tout à la fois, le tyran, le père noble, le valet, la soubrette, la grande coquette, l'amoureux, l'amoureuse, le niais et le héros ; il tient dans sa main débile, les fils croisés de la même intrigue, dans lesquels il doit se retrouver à toute minute ; il pleure, il rit, il tempête, il jure, il soupire, il déclame, il égorge, il empoisonne, il expire, il est amoureux, il se marie, il conspire, il est riche et pauvre, couvert de gloire et d'honneurs ; il appartient à toutes les nations, à tous les siècles, à toutes les douleurs, à toutes les joies ! Comptons donc l'éblouissement de ce malheureux, et comptons son supplice, hélas ! quand il lui faut bouillonner, pendant sept heures d'horloge, dans cette fournaise ardente où sont fondus impitoyablement l'or, le fer, le plomb, l'argent, le vif-argent, tous les métaux avec lesquels se fabriquent ces chefs-d'œuvre de carton.

Voilà pour l'horrible, et voici pour le ridicule. Le souffleur n'exerce pas seulement son métier tous les soirs, il l'exerce encore chaque matin. Hors de son trou, vous croyez qu'il est libre ? hors de son trou, son supplice le poursuit et le tourmente. Il assiste à l'enfantement de toute nouveauté, vieille ou nouvelle ; il devient la proie et la torture de chaque nouveau chef-d'œuvre que produit, chaque matin, la foule incessamment changeante de nos jeunes grands hommes. Un auteur de nouvelle édition se présente à la comédie ; il tient sous son bras un drame épais, à ce point que ce malheureux bras engourdi, ressemble de loin à la moitié d'un cerceau..... Ce manuscrit ne promet rien de bon au souffleur. En effet, si par malheur le nouveau drame est reçu par messieurs les comédiens, le premier homme qu'on appelle, — hola ! c'est le souffleur ! Vite une copie..... et vite deux copies de ces cinq actes ; ainsi on lui fait échansonner cet esprit nouveau-né. Puis que de ratures ! que de changements ! que de choses oubliées ! Le malencontreux manuscrit du souffleur, c'est la sangsue acharnée à la peau du malade : « elle ne le quitte pas avant « d'être gorgée de sang ! » *Non missura cutem !*

Le malheureux souffleur, il commence, il finit le spectacle ; il en est le premier et le dernier mot. Il arrive avant tout le monde, il s'en va, quand tout le monde est parti ; c'est à peine si, dans l'entr'acte, il trouve un moment de repos dans le *foyer des comédiens*, si par bonheur messieurs les comédiens et mesdames les comédiennes accordent une certaine familiarité... à qui, juste ciel ?... à ce souffre-douleur de souffleur !

Dans chaque théâtre, en ce lieu sombre, et tout au fond de ces coulisses horribles, où se montre à nu l'art dramatique, est creusée une espèce d'antre humide et malsain, dans lequel se tiennent, en costume, les comédiens et les comédiennes durant l'entr'acte, et dans les intervalles où ces messieurs et ces dames n'ont rien à dire au public. — On arrive, en ce lieu misérable, tout suant du théâtre, tantôt sifflé, parfois applaudi, très-souvent et parfaitement négligé ; et là, selon la fortune propice ou contraire, on est fier, on est humble, on est triste, on est superbe ; on représente à la fois les passions de son rôle, les passions de sa personne, et aussi les haines, l'envie et l'ennui de cette profession exceptionnelle, qui n'est belle que vue à distance, avec toutes les machines, le fard, le costume, et toutes les précautions nécessaires à l'illusion.

Le meuble principal de ce *foyer des comédiens*, dont les enfants et les vieillards disent tant de fables, est une glace, dans laquelle les héros et les héroïnes de l'affiche arrangent leur geste, leur habit, leur douleur, leur indignation, leur colère.

En ce lieu, ils sont chez eux, tout à fait chez eux ; de même qu'il n'y a pas de héros pour son valet de chambre, il n'y a pas de grand comédien, dans la coulisse, ou dans le foyer des comédiens. Ici nulle gêne, et pas de modestie, et pas de fausse timidité ! On se montre ici tel, et telle que l'art vous a fait, ou vous a faite ! Vraiment, c'est déjà une tâche assez pénible de se montrer en public, dans le costume du mensonge même, sans jouer encore la parade pour ses bons camarades, pour ses rivales, pour ses amis, pour son portier, pour quelques vieux oisifs déplumés, qui s'en viennent papillonner dans ce taudis malséant. Tout homme étranger au théâtre, en habit noir, en chapeau rond, est nécessairement, dans ce *Capharnaüm*, un importun qui gêne, ou un flatteur de profession. Eux-mêmes, les amoureux de ces dames, ils viennent, rarement, dans le foyer des comédiens, par la raison très-naturelle, que mesdames les amoureuses n'aiment pas à être vues dans cette cuisine. Cependant à mesure que la comédie ou le drame avancent et marchent au dénoûment, on va, on vient, on entre, on sort : « Beau public ! coquin de public ! — Ça va ! — Ça ne va pas ! » Ainsi parlent les comédiens zélés, et qui jouent rarement ; au contraire, les vieux comédiens ne parlent guère dans l'exercice de leurs fonctions : ils se rendent, à leur drame, à leur comédie, comme l'employé à son bureau.

Ceux-là comptent le public par le trou de la toile ; ils jugent de la comédie par les banquettes vides ou peuplées ; ils se promènent, dans cette niche, avec la grâce de l'ours du Jardin des Plantes, une heure avant l'heure du repas.

Voilà ce qui s'appelle un *foyer*. Ça n'est pas plus beau, plus spirituel et plus amusant qu'une arrière-boutique de marchande de modes, ou une étude de procureur. Les comédiens du même théâtre qui ne jouent pas, le soir même, se montrent dans le foyer, quand on doit siffler un camarade, ou quand la pièce nouvelle est en train de tomber. Dans chaque théâtre, les comédiens, qui s'estiment plus haut que leurs confrères, dédaignent de se montrer trop souvent, au foyer des *acteurs* ; leur tâche finie, ils montent dans leur loge, où l'aboyeur les vient prévenir, en grattant à la porte.

Cette loge réunit les amis choisis du monsieur ou de la dame, et vous pensez si l'encens y brûle à grande flamme, et dans un immense et innocent encensoir !

Deux ou trois foyers de comédiens se font remarquer par une

certaine magnificence; on dit que le Théâtre-Français se glorifie d'un vrai salon, décoré de quelques beaux portraits des comédiens d'autrefois; les abonnés du théâtre de l'Opéra racontent que l'Opéra ouvre à ses chanteurs et à ses danseuses, un boudoir doré du haut en bas; l'Opéra-Comique se vante de plusieurs tableaux où sourient..... où soupirent les anciennes amours du siècle passé. — Tous les autres foyers des théâtres nouveaux ne sont guère plus ornés que les murailles de la Halle-aux-Blés.

Un habile comédien du Théâtre-Français, M. Geffroy, peintre et comédien, a représenté, sur une toile élégante, la réunion de tous ses camarades. On les reconnaît à leur élégance un peu prétentieuse, à leurs grâces étudiées, à leur *comme il faut,* qui manque de naturel. A l'Opéra, M. Eugène Lamy a croqué le foyer de la danse, et il a fait là une chose charmante. Mais si bientôt, de ces chanteurs subventionnés, de ces comédiens ordinaires *du roi*, de ces foyers où l'on se tient le chapeau à la main, par suite d'une fiction qui consiste à vous dire que vous *êtes chez le roi*, vous passez dans les théâtres subalternes, il est très-probable que plusieurs différences se rencontreront dans l'habit, dans les paroles, dans les habitudes, dans les propos, dans l'esprit même de cette assemblée de subalternes. A coup sûr, le tyran de mélodrame, le poignard au côté, n'agit pas, même au foyer, comme Agamemnon, le roi des rois; Rigolette ne saurait se tenir, même dans une coulisse, comme se tient Célimène, en robe habillée, ou la duchesse de Guise en manteau de cour. Du reste, rien n'est plus facile à comprendre : quand le carnaval est venu, cachez-vous sous l'habit d'arlequin ou sous la robe d'un homme parlementaire, et, malgré vous, soudain vous sentirez les effets de l'habit :

Mais avec ses habits, si son mal m'allait prendre!

Hélas! le malheureux souffleur, le croyez-vous déjà au bout de ses peines? Non! En dépit de sa profession de borne et de machine, il reste un homme en chair et en os, et pas une tentation ne lui est épargnée!

Il assiste à toutes les toilettes, il comprend toutes les intrigues. Perdu dans cette contemplation stérile, il n'a plus qu'un vœu à former, c'est de ne pas tomber sourdement amoureux de quelque petite fille, qu'il croira à sa portée. Un souffleur amoureux! On le foulerait aux pieds, on lui enverrait des baisers et des sourires, comme on lui envoie des coquilles de noix et des pelures d'oranges; on lui montrerait avec une joie cruelle sa belle taille, sa bonne grâce et son frais jupon; la dame lui laisserait compter les battements de son cœur, et les jours de ses bas à jours ; enfin, quand le supplice serait poussé à sa dernière barbarie, le pauvre jeune homme, enfermé, sans en pouvoir sortir, dans son fief du trébuchet, verrait cette coquette adorée faire l'amour avec un jeune premier de quarante ans, à la barbe des Athéniens, et à la barbe du souffleur.

A cet autre elle dira, tout haut, les mots d'amour écrits dans son rôle, et tout bas, d'autres paroles non moins tendres, que le malheureux souffleur chercherait en vain dans le manuscrit original. Et lui qui l'aimait tant, lui qui la soufflait avec autant de joie que le cordonnier qui siffle sa linote; lui qui aurait voulu souffler du bonheur sur cet enfant, comme au temps des fées, il s'arrête, déconcerté comme un comédien sifflé! — O malheur! Et pendant que le fatal cahier lui tombe des mains, l'espiègle fille oublie son rôle : elle est sifflée!..... Et d'un geste indigné elle semble dire au pauvre homme contrit et repentant : — Tu me le paieras, méchant souffleur !

Que faire alors? que devenir? Je sais bien que le remède le plus sûr pour faire cesser la tentation, c'est d'y succomber; mais c'est le seul remède qui ne soit pas à notre portée, et à moins de se brûler la cervelle (et cela s'est vu!), il faut se dessécher comme un fruit de serre chaude, que personne ne songe à cueillir; il faut rester sur le trottoir de cet art dont on n'a que les dégoûts et les nausées; il faut abandonner, à leur coquetterie naturelle, les belles comédiennes disposées, éveillées et rieuses. Replie-toi, infortuné, dans ta niche et sur toi-même; ou bien amuse-toi, pour ta vengeance, à étudier la dévastation de ces visages; amuse-toi à voir enfler *le jeune premier*, qui t'a causé tant d'insomnies; calcule de combien s'est épaissie la taille épaisse de la Célimène, et combien de cheveux blancs ou noirs a perdus l'ingénue, en ses dernières nuits de bal et de fête! Allons! pas de fausse honte, et réjouis-toi comme un méchant, à l'aspect de ces visages de bois flotté, d'un ton mat et jaunâtre, sur lesquels la lumière tombe d'aplomb. Cette femme t'insultait et te dédaignait avant-hier, dans ta coquille, eh bien, va! regarde, en riant, la décadence abominable, et comprends donc à quel point tu es vengé!

Dans son œil qui s'enfonce, on lit son baptistère.

La veille encore, ah! la brigande! Elle était légère et bondissante; elle n'eût pas voulu de toi, pour porter la queue de sa robe; aujourd'hui, console-toi de ta gêne, en voyant la gêne étrange de cette créature déformée; regarde son corset qui craque, sa taille qui résiste, ses bras rouges comme du sang sous la céruse bleuâtre qui les recouvre; regarde, et bénis le ciel de ton humble fortune! Comme tu te sens à l'aise entre tes planches, infortuné!..... Et quand tu auras soufflé ta dernière comédie, enfin, quand tu seras bien saturé de comédies, de comédiens, de comédiennes, comme tu vas te prélasser et t'endormir, tout à l'aise, en ton dernier cercueil!

« Mon cher enfant, disait un vieux souffleur de l'ancienne Comédie-Française à Fleury, je m'en vais, et si j'ai le bonheur que le souffle sorte une fois de mon corps, je veux être pendu plutôt que de l'y faire rentrer! »

Je veux vous dire ici l'histoire du souffleur Jean Ballandroux; le pauvre homme était né sous une mauvaise étoile; il était né pauvre et sans courage; enfant, il avait été tambour dans un lycée; il avait été commis à la barrière; il avait été maître des études au collège Louis-le-Grand; il avait été écrivain public; peu s'en est fallu même qu'il ne devînt garçon biographe, outrageant et diffamant, à cinquante sous par jour, les plus honnêtes gens, et quiconque est célèbre, honoré, glorifié! « Un biographe! »

Il recula d'horreur, et son bon naturel l'ayant emporté sur la tentation, il s'était fait souffleur dans un théâtre à grand spectacle. Il soufflait le froid et le chaud, et tant il avait soufflé, qu'il lui fut impossible de souffler. Hélas! hélas! il avait perdu le souffle, il perdit sa place, et..... depuis tantôt trois ans, nul ne savait ce qu'était devenu Jean Ballandroux,.... il est vrai que nul ne s'en était informé.

Or, écoutez ce débat, au beau milieu de la police correctionnelle, et vous verrez la suite et la fin de l'histoire de Jean Ballandroux, le souffleur.

Jean Ballandroux comparaissait devant le tribunal correctionnel pour avoir battu son âne; il l'a battu au milieu des Champs-Élysées, aux regards d'un auditoire devant lequel l'âne venait de commettre une faute humiliante pour son maître et professeur, en désignant comme le mari le plus infortuné de la société, un vieux brave homme, encore célibataire.

M. le président à Ballandroux : Vous avez cruellement maltraité ce pauvre animal, vous lui avez asséné des coups de bâton sur le nez, avec tant de brutalité, que le sang a jailli des naseaux.

Ballandroux : Voilà la première fois, qu'on fait un procès pour un âne savant!

M. le président : Si vous n'y prenez garde, ce procès ne sera pas le dernier; vous êtes noté comme un ivrogne et un homme fort brutal.

Ballandroux : On est bien bon.

M. le président : C'est un métier de paresseux que celui que vous exercez, et du reste votre sommier indique surabondamment que vous êtes un paresseux; vous avez été condamné huit fois, pour vagabondage.

Ballandroux : Un métier de paresseux..... instruire un âne! Vous ne me feriez pas de reproche si vous saviez, comme moi, le mal que ça donne, monsieur le président.

M. le président : Quel est donc votre état? Vous m'avez écrit une lettre qui indique un homme ayant reçu de l'éducation; elle est écrite en excellent français, et contient même des citations latines. Est-ce vous, qui avez écrit cette lettre?

Ballandroux : Hélas! oui, monsieur le président :

Tempora si fuerint nubila..... solus eris.

Je suis seul au monde et j'ai toujours été seul. Au collége on me battait comme plâtre, et j'ai reçu plus de coups, que je n'en pourrais donner à mon âne. Hors du collége, on m'a planté aux barrières, où j'attendais, nuit et jour, les pieds dans la boue, une malheureuse contravention qui me fît bien venir dans l'esprit de mes chefs; puis j'ai tâté de la profession de maître d'études.

Ah! monsieur, j'en ai le frisson, rien que d'y songer. Un jour enfin, je fus envoyé à la frontière, en qualité de professeur de septième, à quarante-cinq francs par mois! J'étais parti à jeun, je revins comme j'étais parti, et j'entrai dans le trou d'un vieux souffleur qui était mort, de mort subite, à la veille d'une première représentation. Ah! monsieur, monsieur! j'étais plus malheureux qu'un âne! Enfin j'ai renoncé à l'étude, au théâtre, à la chaire, et je me suis contenté d'élever un petit ânon boiteux, que son maître allait vendre à l'équarrisseur. La bête était intelligente, elle était obstinée; elle apprenait vite, mais s'il fallait montrer sa science, elle reniflait.

> Rien que les coups n'étaient capables
> D'expier ce forfait, on le lui fit bien voir.

Ainsi, à force de zèle, à force de soins, je finis par posséder un âne savant, un véritable âne savant. Il est là-bas, qu'on l'appelle, il vous dira que je suis dur, mais juste; il reçoit des coups, c'est vrai, mais je m'arrache le sucre de la bouche, pour le lui donner. Si vous saviez que de petits ânes j'avais sous ma férule quand j'étais professeur! Trois coups de férule, ils criaient comme des veaux; l'instant d'après ils n'y pensaient plus. Mon âne est ainsi fait; les coups d'hier, je suis sûr, monsieur, qu'il n'y pense plus, ce matin.

Telle est mon histoire, monsieur le président, elle n'est pas gaie, elle ressemble au récit du pieux Énée :

> Infandum regina jubes renovare dolorem.

M. le président : Voilà où l'ivrognerie et l'inconduite vous ont mené : à quitter une carrière honorable, pour un métier abject.

Ballandroux : Il n'y a pas de sot métier, monsieur, quand il nourrit son maître; je ne vivais pas à instruire des enfants, je vis de l'instruction que j'ai donnée à mon âne. Je mourrais dans mon trou de souffleur, je vis à l'air libre et pur des Champs-Élysées et du Pont-Neuf.

M. le président : Enfin, vous reconnaissez les mauvais traitements?

Ballandroux : Certes, je les reconnais; seulement je trouve étrange qu'on ait permis de corriger les enfants avec des férules, et qu'on défende de corriger un âne avec un bâton; la correction est relative.

Ainsi parla Jean Ballandroux, et le tribunal, usant d'indulgence (et peut-être aussi considérant que ce pauvre diable avait soufflé le vaudeville et le mélodrame), le condamne à vingt-quatre heures de prison.

Jean Ballandroux se rendit en prison à cheval... sur son âne qui lui avait tout pardonné.

§ V

Parmi les gens à plaindre et les gens misérables de l'art dramatique, il en est qui placent volontiers *le claqueur* au premier rang.

Certes, la profession est étrange, mais elle est illustre; elle remonte aux drames et aux poëtes de ce sanglant saltimbanque appelé Néron, l'empereur Néron qui, forcé de se tuer de ses mains, hésite et pleure : « Hélas! disait-il, quel grand artiste va mourir! *Qualis artifex pereo!* » C'est Néron lui-même, qui est l'inventeur de *la claque;* il envoyait ses soldats à travers la foule oublieuse d'applaudir son drame, et malheur aux indifférents!

Plusieurs de nos chefs de claque ont eu, de leur vivant, la célébrité même des plus grands comédiens; eux aussi ils pouvaient dire, comme ce conspirateur à Fiesque : « Allons, seigneur, nous conspirons ensemble! » Hélas! il n'y a pas, en ce bas monde, une seule grandeur qui échappe aux traits de l'envie..... aux coups de la mort. La fortune, d'un tour de sa roue insensée, a bien vite changé toutes choses; aujourd'hui pour toi, demain pour moi, après-demain pour un autre, et cet après-demain, il vint trop vite pour l'illustre M. Sauton, mort comme un autre homme!

Qui donc? M. Sauton, l'homme du Gymnase, à qui le Gymnase a dû ses plus grands succès, je n'excepte même pas M. Scribe! Il était la vie et la force de ce théâtre; il en était l'écho modeste; il était la récompense, et toute louange venait de lui.

M. Sauton! il marchait, d'un pas sûr, à l'avant-garde, bien avant les tambours-majors des grands succès, ne s'étonnant de rien, rarement content, difficile pour lui-même, et facile pour tous. Personne, en ce bas-monde, n'était plus bienveillant que ce grand homme; il voyait tout en beau, tout en rire, en miracles, en merveilles; il disait : bravo! à tout ce qu'il entendait, à tout ce qu'il n'entendait pas. La bonne déesse de la fortune n'a jamais rencontré, en son chemin, un plus acharné flatteur : il est vrai que pour lui seul, elle laissait flotter ses cheveux, jusqu'au bas des reins, afin qu'il pût la saisir, plus facilement au passage, cette échevelée, qui tutoyait son ami Sauton.

Brave homme! il a fait un rude métier, c'est vrai, mais un métier qui n'est pas sans récompense, ici-bas, une de ces professions qui vous comptent, même, aux enfers, quand il s'agit de rendre ses comptes au trio superbe : Minos, Éaque et Rhadamanthe. Il était une des providences invisibles de l'art dramatique, et peu de beaux esprits se sont passés de l'aide et du secours de Sauton. Hélas! combien de poëtes il a tenus sur les fonts, peu baptismaux, du théâtre! A combien de comédiennes sans talent il avait enseigné l'art difficile du premier pas, en les tenant, par une douce lisière, sur cette arène glissante! On ne sait pas le nombre des comédiens essoufflés qui ont été réconfortés par ce bon génie! Il ne savait pas, lui-même, le nombre de ses bienfaits!

Mais j'ai beau dire, et développer mon paradoxe, après l'art de siffler les merles, après le métier de l'oiseleur, ami des rossignols, après les luttes que se livrent un habile écuyer et le cheval indompté, je ne sais pas de métier plus pénible que le métier de ce brave M. Sauton. Figurez-vous qu'il assistait à la lecture, aux répétitions, à toutes les répétitions, à la représentation, à toutes les premières représentations de tous les vaudevilles, de tous les drames chantés, qui se chantaient et qui se jouaient au théâtre de son adoption. Pas une fois, dans toute l'année (et pourtant il avait, en lui-même, toutes les passions de l'art dramatique) il ne se fût permis de voir danser ou d'entendre chanter, hors du Gymnase.

Il était nourri, repu, abreuvé, toute l'année, et chaque jour, de ce miel, de ce sucre, de ce jus de réglisse, de cette essence de violette, de cette douce odeur de jasmin. Semblable à l'abeille matinale qui butine son festin sur toutes les fleurs de la prairie, il s'enivrait de rosée et de parfums; il n'entendait, à son oreille nonchalante, que le bruit monotone des plus tendres ruisseaux, des plus aimables cascades, des plus charmants zéphyrs; il dormait, étendu sur ce frais gazon perpétuel, tondu de près; il dormait à l'abri de ces hêtres inspirateurs où se nichent, en chantant, les galoubets de M. Scribe et les flûtes de M. Bayard. La vie a été, pour ce digne pasteur des brebis et des domaines du boulevard Bonne-Nouvelle, une idylle à la Théocrite, une églogue de Virgile, un pâturage de Fontenelle. Enfin, quand, par hasard, il rentrait dans sa maison..... dans sa chaumière, il rapportait, pour son festin du soir, du pain bis, du fromage blanc, un lait écumant, et quelqu'une de ces belles pommes ridées qui ont le goût, l'apparence et la saveur des anciennes amours.

Que de fois, quand il était jeune, et quand il se permettait d'obéir à la fantaisie, il a regretté l'absence d'un loup, dans ses bergeries! Il eût donné tout au monde, pour entendre gronder le tonnerre dans ce ciel, condamné au bleu éternel. Avec quelle joie il eût échangé sa houlette pastorale, contre le bâton blanc du pèlerin! Dans ces moments d'enthousiasme (hélas! le bon sens et le régisseur arrivaient bien vite, pour tout comprimer), notre ami Sauton eût échangé, volontiers, son doux repos contre une bataille, son flageolet pour une trompette, son cheval borgne pour un cheval aveugle, son goûter, composé de chicorée, de châtaignes et de mauves salutaires, contre une portion de porc aux choux... de porc aux choux! Tant le pâté d'anguilles du Gymnase, était resté au bec de ce digne M. Sauton!

Heureusement que l'âge, et l'expérience et l'exemple finirent par amortir ces violentes ardeurs; le roseau avait porté envie au chêne, bientôt le roseau comprit qu'il n'avait rien à envier à l'arbre de Jupiter. M. Sauton avait, sous les yeux, tant d'exemples de ce recueillement dans le bien-être, de cette constance dans le bonheur, de cette patience à supporter la fête éternelle; tant de bons et fidèles bergers qui s'estimaient, heureux et contents, d'habiter, éternellement, ce paradis terrestre où l'eau chante sa complainte ineffable du mois de mai, que M. Sauton finit par comprendre à quel bonheur il était réservé, et par vous saluer, comme ses dignes camarades, ô bergères, taillées dans le marbre de la Galatée; ô bergers du Gymnase, habiles à chanter toutes sortes de chansons, que répète, amoureux, l'écho jaseur.

Ainsi le berger Sauton, qui avait l'œil du maître, et qui distribuait à chacun, d'une main libérale, sa part de bruit et de louange, Sauton fut, pendant vingt ans, le sauve-douleur, le chasse-peine, le charme-souci de ce petit hameau, abrité par la montagne, disons mieux, par la douce colline, du haut de laquelle M. Scribe donnait, incessamment, le signal des fêtes et des chansons. Sauton partageait, en les guidant, tous ces tranquilles délires; il harmoniait la réplique, le mouvement, le bruit, la forme; il était la louange et non pas le conseil; il était toujours l'admiration, il n'était jamais le blâme; il faisait le beau temps et jamais la pluie; il était le soleil et non pas le nuage; il indiquait, à ses artistes bien-aimés, les sentiers fleuris, les passages sans dangers, lui-même ne s'éloignant jamais de la terre ferme et des rivages gazonnés. Ainsi il a descendu le fleuve de la vie, entre mille couplets de chansons à boire, et cent mille couplets de chansons d'amour. Nous ne le plaignons pas; il est mort, le jour d'une bataille. Les uns disaient, entendant ce grand mot : « Il est mort! » — Ce sont les funérailles d'Achille! Les autres disaient : — « C'est le triomphe d'Hector! » Pauvre homme! Et pourquoi donc arriver, si vite, au couplet final?

Sauton! Ce nom-là n'est rien, pour les oreilles vulgaires qui s'arrêtent à la surface de la renommée; il est un grand nom pour ceux qui, comme nous, aiment à creuser, jusqu'au tuf, cette carrière inépuisable qu'on appelle la gloire. Sauton! c'est la substance des grands succès, dont les plus charmants comédiens de ce siècle n'ont été que la forme; Sauton! c'est le corps de cette âme, la réalité de cette ombre, la cloche de ce grand bruit. — Un chef de claque! s'écrie le bourgeois qui passe, ah! fi! voilà bien la peine de tant s'arrêter! — O bourgeois! arrêtez-vous, si vous avez du cœur, car ce chef de claque imposait à votre goût toutes ses croyances; ce chef de claque avait, sur votre esprit, cent fois plus d'influence que toutes nos critiques. Ce chef de claque avertissait le bourgeois quand il fallait rire, et quand il fallait pleurer; il soulignait, à l'intention du bourgeois, les mots sublimes, les couplets que le bourgeois devait chanter à son tour; il nous assistait, dans l'enfantement de notre opinion littéraire.

O pantins glorieux, que cet homme tirait par le fil de son murmure, de sa volonté, de son bon goût! Ce chef de claque! il allumait les feux de l'amour dans les âmes les plus calmes! Que de fois tel brave garçon, qui venait au théâtre, pour s'amuser honnêtement, et qui, Dieu le sait, ne songeait pas à mal, a été poussé, dans l'abîme charmant des folies amoureuses, par l'enthousiasme et par les transports de Sauton : « Qu'elle est belle et charmante! Ah! la belle taille et la noble figure! »

Il n'avait que ces choses à la bouche, avec des : oh! des : ah! ah! et des sourires. Parfois même il s'écriait : « Pardieu! elle est ravissante, oui, ravissante (et se tournant vers son voisin), ma parole d'honneur! » Enfin, rien ne lui coûtait, quand il fallait élever, aux divinités d'hier, un piédestal d'ivoire et d'or, posé sur un sable mouvant. Brave, honnête et dévoué Sauton!

Ce qu'il y a de plus étrange, en l'exercice de cette décevante profession, c'est que, vivant au milieu des passions, et sa propre passion, soufflant le feu de cette forge de Gretna-Green, le digne forgeron des succès dramatiques soit resté, lui-même, aussi simple, aussi honnête, aussi calme que le brave Collin de Gretna-Green. Collin, qui a fait tant de milliers de mariages, ne s'est pas marié lui-même. Sauton, qui a fait réussir tant de chefs-d'œuvre blonds et tant de grands yeux noirs, n'a pas écrit un seul couplet, n'a pas poussé un soupir, pour son propre compte. Dans ces questions brûlantes, il était le plus désintéressé des hommes. Plus il semait la gloire, et plus l'obscurité lui plaisait ; plus il faisait inscrire de nouveaux noms sur la triomphante affiche, et plus il trouvait original et charmant de n'avoir pas de nom lui-même, à peine un petit nom, sur lequel le lustre enflammé jetait en vain le feu et la flamme! Il était semblable à l'outre d'Éole qui contient la tempête et le zéphyr, sans en être plus fière ; il aimait pour les autres, non pas pour lui-même, ce qui fait l'ambition la plus violente des mortels : le bruit, le mouvement, la gloire, le succès, le rappel, la conquête, les applaudissements, les poëmes, les fleurs, les bouquets, les colombes!

— Soyez heureux, s'écriait-il, soyez contents, enfants! Parez vos fronts de lauriers et de verveine ; soyez grands et soyez belles ; soyez célèbres, soyez aimées ; épuisez à longs traits cette coupe d'or que j'ai remplie à votre intention, et que je n'ai pas touchée de mes lèvres; donnez-moi vos chèvres, que je les conduise au pâturage commun, mon vieil Amytas, et vous, ma belle Amaryllis, prenez cette guirlande que j'ai entrelacée, à mon plaisir, de lierre et de persil odorant; c'est pour toi que je l'ai faite, ô nymphe au noir sourcil, au tendre cœur! Prends ma flûte, elle est d'accord, ô Corydon, tâchons de gagner le prix du chant, contre les cigales importunes. Venez avec moi, bergers et bergères, sous mes arbres favoris, venez disputer le prix du chant bucolique. Je sais les récompenses qui plaisent aux favoris des Muses; je vous dirai où fleurit le cytise et l'odorante mélisse, et sur quelles ondes se balancent les cygnes endormis. Soyez heureux, et mon étoile est satisfaite: à vous, toute la joie, à moi, toute la peine! Je veillerai pour vous; pour vous je supporterai les ardeurs du soleil, pendant que, mollement couchés à l'ombre du hêtre, vous charmerez, par vos chansons, les paysages d'alentour.

Tel fut le premier et le dernier chant de ce pasteur obscur! Il a passé dans le monde dramatique comme un météore bienfaisant, et le monde ne l'a pas connu. Il a veillé, quand tout dormait; il a indiqué aux bergers égarés les rives de l'Himère, et les collines de l'Hæmus. Enfin, il est mort écrasé, comme Polyphème, sur les rochers qu'il a remués de ses mains vaillantes. O nymphes! l'avez-vous donc assez pleuré, ce pasteur qui applaudissait à toutes vos chansons? O bergers! vous, Ménalque, et toi, Daphnis, avez-vous regretté, dignement, ce juge fidèle qui tenait suspendue, sur vos têtes bouclées, la docte couronne! O vallons! ô chaumières! et vous, fleuves du Gymnase, enfants de M. Scribe, si jamais votre chevrier vous fut cher, chantez un hymne en son honneur! Que les abeilles oublient, un instant, de remplir leurs rayons, que les chevreaux se consument de langueur, que les troupeaux attristent, de leurs mugissements, la mer de Sicile! — Il est mort! L'année a perdu son printemps! Il est mort! le printemps a perdu ses chansons! Les cerises parent l'arbre qui les porte; les rosiers sont l'honneur du jardin; les génisses sont la gloire du pasteur;... le Gymnase était le triomphe de Sauton!

Muses et nymphes, voilez-vous d'un crêpe! Bergers et bergères, accompagnez mon char funèbre! La cigale est chère à la cigale, la colombe à la colombe; nous aimons, nous autres, les

Muses et leurs doctes discours. Soyons reconnaissants pour les bienfaits des hommes chéris du ciel ; la reconnaissance nous égale aux dieux ; elle triomphe même du temps, elle nous pare encore alors que toute autre beauté s'est envolée.

Une inscription portera, à jamais, le nom de cet humble bienfaiteur des bergers éplorés :

« Ci-gît..... cet habile physionomiste qui dans les yeux des « hommes, lisait leur pensée! Aucun mortel ne fut plus chéri « d'Apollon et des Muses. Les poëtes, eux-mêmes, l'ont accompa-« pagné a son dernier asile, disant : En voilà un enfin, qui savait « parer l'esprit de tout le monde, et qui ne s'est jamais paré de « l'esprit d'autrui ! »

A tous ces fils, à toutes ces ficelles, à tant et tant de petits détails qu'il faut connaître, elle tient pourtant cette étrange profession du comédien, dont tous les historiens et tous les poëtes, tous les moralistes et tous les critiques se sont occupés, dont on s'occupe encore, et dont on s'occupera toujours. Du maître Aristote à Molière, et de Sophocle à Lesage, et du *Saint-Genest* de Rotrou aux romans de madame Sand, partout vous trouverez la comédie et les comédiens. Rotrou ! Madame Sand ! Le *Château des Desertes* et le *Saint-Genest*, une tragédie égale aux belles tragédies de Pierre Corneille ! Quel assemblage ! Eh ! la chose est ainsi pourtant, et puisque nous sommes en train de mettre en ordre, à notre tour, un certain nombre de satires ou d'apothéoses, inclinons-nous, s'il vous plaît, devant le sublime comédien de Rotrou, et donnons un coup d'œil au vil comédien de madame Sand.

Ce digne *père* du grand Corneille, le courageux, généreux et grand poëte Rotrou a laissé sa trace au théâtre, une trace calme, éloquente, inspirée. Il a marché, d'un pas ferme et courageux, dans le sillon de Corneille, à l'heure où le *Cid* emportait, dans sa lumière et dans sa gloire, les poëtes et les chefs-d'œuvre d'alentour. Il est impossible, absolument, de ne pas aimer et de ne pas honorer ce jeune Rotrou, parce qu'il est beau, parce qu'il est jeune, parce qu'il est bien inspiré, parce qu'il a bonne grâce dans son esprit, dans sa démarche, dans son talent ; enfin, il est fécond et joyeux, et il ne tient pas, dans nos respects, toute la place qu'il y pourrait tenir.

A côté de la figure un peu sombre de son ami Corneille, la face joyeuse de Rotrou se détache d'une façon nette et vive; on lui sait gré même d'être un joueur, et d'obéir à la fantaisie, une amie, une compagne des poëtes. Il a vécu comme un galant homme, il est mort comme un héros, indiquant à un autre débauché comme lui, à M. de Belzunce, comment on rachète les courtes folies de la jeunesse, par une heure éclatante, immortelle de dévouement et de courage. La peste était à Dreux, sa ville natale; Rotrou était à Paris, il faisait répéter une comédie nouvelle; aussitôt, sans dire adieu à personne, et pas même à cet enfant naissant de son génie, le généreux poëte revient aux lieux dangereux, où le ramenaient le dévouement et le devoir. La ville entière était courbée et gisante sous l'horrible contagion; tout s'enfuyait, et ce fut une admiration générale, lorsque du sein des fêtes, des plaisirs, et de toutes les ivresses de la poésie et de l'amour, ces malheureux, qui se mouraient, virent accourir ce galant homme! Aussitôt, pour honorer son retour, les rues se tendirent du drap mortuaire; les mourants chantaient le *De profundis*, les cloches sonnaient le glas de la mort... Au bout de trois jours, les cloches sonnaient pour ce poëte, ami de son devoir, plus qu'il n'était amoureux de la renommée et même de la gloire. Il a bien fait. Sa poésie est passée à l'état des fables oubliées... la cloche funèbre, qui annonçait aux fidèles la mort de M. de Rotrou, retentit encore, après deux cents ans, sur cet honorable cercueil.

Comme on le sait, Rotrou, impatient et plein de cette verve heureuse de la jeunesse, avait devancé Corneille; mais Corneille, d'un pas héroïque et sûr, vieux Romain qui ne se hâtait jamais, après avoir bâti sa voie Appienne, qui le menait, sans cahot, du Capitole romain au Louvre de nos rois, avait bien vite regagné le terrain perdu. Rotrou était plus jeune que Corneille; pourtant celui-ci appelait Rotrou : *son père*, par un charmant et divin pléonasme qui était la gloire de tous les deux. *Polyeucte* a devancé le martyre de *Saint-Genest*; *Polyeucte* était une révolution dans le sens inverse du *Cid*. Le *Cid*, c'est la tragédie du grand siècle qui se révèle aux hommes enchantés; *Polyeucte*, est le souvenir des *mystères*, des *tragédies saintes*, des *actes de foi*, dans l'art croyant et naïf du moyen âge.

Le titre même de la tragi-comédie de Rotrou rappelle déjà le ton et la forme des anciens mystères : *Saint-Genest, comédien païen, représentant le martyre d'Adrien.* Dès les premiers vers, vous retrouverez la forme de Corneille ; cette fois c'est *le fils* qui venait en aide et en inspiration à monsieur son père. Écoutez donc ce drame et ce martyre, en l'honneur des comédiens !

L'empereur Dioclétien marie en ce moment sa fille Valérie, et pour célébrer la joie de cet hymen, l'empereur veut donner une fête, à peu près comme le jeune roi Louis XIV en donnera, tout à l'heure, sur le Tapis-Vert, à Versailles, quand les jardins seront sortis de ces incultes gazons, quand la vieille forêt de Louis XIII obéira, complaisante, au génie de Lenôtre, quand mademoiselle de La Vallière aura éveillé les instincts amoureux du jeune roi, et quand le roi, d'un geste, aura donné le signal à son siècle. Or, pour en revenir à la fête que veut donner l'empereur Dioclétien, quelle plus belle fête et plus digne de ces rois de la république expirée, que le projet d'un drame écrit exprès pour célébrer ces hyménées, joué par de grands comédiens? Voilà pourquoi le célèbre comédien Genest vient offrir ses services et ceux de sa troupe (on ne disait pas encore de sa *compagnie*) à l'empereur Dioclétien. Cette entrée des comédiens, dans leur costume de voyage, est un petit coin du *Roman comique*, un petit coin galant, spirituel et dameret.

En ce temps-là aussi un comédien s'en allait de ville en ville, poussé par son génie, et offrant, à qui voudra s'en réjouir, les prémices de sa poésie. Ce comédien, vous l'avez nommé, c'est Molière ! Cependant le poëte-comédien Genest et sa bande sont accueillis à merveille par l'empereur. — Que nous jouerez-vous? dit la princesse. Et tout de suite, curieuse et friande de nouveautés, la jeune femme déclare qu'elle ne veut pas entendre parler des vieux poëtes comiques ou tragiques. Plaute et Térence, à la bonne heure ! Euripide et Sophocle, c'est très-bien dit ; mais la nouveauté a des charmes si puissants! Genest alors d'obéir, et d'offrir à Dioclétien, le persécuteur du *crucifié*, un drame, nouvellement sorti des catacombes : *le Martyre de saint Adrien.*

L'empereur accepte cette histoire de martyre avec autant de joie que Louis XIV, plus tard, lorsque Molière lui propose les trois premiers actes de *Tartufe*. — Donc tout est convenu;

vous n'avez plus qu'à préparer le théâtre, à disposer les acteurs.

Quand la toile se relève, le théâtre est tout prêt; Genest, en homme habile, s'occupe des moindres détails de l'œuvre dramatique; c'est tout à fait Molière créant toutes choses, même la décoration, même le costume. Nos plus habiles comédiens, s'ils voulaient les bien mettre en œuvre, auraient un grand parti à tirer des conseils que donne à ses comédiens, Hamlet, prince de Danemarck, des conseils que donne à sa troupe, le directeur-comédien Genest. Ce comédien errant est un homme habile et versé dans toutes les choses de son art. Il est à la fois, son metteur en scène et son décorateur, son souffleur et son propre machiniste. Le théâtre, en ses moindres détails, attire l'attention de maître Genest : les marbres, les colonnes, les tympans, la scène, tout l'occupe, et surtout la vérité des *ciels* :

> Et que la toile où vous peignez vos cieux
> Fasse un jour naturel au jugement des yeux !

Resté seul, le comédien répète son rôle, mais de temps à autre il est dérangé par ses comédiens : — Comment s'habiller, maître, et de quel côté faut-il entrer? De quel côté sortir? Et tout ce papotage de comédiens malhabiles, qui ne s'en rapportent qu'aux décisions de leur chef. La comédienne elle-même, l'amoureuse coquette et jolie, amoureuse comme une chatte éveillée, ne songe qu'à se regarder au miroir et à compter, sur ses doigts, le nombre de ses amours. Mademoiselle Béjars a dû jouer ce rôle à ravir. A la complaisance qu'il met dans ces détails d'intérieur, on comprend que mons Rotrou ne haïssait pas le frôlement de la soie et le craquement d'un soulier neuf; on voit qu'il entend la coulisse, et qu'il l'aime, autant pour le moins que bientôt l'aimera le jeune Racine, quand la jeune Champmeslé fera ses premiers débuts! — Bientôt arrive la cour; l'empereur Dioclétien, sa fille et son gendre prennent place sur des sièges qui leur sont préparés, et la tragédie commence. Cette tragédie chrétienne, intercalée dans un intermède comique, est remplie de très-beaux vers. Le souffle de Corneille passe, actif et sonore, dans ces motifs heureux d'une grande et éclatante poésie; Genest, ou plutôt Adrien, célèbre, à la façon d'un inspiré qui pressent le martyre, la religion nouvelle et les pieuses résistances :

> J'ai vu tendre aux enfants une gorge assurée,
> Et tomber sur le coup d'un trépas glorieux,
> Ces fruits à peine éclos, déjà mûrs pour les cieux!

C'est du beau Polyeucte ! La période est pleine d'éclat, l'idée est pleine de majesté, la pensée est pleine de grandeur. On écoute ces belles choses, ces vieilles choses avec une joie infinie; on dirait une de ces douces élégies que raconte, à son fils, une mère tendre, et que l'enfant devenu vieux, retrouve, au fond de son âme, un instant rajeunie. O la rare et charmante surprise de retrouver intact, vivant et vivace, un pareil chef-d'œuvre entre *Hernani* et *Marion Delorme !* L'action marche ainsi, très-dramatiquement, au milieu des interruptions les plus aimables. Tantôt c'est l'empereur charmé qui veut aller, lui-même, surprendre messieurs et mesdames de la comédie dans leur *tripot* (cela se fait encore, aujourd'hui, chez l'empereur du Nord); tantôt c'est un petit comédien, M. Laverdure ou M. Petit-Jean, qui, d'un ton moitié gai, moitié chagrin, vient se plaindre à l'empereur que les muguets de la cour, M. de Bassompierre ou M. de Brancas, ou le vieux M. de Montbazon, viennent muguetter à leur nez, à leur barbe. A quoi l'empereur répond, en homme bien élevé, par des compliments à ces dames :

> De vos dames la jeune et courtoise beauté
> Vous attire toujours cette importunité!

La chose, ainsi, poursuit sa route cahin caha, sans se gêner de part et d'autre ; tantôt c'est le comédien qui coupe l'action, tantôt c'est l'empereur. Bref, tout se passe en famille, comme une répétition générale; et cependant, malgré soi, on se remémore la scène des comédiens dans *Hamlet*, et l'on y revient tout d'une haleine, afin de comparer les deux façons des deux poëtes.

Pourtant si dans l'*Hamlet*... et dans le *Saint-Genest*, l'on retrouve les mêmes comédiens (ils sont tous les mêmes[1]), on les retrouve, mêlés à d'autres passions ! Le prince de Danemark, tout familier que vous le voyez avec ces pauvres diables de vagabonds, sur lesquels il jette son amère ironie, va les employer cependant à quelque projet fatal et terrible : il va faire, et sans pitié, de ces mendiants lettrés, comme une torche allumée qui jettera une clarté funèbre dans les consciences coupables, pendant que l'empereur Dioclétien, tout entier à l'action dramatique, ne voit rien au delà de ces comédiens qui jouent leur rôle banal. Des comédiens de Shakspeare aux comédiens de Rotrou, la différence est énorme. C'est la différence même d'un spectacle de marionnettes avec des comédiens en chair et en os ; ils sont, les uns et les autres, à la distance de la pantomime, à la voix !

Shakspeare a beau dire que : « tout homme peut venir avec une lanterne et un fagot » ; il y a dans le cœur humain, des épines et des épines ; il y a une certaine façon de tenir la lanterne qui fait que l'on rencontre un homme... ou un âne dans le même chemin. Hamlet, lui aussi, tout comme le comédien Genest, cherche une foi qui lui manque ; il la cherche par les mauvais sentiers ; il va de paradoxes en paradoxes, de cruautés en mensonges ; il est railleur, il est hâbleur, il manque de simplicité et d'énergie ; il possède, ou pour mieux dire il est possédé d'un malheureux esprit traînant le doute en son chemin, et qui le traîne comme le forçat traîne sa chaîne, tout au rebours. Il ne raisonne pas, il obéit aux devoirs de sa conscience ; à la première clarté qui lui vient d'en haut, il ouvre les yeux et il espère. Dans *Hamlet*, c'est le hasard qui fait entendre ses murmures ; dans la tragédie de Rotrou, aussi bien que dans le *Polyeucte* de Corneille, c'est la Providence qui dicte ses lois, c'est Dieu lui-même, qui indique *la maison de son éternité*. Mais quelle étrange aventure cependant, que cette œuvre toute-puissante de Shakspeare, échappe à Corneille, échappe à Rotrou, à la France entière, qu'elle ne soit pas encore même soupçonnée au beau milieu du XVIIe siècle, et que tant de génie soit à la fois si loin de nous, si près de nous ?

La conversion de Genest s'opère d'une façon toute divine ! Lui aussi, tout comme Pauline, cette divine et adorable Pauline, la digne sœur des créations les plus poétiques, Genest est touché de la grâce ; la douce rosée, qui enfanta le Sauveur, tombe goutte à goutte sur cette tête païenne ! D'ineffables harmonies se font entendre : « Chantez, oiseaux du ciel », disait saint Jean Chrysostôme aux anges de là-haut ! A proprement dire, c'est un enchantement que tout cela. Arrive alors la grande scène de l'aveu, le grand mot des miracles : *Je suis chrétien* ! l'idéal divin, après l'autre idéal, c'est-à-dire l'idéal du rêve. Le pauvre Genest *comprend* enfin, c'est-à-dire qu'il vient d'obtenir *l'intelligence*, la suprême récompense de la foi : *fidei præmium, intellectus.*

Puis tout ce beau mouvement à la Polyeucte s'alanguit et s'efface. Retombé du haut du ciel et du théâtre, le comédien Genest n'est plus occupé qu'à encourager, à consoler les pauvres camarades dont il était toute la renommée et toute la fortune ! En vain la comédienne élégante et jolie, avec les larmes les plus charmantes, se jette aux pieds de ce Molière sacrifié, Genest tient bon, et il va mourir, d'un pas plus tranquille que s'il s'agissait d'aller, hors de la coulisse, recevoir le coup de poignard, ou de vider la coupe remplie de ce poison menteur si cher aux poëtes, et qui leur coûte si peu d'invention et de remords. Pendant le supplice du martyr, Rotrou revient à ces comédiens, humbles enfants de son génie, et l'on sourit des embarras de cette illustre troupe, veuve de son chef. Ces comédiens sont jolis, ils sont naïfs ils s'étonnent de tout ; à la grande apostrophe de Genest en plein théâtre, ils s'écrient que le maître a manqué sa réplique, qu'il ajoute des vers qui ne sont pas dans son rôle ; et lorsque enfin ils comprennent que ce jeu-là est un jeu sérieux, qu'il y va, pour leur maître, de la vie et de la mort, ils tremblent pour eux-mêmes ; ils expliquent au préfet du prétoire, leur position dans cette troupe décimée ; les hommes invoquent Jupiter, la tragédienne se réfugie à l'autel de Vénus, car elle n'oserait pas, en ce moment, invoquer la déesse Vesta, qui doit être un peu chrétienne ; ainsi, jusqu'à la fin, le sourire se mêle aux larmes, et si l'Évangile intervient, ce n'est, on le voit, que par échappées, à peu près comme cela se passe dans *les Martyrs* de M. de Chateaubriand.

Quel charmant jeune homme, ce Rotrou, faisant en plein théâtre la louange de Pierre Corneille, en récitant

> Ces poëmes sans prix, où son illustre main
> D'un pinceau sans pareil a peint l'esprit romain.

Quel beau mouvement, ce comédien Genest, interrompu dans la vision, et forcé de revenir au drame qui se joue en présence de l'empereur :

> Allons ! tu m'as distrait d'un rôle glorieux
> Que je représentais devant la cour des cieux !

Et que nous voilà loin du comédien de madame Sand, monsieur Lélio, un Lélio, joueur subalterne de tragédie, un comédien d'antichambre, un pauvre hère qui déclame, en chantant, les grands vers de Corneille. Il est vrai que ce Lélio est un homme passionné ; il comprend, et il dit comme il comprend. Il est vulgaire, il est trivial, il est emporté, il est sublime ; et justement, ce fut en lui voyant jouer *le Cid*, que la marquise de R*** devint amoureuse de Lélio ; mais là ce qui s'appelle amoureuse, et tout de bon, de tout cœur, de toute âme, amoureuse à en perdre la tête ; amoureuse pendant cinq ans, et sans en rien dire à personne, pas même à Lélio.

Lélio jouait la tragédie, au moins deux fois par semaine, et deux fois par semaine *la marquise* allait voir jouer la tragédie. O misère ! A l'heure du spectacle, et quand sonnait le clocher voisin, chaque coup de cette heure fatale retombait en mille vibrations sur le cœur de cette pauvre femme ! Aussitôt elle jetait là ses riches atours, ses robes à la grand'gorre, écharpes, perles, diamants, jupes bigarrées, paniers, ailerons de dentelles, manteaux de moire aux queues traînantes, et tant de charmants atours qui faisaient de toutes ces femmes du siècle de Louis XV, autant de beaux cygnes blancs qui chantaient toujours leur dernière chanson d'amour. Donc, ni rubis, ni bouffante, ni pierreries, ni mules à talons, et pas un seul panache. Aussitôt la marquise devenait un petit abbé grêle et brun, un prestolet en bonne fortune ; et, sous cet habit, elle allait au théâtre, afin de voir à son bel aise, et de toute son âme, et de tout son cœur, le grand comédien, le fameux Lélio.

Non pas Lélio, mais Xipharès, mais Hippolyte et le Cid :

> Paraissez, Navarrois, Maures et Castillans !

La passion espagnole du vieux Corneille réveillait l'âme espagnole de la marquise. A présent, grâce à ce pauvre grand comédien de cinq pieds, la marquise comprenait qu'elle avait une âme, et qu'elle venait de trouver la manière de s'en servir.

Elle arrivait donc, en *crachoir* (c'est le nom que portaient certaines loges des baignoires, au Théâtre-Français), et, du fond de ce *crachoir*, elle subissait toutes les transes, toutes les joies, toutes les adorations, et les fièvres que la tragédie ait jamais imposées à ses adeptes. Spasme affreux et charmant! Or cela durait, tant que la dame voyait, tant que la dame entendait le fameux comédien Lélio.

Cependant le parterre, assez peu disposé à tout accepter de prime-abord, hésitait, se troublait, et battait froid à ce nouveau venu dans les poëmes de Racine ou de Corneille. Le parterre ne savait (il était la loi suprême, en ce temps-là), que répondre à ces nouveautés qu'il ne comprenait pas toujours. Il hésitait; il se troublait; il se fâchait; confuse était son admiration; son blâme était plein de trouble, et souvent plein de remords. Or ces troubles de l'intelligence se traduisaient, dans cette foule impatiente d'elle-même, par toutes sortes d'ivresses, d'applaudissements, de sifflets. Lélio sifflé n'en était que plus grand, aux yeux de la marquise, comme cela arrive à tout comédien sifflé. Que disons-nous? Aux yeux de la marquise, rien n'était grand, rien n'était beau comme Lélio sifflé. Un jour Lélio avait été si *grand*, c'est-à-dire si vertement sifflé, que la marquise, en petit rabat, le suivit au cabaret, lieu paisible où Lélio, applaudi ou sifflé, venait, chaque soir, se consoler de toutes ses grandeurs.

Quand il entra dans ce cabaret, chacun lui dit : — Bonjour Lélio. Le machiniste du théâtre le salua familièrement, et lui donna la main. — Bonjour Lélio. Or, ce machiniste disait au valet de chambre de Baron : — *J'ai l'honneur de vous saluer, monsieur Lafleur*. Lélio, bonhomme, disait bonjour à tout le monde. Puis il demanda « de l'eau-de-vie! » et il en but à longs traits. Il avait été si grand ce soir-là! Le petit abbé, entendant Lélio demander de l'eau-de-vie, demanda du vin chaud.

Pauvre marquise! et que devint-elle quand, de la table où fumait son vin chaud, elle jeta les yeux sur Lélio! Était-ce lui? lui, son rêve et son idéal, sa passion cachée, son feu couvé, pendant cinq ans, sous les cendres de son cœur? Lélio. Hélas! cette insensée avait sous les yeux un homme au teint hâve, aux yeux morts, usé, flétri, perdu; un vieillard de trente-cinq ans! Cet œil était éteint, ce visage était flétri; cette passion était absente; cette voix était rauque et rude; ce geste était étrange; cette démarche était ignoble; cet habit était usé, ce linge était frippé, oui, frippé. C'en est fait, le héros s'est transformé, le dieu n'est plus qu'un *polisson*.

Voilà donc une marquise assez penaude, et qui s'enfuit sans boire et sans payer son vin; même il lui sembla que Lélio lui jetait un regard de mépris.

Ne croyez pas cependant que notre marquise, exposée à ce spectacle hideux, soit corrigée. Elle avait en horreur le Lélio du cabaret,... elle adorait toujours le Lélio du théâtre, et comme elle avait sur le cœur, les mépris de Lélio, un beau jour elle prit sa revanche, en se montrant à ce fameux comédien sous l'engageant attirail des marquises. Alors, à son tour, elle écrasa le comédien, et le comédien, à genoux, lui demanda grâce et pitié. Désormais il la suivit à pied, dans la foule; elle en voiture, et lui les mains jointes; lui suppliant, elle dédaigneuse. Et pendant quatre années, elle et lui, ils ont joué cette comédie. A la fin la marquise, à bout d'indifférence, indique au comédien une petite maison, propice aux amours des comédiens et des marquises. Dans cette maison de la complaisance et du mystère, l'heureux comédien joua, près de la marquise, le rôle du petit Jehan de Saintré près de la Dame des belles Cousines; notez bien que Lélio, pour bien faire, avait gardé la veste, et l'épée, et la toque, et l'habit de don Juan. « *Il mio tesoro!* » chantait madame la marquise à Lélio.

Et véritablement ces plumets, ce satin, ce velours, ces broderies prolongèrent l'extase et l'adoration de la marquise. Elle n'aimait, elle n'admirait que le comédien. Elle admirait avec un ineffable ravissement, sa fraise en point d'Angleterre, ses nœuds d'épaule en rubans rouges, son manteau cerise, et sa toque ornée de plumes blanches; malheureusement Lélio finissait par se montrer à travers don Juan, l'homme arrivait ou survenait, qui détruisait le comédien, et le replongeait dans son néant. Je vous ai dit que la marquise avait les hommes en horreur, grâce à son mari et à son amant.

Quand elle quitta Lélio, la toque de Lélio était tombée, son manteau s'était dérangé, sa dentelle était froissée, ses nœuds de rubans étaient flétris, le comédien s'était roulé dans la poudre, et l'homme restait..... tout craché.

Depuis ce temps, la marquise n'a plus revu ni l'homme, ni le comédien.

Ajoutez, nous dit madame Georges Sand, et si madame Georges Sand ne le disait pas, je n'oserais jamais le redire, *que la marquise fut bien heureuse de s'être fait saigner ce jour-là.*

De deux choses l'une : ou vous niez, ou vous levez l'épaule? Ou la pitié, ou le dégoût? Lisez le *Château des Désertes*, vous verrez des comédiens et des comédiennes cent fois plus étranges même que mondit sieur Lélio. La déclamation! la déclamation! Il est si difficile aux plumes les plus habiles de ne pas déclamer, en parlant de la comédie et des comédiens! Moi-même, il me semble, en dépit de mes efforts et de ma bonne volonté pour ne pas être un déclamateur, que j'aurais eu grand' peine à éviter la déclamation, si je n'avais pas rencontré, sur ma route un certain Lélio, mêlé de Saint-Genest, qui vaut mieux, à lui seul, que les héros et les héroïnes du *Château des Désertes*.

C'est toute une histoire, cette histoire du comédien Rosambeau. Laissez-moi vous dire à quelle porte je l'ai rencontrée, et puis, vous et moi, nous l'écouterons parler, s'il vous plaît.

Rosambeau ou *les Mémoires d'un Comédien.*

L'autre soir, par ce grand orage, un pauvre diable, le nez au vent, la besace au dos, le bâton à la main, et léger vêtu, long de taille et court d'argent, s'en allait, par le grand chemin plein d'ornières, suivi de sa femme et de cinq ou six enfants qu'il lui a faits, frapper à la porte du Théâtre-Français. La nuit était pluvieuse et froide; le théâtre étincelait de mille feux; mademoiselle Mars, de sa voix sonore et jeune, récitait au parterre enchanté, les beaux vers du *Misanthrope*. Or ce bien-être au dedans ne rendait que plus touchante et plus cruelle cette misère au dehors.

— Ouvrez-moi, disait la voix grelotante à messeigneurs les comédiens ordinaires du roi; ouvrez-moi, j'ai faim, j'ai froid, et je viens de bien loin, traînant après moi toute une famille de comédiens en herbe ; ouvrez-moi, nous avons mangé notre dernier morceau de pain trempé d'eau de pluie, il y a déjà vingt-quatre heures ; ouvrez-moi, je suis l'un des vôtres, mais j'ai laissé les restes de mon cothurne aux ronces du chemin, mon manteau de pourpre aux mains des aubergistes, ma toge à chaque buisson d'épines. Ouvrez-moi, j'ai fait de mon sceptre un bâton de voyage ; mes licteurs m'ont abandonné, mon confident s'est mis aux gages d'un marchand de vulnéraire, ma jeune-première lave les écuelles au *Lion-d'Or* d'Argentan, mon Agrippine s'est vendue à M. le brigadier de gendarmerie ; enfin, j'ai changé ma couronne d'or contre un vieux chapeau gris, je n'ai plus rien que ma gaieté et ma terreur, je ne porte avec moi qu'une grande fortune : tout Corneille, et tout Racine, et tout Molière. O mes amis, mes frères ! le temps n'est plus où les naufragés athéniens vivaient honorés parmi les barbares, en récitant les vers de Sophocle ou d'Euripide. Ouvrez-moi donc, mes frères, les comédiens du roi, notre sire ; ouvrez, vous qui êtes riches et repus, à moi qui ai faim et qui suis pauvre ; ouvrez-moi, vous les maîtres de tant de palais et de tant de chaumières, qui embrassez dans vos domaines, Athènes, Rome, Paris et Londres, tous les lieux et tous les siècles ; ouvrez, je suis votre frère, et, pour le moins, je suis autant que vous, un enfant de Molière et de Corneille.

Hélas ! pendant que vous habitiez, heureux oisifs, ce palais de marbre et d'or que Sa Majesté très-bienveillante le roi Louis-Philippe ne trouvait jamais assez riche, assez beau pour vos jeux de chaque soir, j'étais l'artiste inconnu, j'étais le vagabond qui portait la tragédie et la comédie au fond de sa besace affamée, et qui les faisait pénétrer l'une et l'autre, ces deux reines exilées, dans maints villages que j'ai découverts. Je vous implore, je suis le Thespis moderne, et moins heureux que Thespis ; il avait un tombereau pour traîner sa tragédie, il avait un peu de lie à barbouiller son visage, et parfois un bouc à immoler, dont il avait sa bonne part. Heureux Thespis ! Pourtant il ne colportait, dans les campagnes athéniennes, que les œuvres informes de la naissante tragédie ! Et moi, morbleu ! je colporte les chefs-d'œuvre, je raconte, aux paysans étonnés, l'histoire du Cid et de Chimène, l'héroïsme du vieil Horace, les douleurs d'Hermione, et bien plus, je leur enseigne la comédie et la leçon de Molière. Demandez aux Bas-Bretons, aux Francs-Comtois, aux habitants les plus reculés des deux Normandies, ce que c'est que M. Orgon, ce que c'est que Tartufe, et comment s'appellent *les Femmes Savantes* et *les Précieuses Ridicules?* Grâce à moi, ils vous diront tous ces noms-là, et avec ces noms-là, ils ont gardé quelque chose du bon sens, de l'ironie et de l'esprit du poëte..... Ainsi, j'étais le missionnaire, intrépide et convaincu, de la comédie; à cette heure, j'en suis le martyr.

O mes frères! pour l'amour de nos poëtes, ouvrez-moi votre porte hospitalière. Qui que vous soyez, j'ai servi, autant que vous l'avez pu faire, ce grand art dont vous et moi nous sommes les interprètes; je l'ai servi par le froid, par la faim, par les longs voyages; vous habitiez le temple du dieu, à peine avais-je mes entrées dans ses étables; vous parliez aux plus beaux esprits et aux plus belles dames de la plus grande ville du monde, et moi, j'étais chargé d'amuser des rustres et leurs dignes femelles; vous chatouilliez, doucement, les fines épidermes, moi, je grattais, jusqu'au sang, ces peaux si rudes, recouvertes de ces soies grossières; vous tranchiez, avec des ciseaux d'or, en plein drap, dans la soie et dans la gaze et dans le velours, vous aviez des talons rouges et des éperons à vos bottes, des plumes à votre chapeau, de la dentelle à vos chemises; moi, j'avais des bottes sans talons, quand j'avais des bottes; mon chapeau était à jour, mon linge aussi, quand j'avais du linge. Que de soins et de peines cela m'a donnés, rien que pour figurer un poignard à mes côtés, des gants à mes mains, un jabot sur ma poitrine, et, sur ma joue pâlie par le jeûne et par les veilles, le coloris fringant de la jeunesse! Mes amis, mes amis, vous ne savez pas ce que c'est que de vider, jusqu'au fond de ce vase amer, le calice dramatique, de chercher, dans ses derniers recoins, la dernière parcelle de ce pot de fard, de courir après les loques de cet habit de marquis, emporté par les ouragans de l'hiver. Vous ne savez pas ce qu'il en coûte, pour avoir des cheveux à sa perruque, et sur cette perruque, en guise de poudre, un peu de farine bise, dont on fera une galette, pour son déjeûner.

O mes heureux amis du carnaval dernier! — que Molière, et Regnard, et Marivaux, et M. Scribe, et Victor Hugo lui-même, vos pères nourrissiers, vous préservent jamais du soin pénible d'établir votre théâtre dans une grange, de courir après le lustre de votre salle, d'allumer et de moucher vous-mêmes la chandelle achetée à crédit, d'établir, avec un drap de lit, la toile destinée à vous séparer du parterre, à donner au drame joué cet intérêt tout puissant qui s'attache à l'inconnu.

Vous n'avez jamais joué, vous autres, sur un théâtre sans rideau? Hélas! si vous saviez quelle peine est cela de manquer des choses les plus nécessaires à l'exercice de votre art : une forêt, un palais, une chambre à coucher, un banc de gazon, un souterrain, un fleuve, et des meubles meublants le drame, à savoir : le banc de pierre ou de mousse, le fauteuil et la pendule, le cercueil dans le souterrain, le pont sur la rivière, le navire en pleine mer. Jugez quel artiste je suis! J'ai eu du talent sur un théâtre sans décorations! Je me suis passé de tous les accessoires indispensables qui ajoutent tant d'intérêt et de clarté à l'action dramatique! Par exemple, je parlais du tonnerre, de la grêle et des éclairs, et rien ne se faisait entendre autour de moi, sinon les rhumes de cerveau du maire et de l'adjoint.

Que de fois je fus obligé d'expliquer à mon auditoire, comment..... ceci était un balcon donnant sur la rue, une tour escarpée, un oratoire à cent pieds du sol, un abîme infranchissable, et cependant mon parterre, inintelligent, ouvrait en vain ses petits yeux ; il voyait, pour tout obstacle, une planche mal peinte par moi, pour tout abîme une fente entre ces planches, pour Océan une toile à matelas sous laquelle grouillait, en guise de flots, les quatre héritiers de mon nom et de ma fortune, et pourtant, dans ce vrai et profond abîme de la plus immense misère, j'ai souvent trouvé un auditoire ému, pleurant et sanglotant.

Que de fois, en me jetant aux pieds de quelque amoureuse de quarante ans, ai-je fait pleurer sur la sincérité de mes amours! Que de fois, avant dîner, le verre en main, et jouant avec des bouteilles pleines d'un kirsch d'eau de puits, ai-je épouvanté des villes manufacturières de nos orgies! Que de poulardes truffées, en vil carton, j'ai dévorées en public, comme autant d'humiliations poignantes ; et nul ne se serait douté, me voyant dévorer ces tristes repas, d'un si grand appétit, que je n'avais pas de quoi acheter une demi-douzaine de pommes de terre à l'étouffée.

Eh! n'est-ce pas, à votre avis, que ce sont là de grands prodiges, et que pas un de vous ne saurait jouer, comme moi, avec les guenilles de l'art dramatique? N'est-ce pas qu'il fallait avoir une foi bien sincère en nos maîtres vénérés, pour les traîner, à jeun, et sans vêtements, dans ces sentiers couverts d'épines, sur ces planches mal jointes, dans ces hameaux sans lettres, dans ces villages de rustres, dans ces villes de forgerons et de manœuvres, où le curé du lieu s'imaginait qu'il était de son devoir de tonner contre nous autres, les excommuniés? O la bonne aventure! Nous, les excommuniés du bon Dieu!

.Nous, qui supportions le jeûne et les humiliations, bien mieux que n'ont fait les apôtres, car enfin nous n'avions même pas les cinq poissons et les cinq petits pains; car nous n'aurions pas osé, par respect pour le garde-champêtre, en passant dans un champ de blé, tirer le blé de son épi!... Et cependant on criait contre nous : — Anathème! anathème! On parlait de nos désordres, on parlait de nos amours! On parlait de nos jours passés dans l'ivresse! De nos nuits de fêtes, de vin de Champagne et de jeux de hasard! — Du jeu! Je me rappelle qu'un jour, pour représenter l'or que jette Georges de Germany, *le Joueur*, à pleines mains, sur le tapis vert, en nous cotisant tous (nous étions six), nous ne rencontrâmes pas assez de gros sous, pour figurer une vingtaine de louis d'or.

Je me souviens aussi, mais si je rentre en mes souvenirs, vous avez le temps de jouer deux fois *le Misanthrope*, qu'un autre jour, dans une cabane de village, pour jouer *le Monstre au naturel*, je me plongeai, tout vivant, dans une cuve de teinturier; c'était un samedi : on avait ramassé dans cette cuve abominable toutes les couleurs de l'arc-en-ciel et de la semaine. Je sortis de là hideux, admirable, affreux : jamais monstre, à ce point monstrueux, n'avait paru sur aucun théâtre. Holà! Toute la ville en fut troublée et poussa des cris d'effroi; je crus, un instant, que les femmes enceintes allaient accoucher, comme à la représentation des *Euménides* du poëte grec. Pendant quatre jours de suite, autant que cela, je jouai le monstre avec succès!... Toute la ville y passa, les faubourgs et la campagne; ceux qui n'avaient pas d'argent, payaient en fromages et en raisins. Ainsi, par mon génie et ma volonté, toute la troupe fut sauvée; nos habits qui étaient en gage furent dégagés; notre cabaretier payé trouva, qu'après tout, pour des excommuniés, nous étions d'assez bons diables; et moi, retrouvant mon habit, mon carrick, mes deux pantalons, ma chemise à manchettes, j'étais si heureux, j'étais si fier !

Malheureusement cette fatale teinture était bon teint; rien ne la pouvait enlever, ni l'eau chaude, ni l'eau froide, et le savon de Windsor, ni le son, ni la brosse, et pas même la pierre ponce. Enfin, j'étais monstre et je restai monstre, et si vous m'aviez pu voir, tout hideux, tout monstrueux, le corps barbouillé des plus criantes couleurs, vous auriez éclaté de ce *sourire mouillé*, dont il est parlé dans Homère, tant ma monstruosité était risible et touchante à la fois! Heureusement le ciel vint à mon aide : l'eau du ciel tomba si fort sur mes membres mal couverts, qu'elle enleva enfin ce barbouillage affreux, et me rendit à ma couleur primitive.

De ce rajeunissement complet je préservai, tout exprès, mes jambes, teintes en noir, et voici pourquoi je tenais à la teinture de mes deux jambes. Pour nous reposer quelque peu du mélodrame, autant que pour reposer les populations environnantes, nous avions décidé que les comédies de Marivaux remplaceraient *le Monstre*, et les drames de la même école. Mon bonheur voulut que mes deux jambes fussent restées teintes en ce beau noir bien luisant, et elles me servirent à représenter les bas de soie, les plus fins et les mieux tirés qui aient jamais recouvert les jambes élégantes et déliées de M. le marquis Dorante et de M. le comte de Saint-Remy, de toute cette aristocratie de la comédie au dernier siècle. Même je me rappelle qu'à force de servir, ces bas de soie imperceptibles (on les eût appelés volontiers le jeu de la misère et du hasard) m'abandonnèrent à leur tour; une maille s'était rompue, et je n'avais plus que des bas à jours.

Heureusement notre humble public était las de Marivaux et de sa comédie; il savait, par cœur, *les Fausses Confidences*, et demandait, à grands cris, *la Tour de Nesle*. Dans cette *Tour de Nesle*, qui est la mort aux comédiens, aux décorations, je n'ai pas joué moins de quatre rôles, à moi seul, au grand mécontentement de la femme du notaire royal, qui ne me pardonnait pas d'avoir si mal parlé des grandes dames : — *Ce sont de grandes dames, voyez-vous!* Elle disait que je l'avais insultée, hélas!

Voilà pourtant, messieurs les sociétaires du Théâtre-Français, messieurs les comédiens ordinaires du roi, le métier que j'ai fait, moi, Rosambeau, depuis que j'ai l'âge de raison. J'ai employé à ce métier, que j'aimais et que j'aime encore, ma jeunesse florissante, mon visage, ma voix sonore, une mémoire imperturbable, et ce grands fonds d'insouciance et d'esprit qui est la vie et la fortune, la gloire et la force du comédien. Tel que vous me voyez, j'ai joué tous les rôles qui sont dans votre répertoire, et même des rôles dont vous n'avez jamais entendu parler; j'ai déclamé la tragédie, hurlé le mélodrame, chanté le vaudeville, dansé le ballet, exécuté la pantomime; j'ai été même un écuyer du Cirque, et mon cheval et moi nous sommes couverts de la poussière olympique. Au besoin même, et quand tout me manquait, j'appelais, dans mon désespoir, la corde à mon aide, et (rassurez-vous!), sur la corde tendue, on m'a vu accomplir les tours de force les plus violents et les plus difficiles. Enfin, c'est une justice à me rendre, en cet exercice complet de mon art, jamais l'esprit et la gaieté ne m'ont manqué; j'ai toujours été au-dessus de ma misère, et plus grand que ma fortune. Oui, j'ai fait rire et pleurer à mon gré, cette foule ingrate, que je méprise et dont j'ai peur! Dans ces différentes façons d'entraîner les sympathies de l'auditoire, j'ai toujours été soutenu par la conscience de ma valeur personnelle, et par ce quelque chose qui est le talent, qu'on vous accorde si facilement à vous autres, les grands seigneurs du drame, et si rarement à nous, les pauvres bouffons de carrefour.

Je dis plus, Messieurs, j'aurais à recommencer ma vie, et plaise à Dieu! je n'en prendrais pas une autre. Où donc en trouverais-je une autre, aimable à ce point, et plus remplie à ce point, de hasards, de périls, d'accidents heureux? Quelle joie aussi d'éveiller, dans des âmes toutes nouvelles, l'émotion dramatique, de parler d'amour à ces ingénues de vingt ans que renferme la province, ou de faire battre enfin, une fois avant leur mort, ces vieux cœurs aux ressorts rouillés! Quelle joie et quelle gloire de forcer toute une sous-préfecture, obéissante à vos caprices, à avancer son dîner, à retarder son coucher, à contrecarrer ses habitudes les plus chères, même le boston!

Quelle bataille enfin à livrer contre le clergé, contre l'Église, et contre le Bossuet de l'endroit, éclatant et tonnant dans sa chaire, et quelle gloire à jouer *Tartufe*, au nez du tartufe qui m'insulte, le lendemain, dans son journal ! *Tartufe*, une fête que je me suis souvent donnée...... et puis, croyez-moi, messieurs, le public, quel qu'il soit, c'est toujours le public ; pourvu qu'il rie aux éclats, pourvu qu'il pleure à chaudes larmes, pourvu qu'il soit souple à la volonté du comédien, comme les gants que je devrais avoir à mes deux mains ! Le beau métier, je n'en veux pas d'autre, et j'y suis né, j'y veux mourir !

Voyez mes nobles cicatrices ! Voyez que de chevrons gagnés à la bataille ! Je suis un rude athlète, allez, j'ai fait mes preuves, ouvrez-moi ! ouvrez-moi ! Voyez, je vous invoque et je vous tends les mains ! Ne me refusez pas, après tant de labeurs, ce que saint Paul ne refusait pas à ses compagnons : *tectum, victum et vestitum*, le toit, le pain et le vêtement ; accueillez, comme il convient, un pauvre homme fatigué de l'orage ; je vous dis comme le Philoctète de Sophocle : — *O fils d'Ulysse ! place-moi où tu voudras, à la proue, à la poupe, à la sentine !* Parlez, commandez, j'obéis. Je suis bon à toute chose, et disposé à toute espèce d'entreprise, comme c'est le devoir du comédien véritable. Ordonnez, je suis tour à tour un niais, un héros, un amoureux, un avare, un tyran, un père noble, un bon oncle ; je prodigue aussi les coups de poignard, et les bourses pleines d'or ; ordonnez, je sais boire également à la coupe empoisonnée, au verre rempli de vin de Champagne ; le manteau de héros me va bien, les guenilles ne me font pas peur ; mon dos est fait à la cuirasse, à la besace ; des coups d'épée, à la bonne heure, on en donne ; et des coups de bâton, qu'importe !

Je suis Achille et je suis Thersite ; je suis le comédien errant, comme don Quichotte était le chevalier errant ; je suis un de ces vagabonds de génie qu'a chantés Béranger ; surtout, mes frères, je suis las des grandes routes et des auberges inhospitalières ; pour moi le poétique vagabondage a perdu son charme, et j'ai assez pris ma part de l'ombre des bouchons protecteurs, ma large part de la poussière et de la boue des chemins frayés et non frayés. Comptez aussi que j'ai charge d'âmes, que, chemin faisant, je me suis fait une famille ; or, cette famille, il faut la pourvoir. Ouvrez-moi, mon fils aîné s'appelle Pyrrhus ; ouvrez-moi, mon fils cadet s'appelle Oreste, ouvrez-moi, vous verrez comme ma jeune Iphigénie est élégante et svelte ; ouvrez-moi, j'ai besoin d'un fourreau de soie pour ma gentille Agnès ; ouvrez-moi, mon dernier enfant, qui est encore à la mamelle, s'appelle Pasquin ; ouvrez, il faut que toute cette jeune famille ait son humble part dans l'héritage du père Molière, dans les roses de vos bosquets, dans les galeries de vos palais, à la table de vos festins, à la distribution de vos belles dots du troisième et du cinquième acte. Ainsi, mes frères, venez en aide, ouvrez à l'enfant prodigue qui revient à vous, plein de souvenirs et d'expérience ; il vous demande, non pas de tuer le veau gras pour lui, mais une toute petite part de cet éternel veau, éternellement gras, que vous dévorez à vous tous seuls. Hélas ! faites-moi, tant seulement, une humble place à votre soleil, et personne, autour de moi n'aura plus faim ni soif.

J'avais trouvé tant d'expédients, c'est vrai, mais enfin je suis à bout de ressources paternelles. Mon fils aîné ne quitte jamais son père, mes deux cadets ne quittent jamais leur frère, ses sœurs ne vont pas sans la mère, et la mère sans les enfants. Quand j'avais six sous, et pas de quoi souper devant moi, je disais à mes six enfants : — Celui qui ne soupera pas aura un sou ! — Et ils s'en allaient, sans souper, serrant leur fortune affamée en leurs petites mains rebondies. Le lendemain, je leur disais : — Celui qui me donnera un sou, déjeunera ! Et les pauvres petits, ils me rendaient *presto*, *presto*, leurs six sous, avec lesquels la mère et le père déjeunaient, par-dessus le marché. — Mais, je vous le dis, c'est là une ruse qui est bien usée, et d'ailleurs je ne suis pas en fonds.

Hélas ! dans cette carrière dramatique recouverte d'un sable fin, d'une mousse légère, où vos pieds glissent comme sur un tapis vert naturel, semé de fleurs pour vous seuls, dans ces frais sentiers qui ont été, pour moi, semés de ronces et d'épines, savez-vous que j'ai fait bien des charités dans ma vie ? J'ai joué hardiment au profit de tous les misérables, dont j'entendais parler : au bénéfice des Grecs, au bénéfice des incendiés de Salins, au bénéfice de la cabane de Clichy, au bénéfice *du Voltaire des Chaumières* et de la *Charte-Touquet*. Oui, mes frères, ce pauvre diable de Rosambeau a fait plus d'aumônes à lui seul, que tant de riches, qui sourient de pitié, me voyant en si piètre équipage.

Quant à moi, mon jour de bénéfice est encore à venir; jusqu'à présent je n'ai rencontré, pour m'aider un peu, qu'un honnête gendarme, un gendarme en chair et en os. Ce jour-là je devais jouer un rôle de général républicain, et tout était prêt, excepté mon costume. Je n'avais ni le chapeau, ni le sabre, ni l'épaulette, ni l'habit, ni le pantalon, ni les bottes à l'écuyère. J'aperçus, au coin d'une coulisse, un grand gendarme, gros et frais, qui avait tout cela, et qui regardait, de tous ses yeux, nos camarades joyeuses du beau sexe, vêtues à la diable, avec la beauté du diable. Alors je m'approchai du bon gendarme, et l'appelai : mon frère! le priant et le suppliant, les mains jointes, de me prêter son habit. — Oui, votre habit, mon frère; nous avons la même taille et la même poitrine, je suis mince comme vous, et vous serez beau encore, même sans l'uniforme; — je lui demandai ensuite son chapeau, il avait de si beaux cheveux noirs.

Il me prêta, même ses bottes, retentissantes, luisantes comme un miroir, et toutes garnies de leurs éperons d'acier. — J'eus quelque peine à obtenir enfin son pantalon blanc comme la neige, mais je priai si fort, lui représentant qu'il y allait de ma gloire et de notre fortune à tous, c'est-à-dire du souper de toutes ces pauvres femmes qu'il trouvait si belles, et qui lui faisaient des yeux doux!... A ce compte, il pourrait se vanter, un jour, d'avoir nourri et hébergé Sémiramis, la reine de l'Orient, Agamemnon, le roi des rois, Célimène elle-même, et la fille de M. Harpagon, le vieil avare.

A la fin donc, mon gendarme se laissa fléchir, il me prêta son fourniment complet, moins le vêtement..... inexprimable. O révolution! ô bonheur! Grâce aux habits du bon gendarme, il me sembla que j'étais un homme nouveau. Le sang circulait plus librement dans mes veines, mon cœur était plus à l'aise dans ma poitrine dilatée, et l'idée, et la parole, et le geste, ces ennemis souvent irréconciliables, s'entendaient à merveille, marchant l'une et l'autre au même but. Dès ce jour je compris que le costume était la bonne moitié du comédien, que le comédien bien vêtu était bien près d'avoir du talent, que la misère du costume arrêtait, nécessairement, le plus bel essor.

Quelle joie, en effet, de se jeter aux pieds de sa maîtresse en se disant : l'étoffe est bonne, et je plierai mes genoux sans la déchirer ! Quel orgueil de pouvoir déployer son geste impérial sans être gêné par l'accroc de la manche ! Et voyez la fortune ! un justaucorps sans tache ! On joue à l'aise, on se pavane, on fait sa roue, on est le dieu même des beaux dehors. Aussi bien, ce soir unique de mon triomphe et de ma fortune (ô danger de la grandeur humaine !) me fit oublier que j'étais dans la peau du lion, dans l'habit du gendarme. Aussi je m'en allai, tout couvert de sa dépouille héroïque, dépenser, au cabaret, la moitié de cet argent que j'avais si bien gagné. A peine étais-je à table, on vint m'avertir que l'apparence d'un gendarme en robe blanche demandait à me parler ; ces dames répondirent : — *Qu'il entre !* Une d'elles lui prêta un cachemire de Lyon, et ce bon gendarme soupa avec nous, et toute la nuit je restai vêtu comme un héros.

Ici, mes frères, vous devenez curieux et attentifs, et vous vous demandez tout bas : Que nous veut cet original, où va-t-il, et d'où sort-il ? Demandez qui je suis, aux plus grands comédiens de ce bas monde, ils vous diront en souriant : Oh ! oh ! Rosambeau ! Notre ami Rosambeau ! Ce brave et magistral Rosambeau ! Mademoiselle Mars me connaît, et plus d'une fois, elle s'est trouvée heureuse de me rencontrer pour être son Alceste ou son Tartufe ; dites mon nom à mademoiselle Georges ; mademoiselle Georges, la comédienne errante, m'a souvent emprunté ma grange, qu'elle remplissait du feu de ses diamants, de la grâce de son visage, et de cette grande terreur qui la suit toujours. Mademoiselle Georges est comme moi, un vagabond dans le domaine de l'art, mais un vagabond illustre, passionné, intelligent, une reine sans trône, un des vôtres, un des miens ; elle tient comme moi, à Victor Hugo, à Corneille, à Frédéric Soulié, à M. Dennery. Parlez de Rosambeau à madame Dorval. Ah ! dira-t-elle, un bien brave homme, qui m'a fait souvent rire et pleurer. Elle s'attachait à moi, cette éloquente Dorval, comme le lierre à l'ormeau ; elle m'arrosait de son sang, elle m'arrosait de ses larmes ; c'est elle, et sans que je m'en sois jamais plaint, qui a mis en lambeaux ma dernière paire de manchettes.

Vous en faut-il encore ? Eh bien ! parlez de moi à Bouffé. Celui-là, vous savez, il n'est pas tendre, il est de sang-froid, il est tout entier à sa comédie, il ne s'expose pas avec le premier venu ; demandez-lui, à celui-là, si je ne l'ai pas écouté comme il faut l'écouter, si je n'ai pas été, pour lui, un autre Ferville, dévoué, attentif, railleur, m'effaçant pour lui faire place? Mon ami, me disait-il, si je n'étais Bouffé, je serais volontiers Rosambeau !

Je le crois bien, pardieu ! Il voudrait être, au prix de ma joie et de ma santé, de ma force et de mon adresse, le glorieux et victorieux Rosambeau de Rosambo ! — Parlez aussi à mademoiselle Déjazet, si vous voulez ; elle vous dira que nul, mieux que moi, ne sait jouer au naturel, les rôles de mauvais sujet (je les ai appris de Closel) ; elle vous dira, rien qu'à me voir, que les marrons sautent dans la poêle, et comment se comporte, à mon aspect, le vin de Champagne. Elle m'a dit un jour, comme je lui donnais la main, au couplet final : *Toi et moi, nous faisons la paire*, ami Rosambeau ! La chère et charmante bohémienne, hélas ! ma chère petite Déjazet !

Une autre amie et protectrice de mes enfants, *la Lisbeth* de nos jeunes années, madame Saint-Aubin, si vous l'interrogez, elle vous dira..... Mais voulez-vous savoir comment je l'ai retrouvée, madame Saint-Aubin ?

C'était hier ; nous marchions, depuis cinq heures du matin, et nous étions arrivés, mes enfants, ma femme et moi, dans un petit village sur les bords de la Marne, et sur la lisière du bois de Vincennes, à la porte entr'ouverte d'un modeste enclos, plein de fruits et de chansons. Le jardin est grand et bien planté ; devant la grille, un petit jet d'eau lance dans les airs, son filet jaseur, le kiosque ombragé s'enveloppe dans sa robe de lierre ; dans la basse-cour, le coq salue hardiment son harem ; — mais vous pensez si mes enfants étaient émus et attentifs à l'aspect de ces pruniers, pliant sous les fruits, en présence de ces murs tapissés de belles pêches veloutées? Grand Dieu ! comme leur regard avide se perdait sous cette tonnelle qui jetait au loin, dans un pêle-mêle de feuillage et de fleurettes, sa grappe avenante. Ainsi, nous nous étions arrêtés, contemplant, comme des exilés du paradis terrestre, cette abondance champêtre, pendant que les beaux pigeons volaient au-dessus de nos têtes, et s'en allaient, roucoulant sur l'ardoise éclatante du colombier.

Après les premiers ravissements de cette contemplation muette,

j'allais prononcer le : — *En avant, marche!* et voilà que, tout à coup, se montre, à nous, une petite vieille alerte, avenante, éveillée, et dont le visage, le geste et la démarche indiquaient, en traits fins et délicats, que l'esprit et l'amour avaient passé par là.
— Et pourquoi donc nous quitter si vite? nous dit la propriétaire de ces beaux lieux; ne pensez-vous pas que vos enfants feraient honneur aux pêches de mon jardin? Entrez donc!.....
Aussitôt voilà mes enfants, lâchés dans cet Éden, et s'en donnant à cœur-joie. — Ah! tant de pêches! Ah! tant de raisin! — Plus je vous regarde, me dit la dame avec ce fin sourire que, les années ne sauraient enlever, et plus, sans vous fâcher, j'imagine que vous êtes un enfant de la balle..... Ai-je tort?
— Hélas! Madame, répondis-je en ôtant mon chapeau, vous n'avez que trop raison, je suis le plus malheureux comédien de ce bas monde. J'arrive, à pied, du fond des déserts, et, pendant vingt ans de ma vie, j'ai montré à des espèces de sauvages, *ce qu'ils n'avaient jamais vu*, comme disait l'illustre Lekain, allant en tournée à Bordeaux. Oui, madame, ma vie entière n'a été que peine et labeur; je n'ai même pas recueilli le bruit de la gloire, et pas même ramassé la menue monnaie de la fortune. J'ai usé, rien que pour être un vagabond, plus d'intelligence et plus d'esprit que mes confrères de Paris n'en ont dépensé pour être de gros messieurs. Et maintenant voici que, poussé par mon mauvais génie, et par la nécessité, *l'ananké* du comédien sans feu ni lieu, je me rapproche du beau soleil de la comédie, et je viens, clopin-clopant, frapper à la porte de la maison de notre père, Molière.
— Et tu ne trouveras pas ton père à la maison, mon pauvre ami, reprit la vieille dame, il a mis la clef sous la porte, et sauve qui peut! En même temps, elle se mit à chantonner un petit air que M. de Chateaubriand accompagnait sur la guitare, il n'y avait pas plus de quarante ans :

> Combien j'ai douce souvenance
> Du beau pays de mon enfance...

A mesure que cette aimable femme parlait et chantait, je la contemplais d'un regard plus attentif. — Madame, lui dis-je enfin, vous avez, une belle maison, un vaste jardin, plein de fruits, une tonnelle qui roucoule, une basse-cour qui chante, un bassin qui murmure, eh bien! pardonnez ma hardiesse! il me semble que vous êtes, vous aussi, *une enfant de la balle*; un enfant trouvé, comme moi je suis un enfant perdu de la comédie?

Alors elle me dit : — Je m'appelle, en effet, Lisbeth! Je n'avais que quinze ans, quand j'entrai dans cette jeunesse rieuse que j'ai conduite d'un pas alerte à ses dernières limites, si bien que j'ai esquivé l'âge mûr; je me suis appelée aussi Colinette; madame Favart avait été ma marraine, et vous voyez que je tiens un peu au maréchal de Saxe, par les femmes. Plus tard, je me suis appelée Marine, une autre fois Denise, et, plusieurs fois, Babet; Annette est aussi un de mes noms. J'ai été tour à tour Agathe, Isabelle et Jacinthe; j'ai été la Thérèse *des Amours d'Été,* mais mon nom favori est Lisbeth. Mes fortunes ont été presque aussi diverses que les vôtres : une ingénue, une soubrette, une grande coquette, une coquette toujours. Et maintenant si vous me demandez mon nom de dame châtelaine.....

— Oh! ce nom-là je vais vous le dire, m'écriai-je, à genoux devant cette vieille charmante, vous êtes madame Saint-Aubin! Dieu merci, le ciel vous a été favorable, votre vieillesse est tranquille, et sûr est votre abri; vous vivez en paix à l'ombre de vos arbres, vous les avez plantés, ils vous verront mourir.

— Hélas! reprit-elle en levant les yeux au ciel, hélas! si vous saviez quel drame sanglant s'est passé sous ces beaux arbres[1]!

---

1. Madame Saint-Aubin, après quelques années d'un succès sans pareil à l'Opéra-Comique, s'était retirée, un beau matin, de la scène où était sa vie, et, dans un vilain coin de la forêt de Vincennes, elle s'était bâti, à grands frais, une vilaine petite maison, le véritable : *hoc erat in votis* du comédien. C'est pour le comédien à la retraite, qu'a été inventée cette ignoble locution : *planter ses choux!* Quand il a planté sa tente et ses choux, dans quelque province reculée, au bout de dix ans de ce repos misérable, il meurt échevin. Peu s'en est fallu que madame de Saint-Aubin ne fût égorgée, en sa propre maison, par des espèces de biographes, des bandits, qui s'y étaient introduits, la nuit, le poignard à la main. Comme la bonne vieille avait l'habitude de parler à ses chiens, faute de mieux, ces messieurs (nous parlons des voleurs) entendant cette conversation où la pauvre Lisbeth faisait la demande et la réponse, eurent peur de voir tomber sur eux toute une famille, et ils se sauvèrent, non pas sans emporter ce qui leur tomba sous la main, en laissant un énorme couteau, fraîchement

Puis elle me montra, du geste, un écriteau qui se balançait au vent. — Je me rappelai aussitôt *Maison à vendre*, et j'en fredonnai le plus gai refrain.

— Ne riez pas, me dit la vieille dame, ne riez pas, ceci est sérieux. Il faut que ma belle maison soit vendue ; et si vous me trouvez un acheteur, envoyez-le.

Alors moi, qui ne voulais pas m'attrister, et qui avais besoin de tout mon courage : — Madame, m'écriai-je, en me relevant, j'ai rêvé que je serais sociétaire du Théâtre-Français, quelque jour, — j'aurai, comme ces heureux, vingt-cinq mille livres de rentes, cinquante mille francs de fonds sociaux, dix mille francs pour ma représentation à bénéfice, mes deux entrées, mes enfants qui se placeront tôt ou tard. — J'achète votre maison, Madame :

> Là, retiré dans mon château...

Seulement soyez assez bonne pour me donner un peu de temps.

En ce moment mes enfants revenaient, chargés de leur butin champêtre : — Saluez, leur dis-je, un des plus charmants talents de l'ancien théâtre, un esprit fin, une gaieté fertile en saillies, une grâce parfaite, une jeunesse éternelle, un de ces modèles du goût que nous avons perdus. Saluez madame Saint-Aubin. Et vous, Madame, bénissez-les, bénissez-nous !

Voilà donc comment je suis revenu à Paris ; nous avons traversé la forêt de Vincennes, dont les beaux ombrages nous protégeaient, en murmurant tout bas les premiers refrains des vents d'automne ; nous sommes entrés à la barrière comme des princes, sans que les commis de l'octroi municipal songeassent à visiter nos bagages, et maintenant me voici à votre porte. O mes amis, mes frères, mes camarades, ouvrez-moi, ouvrez-moi, ouvrez-moi ; pour l'amour de Dieu, ouvrez-moi ! »

éguisé. Grande frayeur de madame Saint-Aubin, et vous pensez si elle vendit *ses choux* en toute hâte! Rien ne saurait donner une idée du geste, du regard, de l'accent de mademoiselle Mars, au moment où elle prenait congé de madame Saint-Aubin et de son petit castel : — J'aimerais mieux, disait-elle avec son geste royal, être enterrée à Notre-Dame, que de vivre, ici, vingt-quatre heures.

Ainsi parlait le malheureux artiste, à la porte du Théâtre-Français.

Cette espèce d'autobiographie est d'une exactitude irrécusable; il a vraiment existé ce comédien modèle, et l'on ferait un gros livre, en le composant de ses meilleures aventures. Il était véritablement le comédien que rien n'étonne, et qui peut dire : Et moi aussi je suis un homme, à qui rien n'est étranger des choses de la vie humaine. Il était le comédien de tous les jours, de toutes les heures, de tous les drames. Il acceptait, sans sourciller, les rôles les plus humbles, et les plus illustres emplois dans les plus vastes compositions, aussi bien que dans les plus infimes parades. Pourvu qu'on lui eût fourni le manteau, le sceptre, la couronne et le reste, il eût représenté, à merveille, le roi des rois. Il portait avec la même grâce et la même ingénuité la pourpre et le haillon. Achille aujourd'hui, le lendemain Thersite; Agamemnon et Thersite ne sont-ils pas, en effet, les enfants du même père? Vous lui parliez du *Misanthrope*, il tombait à genoux. Vous lui disiez : — Viens jouer l'ours, dans *l'Ours et le Pacha*. Il disait : — *J'en suis !*

Il a été Mahomet; il a été les pieds de l'arrière-train, dans les chameaux de *la Caravane*. J'ai, sous les yeux, une affiche de théâtre empruntée aux archives de cette famille; sur cette affiche on peut lire, en grosses lettres : *Par indisposition de madame Bouclet, M. Rosambeau jouera le rôle de la petite Bourguignon.* Pour lui, la comédie était la comédie, et le théâtre était le théâtre. Il disait que tous les hommes sont égaux, à plus forte raison tous les comédiens. Il passait, en vingt-quatre heures, du plaisant au sublime, et du grave au bouffon; il passait des délires de la joie au délire des larmes. Point de milieu, point de repos, point de répit, non pas même le temps de respirer, de vivre, et de raccommoder les trous de son manteau.

Je vous ai dit quelques-unes de ses ressources merveilleuses, rien que pour vivre un jour. Elles sont touchantes; on rit, et l'on essuie une larme. Ce duel terrible, obstiné, ardent, railleur, entre un homme et la misère, a quelque chose de chevaleresque, si l'arme est courtoise, et tenue d'une main élégante. La misère est bien forte, c'est vrai ; mais aussi l'homme est bien fort, quand il accepte la lutte. O misère! tu n'es qu'un nom! Misère, tu ne m'empêcheras pas d'être un homme heureux, tout à l'heure, quand, tout pauvre que je suis, j'aurai apporté, à ma femme, un bout de ruban pour son bonnet, à mon enfant ce polichinelle dont il a tant d'envie. — Oh! misère! Tu fais une lâcheté et un crime en tourmentant un pauvre diable sans défense, et sans autre protection que sa bonne humeur!

Il était le fils de M. de Rosambeau, un gentilhomme, mort dans l'émigration, et dont le roi de Prusse avait fait son lecteur. Pour lui, il s'appelait de Rosambeau, quand il y avait de la place sur l'affiche, ou Rosambo tout court, et par un o, quand l'affiche était remplie. Il avait passé par toutes les fortunes, et les plus étranges ; il avait été trompette dans les hussards, et il chantait la diane à réveiller le camp ennemi; il avait été tambour-major, — garde-magasin des vivres, à l'armée de Bayonne, — maître d'armes, — sous-préfet de Bagnères, puis cuisinier. — Dans toutes ces professions diverses, l'art dramatique et ses hasards avaient toujours eu ses préférences. Ni la trompette, et le tambour, ni l'administration, le bon sens, ni même le feu ardent et nourricier des fourneaux de la cuisine odorante, ne valaient, pour Rosambeau, les joies affamées du théâtre ; l'apparition devant le parterre; les regards, les murmures, l'attention de tant de gens!

Il n'aimait que cela. Il est mort, non pas faute d'un petit écu, mais faute d'un théâtre. — A la fin, par la force même de ce courant qui soudain jette au fond de l'abîme les plus fêtés, les plus illustres de la nation dramatique, aussitôt que leur tâche est accomplie, il s'était trouvé sans feu ni lieu, sans manteau, sans rien, — seulement quelques amis, — et M. le ministre de l'intérieur, à qui j'écrivais : — « A l'ordre de M. de Rosambeau, il vous plaira payer, etc., — *retour sans frais!* »

Rosambeau, tout hardi qu'il était, n'osait pas présenter cette lettre de change au ministre. A la fin la lettre est présentée et payée. Il est mort, en bénissant M. Duchâtel. — Ah! disait-il, faire un pareil honneur à ma signature! et payer cinquante écus à mon ordre!... Il avait vu bien des ministres ; il avait été comédien d'une impératrice; il avait porté (à la ville même) le tricorne, la culotte et les bas de soie..... de toutes les puissances passées et présentes, il ne savait que le nom de M. le comte Duchâtel.

Je l'ai vu, peu de temps avant sa mort; nous causions; j'étais son confident. Il avait d'excellentes idées sur son art. Il l'aimait sans en faire, comme c'est l'usage parmi les comédiens, le plus difficile, le plus rare et le plus exquis de tous les arts. — Mon Dieu, disait-il, ça tient à rien ; à la façon dont le nez est fait. On veut de vous... on n'en veut pas ; tout est dit. Le public est un homme, il vous admire et sans savoir pourquoi, — ou bien il vous prend en haine, et sans rémission. Les plus heureux comédiens sont ceux qui ne sont ni bons ni mauvais, qui passent d'un pied leste, entre l'applaudissement et le sifflet ; ceux-là s'amusent eux-mêmes à jouer la comédie.

Heureux les médiocres ! Quant à moi, j'ai toujours été un trop pauvre diable, pour être médiocre, à mon bel aise, et j'avais des éclairs qui m'ont perdu. — Diable ! disait-on, si Rosambeau allait avoir du génie ! Aussitôt les chefs d'emploi me mettaient à la porte. Pauvre de moi ! que n'ai-je été tout à fait, là, ce qui s'appelle un mauvais comédien, je serais sociétaire du Théâtre-Français !

Ceci dit, il me lut des vers qu'il avait faits lui-même, car il était versé dans la belle littérature. Il improvisait, volontiers, une chanson, ou bien des fables pour amuser ses enfants ; il tournait, au besoin, le couplet galant ; sa dernière épître, déposée à la Bibliothèque du Roi, et, par conséquent, immortelle, est adressée à l'auteur de *Lucrèce :*

> Amant des chastes sœurs, toi dont l'heureuse audace
> Franchit du premier pas, les abords du Parnasse
> Ponsard ! de qui les vers ont charmé tout Paris...

Bref, cela commence comme une épître du bon temps des épîtres. C'est tout à fait le langage d'un homme sensé, et qui fait bien les vers. — Ne riez pas quand je dis : *homme sensé !* Je sais ce que vous allez me répondre : « le désordre ! » Eh ! c'est bientôt dit : « le désordre ! » à ce pauvre homme qui n'a rien. Avant de condamner ces malheureux, rendons-nous compte de *leurs désordres.* Trois coups d'un petit vin du Beaujolais, un morceau de fromage et du pain dur ; voilà le désordre ; un habit noir, voilà leur crime, une heure d'oubli, dans un cabaret borgne, et l'homme est perdu de réputation.

Quand ils ont dit : *le désordre*, peu leur importe que le malheureux meure de faim, de froid, qu'il rentre en son taudis, tout en nage, après avoir couru tout le jour, pour attraper cinquante centimes que lui aura prêtés un autre malheureux de son espèce, et qu'il se mette au lit, épuisé de faim et de fatigue. A ces tristes récits, pleins de sympathie et de pitié, les *célibataires*, les moralistes, les faiseurs d'économie politique, et les déclamateurs de la caisse d'épargne, haussent les épaules, et ils disent : — « Que voulez-vous ? le désordre ! » Heureusement les enfants sont là qui pleurent leur père, la femme qui pleure son mari; femme, enfants, bons juges qui savent bien quel nom donner au désordre de leur mari, de leur père, et ce nom-là, c'est le mot sans réplique : la misère !

Rosambeau est mort, en trois jours, tout d'un coup, d'une fluxion de poitrine, en silence, les yeux pleins de tendresse, et les mains pleines de bénédictions. Ses enfants l'aimaient de tout leur cœur; encore aujourd'hui ils honorent sa mémoire; sa femme l'admirait, tant il avait été un bon homme, toujours. Sa mort a été prompte et consolée ; il s'est éteint, épuisé. Les voisins sont venus qui ont entraîné, hors de cette misère, la femme et les six enfants. Aussitôt, parmi les amis, la nouvelle s'est répandue : — Rosambeau ? — Hélas ! oui. — Alors vous eussiez vu accourir, autour de cette pauvre maison, non pas les brillants comédiens dont il avait été le camarade, et qu'il amusait si fort de ses vives saillies, mais les bohémiens de la comédie et de l'opéra, les braves gens qui vivent, au jour le jour, de leur esprit, les poëtes comiques qui courent le monde pour le plaisir de courir, et sans connaître la fortune, même de nom. Rosambeau était le général d'armée de tous ces braves gens, — talents ignorés, — beaux esprits méconnus, — sceptiques et railleurs.

Il y avait, à ses funérailles, que je veux faire immortelles : Jules Lepetit, de Nantes; Saudrillon, le mari de cette belle Saudrillon, La Malibran de Quimper, Delamarre *le financier*, brave homme, et qui pleurait Rosambeau *le financier* ; Morel *la voyageuse*, enfin ; vous savez bien, Morel, la joie de Metz et de Marseille ; inquiet, fébrile et nerveux, ne trouvant jamais que le public rie assez et d'assez bon cœur ; on l'appelle *la voyageuse*, parce qu'il s'en va, et qu'il revient toujours.

Du Théâtre-Français, le rêve et le paradis de Rosambeau, pas un n'assistait à son convoi. A l'église, attendaient trois femmes seulement : mademoiselle George, la reine ; madame Albert, madame Dorval. Le cortége funèbre devait partir à onze heures du matin ; mais le cercueil ne venait pas ! — Le dernier vêtement du pauvre Rosambeau se fit attendre autant que si le tailleur d'habits avait dû l'apporter. — Enfin, à trois heures, tout était prêt. — On partit en grand silence, en grand ordre ; à voir marcher les comédiens dans la rue, on reconnaît, au premier coup d'œil, des gens, habitués à respecter le public. Réunis, ils ont bonne grâce ; ils savent marcher ; ils se tiennent bien ; leur joie est vraie, et leur douleur est sincère. — Le convoi, — le convoi du pauvre, — passait sur le boulevard Montparnasse. Un régiment passait aussi, musique en tête ; joyeuse musique, elle chantait un air de mademoiselle Puget : — *Tes jolis yeux bleus !* — Aussitôt le maître d'arrêter sa musique, et les tambours de reprendre. C'était le moindre honneur que pût rendre à son confrère expiré, un vrai tambour-major.

Maintenant Rosambeau est déposé dans la vaste fosse où M. de Lamennais a voulu que sa gloire fût déposée, où nous irons tous, mes frères, si nous continuons à mépriser la cantate, la caisse d'Épargne, et les rentes sur l'État.

A Dieu ne plaise cependant que nous fassions plus de sentiment qu'il n'en faut faire, à propos d'un pauvre diable qui a vécu dans la joie, et qui est mort à l'instant même où il fallait mourir. Pourtant il n'est pas inutile de raconter ces étranges biographies ; elles portent avec elles de sérieux enseignements.

Avec ce grand mot : *l'art ! les artistes !* le théâtre ! le drame ! la poésie ! hélas ! combien sont morts, désespérés ! combien ont souffert ! Que d'abominables histoires ! Quels désespoirs, dans ces compagnies joyeuses de la pourpre et du jupon court !

Huit jours avant la mort du malheureux Rosambeau, un de ses amis, un chanteur nommé Ramel, pour un rien qui manque à sa voix, un *ut*, un *sol*, un *fa dièse*, des niaiseries, il entre aussitôt dans une implacable fureur ; il égorge ses enfants ; il assassine sa femme ; il frappe, il anéantit tout ce qui tombe sous sa main violente, et, lui-même, il se tue à son tour, en maudissant Dieu et les hommes, la terre et le ciel. Quelle histoire plus funeste et plus horrible, et faut-il donc que l'exercice assidu de cet art étrange soit exposé à ces tentations de l'enfer ?

Hier encore, une femme de vingt ans, madame Fage, après avoir chanté, sans succès, *la Juive* au théâtre d'Avignon, meurt de douleur, en arrivant à Marseille! — Enfin, ce pauvre malheureux Rosambeau, plein d'esprit, de gaieté, de bonne humeur, poëte, ingénieux, facile à vivre, charmant, — obligé, huit jours avant sa mort, d'emprunter... de quoi passer le pont des Arts!

Songez-y! vous tous qui venez affronter ces périls; ne vous laissez pas éblouir par les mensonges, par les vanités, par les triomphes de votre art; regardez, non pas en haut, mais en bas, non pas dans l'éclat, mais dans l'abîme..... à vos pieds; regardez; puis, à l'aspect de tant de travaux dont rien ne reste, de tant d'habits et de cœurs déchirés, demandez-vous si cela vaut le prix qu'on le paie?

Nous n'avons pas dit tous les amis de Rosambeau; il en avait un, qui n'était rien moins qu'un prince souverain, le prince absolu d'un charmant rocher de la Méditerranée, au moment où le Piémont s'arrête, où commence la Toscane. Il avait tant aimé le théâtre, ce maître et seigneur d'une principauté si charmante, qu'il avait fini par être le camarade et le disciple de son ami Rosambeau; ils avaient joué la tragédie ensemble à l'Ambigu-Comique, et le prince avait cédé la palme au comédien; seulement, en sa qualité de prince et de gentilhomme, il était sans rancune, et il resta, fidèlement, l'ami de son fidèle Rosambeau!

§ VI

Vous rappelez-vous le testament d'une espèce de Rosambeau allemand (l'Allemagne est, comme on sait, le pays des francs juges, et des franches justices) qui, se rendant justice à lui-même, se condamne à être écorché vif, à la façon de Marsyas? Écorché vif: le supplice est certes inusité dans cette nation sans peau, qu'on appelle la nation des comédiens. Je dis: *sans peau*, tant le moindre souffle est un supplice à ces irritables amours-propres! *Écorché vif!* rien n'est plus vrai, la chose est authentique, et voici le texte même de cet arrêt, d'un digne homme, plaidant contre sa propre peau:

« Je me connais, dit-il ; se bien connaître, on l'a dit, c'est le commencement de la sagesse, et, sachant le peu que je vaux, j'ai voulu laisser, après moi, un monument de mon passage sur cette terre ! Hélas ! nous autres comédiens, on nous flatte, on nous vante, on nous expose à la fumée enivrante de tous les encens, et c'est là ce qui nous rend absurdes, odieux, insupportables, ridicules. J'ai donc pensé que si l'on voyait, après tant d'apothéoses, un comédien écorché vif, des pieds à la tête, et sa viande exposée à tous les regards, le public, habitué à nous voir, la tête couronnée et le sceptre à la main, en manteau de pourpre et brodé d'or, finirait par se persuader que nous sommes tous mortels.

O mes frères, pardonnez-moi ce cruel enseignement que je vais vous donner, et dans lequel je laisserai ma peau, tout au moins ; mais rien ne me coûtera, si je puis vous rendre un peu sages ! Certes, j'aimais cette peau dont je vais me dépouiller ; pendant soixante-dix ans, j'en avais eu le plus grand soin ; je l'avais habituée à toutes sortes d'eaux virginales et conservatrices ; elle portait à merveille le rose et le blanc, comme on dit qu'un vin généreux porte l'eau du Rhin ; elle était un peu ridée, il est vrai, mais enfin c'était ma peau, et j'y tenais, comme on tient à un vieil ami. « Tu auras beau changer ta peau contre une peau, disait le proverbe arabe, tu n'auras jamais qu'une peau ! »

« Crois-moi, dit un autre sage, n'abandonne pas ton vieil ami ; tu en ferais un autre qui ne vaudrait pas celui-là. » Et puis, on a beau dire *faire peau neuve*, il me semble qu'on est toujours le même homme. A mon dernier voyage à Paris, j'ai rencontré sur nos théâtres, bien des peaux frottées, vernies et vernissées d'un éclat surnaturel ! A toutes ces peaux (en latin *pellex !* une peau !) les poëtes adressaient des madrigaux, les jeunes gens apportaient des bouquets ; les hommes faits se ruinaient à leur présenter des diamants et des perles. Mais le bouquet de celui-ci, le madrigal de celui-là, et même les diamants et les perles, ne parvenaient guère à rajeunir ces peaux tannées, ces peaux crevassées, ces peaux ridées, ces peaux fanées.....

Toutes ces peaux chargées d'oripeaux, de croix d'or, le collier au cou, l'anneau au doigt, le bracelet au bras, le rubis à la jarretière, la rose au côté, le jasmin sur le front, auraient changé, volontiers, leurs ornements et leurs parures, contre une année de moins! Faire peau neuve! Oh! le beau rêve, et si l'on faisait peau neuve, en effet, vous ne tâteriez pas si tôt

« De ma peau!

« Mais enfin j'y renonce, et je vous la donne, afin que vous jugiez, par vous-mêmes, du sac vide qui a pu contenir tant de rires et tant de larmes, tant de passions et tant de douleurs. Le vase imbibé d'une liqueur généreuse en garde longtemps l'odeur enivrante; il faut espérer que la peau de votre ami, le comédien, aura gardé le pli solennel que lui imposait, vivante, le jeu multiple et varié des rôles et des vices de l'espèce humaine! O mes amis! étudiez cette peau que je vous laisse, avec le soin que mérite un livre précieux, et vous reconnaîtrez, sans doute, à quelques plis du visage et du front, les émotions de mon cœur.

Autour de la lèvre aujourd'hui fermée, on verra le pli du rire; au milieu de ce front éteint comme un volcan, la pensée aura tracé son sillon; sur la tempe aride, où rien ne vient plus, vous verrez, sans doute, les restes fébriles de l'émotion intérieure, quand le sang afflue à la tête brûlante, et sur la joue, on verra la trace à demi effacée, et charmante encore, des baisers d'autrefois. Sur le crâne, où se dessine, en traces d'argent, une couronne impuissante, on verra les vallées et les montagnes, volcans soulevés par une âme brûlante, volcans éteints, reconnaissables, sous leurs broussailles, à un peu de cendre et de fumée! Allons! qu'on aille, et tout de suite, chercher un habile chirurgien, qui s'empare, délicatement, de cette humble dépouille! Allons! que de l'orteil au sourcil, cette chaude enveloppe soit arrachée, afin que rien ne manque à cette robe d'été, à cette robe d'hiver, à cette parure de mon jeune âge, à cette cuirasse de mon âge mûr, à ce linceul de ma jeunesse!

Allons! çà! que l'on m'écorche, il le faut, je le veux; j'ai mérité cette peine, et je l'accepte librement. Que de beaux vers j'ai écorchés moi-même, indignement écorchés! Que de chefs-d'œuvre j'ai jetés à la voirie, et que de poëmes aux vautours! Être écorché vif, le supplice est rude, on ne dit pas non! Mais qui donc a mérité ce supplice affreux, mieux que le comédien, insensible aux douleurs du poëte, abominable bourreau qui allonge ou décapite à plaisir une idée, un sentiment, une vengeance, une douleur! « Ah! ah! ma princesse, disait Hamlet, tu me déchires cette passion comme on déchire du vieux linge! » Hamlet avait raison, et il eût bien fait de déchirer et de déchiqueter la princesse, pour lui apprendre à respecter les œuvres du génie, à ne pas jouer avec le chef-d'œuvre, à ne pas opprimer le soleil du drame grelottant et de la comédie expirante!

« Ainsi, venez bourreaux, arrivez bouchers! Venez tous, les uns et les autres, disséquer un vieux comédien qui se repent, à l'heure suprême, de ses meurtres, de ses trahisons, de ses lâchetés, de ses délations, de ses égorgements contre les œuvres qui lui ont été confiées! Pardonnez-moi, ombres pantelantes des poésies nationales et des poésies étrangères! pardonnez-moi, fantômes sanglants! J'ai trop oublié, quand j'étais le héros du public, que je devais être l'esclave du poëte! J'ai trop oublié ce passage du critique où il est dit : « Comédiens, voilà des hommes de génie, « il faut leur être obéissants; suivez-les : ils parleront par votre « bouche, ils regarderont par vos yeux, ils se défendront par vos « bras; vous serez leur âme et vous serez leur cœur! » J'ai oublié ces justes indications, j'ai négligé tous mes devoirs; je n'ai pensé qu'à moi-même, et à l'effet que j'allais produire! A peine si je savais qu'il y eût un poëte au fond du rôle que je déclamais! Malheureux que je suis! Je me repens de mes trahisons! »

Donc, prenez ma peau, et que ce soit le châtiment de tous mes crimes! Prenez ma peau, et, toute chaude, qu'elle serve à faire un manchon à la comédie, un gilet au drame, une paire de gants au vaudeville! On m'a dit que Jean Zyska, lorsqu'il fut tué par les Hussites, voulut que de sa peau tendue on fît un tambour! Sur ce tambour on battait avec des os de mort en guise de baguettes, et le sombre roulement allait d'âme en âme, à travers l'armée ennemie! Ainsi je veux que de la peau du comédien Lessering on fasse une grande affiche expiatoire, où l'on verra briller le nom du poëte en lettres flamboyantes, pendant que le nom du comédien sera à peine imprimé en *mignonne!* A la fin donc on verra, grâce à ma peau, une affiche comme on n'en voit guère, une affiche où chacun, poëte et comédien, sera mis à la place qui lui revient!

« La voilà donc, se dira-t-on, cette peau délicate et ridicule qui fut si longtemps la sollicitude de ce bohémien! La voilà donc, cette fameuse réclame à l'usage des sociétaires du Théâtre-Français un jour de représentation à bénéfice! La voilà donc, cette dépouille gonflée où la grenouille s'enivrait de sa ressemblance avec la vache, au milieu des gras pâturages! Par ma peau! je voudrais être dans la peau de mademoiselle Brohan quand elle touchera sa peau de ma peau, et quand, dans la paume de ses mains, ma peau, légèrement froissée, sentira le contact de cette belle main. — Fi! l'horreur! Mademoiselle! et laissez cette guenille! Est-ce qu'on touche à ces loques? « *Item*, une peau de lézard empaillé, curiosité bonne à suspendre au plancher. »

« Que dites-vous? Vous dites que l'écorcheur est arrivé et qu'on n'attend plus que moi..... Me voici! Commencez lentement cette exécution agréable, et commencez par le commencement. Ah! les pieds! l'orteil! la jambe! et le talon de la peau tournée, avant d'arriver au jarret! Ah! les bras! la tête! ah! quelle incroyable douleur! Grâce et pitié pour ma peau!

« Bonté divine! j'étais si bien dans cet étui transparent où le bel âge se montrait en sa fleur! J'étais si bien quand je sentais, sur ma peau souriante, à la façon du flot ridé par le zéphyr, le souffle suave, le souffle divin de la beauté que j'aimais! « Le toucher, grands dieux! le toucher! » Ah! ma chère peau! ma chère amie et camarade! à quel point il faut que je t'aime, usée et coriace comme tu l'es, toi naguère la sensitive et la capricieuse, pour me décider à t'offrir en holocauste!

« O dieux! acceptez le don que je vous fais de ce que j'avais de plus précieux en ce bas monde! Jupiter sauveur, et vous, Grâces brillantes, déesses de courtoisie, et toi, divin Apollon, qui conduis le char aux rayons d'or, acceptez mon sacrifice! Hélas! hélas! voici que l'on m'arrache, en ce moment, le lambeau qui protégeait ma poitrine et qui me servait de rempart contre la faiblesse de mon cœur! Arrachez ce voile, et que l'on voie enfin, dans ma poitrine découverte, le secret de mes haines, de mes espérances, de mes amours! »

Ceci est écrit en allemand, en allemand brouillé de français, dans l'acte testamentaire du fameux comédien Jean-Frédéric Lessering, la gloire et l'orgueil du théâtre de Francfort-sur-le-Mein. On peut trouver que la sentence à laquelle il s'est soumis est un peu dure; au premier abord, la chose, en effet, paraît cruelle... on finit par trouver ce cruel châtiment assez doux, quand on songe que ce brave homme jouait la comédie il y a déjà trente-deux ans, et que depuis trente-deux ans il s'est abandonné sans contrôle à sa joie, à sa douleur, à son esprit, et cela en public, dans un lieu frais en été, chauffé en hiver, bien vêtu, bien nourri, et, par-dessus le marché, bien payé! Si bien qu'avant d'être l'écorché il a été l'écorcheur, avec maint congé, mainte représentation extraordinaire, mainte pension et mainte tabatière en rubis, à l'effigie adorée des bourgeois de Francfort, qui aimaient ce bonhomme funèbre comme la représentation de la grâce, de la gaieté et de la bonne humeur!

Cet homme, en effet, devait être assez gai, avec son ambition d'être écorché vif! Il n'avait peur ni de la corde, ni du poignard, ni de la coupe empoisonnée! Il se moquait de tous ces méchants petits supplices de *Rodogune,* de *Bajazet,* de *Tancrède;* il riait de ces méchants petits coups de poignard, de ces méchantes petites coupes de poison! Écorché vif! cette idée avait pour lui tous les charmes d'une ironie! Il se sentait content rien que d'y songer! Ça le ranimait, ça le ragaillardissait, ça le chatouillait... écorché vif! Il avait lu dans l'histoire de France l'histoire de ce boucher qui proposait à nos seigneurs du Parlement d'écorcher si proprement, si lestement et d'un couteau si câlin ce bon M. de Ravaillac, que c'est à peine si ce bon M. de Ravaillac s'en fût aperçu! Et la preuve que cet écorchement n'était qu'un divertissement quelque peu épicé, c'est que le Parlement n'en voulut pas entendre parler. Écorché si délicatement, si gentiment! écorché si proprement! Il n'était pas dégoûté, ce bon M. de Ravaillac!

Toutefois, si j'avais été le maître d'empêcher ce *dépouillement,* il me semble que je ne l'aurais pas empêché, et que ce brave Jean-Frédéric Lessering ne l'avait pas volé. —Songez donc qu'il avait joué les comédies de Molière..... en allemand! Songez qu'à soixante et seize ans il jouait encore le rôle de Mascarille dans *l'Étourdi! Vivat Mascarillus!* Jouer Molière, un écorché! Jouer Molière, un comédien lugubre à ce point! Partager l'étourderie et la grâce de la jeunesse passagère à l'âge où l'on ne songe qu'à se faire enterrer! Ma foi! quand cet homme serait écorché un *tout petit peu,* soyez sûrs que Molière ne s'en plaindrait pas!

Au contraire, il en ferait son profit, ce bon Molière. — Arrivez, arrivez ! dirait-il à M. Got, à M. Samson, à M. Provost, à mademoiselle Brohan, à mademoiselle Fix, à la brillante Madeleine, et même à mademoiselle Rachel, qui joue, en tapinois, le rôle de Célimène ; arrivez ! dirait-il encore à mademoiselle Nathalie, à mademoiselle Joassin, à mademoiselle Judith, à Régnier lui-même, à ce brave M. Monrose, à tous ses enfants plus ou moins légitimes, car ce Molière a fait bien des bâtards ; arrivez ! et voyez comme on traite mes ennemis à Francfort ! O maladroits ! qui abordez sans peur, *le Misanthrope, Tartufe, l'Avare* et *les Femmes savantes*, que ceci vous serve d'une leçon ! *Intelligite !* — *Erudimini !* Allons, çà, mes enfants ! pas de faiblesse humaine. Il faut que vous voyiez, de vos yeux, ce que deviennent les profanateurs de Francfort-sur-le-Mein, afin que ça vous apprenne à bien jouer les rôles de mes vieilles comédies ! — Et prenez garde à votre peau !

Quand ce brave Jean-Frédéric Lessering fut tout à fait dépouillé, et qu'on ne vit plus que le tuf de ce gai et jovial compagnon de Regnard, de Marivaux et de Dancourt, de M. Scribe et de M. Mazères, Jean-Frédéric Lessering se leva de son chevalet d'expiation, et, du même pas, sa peau sur le dos, il s'en fut offrir, le malheureux ! sa propre dépouille à la Société du Muséum de Francfort. Justement la Société du Muséum était réunie au grand complet, et M. le président répondit sur-le-champ à Jean-Frédéric Lessering, qui lui offrait sa peau, comme ferait un cordon-bleu d'une peau de lapin : — « Monsieur Frédéric Lessering, le *Muséum* sait très-bien que les petits cadeaux entretiennent les grandes amitiés, c'est pourquoi il accepte avec indulgence le présent que vous lui faites ; seulement vous aurez la bonté d'envoyer cette peau chez un bon tanneur, qui lui fera subir, à vos frais, toutes les préparations nécessaires, afin que ce rare et curieux spécimen de l'art dramatique soit tout à la fois souple et fort, deux qualités bien difficiles à réunir pour toutes les peaux de ce bas monde, mon cher monsieur Frédéric. » Content de ce petit discours, Jean-Frédéric Lessering s'en fut du même pas chez le tanneur, qui lui rapportera ce précieux dépôt dans une quinzaine de jours. Ce sera un beau jour quand viendra le tanneur chez Jean-Frédéric Lessering :

Et, sa peau dans ses mains, demandant son salaire!

Sur la proposition de M. le directeur du Théâtre-Français, interprète légitime, interprète intelligent des beaux-arts de ce pays-ci, une députation des plus aimables sociétaires et des plus jeunes pensionnaires de la Comédie s'est transportée à Francfort-sur-le-Mein pour réclamer du *Muséum*, qui n'en saura que faire, la peau de Jean-Frédéric Lessering. « Très-nobles seigneurs, dira le Théâtre-Français, cette peau est notre peau! Elle est mieux que notre peau, elle est notre exemple! Elle nous doit encourager à bien faire, en nous montrant à quels honneurs inespérés peut atteindre enfin l'art de la comédie! « A petit saint, petite offrande; à petit mercier, petit panier. » Ayez pitié, chers et bienveillants seigneurs, de l'état de l'art dramatique français! Il se meurt, il est mort, il a besoin d'un remède énergique :

> Hélas! nous manquons de chaleur;
> Le grand âge en nous l'a détruite :
> De ce brave Lessering appliquez-nous la peau
> Toute chaude et toute fumante;
> Le secret, dit-on, en est beau
> Pour la comédie expirante. »

A cette prière ainsi formulée il est impossible que le Muséum de Francfort ne soit pas touché de pitié, et ne prête pas, tout au moins, pour un demi-siècle, cette peau vivifiante à la Comédie-Française.

Erratum. — Tout ce que nous racontons là de Lessering écorché vif est parfaitement exact; seulement, pour citer exactement le texte du testament, il faut dire tout ce qui est écrit : — « Je désire, dit-il, être écorché vif, *après ma mort!* »

Cette histoire est un conte, et ce conte est un enseignement. Lessering, lorsqu'il donnait aux amateurs sa triste dépouille, il leur disait : Soyez cléments, soyez patients, soyez humains; un comédien, une comédienne, un artiste enfin, ne sont pas un tambour sur lequel des mains brutales frappent à volonté; une comédienne, une Rachel, une Malibran, une Adélaïde Ristori, n'est pas un clavecin obéissant aux pieds d'un manant qui abaisse ou soulève à son gré d'inertes pédales; ce n'est pas une trompette retentissante sous le souffle du premier venu; ce n'est pas une contre-basse qui ronfle à volonté sous l'archet d'un musicien des Quinze-Vingts; c'est un esprit, une âme, une intelligence, une flamme, un art, qui tient à mille causes imperceptibles : la vivacité de l'imagination, la délicatesse des nerfs, le génie et l'inspiration. C'est un art excellent, mais plein de caprices et de vanités. Cela tient au froid, à la pluie, au soleil; — un art plein d'accidents, de fantaisies; et tel est l'art, tel est l'artiste. Un rien l'abat, un rien le relève; un frisson le trouble, un bruit le réveille, un rayon l'excite; art étrange et sans définition, mélange excellent de pitié, de terreur, de fantaisies, de passions, de délire et de bon sens, de haine et d'amour.

Une fois lancée en cette arène ardente des passions de l'histoire et des ambitions de la vie humaine, aussitôt vous voyez la frêle comédienne tour à tour admirer, frissonner, pâlir, s'enfuir, prier, blasphémer, dédaigner, mépriser, s'exalter et s'abattre, et naître, agir, vivre ou mourir. — « A quoi donc êtes-vous bons, messieurs, sinon à mourir? » disait le prince de Condé à ses soldats qui hésitaient. On pourrait en dire autant au grand tragédien, à la grande tragédienne : A quoi es-tu bon, sinon à mourir avec gloire, avec décence, avec les transports et les pardons de la poésie? A quoi es-tu bon, sinon à nous faire admirer et partager les plus cruels délires, sinon à être injuste, cruel, à tout prendre, à tout perdre, à tout sauver, à tout ravager?

A quoi es-tu bon, sinon à nous réciter les tendres élégies de Racine, les tumultes romains de Corneille, les boucheries sublimes de Shakspeare? A quoi bon, sinon à pleurer, à te passionner, à cracher le sang pour nous plaire et pour nous divertir un instant? Tu veux du répit, malheureux! tu veux du repos; tu n'as plus de force, et tu n'a plus de courage et plus d'espérance! Eh! que nous importe? Il est sept heures du soir; déjà la foule attend son comédien; elle commande, il faut obéir : obéissez, Néron; Célimène, obéissez; obéis, Paillasse! On te paie, et gagne ta vie! Amuse-nous une heure, et demain, si tu es mort, un autre comédien viendra, qui prendra soudain ton rôle et ton habit, et vogue la galère! Un clou chasse un clou, un comédien chasse un comédien.

Enfin, il ne faut pas s'y tromper, rien n'amuse autant le parterre que de disséquer une gloire qui n'est plus. Il fouille avec rage au fond de ce mystère qui l'enchantait! Son infernal scalpel ne fait pas grâce à une seule fibre; il taille, il coupe, il cherche; il ouvre la veine, il brise le front, il pénètre au cœur. Il étudie avec soin le larynx : il veut savoir comment sortait cette voix si touchante. C'est si beau et si amusant de demander au cadavre les secrets de la vie, à la rose desséchée l'histoire de ses parfums; à la lyre brisée, les secrets de ses bruits sonores! C'est si charmant de dissiper, au choc des verres, dans la gaieté d'un souper, les impressions passagères que vous a imposées un grand artiste!

Malheureux donc serait l'artiste, malheureux seraient aussi le poëte, le comédien, le peintre, le sculpteur, le philosophe, l'homme vivant de sa pensée, la femme régnant par sa beauté, qui, sous les roses de leur couronne éphémère, ne sentiraient pas, à chaque instant, la pointe acérée du scalpel! On dit que les sauvages dévorent leurs parents devenus vieux; nous sommes pires que ces sauvages-là : à la plus légère lassitude, au moindre prétexte, aussitôt, les êtres qui nous ont le plus charmés, nous les écrasons sans pitié, n'eussent-ils que vingt ans. Pour peu qu'un cheveu tombe de ce front trop étroit, pour peu qu'une ride ait pointé sur ce front chargé de fleurs, soudain : Fi! la vieille! et fi! le vieillard! Donnez-nous quelque chose de plus nouveau.

Le comédien, la comédienne, hélas! je les plains, s'ils se mettent à trembler, à pleurer pour leur propre compte, et si, par malheur, ils viennent à se souvenir, un instant, qu'ils sont des hommes! C'en est fait, ils appartiennent au théâtre, absolument, complétement. Les douleurs du corps, les souffrances de l'âme leur sont tout à fait défendues. On ne leur pardonne pas d'avoir enterré leur père ce matin même; on leur en veut de leur poitrine brisée et de leurs affections anéanties.

Ah! parce que tu amusais la foule, que le peuple applaudissait à ta vue, et qu'on te jetait des couronnes, que les hommes s'attelaient à ton char, que les femmes, elles-mêmes, te pardonnaient ton génie et ta beauté, tu te figures que l'on va te laisser souffrir tout à l'aise! Non! non! Tu nous dois non-seulement ta santé, mais encore ta maladie. As-tu la fièvre : eh! tant mieux! ton regard en sera plus vif, ton jeu plus ardent.

Cependant ta poitrine cède à l'effort, la voix te manque : eh! tant mieux : la peine et l'effort ajouteront à l'autorité de ta parole. Ainsi, la douleur, la maladie, et les plus intimes tortures de ces âmes, faites pour le plaisir du public, ne sauraient toucher ces hommes avides et curieux d'émotions de tout genre. A l'heure accoutumée, il faut être absolument prêt à ce jeu terrible, ou bien : meurs aujourd'hui, misérable, on te disséquera demain!

Tel cet Anglais qui, depuis vingt ans, assistait aux tours de force d'un nommé Van Amburg, qui jouait un jeu à se faire dévorer par son tigre. Un seul jour l'Anglais manque à son poste, et ce fut, justement ce jour-là, que ce malheureux Van Amburg fut dévoré. « J'ai perdu ma journée, hélas! » disait l'Anglais.

§ VII

Des misères de la comédienne, et de la destinée horrible qui l'attend, maintenant que nous nous sommes promenés dans l'ossuaire de l'art dramatique, un exemple est là qui nous servira à raconter les efforts de l'art moderne, et cet exemple, il porte un des plus grands noms du théâtre, il a nom : madame Dorval!

Pauvre femme! et morte si vite, avant l'heure, en plein désespoir, à cause de l'ennui qui nous tue, et qui pèse honteusement sur tous les arts. Ame envolée! esprit évanoui! Tant d'éloquence et de passion, qui avaient été l'éloquence et la passion même de notre poétique jeunesse, on n'en peut tirer aujourd'hui qu'une leçon sévère, à l'usage des comédiennes à venir.

Madame Dorval, dans les souvenirs et dans les regrets de notre génération, vient tout de suite après mademoiselle Mars. Avant que parût madame Dorval, Mademoiselle Mars, calme et sereine, était restée, à nos yeux, dans une ombre un peu dédaigneuse, et derrière le rempart de chefs-d'œuvre qu'elle défendait de toute la grâce de son sourire et de toute l'intelligence de son regard. Mademoiselle Mars était, pour la génération de 1830, une reine, et cette reine, en prêtant sa grâce et son charme aux premières tentatives des poëtes nouveaux, gardait, à part soi, l'ancienne admiration, et, réservée, elle nous semblait manquer de foi dans les chefs-d'œuvre de l'avenir.

Madame Dorval, au contraire, elle, avait accepté comme un douaire la poésie et l'art des nouveaux venus ; elle était *nôtre*, elle était pour nous une amie, une camarade, un complice ! Elle était de la grande charbonnerie de M. Victor Hugo et de ses satellites ! Elle était la Sempronia de ce Catilina du drame, qu'on appelait Alexandre Dumas. Semblable à la femme de cet autre conspirateur, elle était la première à se plonger le poignard dans le cœur, et, l'arrachant de la plaie ouverte : — *Frappe-toi, disait-elle ; ça tue, et ça ne fait pas de mal !* C'était quelque chose de si animé, de si vivant, de si impétueux, de si imprévu, cette Dorval, qui s'abîmait avec tant d'abandon, tant d'énergie et tant de larmes violentes, dans les plus abondantes, les plus immenses et les plus incroyables douleurs!

Comment elle a commencé ? Elle a commencé comme on commence, au pied levé, par hasard ; elle a fini comme ont fini ceux qui, de bonne heure, ont dit le dernier mot de leur génie : elle a fini par hasard ! Elle est l'enfant d'une heure capricieuse, et plus féconde en bruits, en cris, en sanglots, en éclairs qu'en lumière, en durable splendeur ! Elle a été le résultat d'une enfance pauvre et d'une jeunesse vagabonde ; à peine elle a joui de son âge mûr triomphant ; et puis tout d'un coup, au penchant de l'abîme, elle est tombée, et la mort l'a prise ! Eh ! trop heureuse êtes-vous, ma pauvre et vaillante Dorval, de n'avoir pas assisté au déclin de vos rêves, et d'être partie en pleine espérance, au moment où la poésie est chancelante, où le jeu des passions est dépassé par l'aventure de chaque jour, où le dieu des divines et éclatantes images poétiques se voile la face, afin de ne pas voir tant de fantômes funestes, sortis des immenses vapeurs de l'ambition et de la perversité des ambitieux de bas étage !

Tu es morte, ô vaillante Sempronia ! Gloire à toi ! tu ne verras pas le savetier Centenius précédé de la hache et des faisceaux du licteur consulaire ! Tu es morte, au milieu des révoltes et des bruits de la foule triomphante, et tu n'assisteras pas au silence de la patrie en deuil ! O toi ! notre camarade, ô toi ! notre interprète ; ingénieuse et palpitante Dorval, qui savais porter tous les manteaux, qui savais parler tous les langages, la douleur même et l'amour en personne ! ô toi ! l'improvisation inépuisable et jeune ! Elle avait la tête d'une femme et le cœur d'un héros ! Quelle vie et quel labeur ! Que de batailles elle a livrées en faveur du grand Covenant littéraire ! On ne les compte pas, ces batailles qui tenaient le monde attentif, la poésie en suspens, la gloire française restant incertaine entre le passé et l'avenir !

Gloire à cette femme illustre ! et gloire et félicité ! Surtout gardons-nous de la plaindre; elle est morte au bon moment, à l'heure où se taisaient les poëtes, à l'heure où le grand poëte Victor Hugo partait pour son exil éternel. Elle avait tant vécu ! tant aimé ! tant souffert ! Jeune fille, elle s'était essayée aux déclamations niaises de Pelletier et de Valmerange, deux dramaturges de la même force. Elle jouait *Paméla* en 1818. *Paméla !* Elle était Mathilde au moment où M. Stocklet était Malek-Adel. Elle chantait des chansons de guerre et d'amour dans *les Pandours* de Gentil et de Désaugiers. Avant d'arriver à Marion Delorme, avant de représenter Adèle d'Hervey, dans *Antoni*, elle avait représenté mademoiselle Amélie, au seuil ronflant de *la Cabane de Moulinard*, une machine épique du fameux Victor Ducange. Elle a joué, en s'en moquant avec des rires, le rôle de Charlotte dans, la parodie abominable de *Werther*. Pothier était son Werther, et Dieu sait si elle était contente alors, et si elle s'imaginait qu'elle aurait nom, plus tard, la Thisbé ou Kitty-Bell ! Elle était pauvre; elle fut obstinément forcée au travail. Ainsi, pourvu qu'elle gagnât son pain noir de chaque jour, elle était contente.

Elle se croyait laide et sans talent; qui lui eût dit : *Je t'aime !* en ce temps-là, l'eût bien étonnée, en dépit de ses vingt ans. Elle était sans nom, sans fortune et sans orgueil ; les grands faiseurs de vaudeville et de mélodrame, l'acceptaient comme un pis-aller; les directeurs de théâtre en faisaient à peine une figurante ; on n'en voulait pas, on ne la regardait pas, on ne l'écoutait pas, et les *titis* du boulevard, race abjecte et maudite, entre la police correctionnelle et la cour d'assises, jetaient à cette infortunée un tas d'immondices, et jusqu'aux trognons des pommes qu'ils avaient dévorées de leurs dents pourries !

Mais quoi ! il fallait vivre, et, pour vivre, elle jouait, sans un regret, sans un remords, sans se douter des erreurs de sa vocation, tantôt *le Banc de sable*, un mélodrame de M. Merle, et tantôt *le*

Vampire, un des cauchemars de Charles Nodier lui-même. Aujourd'hui elle était Élodie, et le lendemain Malvina. Le peuple, hébété comme la comédienne, assistait stupide à ces fêtes ridicules ; on l'écoutait sans l'entendre, on la regardait sans la voir. Le premier cri qu'elle a poussé, ce fut un soir d'été, dans une salle vide : on jouait *le Lépreux de la vallée d'Aoste ;* mais ce grand cri, poussé dans le désert, ne trouva pas même un écho pour le redire.

Enfin, le 2 octobre 1822, un théâtre du boulevard avait fermé ses portes pour la *répétition générale* d'un mélodrame intitulé : *les Deux Forçats.* L'œuvre était si niaise, et la petite Dorval disait si mal un rôle idiot, que le théâtre abandonnait déjà cette humble nouveauté, et pensait à jouer autre chose. « Au fait, disait-on, la pièce *ira* bien huit jours (c'est l'argot du théâtre), et dans huit jours nous mettrons à la porte cette mauricaude ! »

Le lendemain (telle est la vanité de ces jugements précoces, de ces sages prévisions, et des habiletés de la coulisse), aux premiers mots que disait la petite Dorval, soudain le public, frappé d'étonnement, frémit, écoute et se passionne. Il admire! il applaudit! il crie! Il venait, tout simplement, d'enfanter la véritable comédienne (et la seule) qui pût mettre au jour les drames à venir. Désormais madame Dorval existait ! désormais M. Hugo, M. Alexandre Dumas et tous les autres pouvaient venir.

Quelle joie et quelle émeute à la suivre ! Elle était toute une révolution, surtout quand cette révolution dans l'art dramatique s'agrandit et se compléta par le génie et les efforts d'un nouveau venu (on ne sait d'où il venait) qui bientôt s'appellera Frédérick Lemaître. Amis! amis! vous vous rappelez ces merveilleux commencements d'une émotion dramatique dont la France se doutait à peine? En ce temps-là, nous n'avions pas dix-huit ans, et déjà le pressentiment des poésies nouvelles s'emparait de nos têtes bouclées. Le mélodrame, alors, régnait en maître et remplissait les théâtres subalternes, je dis le plus vulgaire et le plus niais mélodrame, en patois du faubourg du Temple, pendant que la tragédie était souveraine légitime au Théâtre-Français.

Or, entre ces deux déclamations si différentes, rien ne paraissait possible, et pas un prévoyant n'eût pensé qu'un mortel, quel qu'il fût, se rencontrerait, assez bête ou même assez hardi, pour échapper à l'école de M. Talma, ou à l'école de MM. Stocklet et Tautain. Ce fut donc une surprise étrange, une joie inattendue, et le triomphe éclatant de la plus véhémente inspiration, lorsqu'un beau soir, tout d'un coup, deux comédiens inconnus se mirent, en plein mélodrame, à parler la belle langue universelle, avec l'accent de tout le monde; à réciter cette prose ampoulée et redondante d'une façon simple et naturelle; à changer ce même drame, où l'on hurlait toujours, en simple comédie, en simple causerie.

Ainsi, à eux deux, ces deux comédiens bien inspirés firent une révolution complète dans l'art dramatique. Aussitôt chacun des spectateurs, habitués à tous les glapissements du mélodrame, à tout ce fracas des voix et des paroles, de s'entre-regarder avec étonnement, ému et charmé par tant de simplicité et tant de grâce. Ajoutez que Frédérick Lemaître était un beau jeune homme, bien taillé pour son art, vif, hardi, emporté, violent, superbe; ajoutez que madame Dorval avait, dans sa personne un peu voûtée, de quoi justifier les plus vives sympathies. — Elle était frêle, éplorée, humble et tremblante; elle pleurait à merveille; elle excellait à contenir les passions de son cœur; elle disait : *Tout beau, mon cœur!* Rien qu'à les voir, unis dans la même action dramatique, ces deux enfants trouvés d'un art qui va vieillissant sans cesse, et se transformant toujours, on devinait qu'ils étaient faits, celui-ci pour exprimer tous les emportements de l'âme humaine, et celle-là pour en dire les douces joies intimes et bienveillantes.

Certes, l'un et l'autre, ils faisaient un couple hardi, ingénieux et tout-puissant de comédiens; le premier, prêt à tout briser et magnifique en ses blasphèmes, en ses violences; la seconde, affable, humble, hardie, ingénieuse, et doucement éplorée. Il avait la force, elle avait la grâce; il avait la violence, elle avait le charme; il tenait du matamore et de la comédie ancienne, elle tenait de l'élégie et du bon père Lachaussée! Elle était aimable, il était terrible; elle pleurait si bien, il tuait les gens d'un geste, à la Shakspeare; quand Shakspeare immolait un bœuf, chez son père le boucher. Les deux beaux et poétiques comédiens! La foule, en même temps, les avait hués, conspués, reniés; la foule, et le même jour, les avait adoptés comme les vrais représentants, de sa pitié, de ses passions.

Qui pourrait dire en même temps à quel point Frédérick Lemaître et sa camarade madame Dorval étaient des comédiens populaires? Que de pensées terribles il soulevait dans l'auditoire autour de ses vengeances! Que de larmes elle faisait répandre à propos de ses douleurs! Comme il savait la tenir haletante et ployée humblement sous le feu sombre de son regard et sous son geste! Elle, cependant, comme elle savait l'arrêter dans ses violences, d'un mot, d'un geste ou d'un sourire plein de larmes! Ils étaient admirables tous les deux; ils étaient complets; ils se faisaient valoir l'un par l'autre. Or, nous avons vu plus d'une fois Talma et mademoiselle Mars jouer leur rôle dans le même drame; eh bien! entre Talma et mademoiselle Mars, ce n'était pas le même ensemble, ils étaient loin de s'entendre et de se prêter un mutuel appui, comme Frédérick Lemaître et madame Dorval. Talma, une fois en scène, tirait à lui seul, de toute sa force, tout l'intérêt, toute l'attention du parterre, et sans se gêner pour sa camarade, et sans trop s'inquiéter de son illustre voisinage; de son côté, mademoiselle Mars, qui ne cédait rien à personne, au voisinage, au contact de ce beau Talma, redoublait de grâce et de coquetterie, afin qu'elle parût, toute seule, à son tour.

Dans ce duel à armes très-loyales, mais très-peu courtoises, ni Talma, ni mademoiselle Mars n'ont jamais voulu s'avouer vaincus, lui par elle, elle par lui. Tout au rebours, nos deux admirables bohémiens de l'heure présente, une fois lâchés dans le drame, ils s'en emparaient de toutes leurs forces, par tous les excès de l'âme, de l'esprit et des sens. Ceci fait, peu importe à madame Dorval que ce soit Frédérick Lemaître qu'on applaudisse, et rien n'importe à Frédérick Lemaître, que ce soit madame Dorval; il ne s'agit pas d'être applaudis, chacun de son côté, il s'agit de produire ensemble, et tout à la fois, l'effet attendu. Il s'agit de donner la vie à tout un drame; il s'agit de réaliser toutes les passions et tous les rêves du parterre attentif; il s'agit, parbleu! que tout à l'heure quelque chose était là inerte, immobile, et muet, — un mélodrame, — et qu'à nous deux nous allons dire à ce cadavre étendu là : Lève-toi et marche! Et ceci fait, vous nous applaudirez, si vous voulez.

De cette réunion de deux talents si divers, et qui se complétaient si bien l'un par l'autre, il devait résulter des drames si vivement représentés, avec tant de verve et tant d'éclat, que le souvenir en est impérissable à ce point que l'on se souvient, chose incroyable! de la comédienne et du comédien, trente ans après que le drame oublié s'est enfoui dans les catacombes.

La Fiancée de Lammermoor, par exemple, où trouver une pièce plus oubliée, et des comédiens dont on se souvienne davantage? — Ils eurent donc le plus grand tort, elle et lui, de se séparer, et d'aller, chacun de son côté, dans une voie à part. Frédéric Lemaître avait toutes les qualités qui convenaient le mieux aux défauts de madame Dorval; pas une des inspirations de madame Dorval qui ne tournât en grâce et en éclat... aux absurdités de son camarade. Ils étaient le commentaire obligé, celle-ci de celui-là; et si puissante en résultats féconds était cette heureuse association, que jamais l'art dramatique n'avait rencontré sa pareille.

C'était la même âme en deux corps; ils étaient poussés par la même idée, et remplis des mêmes passions. C'était bien l'homme, et c'était la femme aussi, de tous les drames qui allaient venir. Évidemment, cette jeune femme avait été créée et mise au monde uniquement pour que ce jeune homme la pût aimer, haïr, adorer, torturer, assassiner, et — morte — pour qu'il la pleurât tout à son aise, en invoquant la terre et le ciel!

Ils s'étaient produits et révélés en même temps, elle et lui, le même jour, et l'un par l'autre; en même temps ils étaient devenus populaires; en même temps ils avaient trouvé leur tragédie et ils avaient dressé leur théâtre. Quel mauvais génie ou plutôt quel guignon les a donc séparés? Quelle main funeste a coupé en deux ce grand comédien, qu'on appelait Lemaître-Dorval? Ce qui prouve, en effet, qu'il y avait, entre ces deux intelligences, tout un drame, c'est qu'en se divisant, chacune de son côté, a gardé une grande valeur. Jugez donc, quand ces deux forces étaient réunies, quelle force dramatique, et quelle ressource incroyable pour le poëte c'était là!

Que voulez-vous? L'orgueil, la vanité, le caprice! Ils étaient deux comédiens, au bout du compte; ils ont voulu savoir ce qu'ils valaient, positivement, l'un sans l'autre; ils se sont imaginé qu'ils seraient, plus complétement, en possession de la faveur publique, aussitôt qu'ils iraient, chacun de son côté. « Chacun pour soi! » dans les arts et dans la politique, est un conseil funeste, une parole mauvaise. On n'est pas seul à réussir, surtout au théâtre ; il y faut le concours de tout le monde, et, tant pis pour qui voudra seul réussir, la tâche est horrible, abominable. Elle a poussé madame Dorval à jouer la *Phèdre* de Pradon ; elle a porté Frédérick Lemaître dans les sentiers fangeux de *Robert Macaire*, et, l'imprudent ! il devait pousser si loin l'enthousiasme et l'adoration pour ce héros fangeux, qu'il a fini par lui sacrifier sa renommée passée, sa gloire présente et son théâtre à venir.

Pour se prosterner plus à son aise aux pieds de son idole, Frédérick Lemaître transporta *Robert Macaire*, dans un petit théâtre des boulevards, et là il s'écria, devant la foule assemblée, qu'il n'y avait plus ni drame, ni mélodrame, ni tragédie, ni comédie en ce monde ; il n'y avait plus que *Robert Macaire !* — Il oublia qu'il avait créé *Ruy-Blas*, et il soutint que *Robert Macaire* remplaçait toutes choses, l'esprit, les larmes, la gaieté, le génie, en un mot, tout ce qui faisait la force et l'intérêt de l'action dramatique. Encore tout chauffé à la forge ardente de la grande poésie, il soutint au public de Paris, accouru dans son antre, au spectacle de son abjection, que *Robert Macaire* était tout le théâtre moderne. Il abandonnait, pour *Robert Macaire*, *Richard d'Arlington*, *le Joueur*, *le Sire de Ravenswood*, *Lucrèce Borgia*.

Les manteaux dans lesquels il s'était drapé, il les vendait à la friperie, afin d'ajouter, s'il était possible, un trou, une tache, un immondice aux habits de son féal et déguenillé Macaire. Ainsi cria Frédérick Lemaître, du haut de son petit théâtre ; il parodiait toutes choses, il se parodiait lui-même en personne, et le public battait des mains à l'esprit de cet homme qui reniait ainsi sa gloire passée ! Il a pourtant duré dix-huit mois, ce stupide enthousiasme, et c'est beaucoup, même pour un enthousiasme idiot qui s'adresse à des ruines. Après quoi, quand Frédérick Lemaître eut bien prouvé qu'il n'y avait plus d'autre héros que *Robert Macaire*, et quand M. Barba, le libraire, eut imprimé *son drame*, à sa barbe, et malgré lui, le public, qui prend toujours au sérieux l'art et les artistes, se trouva rassasié de cette parodie, et retourna aux comédiens qui avaient foi en leur art.

Voilà comment cette excellente plaisanterie de Frédérick contre lui-même, et sa révolte contre le drame, qui l'avait fait ce qu'il était, devait retomber sur sa tête coupable, et finir par un complet écrasement. De *Robert Macaire* (en dépit des plus grands efforts), Frédérick Lemaître ne s'est jamais relevé complétement; à cette heure encore, il est opprimé par ce bandit; il le voit en songe; il entend ses ricanements funestes; il assiste à ses différents supplices; il le voit au bagne, il l'accompagne à l'échafaud. C'est un cauchemar! En vain les poëtes qui ont besoin de comédien, pour leurs créations nouvelles, lui viennent annoncer parfois, que, définitivement, Robert Macaire est mort, qu'il est enterré, et qu'on ne verra plus même son ombre..... Hélas! non, Robert Macaire n'est pas mort; le bagne, la guillotine, la prison, la Cour d'assises et les gendarmes n'y peuvent rien; Macaire est immortel comme Gil Blas ou Sancho; Macaire est un type comme Falstaff, Polichinelle, Arlequin.

Si pourtant vous trouvez que nous sommes de grands misérables d'avoir été chercher notre héros-modèle au fond des bagnes, parmi les assassins et les voleurs, prenez-vous-en aux grâces séduisantes de Macaire. Macaire, c'est l'idéal du voleur civilisé, c'est l'escroc de la belle compagnie; il en a gardé l'odeur, le langage et les belles manières, en dépit de tous ses malheurs. Comme toutes les créations complètes dans le domaine de la philosophie ou de la charge, Macaire est double; il a son reflet, il a son ombre, il a son écho; son reflet qui le précède, son ombre qui le suit, son écho qui le répète. Bertrand est le double de Macaire, comme Sancho est le double de don Quichotte, comme Sganarelle est le double de don Juan, comme Laurent est le double de Tartufe. Bertrand, c'est le voleur de la canaille d'en bas, Macaire est le voleur de la canaille d'en haut. Macaire est philosophe et ne doute de rien, Bertrand est superstitieux et doute de tout; Macaire est matérialiste, et Bertrand croit aux revenants. Le supplice de Macaire, c'est de porter des haillons; le supplice de Bertrand, c'est de porter des menottes.

Or ne pensez pas que mon parallèle ait une fin; il ira, si je veux, aussi loin qu'un parallèle de Plutarque, et ce n'est pas, Dieu merci! le souffle qui me manque, et la parole, et la comparaison; Macaire et Bertrand..... les revoilà : Macaire est vaniteux, Bertrand est sensuel; Macaire serait volontiers le domestique de tout le monde, Bertrand ne sera jamais le domestique de personne, excepté celui de Macaire. L'un et l'autre ils ont été perdus par leur éducation : Macaire avait trop d'éducation et Bertrand en avait trop peu. Macaire a su quelque peu de latin, Bertrand ne connaît que deux lettres, sur les vingt-quatre lettres de l'alphabet, T F ; et voilà ce qui explique l'intérêt que nous avons porté, pendant vingt belles années, à ces deux hommes, si loin de nos mœurs apparentes et de nos habitudes de chaque jour. A eux deux, Robert Macaire et Bertrand, son camarade, représentaient une armée. Ils étaient complets l'un par l'autre, ils étaient nés le même jour, ils avaient été marqués et remarqués le même jour ; ils ont été les premiers brigands qui nous ont fait rire des deux seuls épouvantements qui eussent échappé à notre bonne humeur, le bagne et l'échafaud.

Aussi, quand Frédérick Lemaître eut annoncé, dans un méchant théâtre des boulevards, *la Suite de la vie de Robert Macaire*, ce fut une joie universelle. On allait donc le revoir tout à son aise, ce charmant héros, cet aimable bandit, cet homme qui était l'esprit du bagne et le sang-froid de la guillotine ; on allait donc assister, de nouveau, aux développements infinis de ce paradoxe inépuisable ! On allait donc le voir enfin dans la belle société parisienne, et nageant en pleine eau, ce Macaire qui avait dépensé tant de génie et tant d'audace pour obtenir un mauvais déjeuner sur une table de *l'Auberge des Adrets !* Aussi bien l'on est accouru, de toutes parts, pour le revoir. Et vraiment, le revoilà tour à tour homme d'affaires, homme d'argent, homme politique, homme à bonnes fortunes, et bientôt courbant la tête sous le joug salutaire du mariage, et toujours se riant de toutes choses et de lui-même ; puis, quand il est à bout de crimes, il se jette entre les mains des gendarmes, sa dernière ressource et sa dernière espérance. On sait l'effet de cette seconde apparition de *Robert Macaire*. Elle a tenu tout Paris, attentif pendant trois ans.

Robert Macaire eut, en effet, le succès qui attendait *la Fille de Marbre* et *la Dame aux Camélias,* vingt ans plus tard. Et de même que le monde s'est amusé jusqu'au délire de ces vices, de ces parures, de ces toilettes, de ces amours profanes, de ce linceul brodé par les fées... il a ri, comme un fou, de ces chaînes, de ces carcans, de ces bagnes, de ces échafauds, de ces lois insultées, de ce mépris public pour l'ordre, l'autorité, la puissance paternelle et l'autorité royale. Cela nous a tant amusés de tourner en dérision l'histoire, la croyance et les plus saintes lois, les vieux rois et les vieilles mœurs! A l'aide! à l'aide! au secours! disions-nous, réveillez-vous! Le drame a relevé sa manche et jusqu'au coude; il a trempé son bras dans le sang.

A l'aide! — Et voici qu'après avoir ôté la conscience du cœur de l'homme, on arrache aussi le bourreau de son échafaud. Voici qu'il n'y a plus de peine, ici-bas, pour les meurtriers, pour les faussaires, pour les voleurs. Bonnes gens, Dieu vous protége contre Robert Macaire, l'assassin civilisé, l'assassin qui sait lire et écrire, l'assassin aux belles manières, l'assassin qui a porté du velours et des manchettes, l'assassin jovial, homme d'esprit et de mœurs polies. Au secours! voici qu'on arrache enfin le crime au bagne, à l'échafaud, aux cachots obscurs, pour lui faire jouer un rôle brillant dans le monde, en plein jour!

Prenez garde à Robert Macaire! Il est l'élu de la foule; on l'aime, on l'admire, on l'applaudit, on le tutoie, on lui prêterait un couteau. Ses guenilles mêmes sont plus populaires que le vieil uniforme impérial, noble et glorieux haillon, que nous avons tant aimé, tant chanté. Prenez garde! Il est le héros de la populace et le dieu de la police. Il flatte incessamment tous les bas instincts de la foule; il divinise ce qu'elle divinise, il condamne ce qu'elle condamne; il l'habitue au meurtre comme à une action ordinaire de la vie; il fait de l'assassinat une affaire de commerce. Prenez garde à Robert Macaire, à Bertrand son camarade! Étrange et horrible alliance! Abominable société en commandite!

Peut-être pensez-vous que j'ai tout dit à propos de Robert Macaire et de Bertrand son camarade, et que cette fois désormais le parallèle est complet..... A peine ai-je essayé ce que j'avais à dire. Ainsi, dans ce personnage double, et dont chaque partie est inséparable de l'autre partie..... Écoutez-moi : Robert Macaire est la tête, Bertrand est le bras. Macaire c'est le conseil, Bertrand c'est l'action. Macaire parle, et Bertrand agit. Les terribles associés que c'étaient là! Rieurs et sanglants à la fois; voleurs de grands chemins et faiseurs de gais refrains; portant leurs guenilles avec autant d'aisance et de grâce que s'ils eussent été habillés à crédit par quelque tailleur du boulevard de Gand; dandys dans la forme, assassins dans le fond; braves comme on est brave au bagne;

éloquents comme des avocats de cour d'assises; actifs, paresseux, flâneurs, bons fils, fidèles à leur *parole d'honneur*.

Ils ont enivré cette foule de leurs faits et gestes. La foule, pendant trois ans, n'a pu se lasser de les voir, de les admirer, de les applaudir. Ils étaient au bagne, et la foule, au bagne, les a cherchés; ils marchaient à l'échafaud, la foule à l'échafaud les arrachait; ils assassinaient un homme autrefois, *ce bon monsieur Germeuil, qui avait des bas gris*, la foule a voulu leur faire assassiner dix hommes; ils mouraient dans *l'Auberge des Adrets*, la foule, et tel est son bon plaisir, les a fait revivre, et plus honorés, plus fêtés et plus applaudis que jamais. Et voilà comme, après *l'Auberge des Adrets*, est venu *Macaire*.

Bon cela! Mais au dernier acte de *Robert Macaire*, et quand enfin il faut en finir, la foule, insatiable autant que la reine Élisabeth, qui voulait toujours revoir sir John Falstaff, surnommé Jean Vin sucré, a voulu que Robert Macaire eût encore cette fois la vie sauve, et Robert Macaire est parti, dans un ballon, pour revenir bientôt sous mille autres formes. Il n'est pas mort! il ne mourra pas! Attenter à Robert Macaire! A ces causes, nous avons eu *la Fille de Robert Macaire*, *le Fils de Robert Macaire*, et *le Cousin de Robert Macaire*; enfin, toute la famille des Macaires y a passé. Cependant à chaque nouveau cri d'alarme, imprudents que vous étiez! vous vous retourniez vers nous, les critiques, en nous disant : — *Où est le mal?*

Le mal, le voici : le Robert Macaire a porté des fruits dignes de lui; il a pullulé comme ces animaux immondes dont on ne peut dire l'origine; le crime s'est fait élégant, il a pris de belles manières, il a mis une cravate de soie, il a mis des gants, il a porté un habit neuf. Autrefois, avant Robert Macaire, le vice était, d'ordinaire, tout souillé et tout fangeux; il faisait peur, rien qu'à le voir; aujourd'hui Robert Macaire est habillé comme les plus élégants; il prend un bain toutes les fois qu'il a une tache de sang sur ses habits ou sur sa personne, et *il va souvent aux bains*, comme il le dit lui-même. Autrefois le crime se cachait dans son repaire, il vivait avec le crime en attendant le dernier supplice; aujourd'hui le meurtre va dîner à vos côtés, à la même table que vous! — Après avoir mangé peut-être sur son assiette, vous irez (quelle horreur!) vous asseoir sur le même banc, au même spectacle, et rire du même rire, et vous applaudirez, de vos mains nettes, ce qu'il applaudit, de ses mains sanglantes! Lacenaire, au sortir du bain, s'est assis dans une stalle, au théâtre des Variétés, pour se délasser de son dernier assassinat.

Autrefois le crime était complétement illettré; il savait lire à peine et écrire son nom, et sa propre ignorance le livrait pieds et poings liés à la justice des hommes; aujourd'hui, le crime sait lire, et même il écrit si bien qu'il imite toutes les écritures, depuis celle de M. Martin (du Nord) jusqu'à celle de M. de Rothschild. Bien plus, le crime improvise en chantant de joyeuses chansons à boire, et parfois il touche à la chanson politique. Que disons-nous? le crime jette sa page d'opposition dans un journal, et le journal y est trompé, comme s'il était son public. Allons encore, et sur le banc des assises, le crime en habit noir va citer des vers d'Horace, le poëte épicurien. Robert Macaire a pourtant fait tous ces miracles! Macaire est le père de Lacenaire; à coup sûr aussi, Bertrand est le père d'Avril.

Même éducation chez celui-ci, même admiration chez celui-là; même sang-froid chez le criminel éclairé, même dévouement chez le criminel ignorant. Et quand enfin ces deux crimes jumeaux se séparent violemment, quand chacun des deux complices devient révélateur, quelle épouvantable lutte alors s'établit entre ces deux hommes, qui ne pensent plus qu'à se perdre l'un l'autre! Aussitôt, tout ce que Robert Macaire a d'esprit, il l'emploie à perdre Bertrand; tout ce que Bertrand a de courage, il l'emploie à perdre Macaire. Autrefois, le crime, bien moins civilisé, n'offrait pas l'aspect de ces horribles luttes et de cet horrible sang-froid. Le crime avait peur de la mort; le coupable ne livrait pas sa tête complaisamment et par une dérision funeste; au contraire, il se défendait de toute sa force; il tremblait, il reculait devant la mort, donnant ainsi, par son effroi même, un exemple salutaire aux criminels à venir.

Mais aujourd'hui qu'à force de mélodrames vous avez ôté son terrible prestige, même à la peine de mort; aujourd'hui qu'à force de nous faire toucher le bourreau, de nos mains, vous avez fait un comédien comme un autre de cet homme ensanglanté dont le nom seul faisait dresser les cheveux, il y a cent ans; aujourd'hui que les criminels de la barrière Saint-Jacques dansent sur l'échafaud, à l'exemple des criminels des théâtres du boulevard ; aujourd'hui que Macaire et Bertrand, dans leur élégance et dans leur crime, dans leur cynisme et dans leurs belles manières, deviennent des réalités funestes ; aujourd'hui que la société française a contemplé Lacenaire et son complice, en véritables héros de mélodrame qui jouent un rôle plein de gaieté et de terreur ; aujourd'hui que les hauts faits de ces deux bandits remplacent chez nous, pendant trois jours, toutes les questions de politique, d'art et de goût (vivre sur ces crimes pendant trois jours!) ; en un mot, quand vous les avez vus tous les deux, en chair et en os, sur le banc des assises, sanglants et lavés aux bains Turcs, se vantant de leurs chansons à boire et de leurs coups de carrelet, goguenards et méprisants jusqu'à la fin, et ne pensant qu'à plaire au public, à bien parler, et quand on leur a dit : *Vous allez mourir!* inquiets seulement de l'effet nouveau qu'ils vont produire..... et toujours ainsi jusqu'à la fin des Robert Macaire et des Bertrand, demanderez-vous encore quel mal affreux, incontestable, et quelle hideuse perversité vos héros dramatiques ont produits?

Ne jouez pas avec le théâtre des peuples, non plus qu'avec ses lois. En bonne morale publique, le théâtre est bien plus que la loi. La loi ne s'impose qu'à la raison des hommes : « La loi, disait Platon, est un conseil plein de menaces ; ». le théâtre parle à toutes les passions des hommes, en les flattant.

Avant d'aller plus loin, et de suivre Frédérick Lemaître, en tant et tant de combinaisons dramatiques, nous devons dire un mot d'un sien camarade appelé Serres, qui le secondait à merveille, et qui fut longtemps son *alter ego*. Serres était, à coup sûr, un comédien, un très-intelligent comédien ; son ironie était incisive, sa gaieté était triste ; il était goguenard et ricaneur ; même dans son sourire il y avait de l'amertume ; il avait le grand mérite d'être aussi loin du bouffon de vaudeville que du niais de mélodrame. Il tenait de Bouffé, il tenait de Vernet, il tenait au véritable côté de la nature humaine. Il s'était attaché, corps et âme, à Frédéric Lemaître, dans ses beaux jours, et il ne le quittait pas plus que son ombre. Il marchait dans son sillon ; il riait de ses saillies ; il partageait ses haines, ses colères et ses amours ; il était la charge vivante et sérieuse de ce héros de carrefour ; il renvoyait, avec le plus admirable sang-froid, à son géant de partner, toutes ces vives et admirables saillies, qui ne faisaient que gagner à être ballottées ainsi de l'un à l'autre comédien.

Serres était, sans contredit, le premier des personnages secondaires, et je ne crois pas que de nos jours, on en trouve un mieux disposé que lui à recevoir toutes les impressions de son chef de file. Dans cette création ignoble autant qu'admirable de Robert Macaire, Serres a complété Robert Macaire, en créant le rôle de Bertrand; il a été le véritable Sancho de ce don Quichotte du bagne, et les plus habiles connaisseurs ne savent pas encore s'ils doivent donner la palme à Frédérick Lemaître ou à son digne camarade. Je crois cependant qu'en ceci Frédérick Lemaître est le premier : il a donné l'impulsion à son écuyer de grand chemin; il a vu, le premier, ce qu'on pouvait faire avec cette *risible* histoire de l'assassinat et du guet-apens; il a montré à Bertrand la voie et le but de Macaire. Eh! c'est grand dommage aussi que ces deux comédiens se soient séparés, car ils étaient inséparables. Serres appartenait à Frédérick Lemaître par droit de conquête; il était son fils adoptif; il était son confident-né; il ne vivait que de ses inspirations. Ce fut aussi malheureux de séparer Serres de Frédérick, que de séparer Frédérick de madame Dorval. Le même art les avait réunis, elle et lui, la même passion, le même drame, le même talent, et, réunis, ils formaient un faisceau que rien n'eût pu rompre.

On ne saura jamais combien ce vagabondage est funeste; il ruine à la fois le drame, le poëte et le comédien.

§ VIII

Ce fut par une profonde et sincère pitié pour ce comédien qui s'était fourvoyé dans ces haillons, dans ces trous et dans ces taches, et comme il voulait le réhabiliter dans la croyance et dans l'estime des nations, que M. Victor Hugo créa, pour Frédérick Lemaître, un rôle en livrée, en souquenille, un rôle de laquais, le magnifique rôle de Ruy-Blas, « un ver amoureux d'une étoile. » On frémit encore au souvenir de Frédérick Le-

LITTÉRATURE DRAMATIQUE.

maître en ce quatrième acte, égal à ce que M. Victor Hugo a rencontré de plus magnifique; on frémit, à cette parole irritée, irrévocable :

Je crois que vous venez d'insulter votre reine !

Et cependant prêtons l'oreille à ces beaux vers que Frédérick Lemaître disait à merveille à ce peuple épouvanté :

(Les membres du conseil privé sont rassemblés dans la *salle du gouvernement;* ils se partagent, dans une scène animée, les restes de l'empire de Charles-Quint. La dispute s'échauffe. Chacun veut dévorer quelque part de cette riche proie. Au milieu de la querelle, Ruy-Blas, devenu duc d'Olmédo et premier ministre, apparaît tout à coup.)

RUY-BLAS, *survenant.*

Bon appétit, Messieurs !

(*Tous se retournent. Silence de surprise et d'inquiétude. Ruy Blas se couvre, croise les bras, et poursuit en les regardant en face.*)

O ministres intègres !
Conseillers vertueux ! voilà votre façon
De servir, serviteurs qui pillez la maison !
Donc vous n'avez pas honte et vous choisissez l'heure,
L'heure sombre où l'Espagne agonisante pleure !
Donc vous n'avez ici pas d'autres intérêts
Que d'emplir votre poche et vous enfuir après !
Soyez flétris, devant votre pays qui tombe,
Fossoyeurs qui venez le voler dans sa tombe !
— Mais voyez, regardez, ayez quelque pudeur !
L'Espagne et sa vertu, l'Espagne et sa grandeur,
Tout s'en va. — Nous avons, depuis Philippe quatre,
Perdu le Portugal, le Brésil, sans combattre ;
En Alsace Brisach, Steinfort en Luxembourg ;
Et toute la Comté jusqu'au dernier faubourg ;
Le Roussillon, Ormuz, Goa, cinq mille lieues
De côte, et Fernambouc, et les montagnes Bleues !
Mais voyez ! — Du ponant jusques à l'orient,
L'Europe, qui vous hait, vous regarde en riant.
Comme si votre roi n'était plus qu'un fantôme,
La Hollande et l'Anglais partagent ce royaume ;
Rome vous trompe ; il faut ne risquer qu'à demi
Une armée en Piémont, quoique pays ami ;
La Savoie et son duc sont pleins de précipices ;

La France, pour vous prendre, attend des jours propices.
L'Autriche aussi vous guette. — Et l'infant bavarois
Se meurt, vous le savez. — Quant à vos vice-rois,
Médina, fou d'amour, emplit Naples d'esclandres;
Vaudémont vend Milan, Leganez perd les Flandres.
Quel remède à cela ? — L'État est indigent,
L'État est épuisé de troupes et d'argent.
Nous avons sur la mer, où Dieu met ses colères,
Perdu trois cents vaisseaux, sans compter les galères,
Et vous osez !... — Messieurs, en vingt ans, songez-y !
Le peuple, — j'en ai fait le compte et c'est ainsi, —
Portant sa charge énorme et sous laquelle il ploie,
Pour vous, pour vos plaisirs, pour vos filles de joie,
Le peuple misérable, et qu'on pressure encor,
A sué quatre cent trente millions d'or!
Et ce n'est pas assez, et vous voulez, mes maîtres !... —
Ah! j'ai honte pour vous! — Au dedans, routiers, reîtres
Vont battant le pays et brûlant la moisson.
L'escopette est braquée au coin de tout buisson.
Comme si c'était peu de la guerre des princes,
Guerre entre les couvents, guerre entre les provinces,
Tous voulant dévorer leur voisin éperdu,
Morsures d'affamés sur un vaisseau perdu!
Notre église en ruine est pleine de couleuvres;
L'herbe y croît. Quant aux grands, des aïeux, mais pas d'œuvres.
Tout se fait par intrigue et rien par loyauté.
L'Espagne est un égout où vient l'impureté
De toute nation. — Tout seigneur à ses gages
A cent coupe-jarrets qui parlent cent langages.
Génois, Sardes, Flamands, Babel est dans Madrid.
L'alguazil, dur au pauvre, au riche s'attendrit.
La nuit, on assassine et chacun crie : A l'aide!
— Hier on m'a volé, moi, près du pont de Tolède! —
La moitié de Madrid pille l'autre moitié;
Tous les juges vendus, pas un soldat payé.
Anciens vainqueurs du monde, Espagnols que nous sommes,
Quelle armée avons-nous? A peine six mille hommes,
Qui vont pieds nus; des gueux, des juifs, des montagnards,
S'habillant d'une loque et s'armant de poignards.
Aussi d'un régiment toute bande se double.
Sitôt que la nuit tombe, il est une heure trouble
Où le soldat douteux se transforme en larron.
Matalobos a plus de troupes qu'un baron.
Un voleur fait, chez lui, la guerre au roi d'Espagne.
Hélas! les paysans, qui sont dans la campagne,
Insultent en passant la voiture du roi :
Et lui, votre seigneur, plein de deuil et d'effroi,

Seul, dans l'Escurial, avec les morts qu'il foule,
Courbe son front pensif sur qui l'empire croule !
— Voilà ! — L'Europe, hélas ! écrase du talon
Ce pays, qui fut pourpre, et n'est plus que haillon !
L'État s'est ruiné dans ce siècle funeste,
Et vous vous disputez à qui prendra le reste !
Ce grand peuple espagnol, aux membres énervés,
Qui s'est couché dans l'ombre, et sur qui vous vivez,
Expire dans cet antre où son sort se termine,
Triste comme un lion mangé par la vermine !
— Charles-Quint ! dans ces temps de trouble et de terreurs,
Que fais-tu dans ta tombe, ô puissant empereur !
Oh ! lève-toi ! viens voir ! — Les bons font place aux pires !
Ce royaume effrayant, fait d'un amas d'empires,
Penche... Il nous faut ton bras ! Au secours, Charles-Quint !
Car l'Espagne pâlit ! car l'Espagne s'éteint !
Ton globe, qui brillait dans ta droite profonde,
Soleil éblouissant, qui faisait croire au monde
Que le jour désormais se levait à Madrid,
Maintenant, astre mort, dans l'ombre s'amoindrit,
Lune aux trois quarts rongée et qui décroît encore,
Et que d'un autre peuple effacera l'aurore !
Hélas ! ton héritage est en proie aux vendeurs.
Tes rayons, ils en font des piastres ! Tes splendeurs,
On les souille ! — O géant ! se peut-il que tu dormes ?
Ton nom meurt, et voilà qu'un tas de nains difformes,
Sur ta dépouille auguste accroupis sans effroi,
Se taillent des pourpoints dans ton manteau de roi !

Certes, c'est magnifique ; et la généreuse indignation d'une grande âme, à l'aspect des misères de tout un peuple, n'a jamais été plus éloquente..... Eh bien ! si profonde était l'habitude, enracinée à ce point était la passion du fameux comédien pour son ami Robert Macaire, et l'instinct qui le poussait, le poussait si victorieusement dans les haillons, que, dans *Ruy-Blas*, Frédérick Lemaître ne vit pas, tout d'abord, le côté poétique. Il ne vit dans *Ruy-Blas* que la fantaisie en manteau troué, et le caprice en dentelles fanées, l'épée hors du fourreau, la plume au vent, la bouteille à vider, et *la bourse ou la vie !* Il ne vit que cela tout d'abord ; c'était son penchant, c'était son paradoxe, et qui lui en ferait un reproche, irait contre la justice. Il était fait pour l'excès, il était l'excès en personne, et le *rien de trop* n'avait pas été inventé pour cette créature à part.

Au demeurant, même en ses plus grands excès, cet homme a su se contenir et ne pas dépasser les bornes. Il était un très-fin, très-habile et très-ingénieux comédien, et le père, le grand-père, le fils et le petit-fils de ses œuvres. Il est né comédien, il a fait sa propre comédie. Il a compris, tout d'abord, la valeur de la prose dans le drame, et le pouvoir de la passion qui va tout droit son chemin. Il a remplacé, par la verve et l'inspiration de l'heure présente, l'étude et la réflexion qui lui manquaient. C'est à lui (tant le peuple avait la passion de le voir longtemps s'agiter, même dans le vide) que nous devons ces fameux drames qui duraient cinq heures, et qui embrassaient, dans leurs infinies combinaisons, sans cesse renaissantes, tous les besoins et tous les paradoxes du cœur humain.

C'est Frédérick Lemaître, à l'exemple de Kean l'Anglais, qui, le premier, a désennobli l'art dramatique, et qui l'a fait descendre de cinq coudées. Quand il a eu faim, il a dit : *J'ai faim!* comme le dirait un homme qui n'a pas mangé de huit jours. Quand il a eu soif, il a dit : *J'ai soif!* et il nous a montré un admirable ivrogne. L'avez-vous vu dans *le Joueur*, se livrant sans frein et sans entraves aux ignobles et stupides emportements de la maison de jeu, brisant sur le tapis vert le fatal râteau? L'avez-vous vu, dans *Richard d'Arlington*, passant son contrat de vente avec le ministre qui l'achète, et vendant sa conscience et son vote avec une merveilleuse facilité qui épouvantait même son parterre, ce parterre accoutumé au spectacle de tous les brigandages? L'avez-vous vu dans *la Tour de Nesle*, à côté de mademoiselle Georges, éclairant, lui de son génie, elle de son intelligence et de sa beauté, ce funeste entassement de scènes horribles et d'actions atroces? L'avez-vous vu dans *la Fiancée de Lammermoor*, comme il était courbé sous la fatalité et sous l'amour du sire de Ravenswood?

L'avez-vous vu dans *le Jardinier de Valence*, amoureux d'une grande dame forcée de l'aimer en dépit de ses aïeux? Moi, je l'ai vu dans tous ses rôles, et je le dis, non sans fierté, j'ai été un des premiers à l'applaudir.

Tous les reproches qu'on lui faisait ne m'empêchaient pas de l'admirer de toute mon âme. Il était vulgaire, il est vrai, mais il était inspiré. Il arrivait sur la scène sans savoir ce qu'il allait dire, mais il le trouvait presque toujours. Il avait les façons d'un homme du peuple, il en avait l'énergie, et la force, et l'ironie. Il portait la tête d'un gentilhomme dégénéré, mais il en avait la beauté et les grâces naturelles. C'était un comédien toujours prêt, toujours animé ; aussi disposé à tous les ricanements de l'âme qu'à la passion sérieuse ; aussi prêt à bien faire dans un mélodrame du dernier ordre que dans une composition sévère. Il convenait à M. de Pixérécourt, il convenait à Victor Hugo, ces deux extrêmes. Et vous rappelez-vous encore ce qu'il avait fait du *Faust* de Goëthe, qu'on lui avait dépecé, exprès pour lui ? Et vous rappelez-vous ce rôle de Gennaro, dans *Lucrèce Borgia*, et comme il criait ce mot terrible : *Ah! vous êtes ma tante!*

Et c'était un homme qui portait avec la même aisance le costume du moyen âge et l'habit noir de notre époque, la bure et le velours, le bonnet de laine et le chapeau à plumes, l'habit brodé du marquis et les haillons du mendiant. Ce qu'il a fait du haillon est vraiment incroyable ; on peut dire, sans se tromper, qu'il en est l'inventeur, et que les guenilles dramatiques ne datent que de lui. Mais aussi les suprêmes guenilles ! Et quel habit du maréchal de Richelieu, sur les épaules de Fleury ou de Molé, fut jamais aussi vrai, que les guenilles du Joueur, sur le dos voûté de notre comédien ? Quel chapeau sans fond, comme l'ironie de cet homme ! Quelle veste aux trous superbes ! Quelle misère infinie ! On vous avait montré des broderies au naturel, voici maintenant des trous et des souillures au naturel. On parle encore des misères du théâtre grec et du roi OEdipe, couvert de sang et de fange, et partant pour l'exil ; la misère du Joueur est encore une plus grande misère. Quant aux guenilles de Robert Macaire, j'entends du premier Robert Macaire, c'est là, à mon sens, le chef-d'œuvre d'un comédien plein de verve et d'un comédien tout-puissant. Quelle tâche, en effet, de nous faire rire aux éclats avec un scélérat tout troué, et dont chaque trou s'est élargi aux verrous du cachot, aux fers du bagne, ou dans un vol de grand chemin ! Quoi que nous puissions dire et penser de Robert Macaire, Robert Macaire est presque un chef-d'œuvre, égal à la création de Figaro lui-même. Certes, c'est un grand malheur ; mais qu'y faire ? Enfin c'est un fait !

Quant à l'invincible passion que Frédérick Lemaître éprouvait pour le haillon, revenons, s'il vous plaît, à *Ruy-Blas*. Sans doute vous vous rappelez, dans *Ruy-Blas*, au quatrième acte, ce grand bruit qui se fait dans la cheminée, et cet homme effaré, essoufflé, décoiffé, avec une expression joyeuse et inquiète, — don César de Bazan, pour tout dire :

> Quel tumulte partout en voyant cette bombe,
> Ce grand nom oublié qui tout à coup retombe,
> Don César de Bazan! Oui, Messieurs, s'il vous plaît,
> Personne n'y pensait, personne n'en parlait.
> Il n'était donc pas mort? Il vit, Messieurs, Mesdames!
> Les hommes diront : *Diable!* — *Oui-dà!* diront les femmes.
> Doux bruit qui vous reçoit rentrant dans vos foyers,
> Mêlé de l'aboiement de trois cents créanciers.
> Quel beau rôle à jouer!

Un si beau rôle, en effet, que, le jour même où M. Hugo lut aux comédiens son drame de *Ruy-Blas*, Frédérick Lemaître, émerveillé, attend le poëte à la sortie du théâtre. — Ah! disait-il, voilà un rôle! Les belles guenilles que je vais porter! — Quelles guenilles? disait M. Victor Hugo. — Don César de Bazan! disait l'artiste. — Mais, malheureux! il ne s'agit pas de don César; c'est le rôle de Ruy-Blas que je vous donne! — Frédérick Lemaître baissa la tête et prit son parti. Il a été admirable dans ce rôle pathétique de *Ruy-Blas*, mais j'imagine qu'il ne s'était pas consolé du rôle bouffon et trivial. Il aime à cumuler dans le domaine des passions; s'il a des larmes dans le regard, il a de la gaieté dans le sourire; il est disposé à recevoir toutes les empreintes élégantes et brutales; il se vautre dans la charge avec une joie immense, et dans la douleur avec frénésie. Il a le double instinct de la borne et du palais, du trône et du carrefour; surtout il aime à se vautrer par les fanges, à se *mascarer* le nez, dirait Rabelais; il hante, et de préférence, les cabarets et les tavernes; il recherche les vieux pourpoints fanés, les broderies flétries, les chapeaux lavés par la pluie; l'usé, le rapiécé, le déchiqueté, le déchiré, ça lui plaît, ça l'amuse, il en est heureux. Cet homme a la gaieté des grands acteurs. Et si tu es gai, mon fils, tu es le roi du monde!

> Quoi! ce bohémien? ce galeux? ce bandit?
> Ce Zafari? ce gueux? ce va-nu-pieds? — Tout juste!

Or, Frédérick Lemaître le savait bien, et il me semble que je le vois d'ici, qui s'en va, les mains dans ses poches, se disant à lui-même, pendant six ans :

> Je suis le vrai César! le seul César! — le comte
> De Garofo......

En effet, il a été, il est devenu, il est le vrai don César; il peut chopiner tout à l'aise! On a fait pour lui un *Don César de Bazan* en prose; ainsi il a été tout à son aise César le tapageur et le boute-en-train, don Garofo, le bon coutumier du boire et du fourboire :

> Coiffé jusqu'au sourcil... d'un vieux feutre fané,
> Où pend tragiquement un plumeau consterné,
> La rapière à l'échine et la toque à l'épaule.

On ne le voit pas encore, on l'entend, quand il a mis le feu *aux quatre coins de son bien* et que tout flambe; il n'a plus rien de feu son bien, pas même la cendre et la fumée; il ne connaît plus comme étant de son apanage que le cliquetis du dé qui roule, le bruit du bouchon qui saute, le juron qui s'élance, et, plus rapide encore que le bouchon, l'abandon, le sans-gêne et la verve étincelante du cabaret :

> Du cabaret qui chante au coin d'un carrefour!

Aussi bien, quand il sort de ce beau lieu de délices, don César est affreusement ivre; il chancelle, il succombe, il est tout à fait dans l'esprit de son rôle :

> Fais, par ta contenance, honneur à la boisson.

Quant à la morale, il la sait par cœur cette morale : cueillir la jeunesse et moissonner le plaisir,

> ..... C'est le devoir du chrétien et du sage.

Bref, il est admirable; et, pour commencer, il commence par une bonne action. Un petit page, un chérubin d'arquebuse, s'en vient supplier don César de le prendre en pitié; le page a mérité le fouet, et don César jure sur son épée que le jeune homme n'a rien à craindre. Ce qu'il a dit, il le soutient au capitaine Raphaël :

> Quand je tiens un bon duel, je ne le lâche pas.

Et pour prouver à Raphaël que lui, don César, il a dit vrai, don César tue le capitaine. — *Ton maître n'avait pas la vie dure*, dit-il au page : *J'ai tué cet oison.* Ce qui n'étonne pas don César, fidèle à la devise que voici :

> .... Je me résous, ma foi,
> A ne pas m'étonner.

En effet, la résolution est bonne et sage ; car s'il fallait s'étonner, don César aurait affaire. Par exemple, le voilà qui est arrêté au nom du roi d'Espagne, S. M. Charles II. César s'est battu malgré l'édit du prince, il sera fusillé ; il s'est battu durant la semaine sainte, il sera pendu. Pauvre homme ! Il n'a plus à vivre que deux petites heures :

> A la bonne heure !
> L'aventure était bonne, elle devient meilleure.

Les choses en sont à ce point, quand don César voit entrer dans sa prison le premier ministre de toutes les Espagnes, don José. Ce don José, c'est tout à fait le don Salluste de *Ruy-Blas*, vêtu de noir, la Toison-d'Or au cou, épée à grande coquille, velours à grands retroussis. — Don José, tout comme don Salluste, est amoureux de la reine d'Espagne ; il la veut, il l'aura, par tous les moyens ; il veut se faire, lui aussi, sa petite fortune particulière dans la grande infortune du roi d'Espagne, et il taille en plein drap. Mon Dieu ! rien n'est plus simple : le roi d'Espagne, ce féroce ennuyé, s'est épris d'une chanteuse des rues, nommée *la Maritana*. Charles II court après la Maritana comme un amant timide ; la voir de loin, la contempler en cachette, jeter dans son escarcelle, de temps à autre, un quadruple d'or, cela suffit au roi ; ça ne suffit pas au ministre.

Le ministre veut débaucher le roi et déshonorer la reine ; c'est pourquoi il s'adresse à ce brave César. Mais don José, pour cette honteuse complicité, compte un peu trop sur César de Bazan.

J'en aurai bon compte, se dit le ministre : un gentilhomme aventurier, spadassin, bohémien, oublié de tous, hormis de ses créanciers? Oui, mais don José oublie en ce moment le reste du portrait : « une intelligente nature, riant de tout, souillé au dehors, sain au dedans, et n'ayant plus, du gentilhomme, que son honneur qu'il garde, son nom qu'il cache, et son épée qu'il montre. » Telle est la préface de *Ruy-Blas*, d'où il suit que l'auteur en prose de *Don César de Bazan* a pris à M. Hugo son personnage comique, et que Frédérick Lemaître lui a pris sa préface. L'un et l'autre ils ont bien fait ; à un plus riche ils ne pouvaient pas emprunter.

Pour ne pas démentir cet échantillon de la noblesse de 1695, à l'heure où se couche au sein des ténèbres le soleil de la maison d'Autriche, don César, voyant approcher la mort, redouble d'esprit, de raillerie et de sans-gêne. Maintenant son désir unique est de mourir en gentilhomme, fusillé et non pas pendu, bien rempli et non pas à jeun, bien vêtu et non pas en guenille :

> Ce manteau me paraît plus décent que le mien ;

Et ce disant, il change de manteau. — En même temps, *il change ses vieux souliers contre une magnifique paire de bottines à canons de dentelles*. — Puis il demande à dîner, un bon dîner, et le coup de l'étrier :

> Le bon vin..... c'est une œuvre admirable
> De ce fameux poëte appelé le soleil !
> Xérès-des-Chevaliers n'a rien de plus vermeil !

En récompense de tous ces bienfaits, que lui demande don José ? Moins que rien ! Il s'agit, tout simplement, d'épouser une femme inconnue, voilée, et que don César n'aura pas même la peine d'entrevoir. — Une fois marié, on le fusille, et tout sera dit. — Tope là, dit César. Et monsieur se marie au pied levé, un vrai mariage à la croix de l'épée. A peine a-t-il mené à l'autel cette dame inconnue, soudain vous entendez un feu de file et... patatras ! *Requiescat in pace*.

Ça n'est pas plus difficile que cela.

Il est vrai, mais aussi nous sommes dans la semaine des *surprises*. — Au troisième acte, don César de Bazan n'est pas si fusillé qu'on le pouvait croire; il a sauvé ce joli petit page au premier acte; en revanche, le petit page a chargé à poudre ces redoutables arquebuses. Vive Dieu! Don José nous croyait perdu à fond de cuve, et nous nous montrons plus fringant que jamais.

Bonté du ciel! que la vie est belle, que l'amour est chose heureuse, et que le vin est bon! Don José, cependant, est en train de donner une belle fête à la femme, à *la veuve* de don César et au roi d'Espagne. Maritana, qui n'a pas vu le visage de son mari, tremble quelque peu devant le roi Charles; mais enfin elle va prendre son parti, comme le doit toute honnête femme qui sait ce qu'elle doit de déférence au roi son maître, quand arrive don César, pour gêner tous les mouvements de don José.

DON JOSÉ.

Don César!

DON CÉSAR, *croisant les bras, avec un grand éclat de rire.*

Vous tramez quelque histoire incroyable!
Mais je dérange tout, pas vrai, dans ce moment?
Je viens au beau milieu m'épater lourdement.

DON JOSÉ, *à part.*

Tout est perdu!

DON CÉSAR, *riant.*

Depuis toute la matinée,
Je patauge à travers vos toiles d'araignée;
Aucun de vos projets ne doit être debout;
Je m'y vautre au hasard, je vous démolis tout.....
C'est très-réjouissant!

Et, véritablement, ce troisième acte est encore une bonne affaire; le caprice et la fantaisie s'en donnent à cœur joie. Don César *tire l'échelle* à merveille, mais, l'échelle tirée, ça se gâte un peu; ça se gâte beaucoup, car notre aventurier, poussé par l'amour, redevient un gentilhomme. Le peu délicat amoureux *de bonnets à six sous,*

Avec de gros cheveux ébouriffés dessous,

devient, tout à coup, épris de la plus chaste et de la plus sincère passion pour dona Maritana sa femme. A dater du quatrième acte, ce n'est plus don César que nous avons sous les yeux ; on nous l'aura changé dans quelque cabaret ; c'est un gentilhomme de la Vieille-Castille. d'une timidité à toute épreuve, d'un dévouement chevaleresque qui touche à la naïveté. Non, ce n'est plus le don César qui s'écriait avec tant de joie :

> On m'a volé ma plume et j'ai perdu mes gants.

Au contraire, sa plume à son chapeau flotte..... il a retrouvé ses gants, et, par le ciel ! il n'est pas disposé à perdre sa femme.

> J'aimerais mieux encore, et je le dis à vous,
> Être pauvre qu'avare, et cocu que jaloux ;

voilà comment il parlait encore au troisième acte du *Ruy-Blas* de M. Victor Hugo ; aujourd'hui il parle en vile prose, et vous ne reconnaîtriez pas ce sans-gêne :

> ...... Monsieur prend depuis un quart d'heure
> L'air d'un mari qui hurle ou d'un tigre qui pleure.

Adieu les amusantes basteleries ! Adieu au pauvre chevalier, encalifourchonné sur son aigrelette misère ! Don César, qui sait, à n'en pas douter, le guet-apens de don José, et que sa *femme* était destinée à croquer le roi, ne veut pas tremper le moins du monde dans cette croquade, ou du moins se promet-il que le roi n'y mordra que d'une dent. Alors nous voilà initiés, bien malgré nous, je vous jure, dans les mystères, dans les maisons sombres et terribles :

> Maison mystérieuse et propre aux tragédies,
> Portes closes, volets barrés, un vrai cachot.
> Dans ce charmant logis on entre par en haut !

Dans ce nouveau guet-apens, le roi d'Espagne y tombe tout à trac ; alors voilà don César qui dit son fait à cet innocent Charles II : qu'il a tort de courir sur les brisées de don César de Bazan, et que don José, son ministre, pendant ce temps, court sur les brisées du roi, dans les bosquets d'Aranjuez ; et ceci, et cela ; sans compter que cet homme, ou plutôt cette ombre, je parle de Charles II, n'est pas sans inquiétude de se voir entre les mains de ce chenapan dans une chapelle déserte :

Cabinet sans issue, où tout est clos aussi.

A la fin, quand il voit que le roi son maître est bien repentant et surtout bien malheureux de savoir la reine (dona Maria de Neubourg, reine d'Espagne, vertu qui a résisté à l'ennui) tête à tête avec don José, don César de Bazan se jette aux pieds du roi, et il le rassure en lui disant — qu'il a tué don José ! — Tranquille du côté de la reine, le roi Charles II pardonne à don César d'avoir donné ce croc-en-jambe à ses amours ; don César emmène sa femme à cent lieues de Madrid, dans son gouvernement de Grenade.

Il n'y avait rien de plus sot que ces deux derniers actes du *Don César* en prose, ils appartenaient en propre aux deux auteurs en prose : il n'y avait rien de plus joli que les trois premiers actes de ce mélodrame en prose : ils étaient copiés sur le drame en vers de M. Victor Hugo.

Et pensez donc si cette composition faite à l'image de *Robert Macaire*, en dehors du drame, uniquement comme une parade, à la façon de Shakspeare, lorsqu'il introduit un clown entre le troisième et le quatrième acte d'*Hamlet*, fut une fête, une gloire, une indescriptible occasion pour Frédérick Lemaître de se rouler dans ce pêle-mêle de prince et de gueux, de rufien et de marquis.

C'est, à proprement dire, l'histoire exacte d'une illustre comédienne. Elle avait passé une longue soirée à la cour d'une reine qui est, sans nul doute, la plus grande reine du monde, au milieu de ce que la toute-puissance a de plus magnifique et de plus superbe. En ce logis de Zénobie, reine de Palmyre, la dame avait été entourée, accablée des prévenances les plus exquises ; elle n'avait parlé qu'à des princes ; elle s'était assise à côté des plus grandes et des plus belles dames du monde. Enfin, l'heure de la retraite a sonné, et la dame, heureuse, accourt en toute hâte au milieu de sa famille qui l'attendait. Il était tard ; l'appartement de l'auberge était à peine éclairé d'une lampe fumeuse ; un petit feu de veuve fumait à ce foyer domestique ; un pot vulgaire annonçait, par sa complainte funèbre, un repas médiocre ; enfin, tout était sombre et médiocre en ce logis inerte et sans grâce.

— Ah! dit la dame, en se jetant sur une chaise de paille, ah! Dieu du ciel! qu'il est bon de s'encanailler un peu !

J'insiste, et puisque don Frédérick Lemaître eut l'honneur d'être un des comédiens de M. Victor Hugo, de M. Alexandre Dumas, de toute la présente génération, puisque son nom se rattache à tout ce qu'il y a dans l'art dramatique de plus élégant et de plus fangeux, prenons dans la vie et dans le travail de ce merveilleux comédien les deux points extrêmes de son art et de son talent, l'apothéose et le tréteau. Frédérick Lemaître a représenté tour à tour *Kean* et *Paillasse*, et c'est justement dans ces deux extrémités qu'il faudra le rechercher plus tard, quand on le voudra tout entier.

Kean et Frédérick Lemaître, il y a vingt ans, se confondaient l'un dans l'autre, et qui disait celui-là, pour nous disait celui-ci. M. Alexandre Dumas avait raconté, avec sa violence et son esprit de tous les jours, cette existence de maître d'armes et de bateleur, d'ivrogne et de Lovelace, d'enfant gâté par le succès, et d'homme corrompu par tous les vices. Il était vraiment tout cela, le grand Kean : un homme énergique et tout rempli des passions les plus opposées; habile au pleurer, heureux au sourire; allant à son but par tous les chemins, d'un seul bond comme un tigre, à pas comptés comme un chat. Il possédait, au plus haut degré, ce ricanement qu'il allait introduire en notre déclamation, et qui devint, à la longue, insupportable. A l'heure où l'Angleterre nous envoya son plus illustre et son meilleur comédien, Kean n'était déjà plus qu'une intelligence obscurcie et vouée à l'ivresse, un abruti du cabaret, un reste d'âme, un peu de cendre où brillait de temps à autre une étincelle de Shakspeare :

> ...... Incedo per ignes
> Suppositos cineri doloso.

Eh bien! de cet ivrogne on a fait chez nous un grand homme, et nous autres, dont les pères avaient applaudi Lekain, nous qui avions salué Talma, nous voilà acceptant la glorification de ce héros difforme, âgé et pris de vin. Quelle révolution soudaine, inattendue, au milieu de tant de révolutions, dans cet art que nous vous racontons avec tant de zèle, et qui pouvait penser que, si vite et si complétement, nous nous prosternerions devant ces dieux inconnus?

Pour nous, avant cette contre-partie incroyable de la conquête des Normands, la tragédie était une belle personne, éclatante de toutes les beautés, de toutes les grâces même surnaturelles, qui portait la pourpre et la couronne, et non pas encore une fille de la halle, qui se vautre en même temps dans le ruisseau et dans la douleur. Talma, notre héros, nous avait habitués à tous les nobles transports, à toutes les nobles passions; il nous était apparu dans toute la pompe romaine; son beau regard, son geste royal, sa voix qui sonnait comme l'or, ce beau col entouré de dentelles; tout ce héros qui traînait à sa suite les passions tendres et terribles; ce grand artiste, tout entier à son art, auquel il avait sacrifié tous les plaisirs, toutes les amours, toutes les joies du monde; ce dévoué du public qui s'enfermait dans sa maison dès la veille, quand il devait jouer le lendemain, Talma, le voilà remplacé par cet homme contrefait, par cet Anglais sans voix, sans gestes, sans regard, sans sourire, par cet ivrogne d'outre-mer, qui venait murmurer *Shakspeare!* Où donc étiez-vous, Talma?

Talma était mort! La tragédie était morte avec lui, morte avant lui! L'art nouveau protégeait Kean, ce brutal et ce mécréant, ivre à la fois d'eau-de-vie et de vin de Champagne. L'art nouveau protégeait de toutes ses complaisances ce tragédien bouffon qui devait être un enseignement, et nous montrait le fameux Kean dans le troisième ciel des duchesses, des héros et des rois de 'Angleterre. Au premier acte de ce délire, on voyait une fille patricienne qui soudain renonçait à son monde, à ses pompes, à ses vanités et à ses œuvres, pour suivre à son bel aise le fameux Kean. Elle touchait à la pairie, elle renonçait à la pairie, et montait sur le théâtre, où Kean était un Dieu. — « *Vous êtes mon Christ*, lui disait-elle, oui, mon Christ! » — Elle lui disait encore : « Parlez, je vous écoute, *comme si c'était Dieu qui me parlait.* » Tout cela à cet homme qui, tout à l'heure encore, était étendu ivre-mort!

Alors Kean, répondant comme on l'interrogeait, disait à la jeune héroïne, en lui dévoilant toutes les douleurs du métier:

— *Êtes-vous prête, Miss, à vendre votre amour pour parer*

votre corps ? — *La soie et le velours, les diamants coûtent bien cher !* Autre inconvénient de la profession : miss Damby n'a pas pensé *aux journalistes.* Oh! oh! les journalistes! Miss Damby, prenez garde ! « le journaliste est un vautour ! » Pauvres colombes de théâtre, éloignez le vautour !

Je ne sais pas si la chose se passe ainsi en Angleterre, si le vautour vole, en effet, après la colombe, et si, pour voler de ses propres ailes, la colombe doit passer sous la griffe du vautour ; mais ce que je sais fort bien, c'est qu'à Paris il n'y a ni colombes ni vautours. Aujourd'hui la critique, grâce à sa sœur la politique, est devenue une puissance qui marche l'égale de toutes les autres. Les noms les plus honorables, les plus dévoués, les plus illustres se rencontrent dans cette noble foule d'esprits, dévoués à la critique contemporaine, à l'abri de tout soupçon, comme de tout reproche. Otez la critique, il n'y a ni théâtre, ni comédien ; la critique est la reine des ces gloires éphémères, de ces inventions puériles, de ces imaginations perverties ; elle n'a qu'à retirer elle-même son appui tout-puissant, que deviendront le théâtre et ses froids déclamateurs ?

Quoi qu'il en soit, Kean reconduit, chez sa tante, miss Anna Damby, sans ôter la moindre plume à l'aile de cette blanche colombe.

Bientôt des pigeonniers de Drury-Lane ou de Covent-Garden, Kean retombait à la taverne. Il n'était jamais (nous dit-on) plus noble et plus glorieux, plus voisin du trône ou du quatrième ciel qu'à la table, ou *sous* la table d'un cabaret. Aux jours les plus rares de sa fortune, quand il recevait chez lui, la ville et la cour, minuit venu, il avait coutume de disparaître ; alors, par une longue file de rues infectes, il se rendait *à sa taverne,* traîné par ses beaux chevaux, et suivi de ses laquais dorés.

C'est donc au milieu de la plus épaisse fumée de tabac, et de la plus nauséabonde vapeur de la bière, au milieu de l'argot des voleurs, des débauchés et des joueurs de profession, que le *grand* Kean passait les heures les plus douces de sa vie. Il était reçu comme un roi, par ces joyeux compères en habits râpés, en vieux chapeaux ; fronts enluminés, trognes menaçantes, véritables *loups,* féroces et avinés de l'argot anglais. Dans sa taverne, Kean boit du vin de Champagne, et se bat à coups de poing, contre un boxeur de profession ; cela va le mieux du monde. Malheureusement l'homme s'en va bientôt, faisant place au héros. Or, Kean se posant en héros, est le plus insupportable des hommes, et le plus sot des comédiens.

En effet, miss Anna Damby a été sur le point d'être enlevée par lord Melvil. Kean, hors de lui-même à cette nouvelle, arrête le lord au passage, et l'appelle en duel. Le lord ne veut pas se battre avec Kean, et celui-ci, furieux, traite ce noble et lâche descendant de Guillaume-le-Conquérant, comme on ne traiterait pas le dernier des arlequins, ou des paillasses de carrefour.

Ces sortes de violences étaient comptées, et pour beaucoup, il y a trente ans, dans les enquêtes de la canonisation des comédiens ; il fallait que le comédien fût absurde et mal élevé pour être un grand homme, et jamais on n'avait mis en plus grand oubli la vieille maxime : — *Qui veut trop prouver, ne prouve rien.*

A la fin, nous sortons de la taverne, et des bouteilles vides et pleines. Nous voici dans la loge étroite où le grand Kean change de visage, de perruque et d'habit. Kean arrive, et très-malheureux. Il a souscrit, dans un moment de générosité imprudente, une lettre de change de mille livres sterling. La lettre de change est protestée, et le grand artiste ne comprend pas un protêt « parlant de sa personne, à sa personne. » Et voyez la tyrannie, on veut que Kean, le grand Kean, paye (à vue encore !) ses lettres de change ! Le génie est-il descendu à de si bas détails ?

Cependant s'ouvre la porte secrète : c'est madame la comtesse de Kœfeld qui a été, elle-même, *au bureau de location*. Elle arrive essoufflée... Elle donne à Kean, son portrait, et elle l'accable de tendresse. Tout à coup on frappe à la porte : — Qui va là ? — C'est le prince de Galles et le comte de Kœfeld qui viennent rendre visite à M. Kean ! Or il faut ouvrir au prince de Galles, car déjà Sa Seigneurie a été congédiée, une première fois, assez lestement, par M. Kean. A peine la comtesse a-t-elle le temps de se sauver, non sans oublier son éventail, enrichi de diamants. Cet éventail est trouvé par le mari Kœfeld, qui s'en va en disant au prince : — *Vous savez le numéro de ma loge ?*

Alors commençait, entre le prince de Galles et l'acteur Kean, un incroyable dialogue, un dialogue en public, je ne dis pas de comédien à prince du sang royal, mais de prince royal à sujet.

Kean supplie, avec toutes sortes d'instances, le prince royal de ne plus faire la cour à madame la comtesse de Kœfeld. — *Il lui laisse, à ce prix, c'est heureux! toutes les femmes de l'Angleterre.* Le prince de Galles dit alors à Kean : — *Avouez que vous êtes son amant, et j'y renonce.* Eh bien ! Kean répond mal à tant de complaisance, et mordieus! il ne veut rien *avouer*. Le prince, en ce moment, s'en va, et le régisseur vient avertir le comédien, que le public attend et s'impatiente. A la fin Kean s'habille ; mais en mettant sa perruque, il déclame, à outrance, contre les malheurs de sa condition. Ce sont de grands malheurs, en effet ! Gagner plus d'argent que trois ministres d'État, à déclamer, deux fois par semaine, les chefs-d'œuvre de Shakspeare! Je vous demande où est le malheur?

Mais, dira-t-on : le génie ? Eh ! mon Dieu ! le génie a ses charges aussi bien que la médiocrité. Nous avions, à Paris, un homme de génie, un génie, habile à sauver les désespérés, qui s'appelait Dupuytren, et qui passait toutes les nuits hors de son lit pour aller au secours de ses malades. Dupuytren ne déclamait pas contre sa profession. Nous avons eu des soldats de génie qui se battaient avec deux jambes de bois, et qui trouvaient leur profession, la plus belle du monde. On a vu des poëtes de génie qui ont écrit leurs chefs-d'œuvre, celui-ci en prison, celui-là dans l'exil, cet autre à l'hôpital, et qui étaient heureux et fiers d'être des poëtes! Kean n'avait certes pas plus de génie et plus de talent que Dante, et pourtant il se plaint, bien plus haut que le proscrit de Vérone. Or ça, voilà-t-il pas un beau thème à faire une tragédie : *M. Kaen, rival du prince de Galles, forcé de jouer, pour la centième fois, le rôle de Roméo!* Voilà qui va, tout d'un coup, de pair avec les malheurs de Mithridate vaincu, d'Iphigénie immolée, d'Œdipe parricide et tout sanglant! Les malheurs de M. Kaen font pâlir les malheurs d'Oreste! L'apothéose de M. Kean dépassera, de bien loin, le panégyrique de Trajan :

Sicilides Musæ, paulo majora canamus.

Mais, chose au delà même de l'incroyable ! En ce moment le grand Kean se décide enfin, à jouer son rôle. Il entre enfin, sur le théâtre, ou plutôt sur le balcon de Juliette. Il fait nuit; vous savez tous ce touchant dialogue de Juliette avec son Roméo : *Non, ce n'est pas le jour ! — C'est le jour ! — C'est le rossignol ! — C'est l'alouette matinale !* charmant refrain de passion et d'amour que chantent les deux amants, fatigués de bonheur.

D'abord Kean joue à merveille ; on écoute, on respire à peine, et, — tout à coup, — voyez-vous dans cette loge, à l'avant-scène, S. A. R. le prince de Galles et madame la comtesse de Kœfeld ?..... Ils assistent au spectacle, et même on dirait qu'ils sont venus, le prince et la comtesse, en cette loge exposée à tous les regards, uniquement pour se faire insulter par le grand Kean. Si vous saviez, en ce moment, de quelles insultes publiques le comédien a couvert le prince royal, l'héritier présomptif de la couronne d'Angleterre ! Heureusement que las de vociférer, le grand Kean tombait évanoui ; alors le régisseur venait dire au public : « Mylords et Messieurs, la gloire de l'Angleterre, le grand Kean, vient d'être saisi d'un accès de folie. »

En effet, c'est ainsi que Kean devait finir, c'est ainsi qu'il a fini. Ce malheureux qui avait commencé par être un comédien ambulant, un paillasse en plein vent, un Roscius de carrefour, un pauvre maître d'armes au cachet, avait été surpris, tout d'un coup, par la réputation et par *la gloire*... il en était resté ébloui et confondu. Jamais cet esprit naturellement faible, et fastueux, n'avait pu se remettre d'une atteinte si chaude. Être aujourd'hui inconnu, et le lendemain célèbre ! Passer de la plus profonde misère, à la plus grande fortune ; d'une vie abjecte, à une vie splendide ; sortir du néant, et de quel néant ?... le néant d'un bateleur ! pour faire une révolution au théâtre ; enfin, révéler, le premier, au peuple anglais, et tels que les avaient rêvés Shakspeare, ces héros furieux, tendres ou terribles : Shylock, Richard III, Othello, Macbeth, Roméo ; être applaudi, à l'égal d'un roi, après avoir été au-dessous même du sifflet ! Il y avait, en effet, de quoi tourner une tête plus forte. Il faut dire aussi que Kean porta les tristes fruits de sa mauvaise éducation. En rejetant la misère, il en garda les vices. Il fut abject et corrompu, plus qu'il n'est permis à aucun homme de talent. Il fut le compagnon de tout ce que Londres avait de plus vil et de plus infâme.

Il s'abrutit, à la façon d'un vrai sauvage. Enfin, il se perdit de dettes et de débauches. Sa maison était à la fois un mauvais lieu, une taverne, une ménagerie, où se jouaient, pêle-mêle, les lions et les courtisanes.

L'orgueil le perdit, après le vin. Il voulut parodier lord Byron, et il succomba à cette tâche horrible. Ainsi Byron lui-même, était mort à la peine, en parodiant Bonaparte. Il ne sut et il ne put résister, ce pauvre Kean, à aucune contagion, à la contagion de la misère, à celle de la fortune. — Forcé de quitter l'Angleterre, il traîna, en Amérique, les restes, encore énergiques mais impuissants, d'un talent qui s'affaiblissait de jour en jour.

A son retour, il voulut remonter sur le théâtre; c'était dans une pièce de M. Grattan, fils de l'orateur irlandais, intitulé *Ben Nazir*. Kean avait passablement joué les deux premiers actes. Le troisième acte commençait par un dialogue moitié sérieux, moitié bouffon, *dont il était sûr*, disait-il. Tout à coup il hésite, il s'arrête, il pousse des gémissements affreux, pendant vingt minutes..... il était fou..... il était mort!.....

§ IX

A tout prendre, il n'y a pas de gloire assez haute, et pas de fortune assez rare, qui ne soient trop chèrement payées, au prix de ce dernier acte de la vie humaine, et si le choix était donné à quelque homme sage, entre l'apothéose du grand Kean, et les humbles joies du comédien ambulant, le sage, à coup sûr, accepterait, volontiers, l'oripeau, la batte, et le tréteau. Fi du sceptre, et fi de la couronne, qu'il faut acheter par l'abrutissement que le théâtre apporte, inévitablement, aux infortunés qui ne savent pas se retirer une heure, avant l'heure où tout s'arrête.

Il était donc très-joli, très-mignon, très-pathétique et touchant dans ce rôle de Paillasse, Frédérick Lemaître, et ce rôle allait à merveille à son habitude, à son talent. Paillasse et Frédérick Lemaître! Accouplement heureux! La borne et l'extrême élégance! la vie errante et la poésie en plein vagabondage; le hasard du saltimbanque, représenté par ce comédien à part qui, de l'abîme des plus vils haillons, et du fond même de la hotte du chiffonnier, pleine de fange et d'immondices, s'est élevé au niveau des poëtes les mieux inspirés, et des poésies les plus illustres! Ruy-Blas et Méphistophélès! Gœthe et M. Victor Hugo! On va donc le revoir, dans sa plus fameuse bataille, cet homme étrange qui peut tomber, tomber encore, et tomber toujours, et quand il lui plaît de vivre, et de se poser, debout, sur ses pieds d'airain, et de parler de sa voix virile, on le salue, on le reconnaît, on l'arrache avec mille transports, de cette tombe où gisent toutes les cloches fêlées que le monde oublie, à mesure qu'elles ont donné leur dernier son. *Perit memoria eorum, cum sonitu!*

A l'heure où commence la restauration des rois de France, une famille d'émigrés, la famille des sires de Montbazon, reparaît dans le Midi, et ces seigneurs du vieux monde cherchent en vain, dans le village qui porte encore leur nom féodal, la terre, le château, les vassaux, le main-mortable!..... Il n'y a plus rien du passé! La terre est vendue, et déchirée en mille parcelles, et qui voudrait toucher à un seul de ces quarts d'arpents, accomplirait une révolution, plus grande que celle de 1814, tout entier! Quant au château, le château est tombé sous le marteau! L'écusson est tombé sous la hache! Il faut absolument que les Montbazon en prennent leur parti : *Pas de terre sans seigneur,* disait-on, autrefois; *pas de seigneur sans la terre,* est le dicton d'aujourd'hui.

Pendant que cette famille abandonnée se cherche elle-même dans *ces champs où fut Troie,* arrive, précédé de toute la banque et banquise des saltimbanques, Paillasse, que traîne son cheval Mouton, sur le tombereau vermoulu de Thespis. A ce bruit de fifres et de tambours, à cette aubade immense, à cette blague éloquente de l'artiste en plein vent, accourent, empressés, les anciens vassaux de monseigneur. C'est Paillasse! Il est le maître du monde! Il a vu passer Bonaparte! Il verra passer la maison de Bourbon! Il a pour lui, l'enthousiasme, la verve, la folie et l'impudence, ses gardes-du-corps! Cette entrée de Paillasse, sous les traits de Frédérick, était tout un poëme, le vrai poëme, éternellement nouveau, de l'imprévu!

Vous avez lu, dans les chansons de Béranger (toujours Béranger! et plus nous irons, et plus vous la verrez grandir, cette étoile sortie du peuple, de l'armée, du cabaret, de la satire, de l'âme, de la tristesse, de l'amour et des refrains de ce siècle), vous avez lu cet admirable poëme des *Bohémiens*, le chef-d'œuvre peut-être de Béranger lui-même :

> D'où nous venons, l'on n'en sait rien ;
> L'hirondelle
> D'où vient-elle ?
> Où nous irons, le sait-on bien ?

Cette chanson est une élégie ; elle raconte, à l'humanité passagère, le drame des grands chemins ; elle est un des chapitres les plus vrais de la grande histoire du hasard, dans laquelle nous sommes entrés, hélas ! à toutes voiles. Le Bohémien de Béranger n'est pas encore un socialiste, mais il suit, sans le savoir, le sentier funeste qui mène au partage définitif. Il ne comprend pas encore le grand charme de la propriété ; il le comprendra, plus tard. A cette heure, il se contente, à moins. On lui donnerait une maison, à quoi bon ? Il dort si bien, à l'abri du ciel ! Un champ, pour quoi faire ? Il trouve des champs, tout ensemencés par la main des laboureurs légitimes ! La propriété et le travail, pour le bohémien, c'est tout un ; or il ne veut pas être propriétaire, au prix du travail :

> Voir, c'est avoir ! Allons courir !
> Vie errante
> Est chose enivrante !
> Voir, c'est avoir ! Allons courir !
> Car tout voir, c'est tout conquérir !

Tout conquérir ; ainsi, à force de voir les campagnes jaunissantes, les vergers pleins de fruits, d'ombre les vallons, et les pâturages pleins de brebis, quoi de plus innocent, et qui laisse le vieil Univers dans une paix plus profonde ? Oui, mais à force de voir et de ne pas avoir, à force d'entendre et de ne pas comprendre, à force de laisser, à qui le mérite, l'honneur sacré du travail et sa douce récompense, à force d'être en dehors de la loi, de la famille, de la croyance, du toit domestique, ô ciel ! que deviendra le bohémien de Béranger ?

C'était tout à fait *le Bohémien* de Béranger, ce Frédérick Lemaître, sous l'habit de Paillasse, et vous ne sauriez croire le bonheur et le rafraîchissement qui nous a saisis tous, à son premier mot, lorsque nous avons vu qu'il ne serait pas question, une seule fois, dans tout ceci, de cet abominable Paillasse dont le poëte a fait un type affreux de trahison, de perfidie et de blasphème :

>Paillasse, mon ami, ne saut' pas à demi!

Ce n'est pas de celui-là qu'il est question.

Il est question du bohémien, du vagabond, de l'artiste, du bonhomme ! Le saltimbanque du théâtre des Variétés, l'immortel Bilboquet lui-même, n'a rien à voir en ce drame! Paillasse est un saltimbanque, à peu près comme Ruy-Blas est un valet! Il porte sa robe à carreaux, comme Ruy-Blas sa livrée ! Il a tous les bons instincts, ce Paillasse, *ce pauvre Paillasse!* car voilà comme on l'appelle tout d'un coup ; à peine il a dit trois paroles, soudain vous sentez que votre âme est émue, que votre cœur est gonflé; les larmes viennent à vos yeux, larmes volontaires, et qu'on ne songe pas à cacher !

Paillasse n'a rien au monde ; il a toute une fortune : une femme et des enfants légitimes. *Voir, c'est avoir!* Et de tout ce qu'il voit, il n'envie absolument rien... il ne voit rien de plus beau, sous le ciel éclatant, que sa femme, ornée de ses deux enfants! Il est de l'avis de Richardson, qui appelait le mariage *le plus bel état de l'amitié*, et de ces amours qu'il emporte dans les trous de son manteau, il ne peut se rassasier ! A moi, dit-il, la terre et le ciel, tant que j'aurai tout ce que j'aime ! Il n'a pas d'autre science, et pas d'autre talent, que ses bons instincts. Le grand Bilboquet le prendrait en pitié, et ne voudrait pas de lui, pour battre son tambour.

Le malheureux *Paillasse!* Il se trouve, hélas ! que sa femme, abandonnée, enfant, aux jours de la persécution furieuse, est la propre fille de M. le duc de Montbazon, et maintenant cette famille puissante veut reprendre ce qui reste de sa race : elle reprend la femme de Paillasse, et rejette Paillasse..... Il était si heureux, naguère, dans les champs, à la douce clarté du jour! Il avait tant de courage et de résignation sous son toit, quand il taillait la soupe à sa femme et à ses petits! Paillasse, au moment de la séparation, c'est le stoïcien, aux prises avec la douleur.

Tout le second acte se passait sous les vieux toits, entre les haillons, à travailler, à sourire, à aimer, à pleurer !...... Mon Dieu ! je sais bien que vous n'allez pas me croire, et que ce titre : *Paillasse !* vous paraît une plaisanterie. A votre aise..... On y versait pourtant des larmes amères. Il y avait surtout un moment, le moment où sa femme le quitte, afin de sauver sa fille, la petite saltimbanque..... En ce moment cruel, le frisson s'emparait de toutes les âmes, rien qu'à entendre Frédérick, qui remontait l'escalier.

.... Scandit fatalis machina muros
Fœta armis !

La scène du troisième acte, lorsque le malheureux bohémien, traqué de toutes parts, arrivait dans le château des Montbazon et demandait l'aumône, était d'un effet irrésistible ! Ah ! Frédérick Lemaître abaissé, et tendant la main comme un Bélisaire qui y voit ! On l'entoure, on le prend pour un bouffon ! On lui dit : *Fais-nous rire !* Et cependant l'enfant se meurt ! Le pauvre petit ! chancelant et souriant, pour manger une miette de pain, il ressemble à Mignon ! Car telle est la puissance des choses poétiques, que la fange et le ciel, en poésie, se tiennent et se confondent dans le même sourire ou dans la même pitié ! C'était vraiment très-beau ! faire ainsi pleurer, avec une besace, un bâton, un pauvre enfant dont les membres ont été torturés et façonnés au grand écart ; c'était très-beau, et cela ne ressemblait guère à la promenade monotone d'un manteau de pourpre dans les allées sablées du vers alexandrain, quand il ne s'agit que de vider une coupe, ou de donner, tragiquement, un coup de poignard !

Cependant revenons à madame Dorval.

§ X

Qui voulait voir madame Dorval, la voyait, naturellement, dans une tragédie en vers de M. Victor Hugo, dans un drame en prose de M. Alexandre Dumas. Sans jamais descendre aux excès de Frédérick Lemaître, elle était la passion même, et quand par malheur elle portait des haillons, elle les sauvait par une grâce ineffable. Au dernier acte de *Trente Ans, ou la Vie d'un Joueur*, quand la femme du joueur, plongée horriblement dans les derniers excès de la plus horrible et de la plus atroce misère, attend (la pluie, au dehors, et la tempête heurtent cette misérable cabane) un morceau de pain noir, la femme du joueur était couverte d'une misère, si décente et si calme, que, malgré soi, l'on se sentait saisi de pitié et de respect.

Dans *Marie Tudor*, au contraire, en ce moment madame Dorval était une élégante et belle jeune fille appelée Jane, une enfant amoureuse et chaste qui, tout d'un coup, se trouve exposée aux délires, aux vengeances d'une tigresse appelée Marie Tudor. Nous avons vu, dans les premiers jours de notre jeunesse, et plusieurs fois, ces deux perfections, Talma et mademoiselle Mars, attachées à la même œuvre, et jouant chacun son rôle, au milieu de la même comédie. Eh bien! je n'oserais pas affirmer que cette réunion de Talma et de mademoiselle Mars ait produit un ensemble, plus parfait que la réunion de mademoiselle Georges et de madame Dorval, dans *Marie Tudor*.

Madame Dorval, dans ce rôle de Jane, s'abandonnait, charmante, à toutes les inspirations de son cœur; mademoiselle Georges, dans son rôle de Marie Tudor, était remplie à l'excès, de violences, de colères, de tendresses, d'emportements. C'était même un des rôles que mademoiselle Georges avait compris à merveille. L'insolence et l'ironie, la passion brutale et le dédain de la femme n'ont jamais parlé un plus beau langage. Cet Italien Fabiano Fabiani, est-il assez insulté? Ces ténèbres de la Tour de Londres, sont-elles assez remplies de terreur? Tout ce monde turbulent de courtisans furieux, est-il assez dominé par la haine, par l'ambition, par le vieux levain de théologie et de sang qu'a laissé après lui, cet abominable Henri VIII?

Les amours de Jane et de Gilbert sont d'honnêtes amours, elles reposent l'âme de toutes les fureurs. Drame violent toutefois, dans lequel le bourreau joue un grand rôle. « Tu vois bien cette tête charmante, je te la donne!..... » Nous écoutions ces choses-là, tout haletants sous l'ivresse éclatante des beaux vers, et nous applaudissions, dans leur double effort, mademoiselle

Georges et madame Dorval ! On les rappelait, et, triomphantes, elles revenaient au milieu des applaudissements et des fleurs : des fleurs dans les loges, des fleurs sur le théâtre, odorante moisson qu'elles foulaient, d'un pied superbe. A l'instant des derniers applaudissements, madame Dorval, dans un de ces beaux moments d'inspiration reconnaissante qui ne sont qu'à elle, a baisé la main de mademoiselle Georges,— et de nouveau, tout le jeune parterre d'applaudir.

L'avez-vous vue aussi, madame Dorval à côté de mademoiselle Mars ? A côté de mademoiselle Mars ! C'était là un spectacle à la fois rare, inattendu, ravissant, quand chacune de ces deux femmes, obéissant à son insu, à l'entraînement, à la toute-puissance, à l'inspiration de sa voisine, hésite, et sans trouble, au contraire, avec la volonté la plus entière, s'avance, heureuse et fière, dans les sentiers qui ne sont pas frayés par elle. A elles deux, madame Dorval et mademoiselle Mars, elles accomplissaient tout ce grand drame avec tant de pitié, tant de terreur, et si complétement elles s'étaient transformées, que les non-prévenus se demandaient si la Thisbé était véritablement mademoiselle Mars, ou madame Dorval ?

— « La Thisbé ? adorable femme ! »

— « Adorable, en effet, je ne l'aime pas ! » répond Rodolfo à son ami Anafesto Jalcofa, qui le félicite de son bonheur. *Je ne l'aime pas*, était un arrêt de mort pour l'infortunée, et, selon moi, ces trois mots renferment déjà tout le drame. *Je ne l'aime pas !* Il la tuera au premier prétexte, au premier soupçon.

Et la scène entre les deux femmes ; madame Dorval haletante, à genoux, les mains jointes, et prosternée aux pieds de mademoiselle Mars ! « Vous avez dit : pauvre femme !... » O visions de notre jeunesse ! ô fantômes évanouis ! ô poëte exilé ! ô femme ensevelie ! ô belles heures d'autrefois, quand tout nous était sourire, enchantements, rêves, concerts, fantaisies ! Mademoiselle Mars, la perfection même, enfant précieux de Molière, élevée sur les genoux de Marivaux, intelligente beauté, limpide et douce voix d'une inaltérable fraîcheur. Madame Dorval, la femme du peuple, violente et sans frein, sans loi ni règle, comédienne par hasard et par instinct, comme mademoiselle Mars est une comédienne par la nature et par l'étude ; comédienne avec son cœur comme mademoiselle Mars est comédienne avec son esprit ; madame Dorval était le soutien délirant et déguenillé du drame moderne, mademoiselle Mars était le chaste et correct interprète de la vieille comédie ! On avait fait un vaudeville avec ces deux femmes intitulé : *Les Marsistes* et *les Dorvalistes* ; la belle aventure ! Enfin, pourquoi les comparer l'une à l'autre, et qu'y a-t-il de commun entre mademoiselle Mars et madame Dorval ?

Ni le même visage et la même voix ; ni le maintien, ni le sourire, ni le regard ; rien de commun entre ces deux créatures, parties de si haut et de si bas, et qui se rencontrent dans le même poëme, inspiré des plus tendres et des plus violentes passions, afin sans doute que chacune de ces créatures mortelles, eût sa part dans cette œuvre impérissable, et se fît son domaine au milieu de l'univers que le grand poëte avait découvert.

Écoutez ! Soyez attentifs ! Mademoiselle Mars élève la voix pour réciter les beaux vers de Molière ou la docte prose de Marivaux ; ne croyez-vous pas entendre la voix argentine d'une duchesse de Louis XIV, de Louis XV ? Cette voix d'un si beau timbre, à l'accent net et vrai, c'est l'écho même de Versailles ou de Trianon ! En ce moment votre oreille attentive et charmée, confond dans son admiration reconnaissante, le poëte et la comédienne ; il vous semble à vous-même, que vous êtes devenu un des seigneurs des petits appartements, et que vous avez été présenté, naguère, à cette duchesse éloquente. Ah ! dites-vous, que je suis aise de me voir, si complétement duc et pair et cordon bleu, et que j'ai bien fait de me vêtir de mon justaucorps à brevet.

Mademoiselle Mars, on voyait qu'elle était venue en carrosse ; elle portait élégamment les belles robes de la grande faiseuse, mademoiselle Victorine ; elle étudiait aux lumières, avant d'acheter une robe, les nuances diverses du blanc, du bleu et du rose ; elle avait même donné son nom, à une espèce de couleur d'un rose à part, et charmant aux lumières, qu'on appelait le rose de mademoiselle Mars. Elle était souriante, élégante et parée à ravir. Une déesse eût avoué ses amples vêtements ; une Grâce eût envié sa fraîche ceinture. Elle avait le don exquis de tout voir, de tout comprendre et de tout savoir. Elle savait attaquer, elle savait se défendre ; elle sentait bon ; et des pieds à la tête, de la pointe des cheveux aux petits jours de ses bas de soie, elle était vraiment, au meilleur gré des plus difficiles. Aussi bien elle marchait, la tête haute, entre mille déférences et mille respects.

Cependant... sauve qui peut ! Voici madame Dorval ! Madame Dorval..... c'était le fantôme, l'extase et l'agonie ; à la voir, on voyait tout de suite qu'elle n'était pas venue même en fiacre ; elle venait, haletante, de la rue et du carrefour, à pieds, les souliers éculés, et les cheveux épars. Sa robe à peine attachée à ses épaules blanches, ne tient pas à son corset ; on voit battre, à travers sa robe en coton, son cœur gonflé de mille douleurs, et certes elle ne songe pas à le réprimer. Quant à son geste, elle n'a pas de geste. Elle va, elle vient, elle crie, elle pleure, elle sourit, selon le caprice et la volonté de la minute présente ; elle obéit librement... à toutes les passions vulgaires, et toutes les passions lui conviennent, pourvu qu'elles soient vulgaires.

Dans son drame, elle fuit l'esprit, elle fuit le style, elle a peur de l'ironie ; elle a horreur du sourire ; le fard l'écrase, et la conversation la perd. Donnez-lui l'exclamation, les frénésies, les colères, les désespoirs ! Comme aussi, prenez garde aux perles, aux diamants, à la couronne, à l'habit de satin, au manteau de velours.... Elle arrache, à la fois, de sa tête fumante, et ses cheveux et la couronne qui les pare ; elle va déchirer ses dentelles en voulant se meurtrir le sein ; le soulier de satin la gêne, comme la robe en satin. Malgré sa belle robe, elle se vautrera, par terre dans la poussière et dans le sang s'il le faut. Que font la robe et l'ornement à madame Dorval ? Elle les laisse à mademoiselle Mars !

Dans *Angélo, tyran de Padoue*, on voit, tout ensemble, une courtisane et une honnête jeune femme appartenant à ce brigand féroce ; eh bien ! c'était (par la volonté de M. Hugo, par son génie, et par son instinct !) madame Dorval qui était la grande dame, et c'était l'autre, oui, mademoiselle Mars, qui était la courtisane ! Certes, toutes les deux en changeant de rôle, elles s'imaginaient que le poëte exigeait d'elles, un tour de force... il leur tendait, tout simplement, un piége habile. En vain la courtisane s'était battu les flancs, pour être au niveau de son rôle, et pour représenter la folle Vénitienne, qui vend ses baisers et ses charmes, qui vit, publiquement, de sa beauté, de ses grâces, de son sourire ; en vain la grande dame, à savoir, madame

Dorval, avait fait un appel énergique aux souvenirs d'honneur, d'élégance et de vertu qu'elle allait représenter, il arriva, tout d'un coup, et malgré ces deux femmes, et quand le drame eut bien pris, de toutes parts, que mademoiselle Mars la courtisane, obéissant à sa nature élégante, redevint simple, calme, honnête, et que la grâce et le charme, en ce rôle de la Thisbé, ont dominé toutes les terreurs d'alentour, pendant que madame Dorval, gênée un instant dans l'appareil de la Vénitienne, rompait ses chaînes, déchirait ses voiles, et revenait, par une invincible impulsion, à ses cris, à ses rages, à ses amours, à ses étranges passions, à ses délires, jusqu'à ce qu'enfin *la dame* se précipite, à peine vêtue, aux bras de son amant, l'invoquant avec mille rages, et le montrant avec mille tendresses que nulle force humaine ne saurait retenir.

Au même instant, dans la même scène pour ainsi dire (Eh! M. Victor Hugo l'avait bien prévu!), mademoiselle Mars qui représentait la Thisbé (dernier trait de pudeur), arrangeait modestement sa robe, et s'apprêtait à mourir, honnêtement.... « Par moi! pour toi! » ou comme elle disait si bien, elle-même, dans une pièce de Marivaux : « Que le sort est bizarre, aucune de ces deux femmes n'est à sa place. » Faites donc des parallèles entre ces deux femmes que tout sépare : leurs habitudes, leurs passions, leur pensée et leur théâtre; celle-ci qui se sent forte, invincible, abritée qu'elle est par le manteau royal de Molière; celle-là, courageuse femme, abritant le drame moderne sous les trous de son manteau!

Cependant l'autre aimée, l'autre femme... elle arrive en *sauve qui peut;* que la porte lui résiste, elle l'enfonce, et, sans savoir à qui donc elle parle, aussitôt elle parle! Où donc est-elle? Elle n'en sait rien. Comment, ici, est-elle entrée? Elle l'ignore, et vous, attentif, vous prêtez l'oreille à cette voix qui était d'abord un soupir voilé, qui bientôt devient un sanglot terrible! Alors, fort inquiet et bouleversé, vous vous disiez à vous-même :

Où suis-je, et qui me parle, que me veut-on? Quelle est cette voix rauque, éperdue, voilée, usée, fatiguée, pénible, et cependant toute-puissante? C'est la passion de la rue, et c'est l'amour de l'alcôve bourgeoise, c'est l'adultère en prose, c'est le désespoir de toutes les femmes, c'est madame Dorval!

Si bien que les yeux fermés, il était impossible de ne pas distinguer ces deux femmes, l'une de l'autre. On se disait : Quel bonheur ! voici mademoiselle Mars !... Nous sommes perdus ! voilà madame Dorval ! Ouvrez les yeux maintenant, et voyez-les entrer l'une et l'autre ; aussitôt, croyez-moi, saluez mademoiselle Mars. Quel grand air ! La noble démarche et le décent maintien ! C'est moins qu'une reine, elle vient tout de suite après la reine. Mademoiselle Mars ! nous l'avons vue en habit de bure, dans un cinquième acte de mélodrame, à genoux aux pieds d'un homme ! En dépit de cet abaissement auguste, c'était encore, et toujours la grande dame qui s'était assise à côté d'Alceste, et qui avait tenu le salon de Célimène.

Quelles fêtes et quelles soirées ! Nous ne les reverrons plus ; on ne les reverra plus, dans tout ce siècle. Elles ne sont plus, les deux comédiennes ! Il est exilé, le grand poëte, qui savait les mettre en œuvre, à ce point, que l'une après l'autre, il est arrivé parfois, qu'elles ont joué le même rôle. Ainsi, dans ce merveilleux et poétique *Hernani*, le Cid de M. Victor Hugo, le rôle excellent de dona Sol, a été tour à tour, le paisible domaine de mademoiselle Mars, et la conquête turbulente de madame Dorval. Jamais celle-ci n'avait été plus chaste, plus contenue et plus souriante que dans ce rôle enchanté de dona Sol ; jamais celle-là n'avait répandu, çà et là, avec plus de profusion, voisine du délire, les larmes, les rages, les spasmes, les douleurs. A ce double effort de ces deux talents si rares, le noble rôle et la tragédie s'étaient facilement prêtés. Illustre accident, heureux et rare, que ce rôle de dona Sol, ait suffi à l'éloquence, à l'amour, à l'honnête passion, au chaste maintien de mademoiselle Mars, et qu'en même temps il ait comporté assez d'épouvantes, de souffrances et de tortures morales, pour contenter madame Dorval !

C'est ainsi que, par une espèce de miracle poétique, et qui ne s'est pas renouvelé, elles ont été également belles, chacune dans ce rôle et dans sa nature ; d'où il suit que, l'une et l'autre, elles ont rendu ce rôle, également difficile pour les comédiennes à venir. En effet, de quel côté se tourner dans *Hernani*, pour peu que l'on soit une femme intelligente ? Que choisir ? Quel personnage en va-t-on faire ? Sera-t-on la dona Sol de mademoiselle Mars, alors comment suffire à tant de grâce et de poésie ? Ou bien sera-t-on la dona Sol de madame Dorval, et comment suffire à tant de douleurs? Cependant il faut choisir ; il faut prendre un parti, l'hésitation serait mortelle; et, je vous prie, le moyen de ne pas hésiter, pour une fille de vingt ans qui débute, et qui entend retentir encore à son oreille charmée, la voix touchante de celle-ci, pendant qu'elle a, sous les yeux, le geste éloquent et terrible de celle-là?

L'éclectisme est, dit-on, en philosophie, une chose insupportable ; mais dans les arts, c'est le plus abominable des paradoxes; et puis la singulière tâche à se proposer, être à la fois madame Dorval et mademoiselle Mars !

Tout au bout de l'allée Perrache, à Lyon, sous le pont même que traverse le chemin de fer, le Rhône et la Saône se rencontrent. D'abord le choc est furieux. Le fleuve arrive, entraînant toutes sortes de colères, de rages soudaines ; la douce et lente rivière se présente calme, limpide, éclatante; l'un roule, en grondant, son onde jaunie à tous les orages, l'autre amène, avec un doux murmure, ses flots limpides qui reflètent l'azur du ciel.

Quand les deux fleuves se sont ainsi rencontrés, ils s'en vont tout au loin, côte à côte, mêlant leurs ondes à regret: vous reconnaissez le Rhône à ses colères, la Saône à son calme; l'un roule en grondant, l'autre en murmurant s'écoule doucement; l'un brise et renverse, et l'autre embellit et féconde; le Rhône entraîne en son cours, le sable et le caillou qui ravage, la Saône confie, à ces rivages fécondés, le limon qui fertilise, jusqu'à ce qu'enfin, tout là-bas, près de l'Océan, les deux rivières se réunissent pour ne plus faire qu'un même fleuve, emporté soudain dans l'immensité.

Cet Océan où se rencontrent tant de beautés diverses, tant de qualités opposées, qui suffit également à mademoiselle Mars, à madame Dorval, à Frédérick Lemaître, on l'a déjà nommé, c'est la tragédie, et c'est le drame de M. Victor Hugo. A cet homme inspiré, convaincu, merveilleux, si nous revenons toujours, c'est qu'en effet, sans cesse, il y faut revenir. Il a vécu de son propre génie ; il a été, lui-même, et jamais un autre ; il a réussi jusqu'au ciel. Quand il est tombé, il est tombé dans les abîmes. Dans le succès il est complet; il est entier dans la chute; il n'a pas de rivaux dans la victoire, il n'a pas son égal dans la défaite.

Ainsi prenez-le, dans *le Roi s'amuse*, et vous trouverez le titan sur son roc, défiant le vautour qui le dévore ; ou bien prenez-le dans sa fantaisie, au moment où, tout simplement, il s'amuse à vous faire peur, quel plus étonnant Croquemitaine? Tel, qui a frémi aux tortures de Lucrèce Borgia, quand il rentre en sa maison, veut sourire à ces tortures et se moquer de la fantasmagorie..... Il a beau faire, il faut absolument qu'il croie à ces visions; la vision le suit et l'obsède. Il entend retentir, au fond même de son ironie, une voix irrésistible ; il assiste, une seconde fois, à ce pandæmonium de l'enfer.

Lucrèce Borgia, qui se promène à Venise, et que l'on ne parvient à insulter, que si son fils est témoin de ces insultes, quelle étonnante conception ! Vous vous rappelez, sans doute aussi la dernière scène du premier acte, qui ressemble tout à fait au beau finale du premier acte de *Don Juan*, de Mozart? Ce sont les mêmes imprécations, le même feu, les mêmes colères et la même raillerie ! On écoute, on regarde, on a peur, on se dit à soi-même..... Eh! c'est vrai pourtant! Oui, c'est vrai, parce que cela est dit, par le style et par l'entraînement de la passion.

Rappelez-vous, au second acte de *Lucrèce Borgia*, la scène intime et terrible où cet homme de la maison d'Est, ce descendant d'Hercule, éclate enfin, en présence de la fille et de la prostituée du pape! Quelle scène ! Et cette terreur du poison des Borgia, préparée avec tant d'acharnement et de violence, un poison si lentement versé, si tôt détruit... quelle était la terreur?

Tout cela, cependant, se fait avec le vieux poison dramatique, avec la vieille coupe tragique, avec tous les vieux breuvages dont les poëtes de l'an IV avaient abusé, jusqu'à les rendre aussi peu dangereux qu'une limonade ! Et pourtant, celui qui rajeunit ainsi vos vieux poisons, qui se sert heureusement de vos vieilles coupes, Messieurs, c'est le même jeune homme novateur et contre lequel *les anciens*, les fils de Coriolan, de Brennus, de Clovis ou de Robert le Fort s'étaient élevés, comme une armée opposée au géant. Quelle honte et quelle défaite pour messieurs les faiseurs de tragédies! A peine ils ont renoncé à la coupe, au poison, au contre-poison, que voilà le *révolutionnaire* et le *novateur* qui empoisonne cinq personnes, et qui les empoisonne à la grande terreur, à la grande épouvante de la foule!

En effet, il y a d'abord le poison, mais, avant tout, il faut savoir la manière de s'en servir.

Que si vous me demandez si véritablement nous admirons beaucoup cette grande profusion de poison, dans *Lucrèce Borgia*, je vous répondrai, qu'en effet, ce n'est pas là ce que j'admire. La chose étonnante et merveilleuse en tout ceci, c'est la hardiesse et la volonté de l'homme inspiré, qui s'en vient, tout à coup, avec le vieux poison des Borgia, nous jeter dans ces terreurs inouïes! Ce novateur dénoncé au roi de France! Avec ces vieux crimes tragiques : incestes, adultères, assassinats, et cette vieille passion, l'amour maternel, le voilà qui trouve une tragédie absolument neuve, et que pas un poëte, avant lui, n'avait rêvée.

En effet, voilà ce que j'admire!... Et ce que j'admire encore, c'est ce dialogue en prose, en cette prose éclatante et ferme, énergique, imposante et sonore autant que les plus beaux vers, la prose immaculée de cet écrivain surnaturel qui s'était tant fié, jusqu'alors, à son dialogue en vers! Admirons cela, c'est justice! Admirons, sans le copier, sans l'imiter ce style animé de toutes les passions généreuses, vif, pressé, passionné, moqueur, enthousiaste, hardi, allant du sublime au grotesque, avec la même facilité et le même bonheur. Admirons et contemplons, charmés, éblouis, glorieux, ce singulier mélange de toutes ces choses connues et communes que cet homme intrépide a faites siennes et toutes neuves, par cela, seulement, qu'il daignait les ramasser et les prendre aux rebuts de la vieille tragédie.

En même temps, vous reconnaîtrez dans cette épouvantable histoire de *Lucrèce Borgia*, la merveilleuse intelligence de la passion italienne, du vice italien, du crime italien, et ce coup d'œil, jeté de si haut, sur tous les hommes qui se remuent dans ce drame, et qui les guide, ou plutôt qui les pousse à leur insu, dans l'abîme commun, où tout ce monde éploré, châtié, va se perdre au dernier acte, à savoir les jeunes gens et les vieillards, la mère et l'enfant, le scélérat et son complice!

Ici tout est perdu, tout est condamné, tout est damné; de ce drame affreux de poisons, de meurtres, de larmes et de blasphèmes, il ne reste personne ici-bas qui le raconte, et lorsqu'enfin tout est dit, on comprend qu'il ne faudra que deux ou trois bières supplémentaires pour que les moines qui sont posés sur le théâtre, horriblement enfouis dans leur capuchon noir, emportent, sous le drap mortuaire, ces passions, ces vices, tous ces remords, ces crimes, toutes ces douleurs.

M. Victor Hugo ressemble en ceci à Shakspeare lui-même ; autant que Shakspeare, il a la croyance et le goût de son œuvre, il y croit jusqu'à l'entêtement, quelle que soit son œuvre, excellente ou mauvaise. Il lui faut, comme à Shakspeare, une scène immense, un paysage animé, des palais mystérieux, des fêtes éclatantes, la pourpre et l'ornement, un tas de sceptres à briser, de couronnes à rétablir, des trônes, des échafauds, des échelles, des orchestres, des fanfares, des cachots, des douleurs, des gémissements. Ils sont frères, Shakspeare et lui, c'est la même contemplation des choses terrestres, la même tristesse et la même pitié ! Les personnages de son drame, autant que Shakspeare, il les pousse, il les traîne, il les jette, il les écrase à plaisir, sur la scène qu'il a bâtie, et dont il est, heureusement, le poëte et l'ouvrier. Vrais ou faux, grands ou petits, héroïques, absurdes, M. Victor Hugo les a tous vus, dans son âme, comme Desdémone a vu le visage d'Othello. Certainement, c'est une assez belle chose la conviction dans l'art, pour qu'on y applaudisse ; une chose assez rare à étudier un homme convaincu, pour qu'on se mette à sa suite, et trop heureux sommes-nous, de tenir à lui, par le bout de son manteau.

M. Victor Hugo a foi dans lui-même ; il croyait en nous, ses contemporains, ses amis, ses frères d'armes, et nous le suivions. Est-ce dire cependant que tout ce qu'il a vu, nous l'avons vu comme lui ? Non pas ! Le dévouement ne va pas à croire contre sa conviction ; mais n'est-ce rien que d'être au pied de la tour et de savoir au sommet de cette tour, une haute intelligence qui regarde, et qui voit de plus haut que tous les autres ?

Qu'importe, ô ma sœur Anne, que longtemps vous n'aperceviez que le soleil qui flambloie et le chemin qui poudroie, pourvu qu'enfin vous découvriez celui qui doit venir ? Qu'importe aussi que M. Victor Hugo, du sommet où il est placé, découvre souvent des monstres, auxquels je ne puis croire, et que je ne verrai jamais comme il les voit ? Bug-Jargal tout crépu, Han d'Islande humant l'eau de la mer dans un crâne, Quasimodo, d'une si belle âme, et couvert de pustules, Triboulet, le bossu, le roi du XVIe siècle, le roi *François Ier*, le roi des poëtes et des chevaliers, à la porte d'une taverne du dernier degré... Voilà ce qu'il voit, et ce que je ne veux pas voir !

Non, non, seigneur, je ne verrai pas les hallucinations de ce cerveau de fer, qui se plaît surtout dans les extrêmes, et qui souvent essaie, en se moquant de nous, même du barbarisme (un si grand écrivain !) comme d'un effet sublime ! O visions que je nie ! O paradoxes pénibles ! Inexplicables fantaisies ! Mais quoi ! ces grands poëtes ont des droits, que n'a pas le vulgaire ! Enfin, ne sais-je pas, que lorsqu'il y a génie, aussitôt tout se compense, le beau par le laid, l'absurde et l'odieux par le sublime ? En même temps, quelles compensations toutes-puissantes ! quels pardons ils savaient rencontrer, ces grands poëtes ! Desdémone est près d'Othello ; le gentil Ariel et Miranda sont à côté de Kaliban, l'enfant Joas est près d'Athalie, et le petit Arthur, près de Richard III ? Ne sais-je pas aussi que le hideux et touchant Quasimodo attire à soi l'Esméralda, la plus fraîche et la plus poétique invention du roman moderne ? Cet homme, à qui vous reprochez les empoisonnements et les meurtres, il a mis au jour la Catarina et Dona Sol, la fiancée d'Hernani ; il a purifié, autant que cela est au pouvoir de la poésie elle-même, une courtisane, Marion Delorme !

A force d'amour et de croyances dans cet amour, Marion la souillée et la fille de joie, elle est remontée au rang des plus douces, des plus éloquentes et des plus chastes images. Elle-même, à force d'amour maternel, Lucrèce Borgia, elle a justifié ces beaux vers de Despréaux :

> Il n'est point de serpent, ni de monstre odieux,
> Qui, par l'art imité, ne puisse plaire aux yeux...

En vain ces grandes œuvres sont proscrites et défendues, elles brillent par leur absence, et les souvenirs publics y reviennent toujours. Qui voudrait condamner *Cinna ?* Qui pourrait anéantir *Tartufe*, et qui donc viendrait à bout d'*Hernani*, de *Marion Delorme* et de *Ruy-Blas ?* Les pitiés, les douleurs, l'enthousiasme et l'admiration répondraient à ces criminelles tentatives.

Amis, tout sert au grand poëte, et surtout la persécution. Dante exilé, grandit même par son exil. Malgré l'exil, j'assiste incessamment, aux luttes courageuses de ce noble et rare esprit qui, même quand il se trompe et se fourvoie, est un grand exemple de persévérance et de courage. Et puisque nous parlions tantôt de *Marie Tudor* et du rôle charmant de Jane, un des triomphes de madame Dorval, nous ajouterons que ce drame est une des choses les plus habiles du grand poëte.

La science éloquente du récit dramatique est poussée en cette œuvre, au degré suprême. L'exposition est double, il est vrai, pourtant on l'écoute avec un intérêt irrésistible. La scène d'amour, quand cette femme, une reine, une majesté, qui tient un homme à ses gages, un Italien, s'aperçoit que cet Italien la vole, et lui a tout volé, argent, dignités, honneurs, est une scène terrible et fantasque ; on prendrait cette reine hurlante pour une exagération de l'Hermione de Racine. Et bientôt, quand enfin vous avez passé à travers le cinquième acte, admirez la sanguinaire incertitude des deux femmes, le tocsin qui tinte, la foule qui se rassemble autour de l'échafaud, la reine qui tremble entre les bras de la jeune fille aussi tremblante ; dans le lointain, la ville de Londres illuminée en l'honneur du meurtre qui va s'accomplir.

Cependant sur le théâtre, animés comme on le serait à une vengeance personnelle, les acteurs vont à la bataille ; au sparterre, une jeunesse turbulente, implacable, hors d'elle-même, écoute, et qui voudrait réclamer, sa voix serait couverte aussitôt des déclamations les plus violentes. Ainsi vous assistez au spectacle inespéré de toutes les passions sur le théâtre, hors du théâtre ! Ici le vieux drame se montre en disant : qui m'appelle ? oubliant qu'il est mort tout à fait. Ici le nouveau drame, éclatant de jeunesse et d'audace, appelle à son aide le passé, le présent, l'avenir, Dieu, les hommes, la terre et le ciel. Le théâtre est un combat ! Le parterre est une fournaise. Allons ! la fête et la bataille ! Allons ! le bruit, les éclats de rire, les provocations, les manifestes, les emportements, tous les excès glorieux, tous les emportements généreux qu'apporte en tonnant, en pleurant, le drame de M. Victor Hugo... Austères violences, elles ont été poussées jusqu'à l'excès, dans *Marie Tudor !*

Cependant, quand les prudents, les habiles, les sages vous disent : « C'est impossible ! » Il faut courber la tête, et convenir qu'en effet la dernière scène de *Marie Tudor* n'a pas de grands exemples dans le domaine accoutumé du drame et de l'histoire.

Et pourtant, le même jour de cette *Marie Tudor*, un événement, ou pour mieux dire un drame effrayant, se passait dans une ville du Nord (Altona, dans le grand-duché de Holstein), sur un échafaud, tout semblable à l'échafaud de Fabio-Fabiani. Je ne veux rien ajouter au récit qui va suivre ; il est emprunté, non pas comme on pourrait le croire, à quelque préface de M. Victor Hugo, mais, tout simplement, à la *Gazette des Tribunaux;* lisez ce récit, je vous prie, et vous le pourrez montrer en toute assurance aux grands critiques qui sont toujours à dire : « Impossible! Eh! c'est impossible! »

« Le jeudi 6 de ce mois, à cinq heures du matin, un triste cortége traversait notre ville. On menait à l'échafaud le nommé Joachim-Henri Rhamke, condamné par la cour suprême du duché de Holstein, pour le double crime d'assassinat et d'incendie, *à être roué*, peine qui, suivant l'usage constamment suivi depuis plus d'un demi-siècle, avait été commuée en celle de *la décapitation par la hache.*

« L'exécution de Rhamke devait avoir lieu dans la ville de Pinneberg, où il avait commis ses crimes, et qui est située à un mille et demi (environ trois lieues de France) d'Altona.

« Lorsque le cortége se trouvait à la distance d'une portée de fusil de Pinneberg, on vit un homme à cheval, vêtu de noir, qui se dirigeait au grand galop vers le cortége, en agitant en l'air un mouchoir blanc. Le cortége ralentit sa marche, et bientôt on entendit le cavalier crier de toutes les forces de ses poumons :

« Halte! n'avancez pas! Par ordre du roi, il y a sursis. » Le cavalier atteignit le cortége à la barrière de Pinneberg, et il remit au greffier, chargé par la Cour de la représenter à l'exécution et d'en dresser procès-verbal, un papier contenant ces mots : « On « surseoira à l'exécution de Rhamke jusqu'à nouvel ordre. » Et la signature du roi.

« Le greffier eut des doutes sur l'authenticité de cet écrit; ce qui semblait le confirmer dans ses doutes, c'était l'absence du contre-seing du ministre de la justice et l'absence des formules usitées en pareilles circonstances. Néanmoins, comme il s'agissait de la vie d'un homme, il n'hésita pas à exécuter l'ordre de sursis, et, en conséquence, il fit rebrousser chemin au condamné, et le réintégra dans la prison d'Altona.

« La pièce remise au greffier était très-véritable ; elle *était écrite tout entière de la main du roi*, et voici les circonstances par suite desquelles Sa Majesté avait résolu de suspendre l'exécution de Rhamke.

« Conformément aux règlements de procédure en vigueur dans le duché de Holstein, tout arrêt de mort, lorsqu'il est devenu définitivement exécutoire, c'est-à-dire lorsque le recours en grâce a été rejeté, et que le roi a ordonné que la justice aurait son cours, doit être notifié de nouveau au condamné sur la place publique du lieu où le crime qui a entraîné la condamnation a été commis. Pendant que, sur la place de l'Hôtel-de-Ville de Pinneberg, on donnait à Rhamke lecture de l'arrêt qui lui infligeait le dernier supplice, un ancien compatriote et camarade d'école du condamné, le médecin Pierre de Kobke, traversait cette place en chaise de poste, revenant des eaux de Carlsbad, en Bohême. A peine eut-il connaissance de ce qui se passait qu'il résolut de sauver la vie à Rhamke, son ami d'enfance, qu'il avait soigné comme médecin, et avec la famille duquel il avait été étroitement lié.

« M. Kobke avait toujours eu l'intime conviction que *Rhamke n'était pas parfaitement sain d'esprit*. Le roi faisait, en ce moment-là, une tournée dans le duché de Schleswig et se trouvait à Husum. M. Kobke s'y rendit sur-le-champ. Il sollicita, et il obtint de Sa Majesté une audience, dans laquelle il lui donna des détails très-circonstanciés sur la maladie mentale dont il croyait Rhamke atteint, et chercha à démontrer que ce malheureux, en perpétrant les crimes pour lesquels il était condamné, n'avait pu avoir le libre usage de ses facultés intellectuelles. M. Kobke plaida si bien en faveur de son ancien ami d'enfance que le roi donna l'ordre de sursis, dont nous avons cité les termes, et qui arriva juste à temps pour empêcher l'exécution.

« Par suite de cette mesure, le ministre de la justice chargea la Cour suprême du duché de Holstein de faire examiner de nouveau l'état mental du condamné. Les gens de l'art que la Cour désigna pour remplir cette mission étaient MM. Ritter, Meyen et Lozebeck, tous trois professeurs à l'Université de Kiel.

« Ces médecins, après avoir examiné Rhamke pendant dix jours, *déclarèrent à l'unanimité* qu'ils adhéraient complètement à l'avis émis par les autres médecins, qui, par ordre du tribunal criminel de première instance, avaient observé Rhamke, à savoir : qu'il n'avait pas l'esprit aliéné, et qu'il jouissait de la plénitude de ses facultés intellectuelles.

« Par suite de cet avis, le ministre de la justice proposa au roi d'ordonner l'exécution de l'arrêt de mort prononcé contre Rhamke; mais Sa Majesté, considérant que la suspension du supplice de Rhamke n'avait été provoquée ni directement ni indirectement par celui-ci même ; que cet individu, *lorsqu'on le menait à l'échafaud, avait éprouvé toutes les angoisses de la mort ;* qu'il serait injuste de les lui faire éprouver une seconde fois, ce qui constituerait une aggravation de peine, a commué la peine de mort encourue par Rhamke en celle d'une détention perpétuelle.

« Rhamke sera transféré, demain ou après-demain, à Gluckstadt, où l'ordonnance de la commutation de peine dont il est l'objet sera entérinée par la Cour suprême, et ensuite il sera écroué dans la maison de force de la même ville. »

Comparée à ce très-véridique récit, les plus furieux ennemis de l'impossible conviendront certes que le dénoûment de *Marie Tudor* est un jeu d'enfant, à côté des péripéties de Rhamke, l'incendiaire et l'assassin.

Un des grands travaux, un des grands succès de madame Dorval, revient, de droit, à M. Alfred de Vigny, l'illustre auteur de *Chatterton*, et, s'il vous plaît, nous parlerons de ce *Chatterton* tout à notre aise. En effet, un pareil drame, entouré, précédé et suivi de tant de suicides, vaut la peine que la critique l'accuse ou tout au moins, l'explique aux lecteurs. *Chatterton* est un paradoxe, et peut-être le plus coupable et le plus dangereux de tous les paradoxes qu'un poëte ait jetés sur un théâtre, armé de fausses vérités et d'accusations injustes. C'était vraiment l'œuvre d'une intelligence et d'un bel esprit qui, se voyant en pleine paix, dans une société tranquille à la surface, et ne prévoyant pas le dieu Proudhon, l'anathème invisible, et les menaces lointaines, s'amusait à tenter les haines, l'envie et les mauvais instincts de cette foule, en plaçant sous ses yeux, un de ces prétendus martyrs de la poésie et de la pauvreté.

Vous aurez beau faire et beau dire, il est un homme injuste, un ingrat, ce Chatterton. Dieu lui a donné le génie, et quand il pouvait se mettre à l'œuvre avec la patience et le courage d'un homme qui est sûr d'arriver à la gloire, et par la gloire à la fortune, il use sa vie et son génie à déclamer contre cette société qui ne le connaît pas, et qui ne demande pas mieux que de lui tendre une main libérale. Ah ! l'indigne ! Au premier obstacle il se tue, en ricanant et en déclamant. Voilà donc tout le cas que ce malheureux jeune homme a fait, juste ciel ! de son âme immortelle... Il en a fait un texte à cette violente, à cette injuste déclamation !

Certes, M. Alfred de Vigny a soutenu, ce jour-là, une thèse épouvantable, et dont les conséquences ont été bien cruelles. Vous verrez bientôt, quand nous aurons publié [1] un livre intitulé : *les Morts volontaires*, comment plus d'un, parmi ces malheureux, aura puisé le dégoût de la vie au milieu des consultations du *Docteur noir*. Le jour de *Chatterton*, M. Alfred de Vigny s'est cruellement trompé, mais il n'a pas voulu en convenir.

Après avoir égorgé trois ou quatre poëtes, dans un de ces romans maladifs, qu'on dirait écrits avec du fiel et du musc, il en choisit un, entre tous, pour le tuer sur la scène, en le faisant blasphémer contre tout ce qui est l'ordre, et l'autorité en ce monde. Croyez-vous, cependant, que ce soit agir en homme prudent et sage ? Est-ce, en effet, être utile à tous ces jeunes gens impatients de l'avenir, que de les faire désespérer, tout d'abord, du talent et de la jeunesse, les dons précieux et fugitifs, les plus doux que le Ciel ait pu faire aux hommes, après l'amour ? En général, on ne dit pas assez, aux jeunes gens, que la société ne doit rien encore, à ceux qui n'ont rien fait pour elle. Ils imaginent, à peine éclos, aussitôt que la poésie ou même la vile prose fermente dans leur tête à demi formée, qu'ils verront venir à leur prose, à leur poëme, à leurs histoires, à leur comédie, à toutes les évolutions de leur cerveau, l'univers attentif, ému, reconnaissant, prosterné.

« Nous seuls, et c'est assez ! » Voilà leur devise. Imprudents ! Ce sont eux, au contraire, qui doivent faire, à ce monde égoïste et dédaigneux, toutes les avances. Quelles que soient vos déclamations contre la société, la société, grâce à Dieu, sera toujours plus forte que vos déclamations, et toutes les fois que vous dé-

---

[1]. Dans la deuxième partie de l'*Histoire de la Littérature dramatique*.

clamerez contre elle, eh bien! ce sera du trouble et du désordre, en pure perte, que vous jetterez dans ces jeunes âmes, plus orgueilleuses qu'intelligentes. Vous parlez, dites-vous, au nom du génie... Il ne faut pas calomnier le génie. Le véritable génie est patient de sa nature, il est patient comme Dieu même, et par la même raison que Dieu, « patient parce qu'il est éternel. »

D'ailleurs, quel est l'homme de génie, en ce monde, qui ait désespéré de l'avenir, et qui se soit tué, de ses mains, parce qu'il manquait de pain et d'habit, comme votre faible et misérable Chatterton? Au contraire, je les vois tous qui portent gaiement leurs misères, et qui ne les troqueraient pas contre la couronne d'un roi. Homère, Tasse, Milton, Dante, Camoëns, Michel Cervantes, aveugles, exilés, proscrits, enfermés dans l'hôpital des fous, ou mourant à l'hôpital des mendiants et des poëtes, ils ne songent pas, un instant, à se plaindre à la Providence qui les a faits rois par le génie. Ils attendent, c'est-à-dire ils espèrent, car le génie est non-seulement la foi et la charité, il est aussi l'espérance. Et voilà que vous rabaissez la sérénité de ces âmes d'élite, à de misérables questions de loyer à payer! Et voilà que par vos plaintes intempestives, vous poussez à la révolte, ces jeunes esprits impatients de la renommée, et qui ne voient pas que la jeunesse est déjà, par elle-même, un si grand bien, une fortune excellente à ce point, que c'est une suprême ingratitude envers le Ciel, que de n'être pas heureux, quand on est jeune! Enfin, ne craignez-vous pas, par ces plaintes intempestives, d'être un artisan de suicide? Hélas! la mort de Gilbert, la mort de Malfilâtre, et celle de Chatterton, ont déjà causé assez de ravages, par cette déplorable imitation qui est le propre du suicide, plus que de toute autre folie! Il faut enfin prendre garde à ne pas égarer ces jeunes, imprudents et impuissants esprits, par vos feintes douleurs.

Sous ce rapport surtout, le *Chatterton* de M. Alfred de Vigny est une composition déplorable et meurtrière. Quel spectacle! Un jeune homme qui, pendant cinq actes, s'en va déclamant, en furibond, contre la société, parce qu'il n'a pas de quoi payer son hôte? Or, ce jeune homme, s'il voulait modérer sa colère et remplir ses engagements avec son libraire, il serait riche. Son impitoyable créancier le veut mettre en prison...

Donc qu'il se laisse emprisonner, il aura le temps d'écrire honnêtement son fameux livre et de prouver qu'il a du génie. Il se plaint cependant, et le voilà qui appelle à son aide le premier magistrat de la cité. Aussitôt... quelle chance heureuse! Le lord-maire en veut faire un valet de chambre, et plutôt que de servir dans cette humble maison, monsieur se tue!...... Il y avait un homme, un homme qui valait Chatterton, Jean-Jacques Rousseau! Celui-ci a été moins fier, il a porté la livrée, et pourtant il devint Jean-Jacques Rousseau, plus tard. Sixte-Quint avait gardé les pourceaux. Quel triste paradoxe, un paradoxe auquel on peut répondre par mille exemples, choisis parmi toutes les royautés de ce monde! Ce qui rachète un peu les futiles lamentations de Chatterton, c'est cette charmante et dramatique figure de Ketty Bell, création mignarde et puérile, si l'on veut, mais dont l'affectation et la mignardise disparaissent dans une passion bien sentie.

Au cinquième acte, un certain escalier, du haut duquel madame Dorval se laissait tomber, avec l'admirable nonchalance d'une horrible agonie, avait conquis tous les suffrages. Ici je vous entends vous écrier : — Vous voyez donc bien que la décoration est bonne à quelque chose, et que si le machiniste n'eût pas placé là son escalier, madame Dorval n'aurait pas pu en descendre avec tant de grâce et de douleur! Je n'ai rien à répondre à l'objection, sinon que, même l'effet le plus naturel, sera toujours gâté, s'il a besoin du machiniste. Je hais la décoration, les trappes, les portes secrètes, les fausses clefs dans le drame, ce sont là des ressources misérables qui n'appartiennent pas à la poésie. Eh! malheur à la douleur, qui a besoin de tant de prévoyance, et de tant de recherches! Malheur au drame (exceptons Shakspeare et Victor Hugo) dans lequel intervient, nécessairement, le machiniste! Autrefois c'était le dieu qui sortait de la machine, *Deus ex machina;* aujourd'hui, c'est la machine qui sort du poëte, *machina ex Deo!* Voilà pourtant notre plus incontestable progrès dramatique!

Quand il parut, pour la première fois, au Théâtre-Français, ce Chatterton, la ville entière se mit à pleurer sur la misère des poëtes, sur la nécessité, le froid, l'abandon, les maladies de ces êtres à part, que la société traite en parias; on ne jurait que par Chatterton, on ne portait que le deuil de Chatterton..... Seul le critique (il était de sang-froid) répondit au paradoxe de M. Alfred de Vigny, par une fin de non-recevoir. « Qui est mort a tort, » dit le proverbe ; à plus forte raison : « Qui se tue à propos d'une pure déception littéraire, ou pour les beaux yeux de la femme de son voisin, est purement un lâche ou un sot ! »

Notez bien qu'au nom de ce Chatterton suicide et déclamateur, la bourgeoisie était insultée ; ils la déclaraient absurde, abominable, impie ; haro sur le bourgeois ! Le bourgeois est l'*exploiteur !* En même temps, haro sur le mari ; comment donc, voici un brave homme qui devient, bel et bien, le mari légitime de Ketty Bell ; il lui donne une bonne maison, de beaux habits, de jolis enfants, et parce que ce brutal défend sa femme et sa maison, contre les attentats d'un petit monsieur qui fait des vers, vous le traitez de Turc à More !

C'était pourtant l'éloquente et touchante Dorval qui prêtait sa grâce et son charme à ces paradoxes. Elle en était l'âme et la vie ; elle en était la finesse et la force. Elle était vraiment créatrice, inspirée, et semblable aux plus charmants fantômes que vous ayez entrevus dans vos rêves d'autrefois.

Ce petit Chatterton, pour qui la France a versé, comme on dit, *toutes les larmes de son corps*, était le petit-fils d'un sacristain de village ; son père était mort quand il vint au monde ; mais il eut, pour l'aimer et pour l'élever, trois bonnes femmes, sa vieille grand'mère, sa mère et sa sœur. Ainsi entouré de tant de sollicitudes réunies, cet enfant fut plus heureux que bien des riches. Il commanda, de bonne heure, à ces trois femmes, qui étaient ses trois servantes. Quand l'enfant consentit à entrer à l'école, sa bonne mère le plaça à l'école des pauvres de Carlston. Là il apprit à lire, à écrire, la musique, le dessin, de quoi être heureux et honnête homme. Au sortir de l'école, il entra chez un procureur, nommé Lambert. Ce Lambert était un bourgeois très-positif, qui dressait messieurs ses clercs, comme il avait été dressé lui-même, les faisant dîner avec sa servante, et coucher au grenier avec les domestiques de la maison. C'était l'usage. Un bon clerc, un bon apprenti, un docile élève n'était pas déshonoré, en ce temps-là, pour avoir battu les habits, ou ciré les bottes de son patron.

A la même époque (ou peu s'en faut), un homme qui avait bien de l'esprit, et qui s'était fait le héros de la plus admirable tromperie et la plus permise dont le monde littéraire ait jamais été la dupe, Macpherson, un de ces méconnus que le public ne voit pas tout de suite (il ne voit que ce qui est en lumière), composait, à l'aide de quelques vieilles chansons de bonne femme, ces poëmes enchanteurs d'Ossian, que l'empereur Napoléon, qui ne s'y connaissait guère, admirait, de bonne foi, comme le chef-d'œuvre de l'esprit humain, et qu'il eût enfermés, volontiers dans la cassette à la clef d'or qu'Alexandre le Grand réservait à l'*Iliade*.

Aussitôt l'Écosse, l'Angleterre et l'Irlande, se prosternent aux pieds du *barde*, et répètent les chants nuageux de cet Ossian, voisin d'Homère. Cette admirable supercherie avait donc réussi, au delà de toutes les espérances du poëte, et de ce succès même vint l'idée au jeune Chatterton, de révéler au monde étonné, et charmé, quelque poésie antédiluvienne, et d'être, à son tour, le Macpherson de quelque Ossian inconnu.

L'insensé! Comme si le succès même du premier mensonge poétique ne devait pas nuire aux mensonges à venir! Chatterton inventa donc Rowley, le poëte du moyen âge. Ce Rowley était, à en croire le jeune clerc de procureur, un ancien moine de l'église de Bristol, dont il aurait retrouvé les papiers, dans un vieux coffre de l'église de Radcliffe. Il y avait de tout, dans ce coffre enchanté : il y avait des tragédies, il y avait des élégies, il y avait des poëmes et des légendes, et des sermons, et des énigmes, restes vénérables de la langue ancienne. Chatterton avait recomposé les pastiches saxons, à peu près comme M. Paul-Louis Courier a traduit le premier livre de Longus, en imitant de son mieux, la langue ingénue et savante du traducteur de Plutarque, Amyot.

Certes, de ces sortes de tricheries en vieux français, nous n'avons pas manqué, depuis Paul-Louis Courier. L'imitation a même été si loin, que l'on a confondu pêle-mêle, et sans égard pour personne, la langue de Rabelais et celle de Montaigne, la langue de Régnier et celle de Malherbe. Ainsi le héros de M. de Vigny, Chatterton, composa les vieux poëmes saxons et les refit mot à mot, pour ainsi dire, et sans génie, en lisant Chaucer et les vieux poëtes, en soulignant tous les mots hors d'usage, en copiant toutes les tournures dont on ne voulait plus; si bien que tout le XIVe siècle anglais y passa. Surtout, ce qui l'encourageait dans ce travail de mosaïste infime, c'était la merveilleuse crédulité de plusieurs honorables de sa ville natale, et entre autres du fameux M. Cutcott et de l'intelligent M. Barett. L'un était le premier potier d'étain, et l'autre le meilleur chirurgien de la ville ; dans leurs moments perdus, ils étaient antiquaires, celui-ci et celui-là, et partant, exposés à l'erreur. Chatterton, profitant de leur passion d'antiquaires, vendait aux deux amis, tantôt un drame et tantôt une ode de son « vieux Rowley. »

C'est ainsi qu'il leur a cédé, à fort bon prix, il est vrai, *OElla, Godwin, la Bataille d'Hastings.* Il a poussé si loin l'exhumation du vieux Rowley, qu'il a vendu à M. Cutcott, grand amateur d'autographes, la *copie authentique du vieux château de Bristol.* M. Cutcott trouva qu'en effet le vieux château de Bristol ne ressemblait à aucune architecture, et notre homme de rester bien étonné. Walter Scott a oublié ce trait-là, dans son roman de *l'Antiquaire.*

C'est ainsi que ce jeune bohémien a vécu jusqu'à seize ans et quelques mois. Il passait le jour dans l'étude de son patron, la nuit venue il feuilletait les vieux livres, imitant, copiant, *plagiant* et vendant à M. Cutcott, ce que ne voulait pas acheter M. Barett. Son biographe ajoute que notre poëte aimait à se promener dans la campagne ; il paraît aussi qu'il se plaisait beaucoup dans la société des jeunes amies de sa sœur, miss Chatterton. C'étaient, pour la plupart, de jolies filles qui vivaient de peu ; heureuses et gaies comme on l'est à quinze ans ; toutes prêtes à aimer qui les eût aimées. Mais M. Chatterton était déjà un trop grand homme, et réservé à de triomphantes destinées, pour aimer des grisettes ! Une petite fille à ce grand poëte... Ah ! fi !

Si vous trouvez qu'en effet voilà un génie oublié trop longtemps chez le procureur, prenez patience, il arrive à celui-là ce qui est arrivé à tous les gens d'avenir qui ont passé chez les procureurs. Or, à ce propos, les a-t-on assez insultés, ces dignes procureurs ? Leur a-t-on assez reproché d'avoir méconnu la poésie et les poëtes ? Si pourtant messieurs les procureurs pouvaient se défendre contre tant d'accusateurs acharnés, il me semble que je les entends d'ici, qui s'écrient : —Au diable vos poëtes ! Si nous n'avions que ceux-là dans nos études, nous serions bientôt morts de faim ! Vos poëtes ! Ils ne sont bons qu'à manger notre pain, à brûler notre charbon, à gaspiller notre papier timbré !...

Messieurs les procureurs auront beau dire, il est démontré sans réplique, à tout jamais, que ceux qui ont tué les poëtes et la poésie dans ce bas monde, ce sont ces damnés de procureurs.

Avant de se hasarder sur cette *mer remplie d'écueils*, qu'on appelle Londres, notre poëte, qui calculait assez bien toutes ses folies, voulut prendre ses précautions d'avance. Il choisit pour son protecteur Horace Walpole, un de ces Anglais francisés qui revenaient dans leur patrie, tout remplis des doctrines de l'*Encyclopédie*, après s'être frottés de leur mieux, à Voltaire, à Diderot, à d'Alembert. Chatterton envoyait à Walpole un poëme de son fameux moine Rowley, et le nom de plusieurs grands peintres saxons dont nul n'avait entendu parler. Mais cette fois, le poëte n'avait plus affaire à M. Cutcott..... Lord Walpole reconnut la ruse au premier coup d'œil; et, mécontent d'avoir été pris pour une dupe, il renvoya au faussaire son fameux poëme, avec quelques mots très-sensés sur les vanités de la poésie; en même temps il le congédiait avec un souverain mépris. Horace Walpole a chèrement payé sa clairvoyance et ses bons conseils. Chatterton ne l'a pas oublié, non certes, dans ses pamphlets de chaque jour.

Mais les affronts n'étaient pas faits pour retenir notre faussaire, et le voilà qui s'en va à la conquête de Londres, léger vêtu et tout chargé d'espérances. Il dit adieu à sa mère, à sa vieille bonne grand'mère; il embrasse, une dernière fois, les jolies filles qu'il ne devait plus revoir, et tout rempli de ses futures grandeurs, il s'assied sur l'impériale de la diligence, en homme appelé à tous les genres de triomphes. Il faut vous dire qu'il s'était fait précéder, à Londres, par une satire violente contre la princesse douairière et contre les plus honnêtes gens de la ville de Bristol. Comment les bourgeois de Bristol et la princesse douairière se trouvaient-ils réunis dans la même satire? On ne peut le demander qu'au moine Rowley.

Ceci se passait en 1770, une de ces époques malheureuses où le passé n'est plus, où le présent n'est pas encore. Tout est brisé, rien n'est reconstruit. La chose publique obéit au hasard; elle va, parce qu'elle est la chose publique. Pas un homme n'est à sa place, en ces temps misérables, et voyez la lutte entre ces ambitions, celui-ci pour monter, celui-là pour ne pas descendre!

Cependant la nation est inquiète et mal à l'aise; la nation ne sait plus, à cette heure, ce qu'elle veut, tant elle a voulu de choses étranges, depuis tantôt cinquante années. De pareilles époques sont fécondes en grands hommes avortés, en talents impuissants, en révolutions inutiles, en médiocrités de tout genre. Le pamphlet y joue un grand rôle, et l'insulte y domine. En ces tristes moments, l'injure est partout, la calomnie est partout; car toutes ces injures contre les hommes ont un certain côté qui est vrai. Ce côté-là, c'est la passion, c'est l'ambition, c'est la vengeance. Heureusement que de pareilles incertitudes, dans les peuples et dans ceux qui les gouvernent, ne sauraient durer bien longtemps; elles feraient d'une nation un peuple de honteux biographes et de trembleurs.

Ce malheureux Chatterton, une fois à Londres, se mit à tailler sa plume, à la façon des bandits de la plume; il voulut savoir de quoi donc il s'agissait? Il s'agissait de tout, et de bien d'autres choses. C'est pourquoi il écrivit de toute chose. L'Angleterre était inondée en ce temps-là, plus encore qu'elle ne l'est aujourd'hui, de toutes sortes de publications, pour et contre le gouvernement. Dans ces feuilles volantes qu'il fallait remplir absolument, le premier venu était le bien venu, pourvu qu'il eût beaucoup de venin, beaucoup de fiel, et même un peu de style. En vain Addison, dans *le Spectateur*, avait donné le premier exemple de la modération, du goût et de l'atticisme, les *Magazines* étaient bientôt revenus à un style plus facile. On se jetait l'injure à pleines mains; or rien n'est plus vite usé que l'injure et la diffamation. Chaque pamphlétaire, ici-bas, nous parlons des plus féconds, ne possède en sa petite vésicule qu'une certaine dose de fiel et de calomnie... Au bout de huit jours, ce malheureux a montré le fond de sa poche, il est percé à jour.

Voilà pourquoi il est nécessaire que tous les six mois, la grande armée des insulteurs publics se renouvelle, ou bien elle expire au débotté, sous le ridicule et sous l'ennui. A ces causes, le nouveau débarqué de Bristol devint tout de suite, un personnage. Il s'installa sans peur, dans le corps des beaux esprits de la ville de Londres, et il passa bel-esprit, beaucoup plus facilement qu'il n'eût été cordonnier. Quoi d'étonnant? Il était bouillant, impétueux, hardi, ignorant, sans conscience, et si bête qu'il ne respectait rien, absolument rien, de ce qu'il faut respecter! Cependant les bêtes à venin sont toujours un objet de curiosité et de terreur, et de même que l'on regarde un reptile, on va s'arrêter pour étudier un biographe... On se mit donc à regarder l'inventeur du moine Rowley; on faisait cercle autour de ce niveleur de bas étage; on l'écoutait, on l'applaudissait, on imprimait ses bons mots, et quelquefois un autre en avait l'honneur : *Tulit alter honores*. Il y avait de quoi perdre, à ce métier, une tête plus forte que la tête de ce pleutre — et la tête se perdit!

Ne croyez pas, à ce propos, que j'accable ici sous le mépris qui leur revient, ces pauvres petits diables de scorpions, peu venimeux, que chaque province envoie à chaque capitale, et qui viennent déposer, incognito, leur humble ordure, contre tout ce qui est en ce monde la fortune, la beauté, le génie et la puissance. Il faut leur pardonner, par la raison sans réplique : *ils ne savent pas ce qu'ils font!* Il faut leur pardonner, parce qu'ils n'ont pas la conscience de leur propre malice; ils ont faim; la faim est mauvaise conseillère, et, disait Chamfort à M. de Choiseul, la calomnie est un mal sans remède; *elle se vend bien*, c'est pourquoi il y aura toujours des calomniateurs. Enfin, il faut pardonner à ces malheureux, par la considération que voici : Ceux qui ont précisément quelque chose dans la tête, dans l'esprit et dans le cœur, finissent toujours par se repentir, par expier leur passé, à force de courage et de bon style.

Que de fois je me suis figuré l'un de ces acharnés et inviolables Juvénals, assis à une table bien servie, dans une bonne maison, avec d'honnêtes gens bien élevés, qui l'écoutent parler, et qui encouragent, d'un sourire clément, ses moindres saillies! A la fin du repas, notre homme, étonné de se voir traité comme un galant homme, se hasarde à demander : — Quel est ce monsieur qui m'a offert si souvent du vin de Bordeaux? — C'est le ministre de l'intérieur, ce grand voleur que vous persécutez! — Et celui-là qui m'a laissé la parole une grande moitié du dîner? — C'est ce grand orateur du gouvernement que, chaque matin, vous traitez de hâbleur et de bavard. — Et cet autre aussi qui donnait le bras à cette vieille dame, qu'il entourait de tant de respects? — Celui-là est, justement, ce célèbre libertin, dont vous avez raconté les orgies il n'y a pas huit jours.

— Quelle est donc cette dame, avenante et si polie, qui m'a reçu avec tant de bonne grâce et d'abandon? — Eh quoi! ne le savez-vous pas? mais c'est justement l'horrible mégère que vous avez surnommée *la Messaline!* Telle fut, à peu près, l'histoire de Chatterton dans la ville et dans les meilleurs salons de Londres. Il avait commencé par insulter dans ses feuilles les plus puissants, les plus heureux, les plus habiles; il finit par se repentir de ces outrages impuissants. Hélas! c'est toujours la raison de ce pamphlétaire à M. le régent : — *Il faut bien vivre, Monseigneur!* Et c'est une juste réponse à faire à ces pauvres diables : — *Je n'en vois pas la nécessité.*

De ce train-là, et seulement en lui supposant quelques-uns des bons sentiments que tout homme apporte en naissant, il était impossible que Chatterton pût mener, bien longtemps, cette horrible vie, entre la haine et le dégoût. Il ne pouvait pas manger plus longtemps le pain noir de la calomnie et du blasphème. Absolument il fallait ou mourir ou changer. Il aima mieux mourir, c'était plus facile; il aima mieux mourir, c'était une façon d'en finir tout de suite avec le mensonge, avec la haine, avec la mendicité, avec l'argent déshonoré des pamphlétaires, avec la pitié des honnêtes gens. Ce fut l'affaire de quelques grains d'arsenic! Ah! ce n'est pas lui qu'il faut plaindre, plaignons sa mère, sa vieille grand'mère et sa sœur; plaignons ces trois femmes qui aimaient cet ingrat, et qui lui auraient pardonné de tout leur cœur, s'il était revenu naïvement à ces bienfaitrices de sa jeunesse, en leur disant : Pardonnez-moi, j'ai calomnié, j'ai menti pour vivre, et j'ai déshonoré, profondément, le nom de mon père... pardonnez-moi, en faveur de ma jeunesse, en faveur de mon repentir!

Telle est cette abominable histoire. Un jeune homme appelé M. Javelin Pagnon a traduit et publié, en deux tomes, ce qu'il appelait les *OEuvres de Chatterton*. Dans ces deux volumes, je n'ai rencontré que des esquisses incomplètes, des chapitres sans portée, de mauvais articles comme en impriment les journaux sans lecteurs. Toutes ces pages acrimonieuses, d'une gaieté suspecte et d'un atticisme douteux, sont au-dessous de la plus simple critique. La satire de ce Chatterton est brutale, inélégante, dépourvue à la fois d'esprit et de loyauté.

La tendresse manque en ses poésies d'amour. Quant aux poëmes saxons, le poëte, il est vrai, s'y montre un peu plus, mais sous un jour défavorable, attristé par le mensonge. On trouve dans tout ceci, quelque chose de guindé et de faux qui sonne mal. Par pitié pour vous et pour vos lecteurs, n'ôtez jamais l'inspiration de vos poésies! Soyez vous-même, avant que d'être un autre homme; écrivez dans la langue de votre père, et non pas dans le patois de vos aïeux!

Et maintenant, que le lecteur se demande à lui-même, si avec un pareil héros, dévoré d'envie et d'orgueil, avec ce jeune homme insensé, qui meurt de la mort volontaire, après avoir mené, pendant six mois, la vie abominable du pamphlétaire, il n'y avait pas un drame empreint de vérité, de tristesse et des plus salutaires enseignements?

Telle était cependant l'émotion de ces soirées littéraires; ainsi se comportait chacune des œuvres de ce magnifique instant de l'art dramatique moderne; voilà pourtant dans quels courants poétiques madame Dorval était lancée! Elle allait, elle venait, infatigable, et du drame au roman, de la plus vile prose aux plus beaux vers, de la tragédie au mélodrame, et de M. Victor Ducange à M. Victor Hugo. Et, pâle, étiolée, affaissée, épuisée, elle allait toujours. Tantôt elle demandait, à grands cris, un nouveau rôle; impatiente, elle dévorait l'espace et ne rêvait que l'impossible! Un autre jour, elle était si découragée et si malheureuse, qu'elle voulait mourir. Tenez, la voici qui revient de quelque frontière où elle a joué, convulsivement, tous ses rôles. Hélas! la malheureuse! elle n'en peut plus! Eh! grâce! eh! pitié!

Elle avait laissé, disait-elle, en ces mauvais sentiers, sa coupe et son sceptre, son chapelet et son éventail, son âme et son cœur. Hélas!... l'excès même de cette âme en peine, et l'abus de ces spasmes intimes ont anéanti cette infortunée. Elle criait grâce! et merci! Pitié! pitié! Vaine espérance, efforts inutiles! Toujours la même coupe à vider, toujours les mêmes abîmes à franchir! Kitty Bell, Léonor, lady Seymour, la comtesse d'Alskemberg..... Un jour enfin, comme elle ne savait pas s'arrêter, et qu'elle n'acceptait pas de limites à ses propres domaines, elle voulut passer dans les domaines de mademoiselle Rachel et jouer *Phèdre*. Et, le croiriez-vous? entre Racine et Pradon, Kitty Bell n'hésita pas; elle joua d'abord la *Phèdre* de Pradon, et la vraie *Phèdre* ne vint que plus tard.

Or, il faut que nous parlions ici de l'une et l'autre *Phèdre*. En ces recherches qui s'adressent à peu d'esprits, à peu d'oisifs, la variété est nécessaire, une idée amenant une autre idée, à la façon des affiches qui annoncent les spectacles de chaque jour.

Pradon doit à sa *Phèdre* une immortalité cruelle, ou plutôt il la doit à la cabale violente contre Racine, dont cette pièce malheureuse fut l'occasion et le prétexte. Au reste, il faut avouer que si cette cabale était injuste et folle, elle fut établie sur le plan le plus vaste que l'amour-propre d'un poëte manqué ait jamais pu concevoir. Tousser, crier, siffler, interrompre et quitter la salle au milieu d'un acte, voilà, jusqu'à la *Phèdre* de Pradon, tout ce que les ennemis les plus ingénieux d'un poëte avaient trouvé de mieux; mais dépenser quinze mille francs, louer toutes les loges pendant cinq représentations uniquement, pour les laisser vides, cela touchait au sublime de la haine et de l'envie.

En même temps, voyez quels étaient les cabaleurs; comparez-les, aux misérables petits *opposants* d'aujourd'hui. Dans le camp de Pradon : la duchesse de Bouillon, le duc de Nevers, madame Deshoulières et les débris les plus précieux du précieux hôtel de Rambouillet. Dans le camp de Racine : le prince de Condé, suivi des Nantouillet, des Fiesque, des Manicamp, enfin, toute la noblesse de France au parterre, ardente, sur ce nouveau champ de bataille, comme aux plaines de Lens et de Rocroy. Brillante époque pour les lettres; on ne lui pourrait comparer que nos dix-huit années de la révolution de Juillet.

Cette fois encore (et c'est un des priviléges de l'art français), la victoire resta au bon sens, au bon goût, au génie, et partant cette victoire de Racine sur Pradon, fut presque aussi funeste au victorieux qu'au vaincu. Dégoûté par la cabale, et par ces cruautés sans excuse et sans nom, Racine abandonna le théâtre, et consuma, dans de stériles travaux, ces douze irréparables années où l'esprit est jeune encore, avec patience, éclat et maturité.

Il fallut, plus tard, une volonté à qui toute chose obéissait, pour ramener l'auteur d'*Esther* et d'*Athalie* à une autre scène que son génie illustra sans doute, mais où les grandes passions du cœur humain, l'amour, l'ambition, la haine, dans leurs fureurs, c'est-à-dire les passions vraiment dramatiques, ne pouvaient trouver place. Quant à ce misérable Pradon, de cette lutte où il avait été l'instrument des plus misérables vanités, il n'a recueilli qu'un souvenir ridicule et presque odieux.

C'est bien fait : les impuissants sont sans excuse, aussitôt qu'ils deviennent un obstacle au mérite, au talent, au génie, à la fécondité. C'est bien fait ! Et madame Dorval elle-même fut châtiée à bon droit, lorsqu'en plaisantant, elle nous fit supporter, pendant une heure, les platitudes et les fadaises de ce bellâtre :

> On aime cependant, et l'amour est si doux !
> La nature, en naissant, le fit naître avec vous.

La belle chose à entendre et les belles choses à déclamer, au moment où nous étions remplis de l'éloquence et de l'amour d'Hernani et de dona Sol !

Cependant, malgré ces belles choses que Phèdre lui débite, Hippolyte est insensible, et Phèdre, semblable à madame Putiphar, est en train de se lamenter sur ses amours méprisés, lorsque revient Thésée, amenant, ou plutôt ramenant ce farouche Hippolyte. Ici le Thésée est une espèce de diplomate expliquant, à qui veut l'entendre, l'établissement et la conservation du pouvoir dans la ville d'Athènes, au grand étonnement d'Hippolyte, qui se figure encore que son père était allé, avec son digne ami Pirithoüs, pour visiter l'empire des morts. — Non, mon fils, reprend Thésée, et ce n'est pas avec toi que je ferai le matamore et le charlatan :

> Du reste des humains je distingue Hippolyte;
> A cent autres j'ai peint le Styx et le Cocyte,
> La flamme et les horreurs de ces fleuves ardents
> Et la sombre pâleur de leurs mânes errants;
> Mais je crois vous devoir un récit plus sincère,
> Votre esprit est guéri des erreurs du vulgaire.

Et ce récit, qui termine le second acte, est celui de l'expédition contre Pallas l'usurpateur.

Voici cependant les situations principales du troisième acte : Phèdre, qui commence à deviner la passion mutuelle d'Hippolyte et d'Aricie, n'épargne pas les menaces à sa rivale. Troublée qu'elle est déjà par ce soupçon, une autre événement ajoute à sa crainte et à sa fureur. Thésée lui annonce qu'il veut unir Aricie et Hippolyte; et la chose est convenue avec le père d'Aricie : ainsi le veut la *raison d'État.*— Ce mot : *raison d'État*, semble assez plaisant dans la bouche de Thésée; quant à Phèdre, qui n'entend rien à la diplomatie, elle prend vite son parti. Aussitôt que le roi l'a quittée, elle fait appeler Hippolyte; après quelques phrases un peu obscures, elle lui déclare son amour, mais là, en termes formels. Hippolyte, en fils vertueux et qui aime une autre femme, repousse, comme il doit, cette déclaration. Phèdre alors jure hautement de se venger!

Bientôt nous revoyons Thésée; il est furieux. Phèdre lui a traîtreusement rapporté qu'Hippolyte osait l'aimer et le lui dire. Cependant, comme l'amour est rentré dans son cœur, comme elle redoute la vengeance de Thésée, elle revient, et cherche à calmer un peu le courroux de ce père au désespoir. Alors Thésée est incertain; il sort pour penser aux résolutions qu'il doit prendre, et quand il reparaît, plus d'espoir, plus de salut pour Hippolyte. Son père le trouve aux genoux de Phèdre. Or, pourquoi était-il aux genoux de Phèdre? c'est que Phèdre, hostile à tout ce qui l'entoure, a fait enfermer Aricie, et veut qu'elle périsse. Hippolyte, aux pieds de Phèdre, implorait la grâce de sa chère Aricie, lorsque son père est entré. Expliquer ce mystère à Thésée, serait chose assez longue et difficile, d'autant plus qu'il ne veut rien entendre, et qu'il congédie son fils, avec l'invocation obligée à Neptune.

Il est bien entendu qu'au cinquième acte de Pradon (seulement on y voit encore Phèdre haletante après Hippolyte, et cet acte ressemble au dernier acte de Racine): Hippolyte périt du même supplice, également inévitable; il meurt, traîné par ses chevaux qu'un monstre a effrayés. Idas, comme Théramène, vient faire le récit de sa mort. Malheureusement, Idas ne parle pas tout à fait le même langage que Théramène. Il faut savoir aussi que Phèdre n'est pas rapportée expirante sur le théâtre : elle s'est tuée, quand elle a vu expirer Hippolyte.

Certes, à la raconter, la *Phèdre* de Pradon n'a rien qui choque le bon sens. Tout cela va sans trop gêner le poëte, et sans plaisir pour qui l'écoute. Tel est aussi le dialogue. Si vous admettez que

Thésée, Phèdre, Hippolyte, ne sont point le Thésée, et la Phèdre, et l'Hippolyte entrevus par Euripide, et que Racine a créés ; s'ils sont pour vous, tout simplement, un bourgeois qui se remarie, une belle-mère qui aime son futur beau-fils, un fils sincèrement amoureux de sa jeune voisine, et s'il vous suffit — pour que ces gens soient conséquents avec eux-mêmes — qu'ils parlent entre eux sans élévation d'idée et de caractère, dans un style médiocre et clair, sans élégance et sans emphase, aussitôt vous avez un petit drame ingénu, bourgeois, et bête à plaisir. Si bien que le jour stupide où le public, obéissant aux volontés de madame Dorval, se rendit au spectacle de cette *Phèdre* à la Pradon, le public pensait qu'il s'amuserait très-fort de ces folies, et fut parfaitement désappointé en se trouvant, tout simplement, en présence d'une comédie à la façon des Arnauld et des Luce de Lancival ; à peine s'il eut le loisir de sourire, une ou deux fois :

> Gloire, honte, dépit, douleur, rage, pitié,
> Raison, haine, fureur, jalousie, amitié,
> Tous déchirent mon âme, etc.

et de rire. Il est vrai que Corneille emploie assez fréquemment cette énumération de substantifs, mais il est le grand Corneille. Il y eut aussi un passage qui fit rire ce même public :

> THÉSÉE.
> Fils ingrat ! tu demeures stupide¹ !

Mais, depuis *Hernani*, le parti était pris de rire d'un mot ancien, d'un mot énergique et bien fait, que nos maîtres n'ont jamais employé dans le sens de *sot*, de *bête* et *d'idiot*.

> Vieillard stupide..... il l'aime !

avait dit M. Victor Hugo.

Ainsi, Pradon lui-même était ridicule, mais il n'était pas un

---

1. Vieillard stupide..... il l'aime !

Et voilà comment M. Victor Hugo, lui aussi :

> D'un mot mis à sa place enseigna le pouvoir.

imbécile; les amateurs ont retenu quelques vers de ce Pradon, qui sont vraiment assez jolis. Songez cependant en les lisant, qu'il ne s'agit pas de la tragédie grecque, mais de sentiments bourgeois, annoblis par l'hôtel de Rambouillet; ce sont des vers, écrits sur l'*Album* de Julie d'Angennes; car cette cruelle invention de l'*Album*, compte et date de plusieurs siècles.

Phèdre, en ce moment, raconte à sa confidente, Aricie, comment elle avait fait languir tant de princes de la Grèce, et comment, en voulant subjuguer le superbe Hippolyte, l'amour a triomphé de son cœur :

> Mais, dieux ! nous méprisons les conquêtes faciles;
> Nous voulons ébranler les cœurs les plus tranquilles,
> Et c'est le piége adroit où l'amour nous surprend,
> Quand il arme nos yeux, contre un indifférent;
> Par orgueil on veut vaincre, on s'attache, on s'oublie,
> En voulant l'attendrir, on se trouve attendrie,
> Notre fierté commence à nous abandonner,
> Et l'on prend de l'amour, lorsqu'on croit le donner.

Cet effort de Pradon ressuscité par madame Dorval, fut un effort malheureux... La tentative de la *Phèdre* de Racine, fut une tentative avortée. On voulut voir, cependant, si le drame moderne avait rendu les armes à la tragédie antique? Hélas ! c'était triste à voir, cette désespérée, abandonnant le toit qui l'abritait, les dieux qui la protégeaient, les autels où elle brûlait son encens..... Son toit est effondré, les dieux sont muets, sur leurs autels renversés. Madame Dorval convenait, en jouant Hermione ou Phèdre, que cette fois enfin elle était vaincue..... « Ou dessus, ou dessous », disait la mère spartiate à son fils, en lui donnant son bouclier.

Donc nous l'avons vue (il me semble que c'était hier) cette éloquente Dorval, la souveraine du drame, tenant par la pointe son poignard émoussé, offrir humblement cette lame inerte à la tragédie, et la tragédie à peine a daigné toucher, d'une main dédaigneuse, cette arme émoussée. Eh quoi ! lorsque, de toutes parts, cette femme est traquée; à l'heure où son théâtre est renversé, où son drame est en lambeaux, où ses poëtes, accablés comme elle, et pour les mêmes excès, sous le fardeau des mêmes drames, ne savent plus, comme elle, et que faire et que devenir, elle s'en vient demander asile à la tragédie! Elle s'abrite dans une ruine! Elle se cache dans une tour démantelée! La protection de la tragédie! Elle a bien de la peine à se protéger elle-même, la tragédie! Elle se meurt, elle est morte! Pour une espèce de lueur sépulcrale, phosphore d'un instant, sortie de ce cadavre, c'était bien la peine de venir s'agenouiller, devant elle, en demandant grâce et pardon!

A coup sûr, si la tragédie était en effet vivante, si elle était forte, si le peuple souverain ne voulait plus entendre que cela, s'il était vrai que le public moderne se soit jamais réellement intéressé à *Phèdre*, à *Bajazet*, à *Iphigénie*, à *Polyeucte*, à tous ces héros que le galvanisme a fait marcher une heure, on comprendrait la tentative et le beau désespoir de madame Dorval, on saurait par quel raisonnement elle a été poussée.

Le public, se sera-t-elle dit, veut de la tragédie; il ne veut plus entendre, il ne veut plus voir que des tragédiennes : donc soyons une tragédienne! Dieu merci! nous avons, en nous-mêmes, la passion, la douleur, la pitié, tout ce qui fait les grands artistes. Allons, çà, plus de haillons, plus de cheveux qui tombent, plus de gestes pathétiques, plus de cris, plus de drame échevelé! Veillons sur nous-même; ressemblons, autant qu'il est en nous, à quelque belle statue antique : les traits immobiles, un visage de marbre, les lignes froides et sévères, le profil de la Niobé.

Soyons, sérieusement une tragédienne; prenons le manteau de pourpre et d'or; ceignons le bandeau royal; attachons, s'il se peut, à nos épaules rebelles, la tunique flottante; chaussons le brodequin solennel, nous, la grisette de l'art dramatique, qui cheminions à pied, et par tous les orages, et par tous les amours!... Un pareil raisonnement, dans l'âme et dans l'esprit de madame Dorval, tout le monde l'eût compris, si, véritablement, la tragédie eût existé... Mais la tragédie, en ce temps-là, vous ne la trouviez plus nulle part, sinon dans un pli du manteau de mademoiselle Rachel!

Que vous dirai-je aussi de cette représentation de la *Phèdre* de Racine, qui n'ait été une affliction profonde? Madame Dorval a dépensé, ce soir-là, en pure perte, la plus vive intelligence qui se soit produite au théâtre. Elle s'est livrée à des efforts incroyables. Elle a tourné, tant qu'elle a pu tourner, autour de cette éloquence rhythmée, autour de cette passion contenue en ces bornes étroites.

autour de cette énigme inexplicable; elle était comme un lion qui cherche sa proie à dévorer, *quærens quem devoret*, et elle ne trouvait rien qui pût apaiser sa faim dévorante! Qu'elle était à plaindre! et que son étonnement était immense!

Vous savez tout ce premier acte de *Phèdre*..... il ressemble à un récit poétique? Eh bien! elle a dit ce beau vers :

Ah! que ne suis-je assise à l'ombre des forêts!

avec toute l'inspiration qui était en elle; mais dans ces vers qu'elle disait avec tant de véhémence, son inspiration personnelle n'est pas entrée, et l'inspiration est retombée, de tout son poids, sur ce cœur désolé. Le vers de Racine veut être dit, avant tout, d'une voix sonore et pure, au milieu des plus douces et des plus limpides clartés. C'est une mélodie empreinte de ces accents divins dont l'oreille, enchantée et ravie, ne veut rien perdre. Les étouffements et même les *hennissements* de la passion, ne sont pas permis à qui récite ces beaux vers; il ne faut pas les jouer, il ne faut pas les dire, il faut les réciter; si l'oreille est satisfaite, à la bonne heure, et l'esprit n'a plus rien à demander. — Ce sont là des mystères trop simples, pour qu'ils n'eussent pas échappé à madame Dorval. Jamais, avec vos raisonnements les plus habiles, vous n'auriez fait comprendre à cette audacieuse, à cette emportée, à ce cœur enivré jusqu'au délire, de sa propre passion, à cette âme à demi folle de sa propre douleur, un art dramatique ainsi fait, qu'il faut, avant tout, que le comédien destiné à souffler sa fièvre à toutes les âmes d'alentour, reste froid, immobile et maître absolu de soi-même, esclave obéissant d'une poésie à demi chantée, à demi déclamée.

Aussi bien, madame Dorval (elle n'était plus jeune, elle n'était plus belle, et la vulgarité même était empreinte sur son visage dévasté) est-elle sortie de sa première scène, abattue et découragée, et s'avouant, déjà vaincue! Eh! c'était bien la peine, hélas! de venir combattre, et chercher sur son terrain même, la superbe, éclatante et victorieuse Rachel! En tout ceci, le grand malheur de madame Dorval, c'est d'avoir voulu mettre dans une tragédie de Racine, tout ce qui était en elle, et tout ce qu'elle avait d'irrésistible : sa passion, sa fureur, sa douleur, ses amours, ses rêves, son idéal. La tragédie de Racine n'a pas été écrite et composée, pour être livrée à cette interprétation furibonde.

Madame Dorval n'avait pas assez regardé les *Deux lutteurs*, ce chef-d'œuvre de la statuaire antique. Ces deux lutteurs se frappent, de façon à se briser les vertèbres, cependant leur tête reste aussi calme, que s'ils cueillaient des lauriers roses sur les bords de l'Eurotas ; telle est l'image de la tragédienne accomplie : au dedans de l'âme, des violences ; le plus grand calme, un dédain amer, et le sang-froid, au dehors.

Au moins, on attendait madame Dorval, à la scène du second acte, à la déclaration d'amour. — Ceux qui attendaient ainsi, ne savaient guère ce que valait le talent de l'illustre comédienne. Le talent de madame Dorval, c'était la vérité. Elle disait vrai. Point de détours, aucune emphase ! Indiquez-lui un sentiment, elle l'exprimera en toute simplicité. C'est ainsi qu'elle n'a reculé devant aucun des excès de Marion Delorme, ou de la maîtresse d'Antony. Dans ces rôles difficiles, elle n'hésitait pas, elle ne se troublait pas ; elle ne cachait rien ; elle suivait le drame, ou bien elle l'emportait avec elle, quand il n'allait ni assez loin, ni assez vite. — Au contraire, quand Phèdre s'écrie :

> Oui, prince, je languis, je brûle.....

Phèdre dissimule encore, elle ne dit pas toute sa pensée. Elle se cache, à elle-même, l'aveu qui lui échappe ; elle agit comme la tragédie correcte doit agir ; mœurs, sentiments, passions, amours tragiques, tout cela c'est un monde nouveau, pour un cœur, élevé dans le drame. Hélas ! notre pauvre et chère Dorval, comme elle arrivait, haletante, de ses domaines turbulents et sans gêne, elle a été glacée en se trouvant, tout d'un coup, dans un monde où c'est un crime de frôler le manteau de la personne aimée, où c'est une chose impossible de toucher la main d'Achille, un monde où le beau langage et la métaphore élégante ne perdent jamais leurs droits, où il faut conserver une retenue merveilleuse, même dans les plus brûlants instants du délire amoureux. — Et vous appelez cette Phèdre une incestueuse, s'écriait madame Dorval ! Mais cet inceste, et ce feu ne valent pas, pour moi, le plus simple de mes plus honnêtes amours.

O disait-elle encore, ma scène de Ketty Bell! ô ma terrible imprécation d'*Angélo!* ô ma folie, en présence du sir de Ravenswood! ô toutes mes créations, touchantes et bien-aimées, quand j'étais la maîtresse de mon corps et de mon âme! ô mes beaux rôles de prose, et de passions sans frein! ô mon beau Frédérick, mon compagnon noir, où êtes-vous? où êtes-vous?

C'est ainsi que cette malheureuse et énergique créature, une fois qu'elle s'engrena dans les rouages de l'ancienne tragédie, a marché d'étonnements en étonnements. Comme elle cherchait la tragédie, avec tous les instincts du drame, comme elle avait conservé, précieusement, sa voix brisée, et son œil fauve, son corps souple et plié en deux, son regard touchant, son geste impétueux, toute son émotion intérieure, la tragédie eut peur de cette extraordinaire tragédienne, et s'enfuit épouvantée par ces transports inconnus. C'est qu'en effet, la tragédie de Racine habite des régions calmes et sereines; pendant que le drame se débat et s'agite sur la terre, la tragédie se pose, calme et majestueuse, sur les hauteurs de l'histoire et de la poésie!

Ne cherchez donc pas madame Dorval, dans la poésie et dans les amours de Racine: la tragédie était, pour cette emportée, une langue morte; elle la comprenait à merveille, elle ne pouvait pas la parler. Mais, avec soin, avec zèle, avec amour, cherchez madame Dorval dans le drame, en son domaine véritable: elle y vit, elle y règne, elle y est la souveraine, à qui rien ne résiste. Aussi bien, loin d'ici les tuniques, loin d'ici les manteaux, la couronne, le sceptre, les bandelettes flottantes. Plus que jamais, madame Dorval peut se dire à elle-même:

> Que ces vains ornements, que ces voiles me pèsent!
> Quelle importune main, en formant tous ces nœuds,
> A pris soin, sur mon front, d'assembler mes cheveux?

Donc, à son dam et préjudice, madame Dorval comprit enfin qu'elle s'attaquait à une œuvre de granit, et qu'elle ne l'entamerait pas. C'était l'histoire de cet éléphant de pierre que le voyageur doit transporter au sommet d'une haute montagne; une fois sur la montagne, l'éléphant pousse un grand cri, et le voyageur est proclamé roi! Madame Dorval avait gravi la montagne, mais en laissant l'éléphant de pierre, et sans rien emporter, rien, que son âme et son cœur, ses larmes et son désespoir !

Une fois donc qu'elle eut compris que ni du côté de Pradon, ni du côté de Racine, elle ne viendrait à bout du rôle de Phèdre, elle prit à partie un rôle possible ; elle s'adressa, tout simplement, à la création la plus brillante et la plus complète de mademoiselle Rachel, — à l'*Hermione* de Racine ! Avouez, que si c'était de l'audace, était-ce au moins une noble audace ! S'emparer ainsi du terrain de mademoiselle Rachel, à vingt ans, triomphante, adorée, entourée d'admirations et de louanges ! Tendre à ce but éclatant et lointain, quand soi-même on est brisée par les violences et par les excès du drame moderne, qui s'est emparé de votre beauté, de votre jeunesse, de votre esprit, de votre cœur ! Charger sa tête des chastes voiles de la tragédie antique ; couvrir son sein défaillant, du *peplum* athénien ; enfouir ses épaules délicates sous le manteau de pourpre, et, dans cet état inaccoutumé, lutter, désespérámment, contre celle-là qui porte si bien le sceptre et le diadème ! (Mademoiselle Rachel, tête naturellement couronnée, petite main vive et fière, et qui d'un geste obéit à la tragédie !)

Enfin, comment lutter contre cette puissance de la beauté, de la grâce, de la jeunesse, de la popularité surtout ? Par le dieu des miracles ! Il fallait que madame Dorval fût une femme hardie et d'un grand courage, de s'être ainsi précipitée au milieu de pareils hasards !

D'un grand courage, ajoutez : et d'un grand talent. Rien n'a pu l'arrêter dans sa tentative nouvelle, ni l'élégance royale d'Hermione, ni le chaste et correct langage qu'Hermione parle avec tant de grâce, ni le ton mesuré de cette intime douleur, ni cette attitude pensive et recueillie, un des grands charmes de l'art antique. — Il faut que j'arrive, ou que je meure à la peine, s'était dit madame Dorval... Hélas ! elle n'arriva pas même à ce but, qui reculait toujours ; elle s'était trompée, elle avait voulu passer par les chemins de mademoiselle Rachel.

Dans son désespoir de ce nouveau but, qu'elle avait manqué, elle prit la traverse, et, dans le palais même du fils d'Achille, elle arriva par la brèche, elle entra par la violence ; elle força toutes les portes, brisa toutes les consignes ; enfin, quand elle se crut dans la place envahie, elle s'abandonna à ses instincts.

A tout prendre (et tel était son raisonnement), la douleur et l'amour, c'est toujours de l'amour, c'est toujours de la douleur. Je ne suis pas l'Hermione en robe traînante, eh bien ! je serai l'Hermione en robe courte, et, pour peu que je montre aux spectateurs d'inspiration, d'énergie et de passion, ils n'iront pas me demander compte d'un geste de plus, d'un voile de moins. Si donc la tragédie existe en effet, dans cette histoire d'une fille grecque, dédaignée par le roi qu'elle aime, pour une Troyenne captive, pourquoi cette tragédie échapperait-elle, à moi qui ai composé les tragédies les plus pathétiques de ce siècle, à moi qui ai fait verser tant de larmes, avec des passions bourgeoises et des amours vulgaires ? Donc, faites-moi place en ce domaine des beaux vers et des grandes douleurs, c'est mon droit que je réclame, et nul ne peut me dire : — *Arrête-toi, sur ce seuil sacré !* Ce serait me punir d'avoir été, pendant quinze ans, l'actrice populaire et bien-aimée qui soulevait en vos âmes, ces âcres transports.....

Telle était la croyance intime de madame Dorval abordant la tragédie, et, véritablement, c'était justice de la suivre, même en ces folles tentatives.

Elle fut Hermione, à peu près comme elle avait été Phèdre; elle dépensa, à l'accomplissement de ce paradoxe, une incroyable activité, un zèle énorme, et tant de douleurs, et tant de larmes. Mais, premièrement, le rôle, et mademoiselle Rachel ensuite, étaient deux obstacles infranchissables à l'ambition de madame Dorval. A Dieu ne plaise ici que nous établissions un parallèle entre ces deux femmes, qui nous conduirait à une double injustice!

Mais, en fin de compte, on peut dire qu'avec ces deux femmes vous composeriez la comédienne idéale tant rêvée, et qui ne s'est jamais rencontrée sous le soleil. L'une, insolente et superbe, froide, impassible, et que rien ne trouble, et que rien n'abat; l'autre, assise sur un trône, elle se ressentirait de ses origines plébéiennes. Ardente, passionnée, irritable, irritée et toujours prête à se précipiter dans toutes sortes d'amours, de hasards, de désespoirs..... voilà l'autre ! Elle pleure à torrents ; elle gémit à tout briser, et jamais tant, et jamais d'une façon plus touchante, que sur les malheurs les plus vulgaires de la vie et des aventures de chaque jour. — L'une est la reine absolue, éclatante, incontestée; elle est Grecque, elle est Romaine; elle appartient à Périclès, à Louis XIV, à tout ce que les grands poëtes ont de plus sérieux, de plus contenu, de plus charmant..... l'autre était... une aventurière, une bourgeoise, une fille du peuple, une pauvrette, une mendiante, une échevelée, une sans gêne, une adultère, et pendant que la pourpre, est le seul habit que puisse et que sache porter sa rivale, elle n'est belle, éloquente et superbe que dans les plus abominables haillons. — Mademoiselle Rachel, à qui tout réussit, rien qu'à dire, avec sa majesté naturelle, les plus beaux vers des chefs-d'œuvre les plus rares;..... madame Dorval, qui vit en prose, et qui meurt en prose; dont la vie était un combat, dont chaque création était une bataille; — Rachel qui se dégage de la pauvreté, d'un geste tout royal, et qui n'a plus d'autre peine, et d'autre labeur que de paraître et de se montrer au monde attentif, au monde étonné, prosterné; Dorval, si longtemps ignorée et longtemps pauvre, misérable, inconnue, et puis, tout d'un coup la voilà populaire, de cette popularité misérable, atroce, ingrate, fugitive et bruyante, qui tient à tous les caprices, à toutes les vanités de la foule.

Quelles différences, et quel abime entre ces deux femmes ! Que de fatigue ici, du côté de *la* Dorval, quel incroyable entassement de repos, de gloire, et de fortune, du côté de mademoiselle Rachel ! Mademoiselle Rachel, assurée à tout jamais du rôle qu'elle a trouvé, à qui ce rôle ne manquera jamais, et qui pourra vieillir en paix, sur l'immortalité de quelques vers de Racine ou de Corneille; madame Dorval, au contraire, il lui fallait recommencer sans cesse et sans fin, sa tâche et son labeur.

Hélas ! l'infortunée !... Elle a vu tomber, misérablement, ses plus difficiles créations, quand tout son théâtre échappe à sa fatigue, et qu'elle se trouve seule, éperdue et haletante, entre vingt rôles, dont le moindre aurait dû faire une fortune dramatique, et dont le public ne veut plus, parce que, dit-il, « il les sait par cœur ! » Avec cinq ou six rôles, mademoiselle Rachel a fait une fortune énorme, avec cinquante rôles, créés par madame Dorval, madame Dorval est morte, aussi pauvre qu'une femme peut mourir. Et maintenant osez donc comparer ces deux femmes l'une à l'autre, — cet incroyable bonheur à cette lutte incessante, — cette fortune et cette pauvreté, — cette enfant que la comédie a portée en son manteau de pourpre et d'or, et cette femme abandonnée à ses propres forces, sans un appui, sans un conseil; rien que cela, pour vivre : un cœur brisé, une âme au désespoir ! —

Allez donc prendre parti, pour celle-ci contre celle-là, contre celle-là pour celle-ci! Allez donc briser sans pitié, tout ce passé, ou vous heurter contre tout cet avenir!

§ XI

Qui s'étonnerait de madame Dorval, abordant le rôle de Phèdre, et, tiède encore des ardeurs de la Thisbé, essayant le voile d'Iphigénie, aurait oublié tout à fait l'importance et l'autorité de la tragédie au temps fabuleux de l'Empire, et les incroyables vanités de ces poëtes de bulletin, qui faisaient, de leurs moindres tragédies, un prétexte aux plus malséantes allusions. Hors de la tragédie, en ce temps-là, il n'y avait pas de salut pour le comédien, pour la comédienne; madame Dorval elle-même avait conservé, des derniers jours de la tragédie et de l'Empire, un si violent souvenir, que jamais, en dépit des succès les plus opposés à cette Melpomène, elle ne l'a tout à fait oublié.

Ah ! que ne suis-je assise à l'ombre des forêts !

Même il n'est pas bien sûr que madame Dorval ne soit morte en songeant à M. Arnault, à M. Baour-Lormian, à M. Luce de Lancival, un peu plus qu'elle ne songeait à M. Casimir Delavigne, à M. Alexandre Dumas, à M. Victor Hugo, tant la tâche est difficile et périlleuse, de venir à bout des préjugés poétiques d'une nation !

Pourtant, si nous insistons sur le néant des poëtes passés, ce n'est certes pas pour ajouter à leur peine (ils sont morts), mais c'est pour ajouter à la gloire de nos grandes années de 1830, qui resteront, quoi qu'on fasse à l'avenir, l'exemple et l'honneur du présent XIXe siècle. Elles en ont su plus long, dans l'art de plaire aux hommes, et de les charmer par le drame et par le poëme, que toute la littérature de l'empire, en comptant tout le monde, hormis M. de Chateaubriand.

Cherchez, comparez, rappelez-vous! Rappelez-vous les longues et patientes études de notre siècle, afin d'arriver à trouver des œuvres originales ; la peine, et le soin des hommes qui ont un style, et comparez, s'il vous plaît, tant de travaux, avec tant de peines stériles, et tant d'efforts si royalement récompensés. A qui veut se rendre compte enfin des pâles œuvres du monde impérial, on ne peut montrer que des nuages, des bourdonnements, des fumées, des hasards. Le sans-gêne et le peu de valeur de ces grands écrivains d'une époque, où la France entière *était un soldat* (c'est un mot de M. de Chateaubriand), où la France entière *n'était qu'un soldat*, est une chose à confondre les esprits les plus indulgents. Ces hommes qui se sont tant écriés et récriés qu'ils représentaient *les anciens*, ne se sont doutés de rien, ni du passé de la littérature du monde, ni de son avenir ; ils n'ont su aller ni en deçà ni au delà de ces heures stériles et bruyantes de trompettes, de fumée et de tambours, dont la poésie était le canon, et le bruit des villes croulantes !

Tant de nations vaincues, les trônes renversés ! Les océans, les plaines et les montagnes, subissant un joug de fer..... ces hommes, ces esclaves, ces fantômes et ces douleurs qui passaient, en grondant, d'un empire à l'autre... Ils ne savaient que ces sortes de tragédies, les poëtes officiels ; cependant ils s'intitulaient, par excellence, les poëtes classiques. Classiques ! Ils n'avaient rien étudié, ils n'avaient même rien appris, pas même l'empire ; ils n'avaient rien vu, emportés qu'ils ont été dans ce tourbillon de feu et de fumée. Eux, classiques ! Mais il n'y en avait pas deux, pas un seul qui eût jamais lu Sophocle dans sa langue ; la Grèce était, pour ces étranges classiques, une contrée fermée par une colonne de nuages. Classiques ! *Tanto est sermo Græcus !* disait Quintilien [1].

Bien plus, les plus illustres, parmi ces poëtes, qui ne se consolaient pas du départ d'Ulysse, étaient connus par des barbarismes célèbres ; — serrés de près, par quelque romantique à peine éclos aux feux lointains de Virgile et d'Horace, ils auraient eu grand'peine à expliquer la première églogue de Virgile, à l'aide effrontée d'un confus souvenir. Classiques ! Mais l'antiquité les renie, le XVIIe siècle aussi les renie ; ils n'ont pas même com-

1. Livre XII, chap. xx.

pris que ces poëtes du xviie siècle, dont ils se prétendent les fils légitimes, et dont ils ne sont pas même les bâtards, indépendamment de leur génie et de leur savant langage, ont tous représenté le génie absolu de leur époque. Corneille est un vieux ligueur, que n'a pas épouvanté le regard de Richelieu. Racine est tout empreint des élégances et des touchantes passions de Louis XIV et de sa cour. Molière, c'est l'esprit français qui fronde, avant de se révolter. Voltaire, c'est l'esprit français qui se révolte. Crébillon a un sens qui lui est propre.

Mais nos classiques! nos classiques! Ils ne représentent ni un siècle, ni un homme; ils ne se représentent pas eux-mêmes! Ils avaient, sous leurs regards, s'ils avaient su le voir, un siècle de vingt-cinq ans, plus rempli que les plus longs siècles, un siècle étrange, entre les fureurs de la liberté, et les excès du despotisme;..... ils n'ont su ni le voir, ni le peindre. Et pourtant Dieu les avait mis sous la main d'un être à part, dans le monde illustre des grands hommes, et dont les débris encombrent encore l'univers! Que dis-je? Ils n'ont pas osé regarder cet homme en face; tombé de ces étoiles dans l'abîme, il a fallu qu'un étranger, un Anglais, lord Byron, leur révélât que ce géant détruit, par un privilége unique, était déjà toute une *Iliade*, vingt-quatre heures après sa mort, même pour ceux qui l'avaient vu de leurs yeux, qui l'avaient touché de leurs mains!

Quant à se représenter, eux-mêmes, dans leurs ouvrages, ce qui est la condition la plus facile à l'homme qui fait un drame et qui écrit un livre... essayez, croyez-moi, de prendre au hasard une comédie, une tragédie, un poëme, dans cette prodigieuse quantité de tragédies, de comédies, et autres fabrications que nous a léguées la Muse impériale, et tâchez de reconnaître à quel *poëte* appartient la tragédie que le hasard vous aura mise entre les mains! Tant ce sont là des styles identiques, des imaginations superposées l'une à l'autre, et des chefs-d'œuvre qui se valent!

Mais, Dieu soit loué! la France est un heureux pays, qui s'est tiré d'accidents plus déplorables. Il est bien évident que cette gloire de l'empereur contrariait toutes les gloires, que cet éclat effaçait tout autre éclat. Tant qu'il a été, là-haut, à sa place, à côté du soleil d'Austerlitz, cet astre éblouissant qui effaçait tous les autres, toute gloire étrangère à la sienne a patiemment attendu que l'attention des hommes se fût rassasiée à cette éternelle contemplation. Mais enfin, quand il fut bien entendu, aux quatre vents du ciel, que l'aigle était mort, voici que, tout à coup, la poésie est venue à sa tombe, parce qu'il faut absolument que gloire et poésie elles se rencontrent, tôt ou tard.

Alors de toutes parts, en France... au dehors de la France, des voix se sont élevées, des accents inconnus ont été entendus, des poëtes se sont montrés, plein d'inspiration et d'avenir, qui disaient le nom de l'empereur, annonçant que les temps prédits par la Sibylle, étaient accomplis! M. de Chateaubriand était alors le seul homme assez grand pour se manifester, en même temps que se manifestait Bonaparte ; les autres tremblaient, louaient, ou se taisaient.

Mais, juste ciel! que ce fut donc un brillant concert, quand soudain toutes les voix nouvelles, et nouvellement débâillonnées s'élevèrent de toutes parts, et que la littérature de l'empire, éperdue, haletante et conspuée, eut compris l'étendue et l'éternité de son néant, et qu'il y avait quelque part, de la sympathie et du mouvement qui n'était pas pour elle! Quel beau moment pour la France intelligente. Encore aujourd'hui, elle reste étonnée et stupéfaite de ces poëmes, de ces tragédies, de ce vieil esprit, enrubané de tous les vieux rubans d'alentour.

Toutefois, dans l'ardente fournaise, bouillonnaient, à la même heure, au bruit nouveau des chansons nouvelles, tant de jeunes esprits qui ne demandaient qu'un peu d'espace et de soleil ! Ils étaient fiers, ils étaient superbes, et semblables à cette marquise dont il est parlé dans les Mémoires de M. le duc de Saint-Simon. (« Elle était impérieuse, elle voulait des compagnies qui lui fissent honneur. ») Le moyen de résister à ces vingt ans, frais, joyeux, courageux, dispos, qui lisaient Sophocle, Euripide, Horace et Virgile, et Shakspeare et Schiller, à livre ouvert?

Les braves gens, ces aimables nouveau-venus, dans les domaines poétiques! Quel spectacle ils ont donné aux premiers jours de 1830! Comme ils allaient en avant! comme ils dévoraient l'espace! Et, confiants, ils portaient leurs deux mains sur l'avenir! En même temps, quel mépris pour la poésie impériale, et quelle intelligence du fantôme imposant, tel que lord Byron l'avait entrevu dans son nuage!

Du milieu de cette foule éloquente et ne doutant de rien, sont sortis, le chantre immortel des *Méditations poétiques*, et le jeune inspiré, *le sublime enfant* qui devait ouvrir à l'ode, à la ballade, au drame, au roman, à la prose, aux beaux vers, à la satire, une voie ardente, inconnue, et superbe, entre deux écueils! A peine échappé des bancs de l'école, il nous a donné *les Orientales, les Feuilles d'automne;* il a fait *Notre-Dame de Paris;* il s'est appelé : Victor Hugo. Mais comment ferais-je ici pour la phalange, et pour nommer ceux qui se sont éveillés à sa suite? Ceux qui se sont levés à ses côtés? Ceux qui se sont levés contre lui? Ceux qui sont entrés dans la politique, cette lutte sans fin? Ceux qui ont pris l'enseignement, ce sacerdoce civil? Et ceux qui n'ont pas reculé devant l'exercice des lois, et les plus petits, tout au bas de l'échelle, ceux qui se sont dit : A nous la critique! à nous la tâche odieuse et stérile! à nous ce qui est triste dans l'art! A nous les haines quand nous serons vivants; à nous l'oubli quand nous serons morts!

Émeutes! Révolution! Abolition du passé! Proclamation de l'avenir! C'était un mouvement à tout briser, à tout créer; un *fiat lux* universel, merveilleusement secondé, au dehors, par toutes sortes de grands esprits tout puissants. En Allemagne, il y avait Goëthe, l'Allemand du XVIIIe siècle français, que nous aimions comme le père de Faust et de Marguerite; en Angleterre, il y avait Walter Scott et Byron, qui représentaient l'occident poétique. Partout resplendissait le mouvement et la vie, et partout et toujours, en France, ailleurs, se manifestait le plus complet oubli, ou tout au moins, le mépris le plus profond, pour les élucubrations littéraires de l'Empire. A ce point, que tous ces tirailleurs du premier jour, n'avaient pas même un sentiment de pitié ou de respect pour ceux qui allaient finir. Le front levé, ils marchaient en avant, et par une autre route, sans songer à ces vieillards, et sans leur dire : — Arrêtez-vous! Il est inutile que vous marchiez plus longtemps, bonnes gens, et ménagez votre asthme poétique, au bout du sentier.

Eux, cependant, les impérialistes lettrés, ils ne voyaient pas la barrière et le fossé, et croyant faire encore un grand chemin, ils marchaient toujours. Vous avez vu, ces chevaux aveugles attachés à un manége, et qui tournent une roue? Ainsi faisaient ces messieurs de l'Académie et du Théâtre-Français. Au plus vif pétillement de ces idées nouvelles, au plus fort de cette inquiétude immense, et de ces pressentiments de la poésie à venir, au plus fort de ces éclats de génie, et à ces éclairs qui ont suffi à éclairer tout ce siècle, on ne pouvait s'empêcher de sourire, à l'aspect de ces poëtes vermoulus qui s'amusaient encore à composer des tragédies et des livres, des poëmes épiques et des romances, des histoires et des poëmes descriptifs! Bien plus, pour venir en aide à leur poésie exténuée, ils invoquaient les lois anciennes, le vieux art poétique, le vieux roi, la sainte pudeur du foyer domestique; ils disaient qu'à tolérer les nouveaux venus, les *romantiques*, c'en était fait de la gloire des maîtres, et des chefs-d'œuvre. On eût dit, à les entendre, que M. Victor Hugo était l'auteur du *Cocu imaginaire* et du *Mariage de Figaro*. Que vous dirai-je? Ils invoquaient toutes choses, hormis la plus sainte des libertés et la moins dangereuse, la liberté dans la poésie et dans les beaux-arts.

Quelques-uns même (tant les poëtes vaincus ressemblent aux coquettes sur le retour que rien ne peut abattre, et qui meurent, plutôt que de se rendre, sur l'art de plaire et d'inspirer de l'amour), quelques-uns se retranchaient derrière ce fameux *décret de Moscou*, dont il est tant parlé dans les vieux feuillets du *Moniteur universel*, et qui bientôt sera réduit à l'état des fables. Le traité de Moscou, pour les opposants aux œuvres de la jeunesse, était, avec *l'Art poétique* d'Horace et de Despréaux, le véritable rempart de la littérature et du bon goût. Oh! oh! le décret de Moscou! A les entendre, il y avait, dans ce fameux décret, des comédiennes qui valaient vingt fois mieux que madame Dorval, des tragédies qui valaient cent fois *Hernani*, et *Marion Delorme*. Il y avait... mais j'y songe, et peut-être ne serez-vous pas fâchés de savoir l'histoire exacte de ce fameux traité de Moscou [1].

---

[1]. Il faut, en effet, remettre en lumière les grands événements, tant le monde est disposé à ne s'en pas s'en souvenir. Un jour le roi Louis XVI, entendant parler du *droit de régale*, demande à son grand aumônier, M. le cardinal de Rohan, ce que c'est que la *régale?* Et le grand aumônier répond au roi, que c'est le droit de Sa Majesté d'être régalée partout où elle passe..... Ainsi faites-vous brûler, pour ces difficultés si dangereuses, évêques, religieux, magistrats, pour qu'au bout de cinquante ans, le roi de

Sa Majesté l'empereur Napoléon, lorsqu'au milieu des plus grands périls et des extrêmes fatigues, il eut enfin traîné jusqu'à Moscou, la grande armée (et la *grande armée* n'en devait pas revenir), Sa Majesté s'était logée au Kremlin, dans ce palais des czars où déjà couvait l'incendie ! Il était là, se demandant s'il n'était pas le jouet d'un rêve ? Il contemplait, d'un regard silencieux, sa conquête d'un jour, et, l'imprévoyant ! dans une de ces heures, mal conseillées par la vanité, savez-vous à quel travail il perdit cette heure suprême ? A Moscou même, le front dans le ciel, et les pieds dans l'abîme, entre la flamme et le nuage, entre la ruine et la fuite, au milieu de tous ces soldats qui allaient périr, il se mit à préparer un règlement pour la Comédie-Française, à discuter, à régler les droits et les devoirs de chacun de messieurs les comédiens, et de mesdames les comédiennes ordinaires!

Dans ce beau règlement de Moscou, toutes choses étaient prévues : les exigences de Clytemnestre aussi bien que les prétentions de Pasquin, les volontés d'Iphigénie et les grossesses de Lisette! Et comme il travaillait à cette belle œuvre (il y avait déjà des flammèches dans l'air), l'empereur se frottait les mains de joie et de contentement, tant il se complaisait et s'amusait à ces frivoles et misérables petits détails, qui devaient merveilleusement rehausser sa grandeur !

Artifice mesquin, prétention puérile! Eh! ne voyez-vous pas, Majesté, pendant que vous préparez, avec tant d'amour, les destinées du monde comique, votre monde impérial qui s'écroule au milieu de l'incendie et des larmes? A la même heure où vous assignez son palais au roi Agamemnon, et son boudoir à Célimène (*Regna assignata!*), n'entendez-vous pas ce peuple en fureur, cette nation surprise et non vaincue, appelant la torche en aide à sa malédiction? C'est très-beau, sans doute, et fort à propos de dicter des lois à la *grande livrée*, et d'imposer une dotation aux Iphigénies et aux Crispins du Théâtre-Français, cependant, prenez garde à la tragédie, à l'abîme, à la fatalité pour votre propre compte, ô Nabuchodonosor de 1812! N'avez-vous donc pas vu se glisser, dans l'ombre et dans la nuit de cette cité vide et frémissante, ces feux sacrés, ces feux vengeurs qui vont

France et un prince de l'Église, ne sachent pas même de quoi il était question..... dans ces brûlantes questions!

dévorer, sous vos yeux, votre conquête impitoyable, votre envahissement suprême, et vous laisser tout nu, sans pain, sans feu, sans abri, vous et votre grande armée, au milieu de ces neiges terribles, au bord glacé de la Bérésina, déjà franchie avec tant de peine? Il s'agit bien, en effet, de comédies et de comédiennes; il s'agit bien des empires qui s'écroulent en vingt-quatre heures, des tyrans que réclame le poignard, des soldats vaincus dont le poison fait justice au dernier acte! Il s'agit bien de toute cette troupe bariolée, idiote et chanteuse de comédiens et de comédiennes! Il s'agit que tout est perdu pour vous, sublime empereur, il s'agit que votre aigle est blessé à mort!

Or, voilà ce qui manqua, plus d'une fois, à ce grand homme; il oubliait souvent que les enfantillages ne conviennent guère aux tout-puissants; et que pas un homme, ici-bas, poëte ou roi, n'est assez assuré de la Gloire, pour jouer avec elle. L'empereur Napoléon, avant de signer à Moscou d'autres ordres que des distributions de vivres, d'armes, de vêtements; d'autres ordres qu'une petite levée de cent mille hommes et de cent millions, l'empereur Napoléon y devait regarder à deux fois. En effet, il n'était pas tellement sûr de sa conquête, qu'il ne pût s'attendre à la perdre... Alors, comment donc n'a-t-il pas songé qu'un jour, le voyant revenir tout seul, sans épée et sans couronne, et sans armée de cette ville en cendres, la France, en deuil de ses enfants, se lèverait comme un seul homme, en criant: Qu'as-tu fait dans cette ville de Moscou, dans cette Russie où je t'ai porté avec les dernières forces qui étaient en moi? Hélas! je vous laisse à penser quelle réponse à faire à cette France au désespoir? — « Ce que j'ai fait à Moscou? j'ai rédigé un règlement pour mes comédiens ordinaires du Théâtre-Français!... » Et voilà ce que c'était, jadis, le *décret de Moscou*[1]!

---

1. « Suivant acte passé le 22 germinal an XII, devant M° Hua, notaire à Paris, une Société fut formée pour l'exploitation du théâtre. Voici les noms des parties contractantes :

« Jacques-Marie Monvel, Jean-Henri Gourgaud dit *Dugazon*, Joseph Albouy-d'Azincourt, Abraham-Joseph-Bernard Fleury, Nicolas-Joseph Billiot-Laferrière, dit *Florence*, Jacques-Amable Foucault-Saint-Prix, Étienne-Meynier Saint-Fal, Jean-Baptiste Naudet, Barthélemy Larochelle, François-Joseph Talma, Jean-Baptiste Touchard de Grand-Mesnil, Alexandre Pineu-Duval, Thomas Caumont, Antoine Michot, Eustache-Anselme Bap-

Mais revenons, tout de suite, au théâtre moderne ; attendons mademoiselle Rachel, et la renaissance de l'ancienne tragédie (eh! mademoiselle Rachel elle-même, elle nous rendra les antiques chefs-d'œuvre, elle ne saurait tirer de l'abîme, une seule des tragédies impériales). — Venez, venëz avec moi, et hâtez-vous, car sur le seuil où je vous mène aujourd'hui, vous trouverez tout un peuple en désordre, qui veut pénétrer dans cette enceinte de la *vita nova*, eût dit le vieux Dante, où l'attendent les terreurs, les larmes, l'effroi, la pitié, la colère. Accourez! Accourez; on se heurte, on se bat, on se tue à cette porte de deuil et de joie!

Enfin, c'est à qui trouvera une place aux sommets, ou dans les profondeurs de ce théâtre ouvert, jadis, à *Germanicus*, à *Scylla*, à *Ninus II*, au grand Artaxerce, à toutes sortes de héros bâtards, et de tyrans inconnus. Entrez donc, et regardez-moi ces spectateurs de vingt ans, des yeux de flamme, et des cœurs enivrés de poésie! Ils regardent... à tout brûler! Ils écoutent... à tout deviner, à tout comprendre; et c'est déjà une fête poétique de les entendre. Ils se préoccupent, comme des furieux, de l'œuvre nouvelle; ils ont des présages, ils ont des menaces, ils ont des commentaires; et rien qu'à leur attitude on comprend que, depuis quinze jours, cet événement dramatique est le grand événement de leur vie! O dieux et déesses! les braves, intrépides, et intelligents auditeurs!

« Je soupçonne, moi, que ce qui pourra s'élever, et sortir de tout ceci, amènera quelque péril », disait un des serviteurs du vieux

liste, Nicolas-Anselme Baptiste aîné, Alexandre-Martial-Auguste Damas, Armand-Benoît Roussel, Pierre Lafond, Marguerite-Françoise-Nicolas-Gabrielle Poulot-Després, Louis-Claude Lacave;

« Marie-Hélène Broquin-Lachassaigne, Antoine-François-Marie-Joseph Saucrotte-Rocourt, Marie-Denise Vriot, veuve de Jacques-Nicolas Suin, Louise-Françoise Contat, Marie-Madeleine Porrain-Thénard, Jeanne-Françoise Thévenin, Marie-Émilie Contat, Caroline Vanhove, épouse dudit citoyen Talma, Eulalie Desbrosses, Anne-Françoise-Hippolyte Mars-Boutet, Placide Ferrière-Volnais, Angélique Duval-Desroziers.

« Tous comédiens français, réunis en leur salle d'assemblée dépendante de l'hôtel du Théâtre-Français, rue de la Loi, en exécution de l'article 11 de l'organisation du Théâtre-Français, arrêtée par le citoyen surintendant du Théâtre-Français.

« Le 16 thermidor an XII, adhèrent aux conventions : Mesdemoiselles Bourgoin, George Weimer et Joséphine-Catherine Raffin-Duchesnois. »

Capulet... nos jeunes gens font plus que le soupçonner, ils en sont sûrs. C'est déjà un spectacle pour eux, que de regarder la toile impatiente, où se tient, en ce moment, le jeune vainqueur, appelé Victor Hugo.

Cependant les comédiens, que cette toile abrite, attendent que la toile enfin se lève, animés... et troublés de la tâche à remplir. Leur attention se porte, en ce moment suprême, sur cette espèce étrange de spectateurs. Ceux-là y vont, comme on dit, bon jeu bon argent; ils ont oublié, même de dîner, pour être prêts à cette fête de toutes les passions déchaînées; ils ont amené avec eux tout ce qu'ils aiment : leur femme, leur sœur, leur enfant, leur père et leur mère; ils se trouvent dans ce théâtre aussi à l'aise que s'ils étaient chez eux, près d'un feu de tourbe, entre deux claires chandelles; ils mangent, ils boivent; ils chantent dans ce théâtre, épouvanté de leurs chansons, ils chantent leur chanson de liberté, de conquête, ou d'amour; — ils chantent : *Lisette, est-ce vous ?* ou *la Marseillaise !* Tout leur vient à l'âme, en ce moment, toutes les idées heureuses, toutes les pensées riantes, toutes les joies intimes; ils n'oublient guère que la faim d'aujourd'hui, le travail d'hier, et le labeur de demain.

Que c'était là, mes amis, une fête illustre et partagée, enviée, ineffable ! Et même dans cette foule animée à soutenir son poëte populaire, se glissent, empressés, les plus beaux messieurs et les plus belles dames de la ville ! Ils veulent avoir leur part de cette bataille ! Ils sont à nous ! Ils nous appartiennent ! Ils défendront, demain, dans leurs salons, la cause éclatante de la nouvelle poésie, et des poëtes nouveaux ! Enfin, après trois heures de cette attente active et qui tient du délire, on voit, lentement, se lever la toile impassible, et soudain glisse et s'étend, du haut en bas de cette salle, où toutes les passions sont entassées, ce silence inquiet, cette fièvre et ce frisson des esprits obéissants à *l'idée fixe*. En ce moment toutes les âmes sont debout ! Haut les âmes ! Haut les cœurs ! *sursum corda !* Peu de mystères ont rencontré, dans les temples les plus fameux par leur sainteté, tant d'attention, tant de zèle, une foi plus fervente, et plus décidée au martyre, et plus au courant de l'action qui va venir.

Ils étaient du même âge, et de la même famille; ils se battaient au même rang, et pour les mêmes dieux, les poëtes et les auditeurs des grandes soirées de 1830, sous le règne pacifique et libéral du meilleur de tous les rois. Qui donc, en ce temps-là, parmi les adeptes du nouvel art dramatique, eût renoncé à l'honneur de saluer l'auteur de *Henri III*, et d'*Antony*?

Autant et plus que tout autre poëte de la génération nouvelle, Alexandre Dumas avait été mis au monde pour tenir la foule attentive. Il avait l'instinct du drame ; il en avait toutes les passions jusqu'au délire ; il savait parler une certaine langue en dialogues et interjections, violente et claire qui convenait à ces compositions faciles, acharnées ; intéressantes souvent, parfois terribles. Ajoutez à ces rares qualités, l'audace et l'énergie, et l'action, et mille bruits de toutes sortes, qui tenaient le public attentif; ajoutez l'esprit qui était en cet homme, à l'état du vif-argent qui se porte çà et là, en masse, en bloc, irrésistible. Parfois même il avait la grâce, il avait le sourire, il avait les larmes. Inventeur, il savait profiter de tout ce qui tombait sous sa main déliée; il savait emprunter, il savait prendre, il savait fouiller dans ce fameux fumier d'Ennius, fécond en larcins ; son premier drame, *Henri III*, est tout rempli d'imitations qu'il savait rendre originales. Enfin, et pour tout dire, en un mot, cet homme était fait pour le succès, il était le succès même, il était le héros dont il est parlé dans *l'Art poétique :*

Sous ses heureuses mains le cuivre devient or !

Quelle verve et quelle ardeur ! Quelle énergie et quelle volonté ! Toujours prêt et jamais lassé. Il a six pieds, un corps agile, une santé de fer ; il écrit comme il parle, et jamais un moment de trouble ou d'hésitation, ni rien qui l'arrête. Il va droit devant soi, franchissant la haie et le fossé, et toujours marchant à son but, sans que rien l'en puisse distraire, attentif seulement à ce qui se passe en son roman, ou dans son drame. Et drame ou roman, prose ou vers, tenez-vous pour assurés qu'il en peut mener de front trois ou quatre, et que pas une fois, parmi tant de héros divers, tant de physionomies différentes, et tant de noms propres, il ne prendra l'un pour l'autre. Il les voit, il les sait, il les aime, il les entend venir, il les fait agir, il les fait parler, il les anime, il les pousse, il les tue, il les ressuscite à sa volonté, selon son caprice; il est le maître absolu dans ce monde impérissable de sa création, il en est le maître, il en est le dieu!

Pour un esprit patient, pour un esprit chercheur, pour l'écrivain amoureux du beau style, et qui prend toutes ses aises en écrivant, pour celui qui a fait son culte de la langue française, et qui reste, incessamment, agenouillé au seuil de ce mystère, enfin, pour ceux qui aiment à étudier avec délices les grandes choses, et qui s'enivrent à loisir, de joie et d'orgueil dans les beaux livres d'autrefois, le travail, la vie et l'œuvre entière de M. Alexandre Dumas resteront à tout jamais, un phénomène inexplicable, inexpliqué. Ceux-là le plaindront surtout, et le regarderont avec une espèce de frayeur, qui comprennent le mieux, les difficultés de l'art d'écrire, et les peines sérieuses d'une composition de longue haleine. A un homme quel qu'il soit, il faudrait six ans, rien que pour agencer, l'un dans l'autre, avec un soin curieux, les divers chapitres des *Mousquetaires;* il faudrait six ans pour les écrire. René Lesage a mis vingt ans, à composer et à publier le *Gil-Blas!* Marivaux n'a pas eu assez de dix années, pour achever sa *Marianne*, et cette admirable analyse du cœur humain serait demeurée incomplète, sans la main de madame Ricoboni, qui eut l'audace et l'adresse heureuse d'écrire le dénouement de ce merveilleux livre, empreint de toutes les grâces les plus charmantes.

Vous avez lu, dans les *Confessions*, l'histoire du manuscrit refait, raturé, copié, recopié de la *Nouvelle Héloïse*, et, s'il vous plaît, allez à la Bibliothèque Royale, on vous montrera le manuscrit du *Télémaque*, et les ratures de l'abbé de Fénelon. Vous verrez, à la première page du *Télémaque*, vingt ratures, et vous comprendrez la recherche et la peine de l'écrivain, avant de rencontrer que sa déesse Calypso n'habitait pas une *caverne*, mais une *grotte!* — Le plus grand romancier de ce siècle et de bien d'autres siècles, M. de Balzac, était l'effroi des libraires et des imprimeurs, tant il demandait à changer, à corriger, à remettre, à retrancher. Eh bien, voilà le miracle, il n'y a pas une seule rature dans les manuscrits de M. Alexandre Dumas; ils sont nets, clairs, d'une élégance parfaite, et dignes de Jarry lui-même.

Aussitôt faits, feuille à feuille, il les donne à l'imprimerie, et tout est dit ; il ne lit même pas ses épreuves ; le : *Hâtez-vous lentement*, n'est pas fait pour lui ! *Tolle et lege*, « emporte, et lis-moi ! » voilà sa devise. Il n'a pas le temps d'être concis ; il n'a pas le loisir d'arrondir une période savante, et de la polir : *ad unguem !*

M. Alexandre Dumas est véritablement, le conteur du conte oriental. La caravane est en repos, le conteur arrive, et de ses récits il charme, il endort l'oasis. Lui aussi, M. Alexandre Dumas, si son peuple a bien dormi cette nuit, son peuple aussitôt veut avoir son conte, et son déjeuner. Il faut qu'il obéisse à son peuple ; on l'attend, on l'appelle, on le provoque, on le tire à droite, on le tire à gauche ; et de là, et de ci, il ne sait à qui entendre, il n'a pas le droit de dire à ces impatients : *Repassez demain...* on veut l'entendre, il faut qu'il parle... Le journal attend sa pâture, et le journal est un vautour qui n'attend pas.

C'est ainsi que M. Alexandre Dumas ne saura jamais au juste quelle était réellement sa valeur littéraire, à quelle hauteur il se serait élevé par la méditation, par l'attention sur lui-même, et si de temps à autre ce cerveau, disons mieux cette fournaise, semblable à ces hauts-fourneaux où la lave ardente ne se repose ni le jour, ni la nuit, s'était reposé dans une douce et tranquille oisiveté. Il n'a pas eu de repos, il ne se reposera jamais. Le voyage même devient, pour cet incroyable écrivain, une fatigue nouvelle ; il ne voyage pas, il raconte ; il écrit, il compose, il produit en voyageant, et l'auberge andalouse où roucoulent les guitares, et le glacier des Alpes d'où retombent les torrents, la grève où la Méditerranée expire au bord des rivages fleuris, Florence et ses merveilles, et la fête des rois dans les palais brillants de mille clartés, que disons-nous ? les belles dames, jalouses de saluer cette fée à la baguette d'or, rien n'empêche, un seul jour, que cet homme obéisse au dragon qui l'emporte, et le voilà soudain qui est à l'œuvre.

On pourra, plus tard, quand elle se sera posée au sommet de cette pyramide de livres et de drames, contester cette renommée ; on pourra reprocher à cet improvisateur sans exemple et sans égal, d'avoir, mille fois, trop produit ; on pourra lui demander compte de plusieurs parties de son œuvre, où sa négligence habituelle est poussée au delà de toutes les limites... Mais toutes ces accusations étant formulées, il faudra toujours reconnaître en M. Alexandre Dumas, la plus étonnante organisation littéraire qui ait jamais tenu sa place et fait son bruit dans les souvenirs, et dans la reconnaissance de la nation des oisifs, des heureux, des nonchalants, des amoureux, des curieux de ce bas monde. Le monde oisif lui devra ses plus belles heures de *far niente* et de repos. Il l'a amusé autant que personne, et plus que personne ; il a été la joie et le plaisir de cette génération ; même ce défaut d'apprêt, de soin, de zèle, et cette façon vulgaire d'écrire, au courant de la plume et de la pensée, a été, pour beaucoup, dans la popularité de M. Alexandre Dumas.

A lui seul, il a été plus recherché et plus aimé que tous les maîtres..... ses maîtres : Balzac, George Sand, Jules Sandeau, Frédéric Soulié. Il les a battus à triple couture, dans le champ-clos du cabinet de lecture, et dans l'admiration éclairée et sympathique de messieurs les étudiants et de mesdames les étudiantes. Il a eu pour lui, la foule. Elle l'a suivi, de son théâtre dans ses livres, et de ses livres sur son théâtre. Elle a applaudi toutes ses hardiesses; elle a approuvé toutes ses innovations ; elle a pleuré de ses larmes, elle a été contente de ses rires ; elle lui a pardonné toutes les bizarreries pardonnables, d'une vanité qui avait tant de droits à être de l'orgueil ; elle l'a aimé parce qu'il était prodigue et superbe, et content de peu pour lui-même, et que son feu l'emportait au delà de toutes les bornes de la prudence, aussitôt qu'il voulait être magnifique. Quant au reproche qu'on lui a fait souvent, de n'être pas seul attelé au char de triomphe qui porte Alexandre Dumas et sa fortune, un mot est facile à répondre : attendez que ses collaborateurs aient fait seuls quelque livre égal, ou seulement comparable au *Comte de Monte-Christo*, quelque drame approchant d'*Antony* ou de *Christine à Fontainebleau*, alors, véritablement, vous pourrez reconnaître et proclamer, dans cette œuvre aux mille tomes divers, une collaboration nécessaire, un secours indispensable ; sinon, il faut bien reconnaître en toutes ces dépouilles, la griffe du lion qui se fait sa bonne part, et qui finit par accaparer toute la proie.

Il est partout, dans ses œuvres si diverses, et quel que soit le collaborateur avoué, inconnu, vous reconnaîtrez le ton, l'accent, le cachet du principal écrivain. Ainsi ont été absorbés, les uns après les autres, tant d'esprits si divers et tant d'impatients qui, ne voyant pas arriver l'heure, au gré de leur désir, d'être connus et célèbres, ont mis leurs œuvres à l'abri de cette cloche de cristal. Lui-même, M. Alexandre Dumas, il va, toutes les fois que l'occasion se présente, au-devant de cette objection « des collaborateurs. »

Un jour qu'il était en train de causer, et qu'il se trouvait assez riche pour dépenser, à sa propre joie, un peu de cette verve qu'il réserve pour ses lecteurs, il prodigua à pleines mains l'esprit, la grâce, l'ironie et le bon mot; il fut éblouissant, il fut charmant comme il ne saurait l'être, à coup sûr, dans ses pages les plus brillantes; chacun l'écoutait bouche béante, et sans contredire; et ceux même qui auraient eu quelque fait à rétablir dans ce tumulte, s'en serait bien donné de garde, de peur d'interrompre cette fantaisie à tout bout de champ. Quand il eut tout dit, il s'arrêta, et voyant le contentement et l'admiration sur tous les visages : « Là, voyez-vous, disait-il avec ce rire aimable et content qui est une de ses forces, vous ai-je amusés moi-même, et charmés, à moi tout seul? Avais-je un camarade, un complice, un souffleur? Non, pas que je sache..... Et pourtant on vous soutiendra, demain matin, pas plus tard, que certainement vous vous trompez, et que j'avais un collaborateur ! »

Cette question de la collaboration est revenue et reviendra souvent, dans cette *Histoire de la Littérature dramatique*. On n'a jamais vu de chef-d'œuvre à deux ! Vous pouvez être, à la fois, deux ou trois, pour le même travail, mais l'opinion publique, aussitôt que l'œuvre a paru, ne voit qu'un seul poëte, un seul inventeur; le second inventeur est, pour la foule, un nom sans portée, un bruit inutile, et véritablement, pour les gens de sens, le véritable architecte est justement celui qui peut employer, tels quels, tous les matériaux, tous les manœuvres qui se présentent. Celui qui peut se passer de tout le monde, et dont pas un manœuvre ne saurait se passer, voilà celui qui a fait : *Is est, qui fecit*. Tant pis pour l'autre; s'il a trop fait, il est une dupe, et s'il n'a pas fait assez, il est resté deçà de son devoir !

Pour ma part, je ne crois pas à la collaboration littéraire, et je n'y pourrais croire, en effet, que si l'on me démontrait que deux esprits, parfaitement identiques, se soient jamais rencontrés, dans l'exploitation égale de la même idée. De quel droit m'appelles-tu ton collaborateur, si je suis plus alerte, plus habile, et plus éloquent que toi; si je fournis la passion, l'idée, le style, l'élégance, la poésie, la prose, le fond et la forme, tout, absolument tout? Oui, je le reconnais, tu m'as apporté, l'autre soir, par fainéantise ou par impuissance, par modestie ou par bêtise, un dix-millionième de drame, de roman, de comédie... une apparence d'idée. Oui, j'y consens, tu as soupçonné qu'il y avait, enfouie en ces ténèbres, une œuvre quelconque; et tu m'as dit : Cherche là, dans ces ronces, dans ces broussailles, dans ces ruines. — Alors j'ai cherché, et j'ai trouvé! Donc je suis le limier qui fait lever le gibier, je suis le chasseur qui l'a tué; quand il a été tué, je l'ai assaisonné avec des ingrédients qui m'appartiennent en propre. Et tu veux maintenant m'appeler ton égal, ton camarade, et ton collaborateur? Non, certes; encore êtes-vous trop heureux, quand la fête est préparée par mes soins, que je vous envoie une invitation à vous asseoir au bout de ma table. — Et..... c'est vraiment là tout ce que tu vaux.

A moins cependant que les collaborateurs en question ne s'appellent Molière, Corneille et Richelieu... ils restent ce qu'ils étaient, quand leur tragédie est accomplie, et la critique se félicite que cette réunion de tant de génies excellents, n'ait guère produit que *Mirame*. Il se trouve alors que pas un de ces grands hommes ne veut être l'auteur de cette rapsodie; adieu donc la collaboration et les *collaborateurs!*

Collaborateurs! Mais quel est l'homme en ce monde qui se passe d'aide et d'appui? Le roi, entouré de ses collaborateurs qu'il appelle des ministres; le général d'armée, à la tête de quatre cent mille collaborateurs à la même gloire; Meyerbeer et les trois cents collaborateurs de son génie : l'orchestre, les chœurs, les chanteurs. — Que disons-nous? Voyez cette aimable femme, est-elle assez jeune, assez charmante?... Elle a pour collaborateurs de sa beauté, non pas seulement sa vingtième année, et ses deux grands yeux, pleins de feu, mais encore le tisserand qui a tissé ces belles étoffes, le ver qui les a filées. Pas un brin de sa dentelle, pas une pierrerie à sa parure, et pas un fil de son lacet qui n'indiquent la collaboration d'une foule d'ouvriers que la statistique seule oserait compter!

Qui donc cependant s'amusera à reprocher à Louis XIV, son collaborateur Colbert; à l'empereur Napoléon, ses généraux; à cette femme à la mode, les fleurs de ses cheveux, le satin de sa robe, ou le rubis qui brille à son doigt?

Au contraire, je tiens pour certain, que jamais un homme ne s'est rencontré, d'une abnégation assez complète, pour porter à un autre homme, quel qu'il fût, un chef-d'œuvre éclos dans son cerveau. Quel prix le cardinal de Richelieu n'eût-il pas donné du *Cid* de Corneille? On eût offert à Corneille la couronne de France pour son *Cid*, que le *grand Pierre* eût refusé! Il eût fait là un très-mauvais, et, qui pis est, un très-vilain marché.

La collaboration (je la nie, et pourtant je vois bien, çà et là une certaine collaboration) a du moins cela de bon, qu'elle arrache au néant plus d'une idée, inutile à celui qui la trouve, faute d'habileté et de talent pour la mettre en œuvre, et si cette même idée, transmise à l'imagination fécondante d'un homme de talent, prend tout à coup une forme inespérée. Elle n'était rien, le talent en a fait quelque chose; elle remuait, à peine, dans le coin obscur d'une obscure cervelle, le talent lui dit : Lève-toi et marche! Elle s'est levée, elle a marché, elle a vécu, elle vit, elle respire, elle brille alors de tous les feux du jour..... C'est déjà un grand bonheur de voir marcher son enfant, même en se disant : qu'un autre l'a sauvé, et lui a tout donné, jusqu'à son nom.

Et d'ailleurs, le collaborateur caché, *l'inconnu*, comme on dit en algèbre, n'est pas forcé de passer obstinément sa vie à préparer des matériaux, à creuser les fondations, à élever les gros murs, à ramper dans les profondeurs obscures de l'édifice; pour peu que le ciel lui ait donné de la force, de la persévérance, et du courage, il arrivera bientôt que le tailleur de pierres voudra à son tour, dresser son plan, bâtir sa maison, y mettre enfin son marbre, et pouvoir dire aux passants : *Entrez! vous êtes chez moi*. Dès ce moment, le maçon devient un artiste, la collaboration s'arrête; on est un homme, *sui generis*, on est soi-même, on prend congé du grand collaborateur, et le lendemain on se cherche à soi-même, *des collaborateurs*.

M. Scribe, et l'exemple est irréfutable, avec cet esprit d'à-propos qui ne le quitte jamais, a dédié ses œuvres *à ses collaborateurs*, et la dédicace a paru encore une faveur, tant on savait, dans le monde littéraire, que cet habile et ingénieux esprit se faisait toujours la part la plus large, la plus difficile et la plus heureuse, dans le travail en commun, sans compter son propre talent, son imagination, son esprit, son immense popularité, ces très-heureux hasards qui arrivent, à coup sûr, aux hommes d'un vrai mérite..... En fin de compte, quand M. Scribe ne trouvait pas de collaborateurs, comme il s'en passait heureusement, facilement, triomphalement ! — Ses chefs-d'œuvre et tous ses grands ouvrages, il les a faits à lui tout seul, et cependant l'on ne peut pas dire que ce sont là des enfants sans père et sans mère, *prolem sine matre creatam ;* — tant s'en faut, tant s'en faut.

De leur côté, les plus heureux collaborateurs de M. Scribe, une fois qu'ils avaient appris, sous ce grand maître, *l'art du métier*, soudain ils rompaient leurs lisières, ils prenaient congé du maître; en toute liberté d'esprit, de conscience, et d'invention, ils faisaient leurs preuves d'indépendance, auxquelles preuves M. Scribe était le premier à applaudir.

Les romans de M. Alexandre Dumas ! — Ah ! les romans de Dumas ! Il me dirait, lui-même (et cet aveu il ne le fera jamais), qu'il n'en a pas écrit une seule ligne, il l'écrirait, il le jurerait, que, Dieu merci ! je ne le croirais pas. Mais au contraire, à chaque page, à chaque ligne, à chaque mot, vous retrouverez cette personnalité puissante, ce coup d'épée, et ce coup de plume, ajouté à ce coup de griffe, enfin cette piaffe ardente que rien n'arrête, cette verve qui brûle, et qui brille, et qui s'éteint pour bientôt renaître. Flamme d'incendie, flamme de punch, feu follet des marais Pontins, éclat des passions bruyantes allumées à toutes les inventions, possibles et impossibles, mais enfin, mais réellement, mais toujours la vraie et fumeuse flamme d'Alexandre Dumas !

Or çà ! quand nous sommes ainsi en pleine lumière, irons-nous dire : un grand merci, à la bonne femme qui s'amuserait à jeter l'huile de sa petite lampe à bec dans ce torrent de gaz enflammé ?

Ajoutez que cette fièvre à part, parmi les maladies inguérissables, cette fièvre et ce typhus des belles-lettres, s'augmentent encore, dans cet univers lettré, fait exprès pour la lutte et pour le combat de tous les jours. Un monde où l'athlète et le lutteur ont seuls, quelque chance de vieillir! L'Océan compte moins de tempêtes, le volcan moins de secousses violentes. On est au ciel..... on touche à l'abîme! Où l'un se noie, il arrive au même instant, que l'autre est sauvé :

> Tel est blessé qui blesse, et meurt content s'il tue !

Mêlée immense, horrible et charmante, où la critique impatiente écoute, avec une curiosité fébrile, les cris des mourants, les cris des vainqueurs. Alors, quand ils se sont bien battus dans cette arène ardente, elle arrive, et sur le champ de bataille, elle achève les uns, elle relève les autres ; il en est que l'on croit morts et qu'elle sauve ; il en est d'autres, qu'elle tue, à l'heure où ils chantent victoire ! Or, si la critique est heureuse et fière, quand elle rend l'œuvre écrasée, à la douce lumière du jour, en revanche elle est exposée à bien des violences, lorsqu'elle chante aux oreilles du triomphateur : « Tu es chauve, ô César ! Ces lauriers qui couvrent ta tête, ne cachent rien aux yeux perçants de Proserpine. *Sit te Proserpina canum!*

Quand il fit représenter son second drame, *Antony*, sur le théâtre de la Porte-Saint-Martin, M. Alexandre Dumas était arrivé à ce moment fortuné, à ce moment suprême, où l'homme de talent peut se dire à soi-même : « Enfin ! enfin, me voilà reconnu un homme de quelque valeur ; enfin, me voilà soumis à l'admiration, sujet au blâme, ayant tout à redouter du public, excepté son indifférence ; enfin, le monde attentif sait mon nom, et si ma renommée n'est pas encore de la gloire, elle n'est plus un doute, pour personne. Je suis connu, donc je suis quelqu'un, et maintenant que le soleil est tourné du côté de mes œuvres, je n'ai plus qu'à produire, afin d'arriver, par degrés, à cette gloire éclatante et définitive, après laquelle ont couru, mais en vain, tant d'hommes d'un talent, plus solide et plus fort que le mien.

Donc me voilà! je vis et je règne, et chaque jour ira, agrandissant mon importance. » Oh ! c'est un beau moment : entendre à son oreille enchantée, les murmures de la foule contente ; assister à ses transports ; prêter l'oreille à ses louanges ; être jeune, enthousiaste et brillant, recherché, riche, honoré, aimé et fêté ; écraser, de sa fortune naissante, toutes les gloires d'alentour, et personne qui ose se mettre au devant de votre soleil, personne qui se rappelle, à votre aspect, les noms et les œuvres d'autrefois!

En même temps, compagne assidue et nécessaire de cette gloire, à l'usage des jeunes gens sans fortune, arrive la Fortune et ses brillantes fanfares. Alors, prodigue de ses dons, à proportion de ses cruautés premières, elle ajoute ses enivrements, à toutes ces ivresses. Pensez-vous donc qu'il soit facile à ces têtes folles, de ne pas tourner à ce vent de la prospérité, aussi violent que le vent des tempêtes? Je me rappelle une pièce de vers de ces premiers temps, où l'auteur de *Henri III* racontait cette prospérité, semblable à un songe. Un de ces vers qui étaient très-vrais, mais qui n'étaient pas très-bons, finissait ainsi: *Ma main a ifatigué de l'or!* « Tout ou rien! » c'est la devise des lettres.

Prince ou goujat, Agamemnon, Thersite, on ne connaît pas de juste milieu, dans cet empire, au delà de toutes les lois connues de la prospérité la plus complaisante. Il n'y a que la loterie et les jeux de hasard qui possèdent des fortunes, comparables à ces fortunes de la plume. On a vu des hommes qui avaient gagné une victoire, au milieu d'un champ de bataille, et conquis la ville assiégée, qui s'en revenaient, moins illustres et moins opulents que le triomphateur, dans ces batailles sous le lustre enflammé, dans ces plaines d'Austerlitz éclairées par la rampe du théâtre. Il faut donc placer cette fièvre du succès, au premier rang des enivrements; on est ivre; on est fou; on rêve; on ne vit pas.

Henri III, *Christine à Fontainebleau*, *Antony* trois œuvres considérables du théâtre de monsieur Alexandre Dumas, ont été faites, à lui tout seul, par lui tout seul. C'est ainsi que M. Scribe, à lui tout seul, a fait représenter les chefs-d'œuvre de sa jeunesse, et puis M. Scribe et M. Alexandre Dumas ont tout à fait le droit d'accepter des collaborateurs!

Henri III fut représenté, au Théâtre-Français, quelques jours avant la révolution de 1830, en présence de S. A. R. monseigneur le duc d'Orléans, qui s'était déclaré le protecteur du jeune Alexandre Dumas, comme il était devenu l'ami, après avoir été son protecteur, de M. Casimir Delavigne. Ce drame de *Henri III*, dont le rôle principal était joué par mademoiselle Mars, qui, pour la première fois de sa vie, faisait violence aux habitudes, et, pour ainsi dire, à la discipline de son talent, et qui se jetait, l'imprudente, à travers les abîmes sans fond du drame moderne, enfin, ce drame de *Henri III*, si violent, si nouveau, plein de bruits étranges, de souvenirs, d'événements, d'imitations, écrit dans une langue inaccoutumée, et tout rempli des naissantes ardeurs de la vie et de la jeunesse en son trop-plein, restera, n'en doutez pas, comme un des grands événements de la littérature au xixe siècle.

En ce moment une double révolution était en l'air. En poésie, en politique, elle était inévitable. On se pressait, on se hâtait pour assister à cette révolution. Et c'étaient des joies et des fêtes du côté de la jeunesse, et c'étaient des transes et des terreurs dans le camp des anciens! D'où vient, cependant, que ces choses tant louées, tant applaudies, acclamées, admirées, proclamées, soient si peu durables? D'où vient, subitement, ce profond silence, après tant de bruit, et cette indifférence, après tant de passions? Certes, nous ne dirons pas, pour expliquer cet incroyable abandon des œuvres qui nous ont le plus charmé, qu'elles vieillissent vite, à force d'être populaires, et que si elles n'étonnent plus personne, c'est que tout le monde les sait par cœur.

Au contraire, ces sortes de drames sont, à ce point remplis d'incidents étranges, de personnages divers, et de passions, forcément accouplées l'une à l'autre, que même après les avoir vu jouer plusieurs fois, bon gré ou malgré vous, vous avez bien vite oublié ce qui s'y passe. D'où il suivrait, que si c'était en effet l'intérêt matériel du drame, qui en fît la toute-puissance, ces œuvres-là ne sauraient vieillir; au contraire, après sept ou huit ans de repos, comme nul ne sait plus ce qui s'y passe, aussitôt ces sortes de tragédies devraient paraître toutes nouvelles?

Ceci s'explique, aussitôt que vous ne traitez pas le drame, à la façon d'un conte intéressant. Si donc, véritablement, le drame est un roman, et n'est qu'un roman vulgaire, où toutes sortes d'aventures intéressantes, habilement pêle-mêlées, par un grand inventeur, se nouent et se dénouent, de la façon la plus émouvante, et si vous ôtez de cette œuvre à part, dans les travaux de l'esprit, la poésie et ses grandes images, la pitié durable et la terreur qui monte, avec des larmes éternelles, du fond même du cœur de l'homme, aussitôt votre plus beau drame, en dépit de votre bel esprit, de votre ardeur généreuse, et des violences de vos passions, tombe au niveau d'un roman bien conduit, habile, heureux, écrit sagement, mais dont on ne veut plus lire une seule page, aussitôt qu'on voit comment ça commence, et comment ça finit.

— Marton, dit la dame oisive à sa servante, en allant au marché, vous rapporterez ce livre, à *mon* cabinet de lecture, et vous direz que l'on vous en donne un autre, qui soit plus amusant. « Comment ça commence, et comment ça finit! » Voilà la question de tant et tant de drames qui ont été cependant, une fête, une émeute, et presque une révolution, parmi nous. Au contraire, écoutez les pleurs, les gémissements, les douleurs de la tragédie antique, écoutez la voix souveraine, éloquente, impérissable, la voix des maîtres, et voyez si jamais ces douleurs seront oubliées, si jamais ces majestés seront abolies.

Voyez-vous, sur le théâtre athénien, où tout un peuple est accouru, pour assister à l'histoire de ses héros et de ses dieux, ces deux femmes, semblables à deux immortelles, vêtues de deuil : Antigone! Ismène! Le drame qu'on va jouer, en ce moment, est le drame le plus ancien, et le plus simple qu'il soit au monde. Le roi de Thèbes a défendu, par un décret, de rendre les derniers devoirs à Polynice, et de le pleurer. Le roi ne veut ni deuil ni sépulture. Il y va de la vie, à désobéir. Seule, Antigone se débat contre la volonté souveraine. Que les tyrans déshonorent les dieux, et les morts tout à leur aise, elle veut plaire aux dieux, elle veut honorer les morts! Le chœur, qui l'écoute avec orgueil, répond à ces nobles pensées, en chantant les louanges du jeune prince qui n'est plus. — Écoutez! Que de douleur dans les premières strophes! — Quelle joie abondante et sereine aux strophes suivantes! — En effet, la fière Antigone a rendu les derniers devoirs à son frère! — O douleur! Antigone a été surprise aux apprêts de la sépulture!

« Le disque rayonnant du soleil était au milieu de sa course, le soleil poursuivait sa carrière de chaque jour, quand tout à coup le vent s'élève avec violence, toute la campagne est agitée, nos yeux éblouis se ferment à ce grand orage; et quand enfin l'orage fut parti en grondant, — alors, au milieu d'un grand calme, nous entendons des gémissements et des larmes; ainsi gémit l'oiseau quand il ne trouve plus sa douce nichée. C'était la princesse qui pleurait sur son frère, et qui lui rendait les derniers devoirs ! »

Ainsi parlait le soldat de Créon ; il parlait comme un Athénien qui sait par cœur les vers d'Homère. Rien qu'à voir Antigone, on comprend tout de suite de quelle poésie la noble princesse est entourée. Ismène, de son côté, Ismène, tout à l'heure timide et tremblante, veut avoir sa part dans le châtiment et dans la belle action de sa sœur. Les voilà condamnées toutes deux : il faut mourir! Antigone mourir, si jeune et si aimée! Nul ne peut la sauver. La fatalité pèse sur la triste famille des Labdacides. En vain le fils de Créon lui-même, Hémon, jeune et beau, demande à son père, le pardon d'Antigone, sa fiancée. Le roi répond à son fils par ce grand mot, effacé de tous les codes, et de toutes les poétiques de ce monde : — L'autorité! « L'obéissance est la force des États, la paix des monarques, la liberté des sujets, la gloire des nations. »

Cependant ce fils répond à son père ; il lui répond par une parole à jamais sacrée, et qui ne se retrouve pas souvent dans nos drames... *la pitié* : « Mon père, la ville entière pleure An-
« tigone. Est-elle donc si coupable, la sœur qui accorde la sépul-
« ture à son frère? Mon père, soyez-nous favorable! Modérez votre
« colère ! » — Vains efforts, vaines prières : le tyran est inflexible, Antigone n'a plus qu'à mourir! Que cela est vif, et complétement dégagé de toute inutile préparation! Que nous voilà loin des fameuses habiletés, surprises et conventions de l'art moderne! Et cependant rien n'est plus touchant que les chastes plaintes de la noble princesse! Le chœur, fidèle jusqu'à la fin, à son admiration sympathique, soutient la noble victime : « Antigone! la gloire
« et l'honneur vous serviront de cortége, dans la demeure des
« morts! »

Ainsi pleurée, Antigone, au milieu des respects et de *la pitié* de tout un peuple, entre dans la caverne qui la doit dévorer vivante. « O mon lit nuptial, que tu es terrible! Je vais donc
« vous revoir, Jocaste, Œdipe! O vous, à qui j'ai rendu les hon-
« neurs funèbres, et toi, Polynice, mon frère, pour qui je meurs,
« je vous rejoins, je vous rejoins sans avoir été épouse et mère!
« O Thèbes! séjour de mes aïeux! O vous, les dieux de ma
« patrie! O chefs de mon pays! accordez un dernier regard

« à la seule princesse qui reste du sang de tant de rois! »

Arrive enfin cette intervention suprême que le drame moderne a supprimée; arrive, en boitant, la justice divine, et la justice, elle, va parler par la voix de Tirésias. Tirésias ne veut pas, c'est son droit de pontife, que le tyran Créon abuse à ce point de la force; il ne veut pas que la noble Antigone descende, vivante, chez les morts. La figure de ce vieillard est austère; il est aveugle, et cependant il voit toutes choses, le passé, le présent, l'avenir. En vain Créon l'accable d'outrages et d'insultes, le saint vieillard reste immobile. — C'en est fait, le tyran est vaincu, sa colère est apaisée, il accorde la sépulture à Polynice, il veut qu'Antigone soit rendue à la lumière du jour. Entendez-vous le chœur qui déjà se réjouit, au nom de Bacchus et des Bacchantes? — Hélas! il n'est plus temps; la malédiction de Tirésias s'est appesantie sur le roi des Thébains. — Antigone s'est tuée de ses mains, Hémon, le fils du roi, a partagé le sort de la princesse; — la reine meurt à son tour. — Le chœur, resté seul au milieu de tant de douleurs, se met à réciter, sur un mode plaintif, la conclusion de ce chef-d'œuvre de Sophocle :

« La prudence est le gage du bonheur! Respectez les dieux,
« qui que vous soyez! Que les rois de la terre, apprennent par
« cet exemple, à modérer leur orgueil, et à ne pas donner des
« ordres qui insultent à la fois les vivants et les morts! »

Après trois mille années, l'impression de ce miracle de la tragédie est vive encore, et nous ne demandons pas comment cela finit, comment cela commence? Au contraire, on écoute, on admire, on pleure aujourd'hui, comme on écoutait, comme on pleurait le premier jour, justement parce qu'il ne s'agit pas ici de satisfaire une inutile et misérable curiosité, mais de se pénétrer d'une immortelle et toute-puissante poésie. Ils ne se lassaient pas de leurs poëtes et de leurs tragédies, ces Athéniens, pas plus que les fidèles et les croyants de l'Évangile ne se lassent des saints mystères. L'hérésie, elle passe; au contraire, la vérité reste. Ainsi, comparé aux travaux des maîtres, le drame moderne est une hérésie, il a réussi par les mêmes moyens que l'hérésie, à savoir : l'inattendu, la curiosité, la hardiesse et la nouveauté, les violences du langage et les violences de l'action, le bruit, le mouvement, la vaine fumée, et toutes ces préparations irrégulières qui font tant de mal, mais dont on se guérit si vite.....

Essayez, à l'heure où je vous parle, de vous rappeler *Athalie*, ou *Phèdre*, ou *le Misanthrope*, aussitôt vous voyez ces belles œuvres nettes, claires, fécondes, superbes dans leur ensemble et dans leurs moindres détails; essayez de vous rappeler *Henri III*..... Certes vous avez été fasciné, tout comme un autre, de ces bruits formidables, de cette pétulance insensée, et du vagabondage effrayant de ces passions effrénées; mais à cette heure, au moment où vous tentez de vous en souvenir, de ce passé, tout vous échappe, et la critique est obligée de vous rappeler que la première scène se passe chez Côme Ruggieri. Vous avez là tout un laboratoire d'astrologue, une dissertation d'astrologie, une alcôve, une porte secrète; vous avez ensuite une sarbacane, un mouchoir aux armes de la duchesse de Guise; et que de noms propres, rien que dans le premier acte! Comptez-les, ceux qui parlent, et ceux dont on parle : Ruggieri, Catherine de Médicis, La Mole, le roi de Navarre, le duc d'Anjou, Quélus, Schomberg, Maugiron, Antraguet, d'Épernon, Joyeuse', Saint-Mégrin, René, Jeanne d'Albret, la duchesse de Guise, Marguerite de Vaudemont, Ronsard, La Chapelle-Marteau, Brizard, Thomas Crucé, Bussy-Leclerc, madame de Cossé, Bassompierre, Nicolas Poulain, l'avocat Jean David, François Rosières, Crucé, le président de Thou, Poltrot, madame de Montpensier, le duc d'Anjou, le cardinal de Bourbon, Saint-Paul, et peut-être encore les personnages que j'oublie, en est-ce assez?

En belle et bonne préface explicative (une préface à la Cromwell!), ces véritables superfluités s'appellent *des accessoires;* oui, mais dans tous ces accessoires, l'action disparaît, mon oreille occupée outre mesure, de cette légion de noms propres; mon esprit qui cherche à voir clair, en cette foule de personnages, ma mémoire qui veut se souvenir du sens attaché à tous ces fantômes historiques, toutes ces causes réunies ne me permettent guère de bien deviner l'exposition du drame; et quand enfin, à force de zèle et d'activité, je me suis fait jour, à travers vos importuns accessoires, je rencontre une reine qui endort madame la duchesse de Guise, dans une alcôve, *à l'aide de cette liqueur que l'on tire des fèves arabes*. Voilà la chose. Or cette dame endormie, étendue sur son lit, dans les bras de son amant, elle est surprise par son mari qui arrive en ce boudoir pour faire disparaître cette vision. Et puis, l'étrange nouveauté ! ce drame qui se noue et qui se dénoue par un mouchoir de poche, oublié là. C'était bien la peine de tant déclamer contre la lettre d'Aménaïde, contre la lettre de Zaïre, ou le fatal bandeau de Monime :

Et toi, fatal bandeau !...

Notez bien que tout ce brio extérieur, ce tiraillement du drame, et ce double tiraillement des yeux et des oreilles, sont à peu près le seul artifice de ce drame. Vous étiez tout à l'heure chez un alchimiste, au milieu de toutes les portes secrètes et de tous les ustensiles de la profession ; maintenant vous êtes en plein Louvre, dans une vaste salle où chacun s'abandonne à sa rêverie du moment : celui-ci est debout, celui-là est couché dans un fauteuil, ces deux autres font des armes, ces deux autres vont jouer aux échecs ; Joyeuse tire *son bilboquet de son escarcelle ;* Saint-Luc raconte le mystère qu'il a vu représenter, la veille, à l'hôtel Bourbon, ou la première pierre du Pont-Neuf, bâti par l'architecte Ducerceau ; il vous dit aussi comment les fraises goudronnées sont remplacées par les collets renversés, à l'italienne. A la fin : « Le roi, messieurs ! » Et, par Notre-Dame de Guise ! le roi eût bien fait d'arriver plus tôt, il nous eût débarrassés quelque peu de ce caquetage, qui n'ajoute rien à l'action ; il nous eût délivrés de ces quolibets, pour le moins, inutiles. Malheureusement, le roi lui-même il arrive exprès pour faire, à son tour, un petit brin de *couleur locale*. Hélas ! en dépit de ce bric-à-brac, il y a cent fois plus de *couleur locale*, dans quatre vers de *Polyeucte,* que dans les magnificences *exactes* du drame moderne.

En ces discours, peu dignes de la grandeur d'une action dramatique, et bons, tout au plus, à amuser le tapis d'un roman historique, le roi parle à la fois, de son pèlerinage et de son *habit d'amazone ;* après une assez médiocre dissertation, sur la révolte de son frère, le roi distribue à ses favoris toutes sortes d'accessoires : les pendants d'oreilles de Quélus, la chaîne de Maugiron, l'épée de Schomberg ; cela fait, le roi prend un flacon, et quand il en a respiré les sels, il rend ses biens, à M. de Balzac d'Entragues, baron de Duras, comte de Graville, gouverneur général d'Orléans. Or, tous les titres de M. le baron d'Entragues sont des *accessoires*, aussi bien que les boucles d'oreilles de Quélus, l'habit d'amazone du roi, et la chaîne d'or de Maugiron.

Cependant, jugez par cet exemple de la patience et de la curiosité de ce bon public. On lui a parlé de la Ligue, on lui a raconté les façons de M. de Guise, on l'a mis au courant des amours de la duchesse de Guise et de Saint-Mégrin ; que dis-je ? on étale aux yeux de ce parterre ahuri toutes sortes de joyaux d'or, de soie ou d'acier, et maintenant, voici que vous vous amusez à nous dire tous les titres d'un homme qui ne joue aucun rôle dans votre pièce ; de bonne foi, qu'est-ce que cela nous fait, à nous, que M. de Balzac d'Entragues s'appelle Charles, et qu'il soit baron de Duras, comte de Graville, gouverneur d'Orléans ? Ceci revient toujours à cette charge d'Henri Monnier, avec son compère Lepeintre jeune : — « Vous voulez parler de Dozainville ? — Parlons de Dozainville. » Le grand secret de l'art dramatique est là tout entier.

Arrive, à son tour, le duc de Guise ; enfin, et pour le coup, vous croyez au moins que celui-là, qui est posé comme le héros, comme la péripétie et le vrai danger du drame... un amoureux, ce duc de Guise, un jaloux, un furieux, va enfin se montrer à nous simple et vrai, parfaitement dégagé de ces accessoires et de ces puérilités ? Non pas, certes ! M. le duc de Guise ! Mais il est plus insolent et plus bruyant que tous les autres, et ce grand tapage autour de ce terrible héros, détruit beaucoup l'effet de cette entrée imposante. — Et notez avec soin, que M. le duc de Guise est, comme les autres, un déclamateur. Lui-même il nous parle de toutes sortes de choses qu'il a lues dans les livres, des États de Blois, des Trois Ordres de la nation, des deux cent mille livres de rente, aliénées des biens de l'Église, avec la permission du pape, de l'emprunt fait aux membres du parlement, des trois millions empruntés au duc Casimir, sur les diamants de la couronne, des deniers de l'hôtel de ville détournés, du refus des États généraux de consentir un nouvel impôt, du progrès des huguenots (et toute une liste d'accessoires).

Ainsi, Favas a déjà pris La Réole ; Montferrand, Périgueux ;

Condé s'est emparé de Dijon ; le roi de Navarre a été vu sous les murs d'Orléans; la Saintonge, l'Agénois et la Gascogne sont en armes, les Espagnols ont pillé Anvers, brûlé huit cents maisons, et passé sept mille habitants au fil de l'épée...

Bref, M. de Guise, en présence du roi, de la reine, et de toute la cour, va plus loin que ne pourrait aller, même de nos jours, le plus furibond député à la Chambre, le plus acharné démagogue dans son journal. Cependant cette lamentation furieuse du duc de Guise, dans ce drame, ne vous touche guère, et savez-vous pourquoi? Par l'unique motif que M. le duc de Guise n'est pas en colère ! Il étudiait, tout fraîchement, ce matin même, la petite histoire du règne de Henri III... Il veut à toute force, vous répéter ce qu'il vient d'apprendre, et il se hâte, afin de ne rien oublier. *L'accessoire*, et toujours *l'accessoire*, et rien que *l'accessoire!* Des noms propres, des faits entassés, des allusions, des rapprochements, plus ou moins historiques, mais de l'événement principal, pas un mot. « *Ad eventum*, disait Horace. » — « De grâce, avocat, parlez enfin de mon chevreau ! » comme il est dit, dans une épigramme célèbre de Martial.

Quand il s'est bien lamenté, M. le duc de Guise revient à la question de la sainte Ligue qui demande un chef. La question surprend le roi, et elle nous surprend bien davantage, nous autres spectateurs qui attendions, avec grande impatience, que l'on nous donnât quelque nouvelle de madame la duchesse de Guise, et de son mouchoir? Cela dure jusqu'au moment incroyable, impossible, où ce terrible duc de Guise, cet homme assez puissant pour oser dire au roi de France toutes ces cruelles vérités, et pour les lui jeter à la face, il est insulté par les roquets de la cour! Même, l'insulte va si loin, que Saint-Mégrin se dispute avec Joyeuse, à qui lui soufflera un pois chiche à la figure, à travers une sarbacane ! Ici la logique ingénue se voile la face de ses deux mains ; elle ne comprend pas qu'à la même heure, au même instant, le même homme puisse tomber, du haut de cette insolence, à ce degré d'humiliation!

Voilà ce que c'est que l'accessoire; à peine introduit dans le drame, il faut absolument s'en servir. Vous aviez, en guise de parures, une sarbacane, au premier acte ; on s'en servira, de la sarbacane, au second acte, pour insulter M. le duc de Guise!

Mais, dites-vous, il entrait dans mon plan, que M. le duc de Guise fût insulté par Saint-Mégrin. C'était, j'en conviens, tout à fait votre droit; mais, en ce cas, il fallait jeter entre ces deux gentilshommes, une dispute de gentilshommes ; il fallait que Saint-Mégrin attaquât le duc de Guise avec l'arme des soldats, et non pas avec l'arme des enfants. La scène ainsi faite, aussitôt rien n'était plus vraisemblable et plus naturel, tant votre duc de Guise était insolent et mal élevé, que M. de Saint-Mégrin prît en main la défense du roi et de la reine. La sarbacane était d'abord une puérilité... elle est devenue un embarras, dès que l'auteur s'est cru forcé de s'en servir. M. le duc de Guise est bien bon d'y répondre par un défi ; attaqué par une sarbacane, il devait envoyer à M. de Saint-Mégrin un bourrelet.

La dispute qui s'élève alors, entre M. le duc de Guise et M. de Saint-Mégrin, est encore faite exprès pour servir de prétexte à un grand déploiement de noms propres. — Comte Paul Estuert, nous te faisons marquis de Caussade, dit le roi à Saint-Mégrin ; car le roi veut que Saint-Mégrin soit l'égal du duc de Guise, afin que celui-ci n'ait pas le droit de refuser le duel. — A quoi le duc de Guise répond au roi : — *Je suis duc, sire!* Et en ceci, il me paraît que notre bon et beau cousin de Guise dit une sottise, car il apporte un honneur de plus, à son ennemi mortel. — Comte Paul Estuert, marquis de Caussade, répond le roi, nous te faisons duc de Saint-Mégrin. — Aussitôt le nouveau duc de Saint-Mégrin, se retournant vers le duc de Guise, s'écrie à la façon d'un parvenu, comme si nous ne savions pas déjà ses titres :

Moi, Paul Estuert, comte de Caussade, duc de Saint-Mégrin, à toi, Henri de Lorraine, duc de Guise, etc., et il lui jette son gant (autre accessoire) à la face !

Et quand enfin ils ont tout dit, quand ils se sont bien défiés, l'un et l'autre, en présence même du roi, le roi met le holà, et il clôt la scène en disant qu'il assistera au duel, le lendemain. Resté seul avec sa mère Catherine de Médicis, le roi Henri III cause de la politique courante ; la reine alors saisit, dans sa poche, un traité, surpris sur l'avocat Jean David, émissaire du duc de Guise. Dans ce traité (autre accessoire), il est dit qu'on jettera le roi dans un couvent, comme si le roi ne le savait pas déjà. Cependant le roi est abattu à cette nouvelle ; il ne sait plus que faire et que devenir? Il supplie humblement sa mère de prendre les rênes de l'État ; sa mère alors le rassure en lui disant que le duc de Guise est un *roseau peint en fer*. A la fin, pourvu que son fils jure sur l'autel, de la consulter en toutes choses, elle consent à reprendre les rênes de l'État, malgré Miron, son médecin, qui lui commande le repos. Vous attendiez-vous à ce nouvel accessoire, à ce Miron ?

Voici cependant que se montre, à nos yeux charmés, madame la duchesse de Guise elle-même. A la fin la voilà donc, la voilà ! A peine si nous l'avons aperçue endormie, il n'y a qu'un instant dans une attitude compromettante. Hélas ! chez madame la duchesse de Guise elle-même, on va retrouver l'emphase et l'accessoire. On parle, on parle encore, et de toutes choses, mais du fait principal, à peine un mot. Du moins, pensez-vous qu'il sera parlé du duel entre M. de Guise, et M. de Saint-Mégrin ? Certes ce duel vaut bien la peine qu'on en parle, au moins... à l'hôtel de Guise, et chez madame la duchesse. On s'inquiète uniquement du bal de la cour, où madame la duchesse de Guise veut aller en simple domino, où madame de Cossé veut être habillée en Hébé. Voyez-vous cependant le petit page Arthur, emprunté à Schiller, à Beaumarchais, à tout le monde, un de ces petits êtres, souffreteux et malingres, qui ne sont pas encore des hommes, qui n'ont jamais été des enfants ?... ce page est un *accessoire*.

Quand le page a dit son mot, madame de Cossé se met à raconter la fête qui signalait l'avénement de Henri III, il y a vingt-cinq ans ; elle va de là, au tournoi de Soissons, en 1546. Cependant madame la duchesse de Guise est en grande peine ; elle a perdu son mouchoir, brodé à ses armes, et ce mouchoir la rend aussi malheureuse, que le *mouchoir* de la femme d'Othello. Pour la distraire, on lui parle d'un joli petit sapajou que portait madame Louise dans sa bourse (accessoires); on lui raconte qu'au bal de madame de Montpensier, M. de Joyeuse était habillé en Alcibiade, M. de Saint-Mégrin en astrologue... *accessoire*. En fait de visites, sont venus à l'hôtel de Guise, M. de Brantôme, qui apportait à madame la duchesse un tome de ses *Dames galantes*, M. Ronsard, qui a laissé une jolie pièce de vers, et c'est le page qui lit la pièce de vers (elle est de Ronsard, elle est charmante), contrairement à cette loi dramatique (mais vous savez que nous les méprisons) qui veut que, de temps immémorial, les pages chantent les vers, avec accompagnement de mandoline ou de guitare. Restée seule avec le page, madame la duchesse de Guise ne parle que de Saint-Mégrin, et du jour où celui-ci se précipita dans la fosse aux lions, pour ramasser son bouquet.

Ces choses curieuses, le premier jour, le premier jour on les regarde, on les écoute, et même on les admire. Oui, mais le lendemain, on les oublie. Et puis, voyez la hâte, et comment le poëte, qui perd son temps et sa peine dans les chemins de traverse, se met enfin à courir, pour rattraper le temps perdu. Je parle ici de la dernière scène du troisième acte, quand le duc de Guise entre chez sa femme, bien décidé à briser cette pauvre et belle créature. Quoi! tout de suite? Eh quoi! sans crier : gare! arriver au dénoûment, le temps seulement de presser le bras de cette femme dans une main, que disons-nous? dans un étau de fer, et de lui donner la torture du gantelet, comme on donnait la torture du brodequin? Ainsi, parce que le drame est en retard avec son dénoûment, vous allez au but, à la façon du caillou poussé par un bras vigoureux? C'était bien la peine, en vérité, de perdre votre temps à nous raconter ces vaines histoires de politique et de religion, qui ne nous intéressent guère, pendant que nous vous demandions instamment, la suite de cette histoire d'amour! Or vous avez beau faire, et nous jeter aux yeux toute cette poudre de carrousel, d'astrologie, de champ-clos, de Louvre et de sacristie, vous ne nous prendrez pas en défaut.

Le parterre est un juge; on peut l'éblouir un instant, mais bien vite il revient, à la vérité, à la vraisemblance, au bon sens. Hurlez, criez, faites grand tapage autour du juge... il finira par contempler, de sang-froid, la moralité et l'importance des hommes et des événements qui s'agitent sous ses yeux.

Certes, vous n'aurez pas le droit, vous, l'auteur dramatique, de prendre une détermination de cette importance, comme est l'assassinat de la duchesse de Guise par son mari, sans qu'au préalable vous ayez expliqué au parterre, au juge suprême, comment, et pourquoi ce mari va tuer cette femme? Le duc de Guise a beau dire qu'il a trouvé le mouchoir de sa femme en un lieu suspect; cette preuve est peut-être une preuve, aux yeux du mari, elle n'est pas une preuve aux yeux du parterre. Il sait très-bien toute l'innocence de madame la duchesse de Guise, et dans son âme et conscience, devant Dieu et devant les hommes, il ne souffrira pas qu'on égorge ainsi cette innocente, sans élever la voix pour maudire l'assassin ! Non-seulement pour le maudire, en effet, là n'est pas la faute en tragédie, mais pour le trouver atroce, hideux, et, qui pis est, ridicule, et voilà l'irréparable malheur.

Voilà pourquoi et comment de pareilles actions ont besoin d'être préparées avec le plus grand soin, si vous voulez qu'elles soient acceptées. Il n'est pas besoin, que je sache, de vous raconter cette horrible scène du gantelet, entre la duchesse et son royal époux, c'est, tout simplement, la torture appliquée aux explications conjugales. Quant au guet-apens que tend M. de Guise à M. de Saint-Mégrin, il est, tout simplement, abominable, et ce qui le rend encore plus atroce, c'est qu'avant vingt-quatre heures, le lendemain, tout à l'heure, M. le duc de Guise, outragé par Saint-Mégrin, doit se battre avec lui, en présence du roi et de toute la cour. Et demain, demain, quand on appellera en champ-clos M. de Saint-Mégrin contre M. de Guise, ses amis viendront dire : — M. de Saint-Mégrin a été assassiné, cette nuit, dans l'hôtel de M. de Guise encore !

Ainsi, voilà un poëte, un inventeur, un chercheur de caractères, de passions, de douleurs, qui s'amuse à ramasser, avec toutes sortes de minutieuses précautions, mille petits débris, sans nom, sans forme et sans grande valeur.

Le quatrième acte est semblable au premier acte. Vous vous retrouvez dans la même salle, au Louvre, garni des mêmes meubles et des mêmes personnages ; le roi et la reine sont là, dans la même attitude gênée et contrainte : le duc de Guise arrive, insolent, superbe, et tel que vous l'avez vu, tout d'abord. Cette fois encore on parle de la Ligue, et le duc de Guise, plus pressant que jamais, veut absolument que le roi donne un chef à la Ligue, et que ce chef ce soit le duc de Guise. Ici, la scène est belle, autant qu'historique ; le roi décide hardiment que ce chef de la Ligue ce sera lui, le roi de France !

A cette déclaration royale, le duc de Guise est atterré ; heureusement il lui reste une vengeance : Saint-Mégrin a déjà reçu la lettre que le duc de Guise a dictée à sa femme. En effet, Saint-Mégrin l'a reçue, cette lettre, il l'a reçue avec des transports qu'il eût fallu éviter, pour empêcher que le parterre ne sourît en lui-même, de la naïveté de Saint-Mégrin. Le duc parti, Saint-Mégrin et le roi ont une longue conversation, entrecoupée de mille incidents; et comme dans cette importante circonstance, le roi n'a pas perdu l'habitude et le souci d'appeler à son aide, les colifichets et les accessoires, il donne à Saint-Mégrin, une amulette, un talisman, qui doit l'empêcher de mourir par le feu, et par le fer. Ce que contiennent les poches du roi Henri III est véritablement effrayant. Cependant Saint-Mégrin finit par prendre congé de Sa Majesté, et il se rend, en toute hâte, à son fatal rendez-vous.

On pourrait dire ici que le jeune poëte a laissé trop d'intervalle entre le troisième et le cinquième acte, pour que ce rendez-vous inattendu, que donne madame la duchesse de Guise à Saint-Mégrin, soit bien vraisemblable. En effet, que dans le premier moment de la douleur que lui cause son pauvre bras, écrasé par ce gantelet de fer (et comme elle disait ce mot-là, mademoiselle Mars : « Vous me faites mal, monsieur le duc! ») Madame la duchesse de Guise ait consenti à prendre sa part, et sa bonne part, dans ce guet-apens, nous le comprenons sans peine. Elle est femme, elle souffre, elle a peur, elle obéit; il faut qu'elle obéisse, absolument; mais une fois que le duc de Guise est parti, aussitôt qu'il est retourné à la cour, à ses projets d'ambition, à son rêve de chef de la Ligue, on ne comprend pas que madame la duchesse de Guise, au fond même de sa maison, n'ait pas crié : *A l'aide! au secours!* qu'elle ne se soit pas jetée par la fenêtre, pour sauver celui qu'elle aime; enfin que nul, dans cette maison, presque royale, ne soit accouru aux cris de madame la duchesse, pas même son page. En un mot, ce guet-apens du duc de Guise se passe aussi tranquillement, que ces misérables petits guet-apens de l'homme et de la femme, dont il est question souvent dans *la Gazette des Tribunaux*, quand le voisin trop confiant, s'en vient, tout exprès, à l'heure de minuit, pour se faire surprendre en délit d'adultère, et pour signer des lettres de change à son digne voisin..... voilà, certes, ce que je ne comprends pas!

Non, dans un drame habile et bien inventé, la chose ne peut pas se passer ainsi! Non, une honnête femme, une femme d'honneur, et pour tout dire une femme amoureuse, ainsi forcée à mentir, ne peut pas supporter, si longtemps, son cruel mensonge. Aussi bien quand je vois tomber dans ce piége affreux le malheureux Saint-Mégrin, quelque chose me dit que la duchesse de Guise n'a pas fait son devoir, qu'elle eût dû sauver, à tout prix, cet honnête gentilhomme. Et puis, une fois que Saint-Mégrin est près de sa femme, pourquoi donc le duc de Guise n'entre-t-il pas tout de suite, dans cette chambre? Comment! c'est lui, le mari, lui-même, qui fournit ce rendez-vous complaisant à ce rival abhorré? Il enferme (ô le niais!) les deux amants, dans sa chambre, et tête à tête, il leur donne, ingénument, tout le temps de se dire : — « Je t'aime, tu m'aimes, nous nous aimons ! — Non, je ne t'aime pas! — Si, je t'aime! » Et vous voulez nous persuader que M. de Guise était un mari jaloux !

Si, véritablement, le duc de Guise eût été jaloux de madame la duchesse de Guise, il eût enfermé Saint-Mégrin, entre deux portes, il ne lui eût pas permis même de voir la duchesse éplorée; il eût brisé cet homme à l'instant même, et sans que cet homme eût poussé un seul cri. Mais M. de Guise, à l'exemple de M. Orgon, veut *être sûr des choses*, et il ne semble pas se douter qu'une femme, ainsi traquée, *a toujours une vengeance prête*. — « Ah! que de temps perdu! disait une belle dame espagnole, ah! que de temps perdu! Ils s'aiment, ils sont seuls, et ils vont mourir ! »

L'incident du bras de la duchesse, appuyant la porte, en guise de verrou, est un incident puéril; ce bras charmant est encore un accessoire. Eh quoi! cette femme qui se fait briser le *radius* et le *cubitus*, ces deux fragiles supports de la main droite, pour arrêter les assassins une demi-seconde, elle avait six heures devant elle, pour avertir son amant, et elle n'en a pas profité! En un mot, rien ne se fait naturellement dans cette catastrophe; il n'y a pas jusqu'à la mort de Saint-Mégrin qui n'ait ses empêchements imprévus. Ils sont, là-bas, une vingtaine à le frapper : coups de lance et coups d'arquebuse, coups de poignard, rien n'y fait, parce que Saint-Mégrin a sur lui le talisman que le roi lui a prêté : ce talisman est un accessoire!

La pièce finit, comme elle a commencé, par un accessoire : le duc de Guise étouffe Saint-Mégrin avec le mouchoir armorié de la duchesse... un accessoire !

Telle était cette première *composition* de M. Alexandre Dumas, très-prudente, et trop prudente pour un si jeune âge. On y voit déjà plus d'habileté que d'inexpérience, et plus de recherches, plus d'imitations, plus d'arrangements que l'on n'en devait attendre, à coup sûr, de ce commençant qui devait tout brûler. Plusieurs l'ont chicané, à propos de quelques *juxtapositions* empruntées au théâtre étranger ; ces gens-là ont commis une injustice, et ce jeune homme a démontré, voici tantôt trente-cinq ans, qu'il était, parbleu ! le maître de prendre son bien partout où il croit le rencontrer. En résumé, *Henri III* montrait déjà les brillantes qualités du poëte : une verve éloquente, un vagabondage heureux à travers toutes les passions permises, et même à travers les passions défendues, un très-vif esprit, fabuleux, fou, hardi, rapide, et subtil, incroyable, et qui ne devait plus se reposer, jamais.

« On y croyait, dit Tacite, en parlant des crimes de son temps, justement parce qu'ils dépassaient toutes les bornes de ce qui était juste et vraisemblable ; *quamvis fabulosa et immania videbantur.* »

Antony, dans l'œuvre de M. Alexandre Dumas, est comme un de ces points culminants que les faiseurs de paysages ont soin de placer dans les jardins de leur fantaisie. *Antony* est un des grands succès de notre auteur dramatique ; il a fait un bruit du diable ; il a créé une race de beaux ténébreux ; il est le véritable point de départ de madame Dorval ! — Maintenant que l'œuvre est jugée, et qu'elle a pris la paisible et solennelle apparence des choses violentes que le peuple sait par cœur, et dont toute violence a disparu, on peut certainement parler d'*Antony*, comme on ferait pour un drame de l'autre monde, et dont l'auteur serait mort depuis cent ans !

Antony, autant qu'il nous en souvienne, fut le troisième essai de M. Alexandre Dumas, jeune homme. *Antony* est un mauvais drame, *Antony* est un pastiche habile, adroit, et très-vieux du *Fils naturel*. Antony parle comme le héros de Diderot : *Ma naissance est abjecte aux yeux des hommes ;* à quoi la maîtresse d'Antony lui répond, comme l'héroïne de Diderot : *La naissance nous est donnée, mais nos vertus sont à nous.* Il serait donc facile de dire en quel lieu M. Alexandre Dumas avait puisé le sujet de son drame ; il serait plus difficile d'expliquer par quelle suite de raisonnements et de calculs ce jeune homme en est venu à flétrir, dans une pièce en cinq parties, *le gothique préjugé de la naissance,* aujourd'hui où les gens biens nés n'y songent plus guère, et pourquoi donc il se débat si violemment, en faveur d'un principe, depuis longtemps adopté, l'égalité sociale ? La belle affaire, après tout, quand on nous aura démontré, pour la vingtième fois : « Que la grande supériorité entre les hommes, c'est la vertu et le talent. »

Cet Antony est, sans contredit, le plus fantastique des humains, que le drame ait mis en œuvre. Il est tombé, il y a trois ans, amoureux d'une jeune personne qui l'aimait de tout son cœur ; c'en est fait, les jeunes gens s'adorent, ils vont se marier. Antony demande à sa fiancée quinze jours de répit, pour faire un voyage, et pendant trois longues années, le jeune homme oublie, en effet, de revenir. De son côté, l'impatiente Adèle, qui n'a pas reçu de nouvelles de son prétendu, au lieu de se désoler et d'attendre, comme cela devrait être en belle et bonne passion, épouse assez tranquillement M. le colonel d'Hervey ; même, pendant ces trois années d'absence, elle donne à son mari une charmante petite fille qu'Antony veut enlever avec la mère. Telle est la position de madame d'Hervey, au lever du rideau. Tout à coup elle reçoit une lettre au *timbre de Paris,* c'est-à-dire par la petite poste ; elle reconnaît, sur-le-champ, la devise d'Antony, imprimée sur le cachet : *A présent, et toujours !* Cette lettre l'inquiète assez peu, au premier abord. Madame d'Hervey est épouse et mère ; elle sait son devoir, elle ne recevra pas Antony ; elle va sortir, elle sort, tout est sauvé ! Mais il paraît que cette dame a des chevaux neufs ou un cocher très-maladroit, car les chevaux s'emportent, elle va périr ! Tout à coup un homme s'élance dans la rue, il arrête les coursiers, il reçoit le timon dans la poitrine : madame d'Hervey est sauvée, et son sauveur évanoui, est transporté... justement sous le vestibule hospitalier de cette maison.

Pendant qu'on pose le premier appareil sur la poitrine du blessé, madame d'Hervey, en femme prudente, est bien aise de savoir quel est donc ce héros qui l'a sauvée? Alors, par une hardiesse, au moins étrange, on fouille dans les poches de l'homme évanoui, et l'on trouve : 1° une lettre d'amour; 2° un portrait; 3° un poignard. Un poignard ! A cette lettre, à ce portrait, à ce poignard, madame d'Hervey, tout émue, s'écrie : « Ah! c'est lui ! » Elle eut certes mieux fait de le reconnaître, à sa belle et bonne action.

Cependant Antony est resté sous le vestibule. Le médecin qui l'a saigné, trouve l'appartement peu hospitalier, et le fait transporter, de sa propre autorité, non pas dans une chambre de l'hôtel, mais tout simplement, dans le salon. On étale, en effet, le blessé sur un canapé. Il est encore évanoui, malgré l'abondante saignée qu'on lui a faite. Le médecin recommande bien fort qu'on éloigne du malade toute émotion : c'est pourquoi madame d'Hervey reste seule à son chevet, parlant tout haut, se plaignant de sa destinée, et prononçant, tendrement, le nom d'Antony!

A ce nom, Antony se réveille. « Oui, dit-il, je suis Antony, je n'ai pas changé de nom, moi; mais vous, vous portez le nom d'un autre. » Et voilà un homme au désespoir, qui ne songe pas à expliquer pourquoi donc il est resté absent, pendant trois ans, et pourquoi il est revenu? De son côté, la dame, indifférente à toute explication, ne songe pas, le moins du monde, à demander à ce bel amoureux pourquoi donc il est resté si longtemps sans revenir? Cela dure ainsi, jusqu'à ce qu'enfin madame d'Hervey dise au bel Antony, bien doucement, qu'il faut la quitter; que sa présence dans son hôtel, son mari absent, pourrait la compromettre, et qu'il n'est pas assez malade pour rester, plus longtemps, chez elle. — « Ah! je ne suis pas assez malade ! » s'écrie Antony furieux, en même temps il arrache l'appareil de sa blessure. En le voyant sitôt rétabli, le public avait pensé d'abord qu'Antony en avait été quitte, pour une simple contusion ; cette *contusion* est bel et bien, une *plaie*, et notre héros tombe encore une fois sans connaissance. Cette fois il sera couché dans un bon lit de cette bonne maison, malgré la pruderie de la maîtresse de céans.

Au second acte, après cinq jours de maladie, Antony est sur pied. Il arrive, il déclame, il se met aux genoux de la femme adorée! — Il pleure, et puis il rit, disant : « *C'est drôle, je pleure et je ris : un homme pleurer!* » Puis ils se regardent et se disent : « Antony, Antony ! » Et elle répète : « Antony, Antony ! » Vous diriez d'une passion italienne au moyen âge ; vous diriez d'une traduction de Schiller, quand Schiller se passionne au souvenir de Shakspeare. Hélas! l'héroïne elle-même du drame, quand elle a bien crié : Antony, Antony ! elle se relève tranquillement, prend son chapeau, demande des chevaux de poste, et s'en va à Strasbourg, retrouver son mari, en bonne mère de famille, sans trop s'inquiéter de la passion de son Werther.

Il faut dire que ce second acte est rempli de déclamations qui nous semblent vraiment des déclamations de l'autre monde. On y parle de l'humanité, de la nature, du cœur, et de toutes ces vieilles rocamboles à la Diderot, dont le xviiie siècle a tant abusé qu'on n'ose plus les écrire. En quelle langue, et dans quel lieu se parlent et se passent toutes ces choses? On regarde sur la scène, et l'on est tout étonné de trouver des gens, vêtus à la mode bourgeoise de 1830. On écoute avec une certaine stupeur ces phrases sonores, qui roulent, qui grondent, qui ronflent, qui s'étalent à l'aise, et que pourtant on écoute..... On croirait à un sermon saint-simonien.

Le troisième acte est plus étrange encore. Nous sommes à deux lieues de Strasbourg, dans une auberge, et sur la grande route. Entrent alors, dans ce lieu, disposé pour tous les crimes de l'amour, un homme et son laquais; l'homme est Antony ! Voyez la passion! sa maîtresse est partie avant lui, une nuit à l'avance, et c'est lui qui, maintenant, va le premier! Arrivé à cette auberge, il achète, argent comptant, une voiture qui attend un chaland sous la remise ; il retient toute l'auberge pour lui, comme le sénéchal, dans *Jean de Paris* ; il fait atteler les quatre chevaux qui sont dans l'écurie, à cette voiture,... il ordonne à son domestique d'aller à Strasbourg, de suivre tous les pas du colonel d'Hervey, et de partir quand il partira, de s'arrêter où il s'arrête ; même il promet à ce fidèle serviteur, *cent francs*, par chaque lieue de poste qu'il fera, en précédant le colonel. Cette prime de cent francs a paru mesquine chez un homme qui, comme Antony, a ses poches pleines de bourses d'or, qu'il distribue avec la facilité d'un sultan. Cela est si vrai, qu'au cinquième acte le valet d'Antony ne précède le colonel que d'une lieue, ce qui fait une récompense totale de cinq louis!

Antony, resté seul, se livre à ses déclamations chéries : « Me fuir! Elle me fuit! La cruelle! Elle aura voulu se moquer de moi! Elle va tout raconter à son époux, et ils riront de mes tourments *entre deux baisers!* » Au second acte, Antony qui est un moraliste, a déjà fait un long raisonnement sur la fatalité : « *Si je n'avais pas été me promener à cheval, tel jour, au bois de Boulogne, je n'aurais pas fait la connaissance de mon Adèle.* » Eh! mon Dieu oui, Monsieur, Pascal l'a dit avant vous : « Un grain de sable placé là!... »

Cependant notre héros étudie, avec le coup d'œil d'un amoureux, l'appartement où il se trouve, et il constate qu'il a sous les yeux deux chambres, communiquant l'une avec l'autre, par une seule porte, et la porte de communication se fermant par un verrou; dans l'alcôve, aucune issue! Heureusement il existe un balcon au dehors, qui conduit d'une chambre à l'autre... Ainsi voilà qui va bien. Voyez cependant le grand rôle que joue en ses trois premiers drames, le verrou de M. Alexandre Dumas : dans *Henri III*, la duchesse de Guise cherche un verrou pour sauver son amant, et se verrouille avec son bras; dans *Christine,* Monaldeschi cherche un verrou; Antony étudie avec soin les verroux de l'auberge; madame d'Hervey, en entrant dans sa chambre, pousse le verrou.

Ainsi que vous l'avez prévu, la pauvre femme est forcée de coucher dans ce coupe-gorge, faute de chevaux. Ce que vous n'avez pas prévu, c'est que cette dame, la femme d'un colonel qui va rejoindre son mari, n'ait pas songé à amener avec elle une femme de chambre. Elle est seule avec une lumière, à peine elle prend le temps de faire un petit monologue...; enfin, elle va se mettre au lit, juste au moment où l'implacable Antony entre chez elle, par le balcon, en cassant une vitre : la pauvre femme en vain crie au secours! Antony la pousse au fond de l'alcôve, une alcôve sans issue, et voilà comment on perdait une femme, en ces temps fabuleux!

Ces hardiesses étaient toutes nouvelles aux premiers jours de 1830; le drame avait conservé plusieurs des pudiques précautions de la tragédie, et *il n'osait guère oser.* Vous voyez, d'ici, l'étonnement et l'épouvante du spectateur, à ces violences, à ces nouveautés?

Il est impossible de prévoir le quatrième acte, et ce quatrième acte est toute une comédie. Il se passe chez une dame qui, de son propre aveu, a déjà eu trois amants, en trois mois : un financier, un médecin et un poëte... romantique! Cette dame réunit pourtant la société la mieux choisie, et ce jour-là, elle reçoit *tout Paris*. Le salon se remplit peu à peu; on s'assied, on fait cercle, on voltige, on papillonne, enfin, on parle de la littérature à la mode. En ce moment, vous vous imaginez que le drame est fini, que tout s'arrête au troisième acte, que l'alcôve adultère ne lâchera pas sa proie, et que vous assistez à la petite pièce...

Détrompez-vous : sous ces apparences frivoles, le drame continue, et même il marche. Avec une habileté très-grande, l'auteur d'*Antony* a placé la préface de son drame, au quatrième acte, et là il explique, aux spectateurs ébaubis, tout son système, et tout son plan littéraire. Elle est un peu longue, elle est assez vivante, cette préface d'*Antony*. L'auteur s'y moque, avec une grâce toute juvénile, du vieux *Constitutionnel*, qui était un vrai pouvoir, en ce temps-là. « Mais *le Constitutionnel!* » Et l'on riait,... et tant l'on riait, que *le Constitutionnel* ne riait guère!

On parle ainsi de la poésie et des poëtes, jusqu'à l'arrivée d'Antony. Quand Antony entre enfin, une dame de la société est fort occupée à médire de madame d'Hervey. A cette médisance, Antony s'approche de la dame : « Madame, lui dit-il, avez-vous un mari ou un frère, avec qui je puisse me couper la gorge? » Et comme cette dame est venue seule, à ce bal, Antony ne pouvant se venger sur un homme, se venge sur la belle médisante, il la traite comme la dernière des femmes, et la force de quitter le bal. Alors les danseurs se répandent dans les salons voisins, Antony et sa maîtresse restent tout seuls, sans doute pour détruire les bruits qu'on fait courir. Il paraît que l'aventure de l'auberge n'a pas offensé madame d'Hervey, ou du moins qu'elle a tout pardonné.

Quoi d'étonnant qu'elle pardonne? Elle aime; elle est dans le délire le plus complet; même dans ce salon maussade où elle vient d'être insultée, elle se livre à sa passion d'amour. C'est à peu près la belle scène espagnole d'*Hernani*, avec toute la différence de la prose vulgaire, aux plus beaux vers.

Tout à coup, ce n'est pas le cor qui sonne, eh! c'est mieux que le cor : c'est le domestique d'Antony qui accourt. O surprise! ô malheur! M. le colonel d'Hervey revient de Strasbourg! Que faire et que devenir? Antony n'en sait rien, il se trouble, il n'a rien prévu, le malheureux !

La scène change encore. Madame d'Hervey est rentrée chez elle. Tout à coup Antony accourt : « Votre mari arrive de Strasbourg ! » s'écrie Antony. — « Mais je suis perdue, moi ! » s'écriait madame Dorval, et rien ne peut rendre avec la douleur, le trouble et l'accent de madame Dorval, s'écriant : *Je suis perdue!* Elle était ivre, elle était folle ; elle faisait pitié, elle faisait peur ! — « *Oui, tu es perdue*, dit Antony, *sauvons-nous!* » A quoi elle répond, cette femme attaquée, et si vivement attaquée, il n'y a qu'un instant dans ce vilain salon bourgeois : — « *Je ne veux pas fuir, je tiens à ma réputation.* » Cependant le danger approche, le colonel monte l'escalier. Antony ferme la porte du salon, au verrou, et il tire son poignard.

Car j'ai oublié de vous dire que, revenu de sa maladie, il a retrouvé son poignard dans sa poche ; précaution touchante de son Adèle ! Il tire même ce poignard au troisième acte, au milieu d'un monologue, il plonge en même temps, cette *bonne lame*, dans une table de sapin ; la lame enfonce .. Antony se dit, à lui-même : *Eh! la lame est bonne!* Enfantillages, que nous trouvions charmants.

Sans doute aussi il aura retrouvé la lettre et le portrait de son amie, et la trouvaille aura son danger, quand la justice le fouillera, au cinquième acte ; toutes choses auxquelles Antony n'a pas songé, non plus que madame d'Hervey.

Quoi qu'il en soit, on entend monter le colonel..... *Scandit fatalis machina...* Mais quoi, ce bon colonel *au retour imprévu*, rien ne vient à sa rencontre, et la porte est fermée : — « Ouvrez ! ouvrez ! ouvrez ! » A cette voix irritée, impérieuse, les deux amants n'ont garde de répondre. Antony fait asseoir sa maîtresse sur une chaise ; il tire son petit poignard, et la frappe au cœur ; le poignard enfonce alors comme dans le sapin ; la lame est bonne. Le cadavre reste assis, sans aucune espèce de convulsion.

En ce moment, les portes sont enfoncées, le mari trouve et reconnaît sa femme morte. — « *Je viens de la tuer avec ce poignard*, dit Antony, *elle me résistait.* » Singulière façon de conserver la réputation d'une femme! On s'empare alors d'Antony; la toile tombe; et tout ému de ce spectacle étrange, épouvanté de ces fureurs, vous cherchez à deviner quel est donc ce drame incroyable qui commence comme un roman de M. de Kératry, qui se développe et qui parle comme un drame de Diderot, qui se dénoue comme une tragédie de M. Victor Hugo? Éléments qui se repoussent, passions qui sont devenues impossibles; préjugés vaincus depuis longtemps; style heurté, brillant, violent, téméraire, illogique et furibond; héros, mêlés d'enfance et de roueries inqualifiables; ici Berquin, et là Suétone; un mélange incroyable et puissant des éléments les plus contraires : le héros pleure et rit à la fois, aime et poignarde en même temps; il se met à genoux devant sa victime, et il la viole.

A son tour, l'héroïne est également indéfinissable : elle aime, elle hait; elle pleure, elle rit; elle est dans l'abîme, elle est au ciel; elle reste et s'en va; elle court après son mari, et cependant elle tombe aux bras de son amant; elle tremble, au hasard, et elle se livre au hasard; elle a déshonoré sa vie, et, grande logicienne qu'elle est, elle meurt, en tête à tête avec son amant! Enfin, tant de pleurs, tant d'ivresse et tant de crimes, tant de sanglots et tant de larmes, et tant de prodigieux efforts pour arriver à cette femme qui meurt poignardée, à ce mari qui arrive si tard, à cet amant forcené, qui commence comme un fou, qui finit comme un assassin!

Aujourd'hui que nous les voyons, à la fois, si près de nous, si loin de nous, ces drames fougueux nous apparaissent vieillis, en cheveux blancs, vulgaires, et tout semblable à nous autres qui ne sommes plus jeunes; mais jadis, quand le drame et quand nous-mêmes, les spectateurs, nous n'avions que vingt ans, cet *Antony* était une espèce de révélation. Les uns portaient le nouveau drame au troisième ciel, les autres le vouaient aux gémonies.

§ XI *Suite.*

Un instant, s'il vous plaît, arrêtons-nous, et jetons un coup d'œil sur les misères de tant de comédiennes qui sont mortes, de nos jours, ensevelies tantôt dans leur pauvreté, tantôt dans leur gloire ; celle-ci célèbre entre toutes les célébrités, celle-là perdue, abandonnée, et diffamée en toutes sortes de bouffonneries dans lesquelles la malheureuse créature avait le courage affreux de s'immoler elle-même, et d'insulter à sa propre vieillesse. Hélas ! quel abîme, entre Mlle Flore écrasée à soixante ans, sous les chansons, sous les quolibets, sous les railleries du Vaudeville, et Mlle Rachel dans la fleur de son bel âge, expirante au milieu des regrets, de la pitié, de la douleur de l'Europe, et qu'un peuple entier a voulu porter au tombeau !

Rappelez-vous la mort de madame Malibran. Madame Malibran était la plus éloquente et la plus admirable actrice de ce bas monde ! Elle avait fait, de la musique, un poëme, un drame, une tragédie, une pitié, une terreur. La voilà donc, poussée, on ne sait par quelle ambition de fortune, qui s'en va chanter à Manchester, et qui soudain tombe, au milieu d'un spasme abominable et mortel. Quelle âme à jamais évanouie, et quelle grâce irrésistible ! On n'a pas revu sa pareille, et ce siècle oublieux ne la reverra pas.

Rappelez-vous cette reine étincelante du Théâtre-Italien, Mlle Sontag. Sa jeunesse était l'ornement de son génie ! Elle avait l'inspiration, la beauté, l'intelligence, elle avait tout ! Soudain Mlle Sontag échappe au théâtre ; elle abandonne, en riant, la fête et l'éclat de ces grandes soirées. Artiste, elle devient à son tour une princesse, une ambassadrice, et des rois eux-mêmes l'appellent : « madame la comtesse. » Hélas ! au bout de vingt années de ce délire et de cet oubli de ses vrais maîtres : Rossini, Cimmarosa, Mozart, la comtesse... eh ! non, disons mieux, Mlle Sontag, réveillée aux bruits de Jenny Lind, rentre, éclatante et superbe, au milieu de l'arène où sa trace est restée, et le monde étonné, ravi, charmé, la reconnaît à son charme, à sa voix, à ce grand art qui n'était pas mort dans son âme endormie !

— Oui! disait-on, la voilà! c'est elle! Elle est encore une admirable et courageuse artiste, et la bourgeoisie envieuse lui pardonnait ses armoiries, en faveur de cette inspiration... Paris applaudit Mlle Sontag! Londres entière la traita comme une artiste et comme une comtesse. Hélas! l'infortunée! il ne lui suffit pas des louanges de Paris, de l'admiration de Londres, elle s'en fut là-bas, à travers des océans perdus, et la fièvre eut bien vite emporté ce qui restait de Mlle Sontag. O douleur! ô misère! ô pitié! Quelle mort! quel abandon! Et maintenant que d'oubli! que d'oubli!

En ce moment, à l'heure où j'écris ces pages funèbres, cherchant une escorte aux funérailles de madame Dorval que nous allons conduire au tombeau, savez-vous donc qui vient de mourir, après avoir visité ces abominables parages dans lesquels la comtesse Rossi a rencontré cette horrible mort? Ce n'est rien moins que Mlle Rachel! Mlle Rachel notre enfant, notre élégie, et la suprême tragédie. Elle expire! On la rapporte, inanimée, à ce Paris dont elle était la fête et l'orgueil. Pleurez, poëtes! Voilez-vous le visage, ô muse athénienne! Esprits d'autrefois! Génies qu'elle avait ressuscités! Glorieux chefs-d'œuvre, un instant remis en lumière par le génie et par l'inspiration de cette enfant, vous êtes morts avec elle, une dernière fois! Elle vous emporte au fond de sa tombe, ouverte avant l'heure! O tombeau sur lequel j'aurais voulu transcrire une ancienne inscription, que l'on dirait faite exprès pour Mlle Rachel : « Nous lui devons la hache et les faisceaux des licteurs, les robes militaires, les chaises curules, les anneaux, les phalères, les quatre chevaux et le char doré des triomphateurs, les robes peintes, les tuniques ornées de palmes, tous les ornements et toutes les magnificences qui ajoutent aux dignités de l'empire, une dignité de plus[1]. »

Vous rappelez-vous aussi, parmi les funérailles passées, une autre et très-touchante tragédienne, miss Smithson? Était-elle assez poétique, assez belle, et dignement inspirée par son compa-

---

[1]. Le latin dit cela, mieux que nous ne saurions le dire : Inde fasces, trabeæ, curules, annuli, phaleræ, paludamenta, prætexta; inde, quod aureo curru, quatuor equis triumphatur; togæ pictæ, tunicæque palmatæ, omnia denique decora et insignia, quibus imperii dignitas eminet...

Florus, liv. I, ch. v.

N. B. Nous publierons, dans le complément de cette *Histoire de l'art dramatique*, un livre intitulé : *la Tragédie et mademoiselle Rachel*.

triote, le grand poëte Shakspeare? Elle avait vingt ans, miss Smithson, quand elle nous apparut dans ces élégies surnaturelles dont nos jeunes âmes étaient remplies.

Elle avait nom Ophélie, elle avait nom Juliette, elle s'appelait Desdémone! Elle portait dignement les grandes couronnes et les chastes douleurs! Sa voix était douce et plaintive, son regard était tendre et plein de feu mouillé de larmes, son geste était naïf, son sourire était charmant. Elle abandonnait à la poésie et à la passion présente toutes ces beautés, toutes ces grâces, toutes ces larmes. Elle se plongeait dans l'amour avec un ravissement idéal, elle se plongeait dans la douleur avec une rage incroyable. Souvent, quand les larmes manquaient à sa misère, elle éclatait de rire, et ce rire déchirant ressemblait aux sanglots, à faire peur. Elle n'était rien de ce que nous savions en fait de tragédie; elle ne ressemblait à personne; c'était un grand bonheur de la voir, pâle et vêtue de blanc, glisser dans les drames de Shakspeare comme un fantôme riant ou triste; malheureuse enfant, destinée à la mort, qu'elle s'appelât Ophélie, Desdémone, Juliette; elle était le point lumineux des sombres caractères de sa profonde et lamentable tragédie; elle éclairait ce drame où s'agitent d'une façon si triste et si vraie, avec tant d'énergie et de simplicité, les passions, les ambitions, les mensonges et les vertus des hommes. Après ces grands succès, qui l'avaient étonnée elle-même, elle avait fait, de la France, une seconde patrie; elle aimait ce Paris qui l'avait devinée, elle y vécut obscure et cachée, et puis un jour elle mourut, plongée à jamais dans la douleur et dans la tristesse d'Ophélie! A peine on sut que miss Smithson était morte! On ne la voyait plus, donc elle était oubliée. Elle n'eut pas de cortége et d'accompagnement à son cercueil! Pour obtenir ces longues funérailles dont il est parlé tout un jour, il faut être, à Paris, Talma, Mlle Mars ou Mlle Rachel [1].

Regardez cependant, tout au bas de cette échelle où la reine et

---

[1]. M. de Beauchesnes, qui est un homme sérieux, et qui a vécu à la cour de S. M. le roi Charles X, me racontait, un jour, qu'à la mort de Talma, quelqu'un disait au roi : Sire! il y aurait peut-être une certaine justice à déposer sur le cercueil de ce grand artiste la croix de la Légion d'honneur! — Je serais tout à fait de votre avis, reprit le roi, si Talma n'avait pas fermé sa porte à l'archevêque de Paris. Je ne dois pas oublier que je suis le roi Très-Chrétien.

la servante se rencontrent, où la plus profonde et la plus abjecte humiliation touche à l'auréole, regardez une de ces infortunées qui n'ont pas voulu prévoir la vieillesse hideuse, effrontée, abominable, et qui meurent sur le théâtre, pour ne pas mourir sur un grabat d'hôpital.

Je parle ici de Mlle Flore, une duègne qui faisait rire, à force d'insulter elle-même à sa propre vieillesse, et de se souffleter de sa main ridée! Elle avait un nom de mauvais présage, elle s'appelait Flore Corvée! Elle était née, sur le théâtre de la Montansier, un jour que mademoiselle sa mère jouait le rôle de Gavotte dans la *Foire de Pantin*. A sept ans elle était déjà une comédienne. A seize ans, elle fut enlevée (elle en convient dans ses *Mémoires*) par un bottier nommé *Sacosky*, qu'elle avait pris pour un prince polonais. A quarante ans elle était vieille, et ce fut seulement quand elle eut renoncé aux fêtes de la jeunesse, aux respects de la vieillesse, que cette infortunée obtint quelque attention de ce public abominable qui s'amuse à outrager une femme, comme il s'amuserait à briser une statue, à casser des vitres, à jeter de la boue aux passants.

Voilà pourtant à quel prix horrible une comédienne, en proie à la faim, à la solitude, à l'abandon, peut éviter ces trois ennemis qui l'attendent sur le seuil de sa décrépitude! Aussitôt point de relâche, et point de répit pour cette hideuse vieillesse de l'art dramatique! — Il faut, maintenant qu'elle est vieille et ridée, en ce moment funeste où les cheveux sont blancs, où les dents sont noires, où le sourcil grisonne, où l'obésité fait des siennes à travers le tissu de cette peau tendue et détendue; il faut, misérable, que tu écrives *les mémoires* de ton abomination, et que tu te brises toi-même, au rire insolent de ta propre désolation, afin que le public rie, à son tour, de ta misère! Ou bien tu mourras de faim, sur le fumier de ta vieillesse, ou bien vas-tu, de tes mains ridées, défigurer ton vieux visage, arracher ton dernier voile, étaler tes haillons, t'appesantir sur tes vieilles années, et leur cracher à la face, afin que les vieux et les jeunes sourient de ton désespoir, s'amusent de ta douleur, et s'abreuvent de tes larmes!

Pas d'autre position, ma fille, et pas d'autre fortune! Il le faut! il faut être horrible à tes yeux, et aux yeux de ces messieurs! Il faut leur étaler ta plaie et leur montrer ta faim ; il faut qu'ils assistent à ton dépouillement, à ton décharnement, et qu'ils entendent tomber dans ta ruine un gros rire ; un infâme quolibet dans ton blasphème ! Il le faut ! c'est la loi, c'est ta condition, c'est ton engagement, c'est ton suaire ! Et quand on ne voudra plus rire de ta vieillesse, et quand tu ne seras plus le pantin à la mode, et quand la foule sera lasse enfin de jouer avec ta tête de mort, sur le bord de ta fosse mendiée, et que pas une lèvre humaine ne voudra plus toucher à la lie abominable de ton esprit, alors tu renonceras forcément à cette abominable et suprême ressource, et tu ne trouveras plus rien à gagner, même dans la bassesse de ta propre humilité, pas même dans l'excès de tes propres offenses. Telle fut en effet la misère et telle fut l'abjection de Mlle Flore, et voilà le spectacle affreux, mais utile, que nous devons placer sous les yeux des comédiennes sans talent. Cette vieille a vécu longtemps des mépris qu'elle s'infligeait à elle-même. Longtemps, du haut d'un théâtre impitoyable, elle a joué à la parodie indigne de sa propre personne.

> Avez-vous vu l'état qu'on fait de *Coriace ?*

D'abord on en riait beaucoup, ensuite on en rit beaucoup moins, puis toute cette joie au fond de l'abîme finit par faire horreur. *Gratificari per proprium dedecus!* C'est un mot de cet admirable Tacite, qu'on ne peut trop relire aujourd'hui.

En fin de compte, elle avait appelé l'ivresse à son aide ; au fond d'un verre de cabaret, elle cherchait l'oubli de sa honte ; ivre, elle rêvait encore les chansons de ses ignominies :

> Grenadier, que tu m'affliges
> En m'apprenant ton départ...

C'était là sa plus belle chanson ! La bouchère du *Petit Bossu du Gros-Caillou* avait été son plus beau rôle ; elle avait eu, pour dernier soupir, le hoquet de la femme sauvage dans *les Saltimbanques*. « C'était bien la peine de naître ! » Ainsi dans cet art dramatique, les hommes et leurs œuvres, les comédiens et les comédiennes ont vécu dans l'excès et sont morts dans l'excès. Pas de milieu, l'apothéose ou les gémonies ! On était absurde, on était divin.

On n'admirait guère que les comédiens, les comédiennes qui tournaient le dos à la rampe, au public, à l'attitude académique, au sens commun. En ce temps-là, *causer* même était une œuvre ; on admirait les beaux causeurs, presque autant que les grands poëtes. On s'arrêtait dans la rue, et l'on dissertait du nouveau poëme de Joseph Delorme, ou du nouveau roman de M. Alfred de Vigny. J'ai vu tout le Paris lettré commenter un chapitre du *Globe*, ou disserter à perte de vue, à propos du célèbre jugement de M. Sainte-Beuve, parlant de Boileau-Despréaux, dans une des premières livraisons de la *Revue de Paris*. Et ce que Diderot prêchait au beau milieu du *Café Procope*, et ce que d'Alembert argumentait dans le salon de mademoiselle de Lespinasse, et tous les dires de madame Geoffrin, et tous les assauts du baron d'Holbach, se retrouvaient en bloc, en germe, en détail dans la causerie ardente de quelques beaux parleurs de ce temps-ci.

Quels prodiges ! ces hommes prêts à jeter, à qui les écoute, une si grande part de leur esprit et de leur âme ! Ils ressemblent à ces cordes sonores, tendues au sommet des tours, que le moindre vent fait gémir ou chanter.

On parle des prodigues, on les montre du doigt ! Ceux qui appartiennent à quelque bonne famille, on leur donne un curateur. C'est à qui racontera toutes leurs folies : les maisons qu'ils ont vendues hier, la terre qu'ils voulaient vendre après-demain ; les diamants achetés à crédit, et les chevaux et les voitures, et les amours qu'on appelle de faciles amours ; faciles amours si l'on veut, mais qui coûtent gros ! Tels sont les prodigues dont on s'occupe. Et ceci dit, tout est dans l'ordre ; et pourvu que vous ne jetiez pas votre argent à qui le veut prendre, aussitôt vous êtes un homme habile, sage et rangé. — Votre esprit, vous pouvez en faire ce que bon vous semble ; vous pouvez en user, en abuser, le prodiguer au premier venu, le donner pour rien, et passer toute votre journée à dépenser, en menue monnaie, cette rare et excellente fortune ! Le vent souffle où il veut ; l'esprit est comme le vent, seulement le vent l'emporte, et tant pis pour vous, si vous prodiguez au premier venu, ces intimes trésors ; nul n'aura de représentation à vous faire ; on dira que vous êtes parfaitement dans votre droit.

Or tel honnête homme qui se croirait compromis d'accepter

un dîner chez quelque émancipé de vingt ans, ne se figure pas qu'il fait le métier d'un voleur, lorsqu'il permet que son voisin, le bohémien, dépense à l'amuser, à le faire sourire et quelquefois rêver, tout l'esprit, c'est-à-dire le patrimoine et l'unique patrimoine que lui avait donné le ciel en partage.

Hélas! que j'en ai connu de pauvres diables, qui avaient presque autant d'esprit que Voltaire, qui parlaient comme M. Berryer en personne, et naturellement tout remplis d'idées, d'inspirations, d'invention, de génie, prodiguer ces dons si rares, comme fait l'enfant rassasié qui jette le pain de son goûter, aux moineaux effrontés du jardin des Tuileries! Que j'en ai vu, de ces causeurs infatigables, qui se levaient le matin, sans savoir comment ils pourraient gagner leur vie, et qui se couchaient, le soir, à jeun, après avoir dépensé, en pure perte, dans leur journée, autant d'esprit que M. Scribe et M. de Balzac, plus d'esprit qu'il n'en faudrait pour remplir vingt colonnes d'un bon feuilleton!

Mais qu'y faire? Ils avaient eu cette espèce de joie incroyable des prodigues, qui ne trouvent rien de plus charmant que cette façon de jeter sa fortune par la fenêtre. S'en aller tristement à la caisse d'épargne, ah! fi! Pour qui les prenez-vous? Ou bien, rester dans sa maison, et par ce beau soleil, écrire lentement une belle page de bonne prose; garder pour soi-même, ses meilleures idées, en faire un livre, un drame, un poëme, un conte, quelque chose enfin qui ait une valeur, fi donc! Pour qui les prenez-vous, ces enfants prodigues? Ils donnent leur esprit, ils ne le vendent pas.

Toutefois, les grandes et justes renommées de ce temps-ci, les poëmes que l'on écoute encore, et les drames que nous avons le plus admirés, doivent une grande reconnaissance à ces propagateurs éloquents de l'idée et de la forme. Ils étaient bien, vraiment, la pierre à aiguiser dont il est parlé dans *l'Art poétique*. Si elle aiguise, elle ne coupe pas : *Exsors ipsa secandi!*

Ceux qui savent un peu ce que c'est que la vie littéraire, la vie littéraire dégagée de ses injures, de ses biographies, de ses lâchetés de coupe-jarrets, la vie heureuse des rêveurs, des poëtes, des artistes, des amoureux de la forme, des bons enfants qui ne font pas, de leur plume, un stylet, et de leur œuvre, une caverne, ceux-là savent le charmant et joyeux esprit prodigue que je veux dire. Ils l'ont connu, ils l'ont aimé, ils l'aiment toujours. C'est un esprit honnête homme, inépuisable, jovial, désintéressé, vaillant, charmant, vivant de peu, content, et contant toujours.

L'homme dont je parle (il s'appelle Achille Ricourt), un véritable esprit; il est depuis longtemps notre grande joie à nous tous, et le plus ancien de la bande éloquente des beaux-esprits. Pourtant il est aussi vif, aussi nouveau, aussi leste que le premier jour. Son enthousiasme et son admiration sont les mêmes; sa bienveillance ne s'est pas assombrie d'un seul nuage, et son imagination est plus jeune et plus puissante que jamais. Il y a des instants, de dix heures du soir à une heure du matin, où il soulèverait le monde; plus heureux qu'Archimède, il a non-seulement le levier, mais le point d'appui. Son point d'appui, c'est la croyance ferme et sincère à tout ce qui est beau, à tout ce qui est bon; à tout ce qui s'est fait avant nous, à tout ce qui se fera, quand nous ne serons plus. Son point d'appui, c'est l'avenir; son levier tout-puissant, c'est le passé. Il croit à tout, même au temps présent; et il y croit si fort, qu'il n'a jamais voulu rien entreprendre qui pût le distraire de sa contemplation. Qu'il soit libre! Et le laissez à son éblouissement de toutes les heures, à son admiration de tous les jours, il n'a pas trop de temps, dans toute sa vie, pour regarder, pour écouter, pour entendre, et pour dire à qui veut être attentif, ce qu'il a vu, ce qu'il a entendu, ce qu'il a le plus admiré.

La vie de cet homme heureux s'est passée, entière, à tout voir et à tout dire. Il a cherché les plus douces émotions, pour lui-même, et pour les partager avec qui en veut prendre sa part. Cet homme, est l'homme heureux et libre; il est tout, sans avoir jamais rien été. Il n'est pas un peintre, et cependant que de merveilleux tableaux il a composés! Il n'est pas sculpteur, mais avant que la Vénus de Milo fût retrouvée sous les trois mille années qui la dérobaient à notre culte, il l'avait rêvée; il l'a reconnue à la première vue, cette enfant de la Grèce antique!

Architectes-bâtisseurs, demandez-lui les projets les plus vastes, les plus magnifiques, les jardins suspendus de Babylone, aussitôt vous verrez quel inventeur, quand il se met à inventer! C'est lui-même qui proposa, le premier, de donner un double rez-de-chaussée à toutes les maisons de Paris, ce qui doublerait le revenu de la ville. Mon Dieu! rien n'est plus simple : toutes ces maisons, vous les unissez entre elles, par un balcon, situé au premier étage; ce balcon règne tout le long de la ville; à ce compte, en conservant vos boutiques du rez-de-chaussée, vous aurez une suite de magasins magnifiques, au premier étage.

Peu de millions suffiraient à cette œuvre, et, l'œuvre accomplie, aussitôt nous plaçons, au sommet de l'Arc-de-Triomphe, un géant de cent coudées, qui porte à la main une torche de cinquante coudées; au bout de cette torche on fait arriver (rien n'est plus facile), un fleuve de gaz enflammé, volcan géant qui enveloppe, dans sa vive clarté, toute la ville! Grâce à ce fanal, plus resplendissant que le soleil, la nuit ne sera plus la nuit; trop heureux sera le jour, s'il est encore le jour!

Heureux les rêveurs! heureux les causeurs! ils sont l'honneur de cette grande ville attentive à leur parole; ils sont le plus aimable délassement des oisifs qui courent après l'esprit, sans savoir où le rencontrer; ils remplacent, avec grand avantage, la causerie imprimée, la poésie aux rimes sonores, l'esprit obéissant aux formules accoutumées. Ni les jardins publics, ni les arbres couverts d'ombrage et d'oiseaux, ni les eaux jaillissantes, ni les statues de marbre, les musées remplis de chefs-d'œuvre, les théâtres où l'on chante, et le théâtre où l'on déclame, et même les parades de la comédie en plein vent, ne valent, pour le repos, pour la joie et pour la sagesse, pour tous les agréments d'une ville entière, les deux ou trois causeurs que possède, à coup sûr, chaque ville de France, et le moindre village, et le plus petit hameau. Ces braves gens, qui ne songent pas à tirer d'autre parti de leur esprit, que la fête et le plaisir de le montrer, sont les poëtes, les avocats, les prédicateurs, les comédiens, les professeurs, les bouffons écoutés, les philosophes pratiques du petit coin de terre sur lequel les a placés le Créateur.

Ils ont en même temps, l'esprit, la poésie et le bon sens, l'imagination et la sagesse, la prudence et l'audace : parole audacieuse, conduite prudente. Prudente, en effet, car notre causeur a besoin, avant tout, de calme, de repos, de gouvernement, de sages lois. Pour qu'il soit très-écouté, il est nécessaire qu'autour de sa causerie, un profond silence le protége. Il a l'émeute en horreur, par jalousie, et parce qu'aux moindres murmures de l'émeute, aussitôt il faut que tout se taise! Il exècre les révolutions, car la révolution c'est comme la mer, un jour de tempête : on n'entend plus que le sifflet du contre-maître et les cris des matelots, au milieu de l'orage. Surtout il a en horreur les journaux, la Chambre des députés, les proclamations, et le bruit du tambour. Un ministre habile demandait, d'une certaine ville dont on lui faisait peur : — « Combien y compte-t-on de causeurs? » — Et comme on lui eut dit qu'il y avait, en ce lieu, un avocat de génie, trop paresseux pour parler, une heure, en plein tribunal, un critique de revues que personne ne lisait plus, et qui ne voulait plus rien écrire, un médecin sans ambition et un vieux professeur de philosophie, destitué par M. Cousin, en l'honneur de Platon, — « Bon, reprit M. Thiers, voilà quatre personnages qui ne donneront guère le temps à leur auditoire de faire de l'opposition. »

En effet, autant vaudrait dire, aux Arabes du désert qui écoutent le conte enchanté de leurs nuits éternelles, à un Italien qui prête l'oreille aux improvisations du poëte ambulant : — « Çà! levez-vous, et venez aux élections, pour envoyer un orateur à la Chambre des Députés de Paris. »

Ceci est tout simplement le portrait du causeur qui s'enivre à l'écume, au fumet de sa propre causerie. Celui-là est l'enfant bien-aimé du hasard. La Providence l'a pris par la main, dès le berceau, et elle lui a donné en partage, le grand art d'être heureux de rien, content de peu. Un pareil homme est heureux, comme le serait un poëte qui dirait ses vers, pendant toutes les heures du jour, à la foule attentive; autant qu'un musicien qui jouerait de son instrument, depuis le lever jusqu'au coucher du soleil; il est semblable au peintre ingénu qui porterait à travers la foule enthousiaste, un tableau de bataille! Ainsi le causeur est, sans contredit, le plus heureux des grands artistes de ce bas-monde. Son art, à lui, est le plus populaire de tous les arts; on s'est bien vite fatigué d'entendre la plus belle des symphonies, d'admirer le même tableau, et d'écouter, parbleu, même les plus beaux vers.

L'autre espèce des prodigues de leur esprit est, à coup sûr, moins intolérable et moins heureuse. A ceux-là, la causerie innocente ne suffit pas ; il leur faut les grandes affaires. Ils parlent, mais ils parlent, malgré eux. Quand ils ont bien dépensé leur esprit en pure perte, aussitôt le remords les prend comme s'ils avaient dilapidé leur fortune... Ils ont, tout le jour, prodigué les bons mots et les épigrammes, les voilà qui rentrent au logis, l'oreille basse, en se disant : *J'ai perdu ma journée !*

Ajoutez qu'ils ont moins de bienveillance, et moins d'abandon, moins d'enthousiasme et d'intime conviction que notre causeur, le naïf causeur de tout à l'heure ; ils se sentent créés, ceux-là, pour autre chose, et l'esprit qui les devait pousser, les entraîne.

A ces gens attristés, à ces mécontents, à ces *mangeurs de cumin* (c'est un nom de guerre que leur donnait Juvénal) on demande expressément les aigres réparties, les mots qui blessent, les reproches qui offensent, les doubles sens auxquels on ne peut pas répondre, car bien souvent il est impossible d'avouer qu'on les a compris. Bien plus, il arrive assez souvent qu'on les fait plus méchants qu'ils ne le sont en effet, à force de leur prêter des bons mots qu'ils n'ont pas dits, et que l'on trouve fort commode et très-prudent de faire courir sous leur nom. Il faut plaindre ces sortes d'oisifs, ces sortes de prodigues ; ils sont prodigues, à la façon de ces héritiers mal venus, la pire espèce des prodigues, qui regrettent l'argent dépensé, et qui le dépensent plutôt par vanité que par plaisir. Avares déguisés en prodigues, ils seront, bel et bien, des avares, tôt ou tard.

Or, le grand mérite et le grand art de M. Alexandre Dumas, ç'a été d'avoir pour lui les conteurs, justement parce qu'il était lui-même, un conteur excellent. Sa parole est facile autant que sa plume ; il cause à la fois comme il écrit, il écrit à la fois comme il parle, à ce point que dans sa parole écrite ou parlée, on retrouve les qualités et les défauts de cet esprit habile à tout apprendre, à tout oublier, à tout comprendre, à tout négliger ; esprit rare, attention rare, esprit subtil et talent grossier ; intelligence habile, exécution tout au plus suffisante ; un artisan plus qu'un artiste, un forgeron très-habile, un ciseleur médiocre ; un cyclope effrayant dans sa forge allumée, au bruit qui souffle et du marteau qui tombe, et retombe, en bondissant, sur l'enclume éclatante... un artisan maladroit, s'il s'agit de mettre en œuvre, le fer même qu'il est habile à bien forger.

Tout son théâtre est ainsi fait : moitié granit et moitié sable ; un lambeau de bure accouplé à la pourpre, une affirmation mêlée de démentis ; des rêves impossibles ; des vérités et des fictions à tout perdre ; des inventions à tout sauver. On voudrait donner la liste exacte des œuvres dramatiques de M. Alexandre Dumas, on entreprendrait une tâche impossible... et lui-même, on l'interrogerait là, tout de suite, et... « répondez? » Il ne saurait que répondre ! Il est, lui-même, un mélange inexplicable, inexpliqué, de rêves, de songes, de mensonges, de vérités, de fantaisies, de théories, de commentaires, d'explications, de fictions, de mémoires, de récits, de sans-gêne et de comme il faut, de vagabond et de grand seigneur, de riche et de pauvre. Il est le vrai Monte-Christo tantôt damné, tantôt sauvé ; brillant, bruyant ; le plus volontaire et le plus facile des hommes, mêlé d'avocasserie et de poëme épique, Achille et Thersite ! Et glorieux, et vantard, et vaniteux, et bonhomme ! Il va se faire aujourd'hui le centre intelligent de l'Univers... le lendemain il se met au niveau du dernier petit cabotin de province. Il va tantôt s'attaquer aux puissances de ce bas monde, et puis, voyez s'il est content, il prend la main au voyou de la rue ! Il a des élégances de style, et des témérités à épouvanter Frédéric Lemaître. Et tout cela saupoudré, semé, parsemé de romans, de contes, d'histoires et d'aventures ; le conte et le roman surgissant à chaque pas que fait cet homme, à travers les créations de son cerveau.

Alexandre Dumas est un paradoxe, un abîme, un pygmée, un géant, tantôt dans le ciel, et tantôt au delà même du possible. Il a bien fait de nous montrer ses trois mousquetaires ; il a donné ce jour-là une explication plausible à sa propre nature, car il est lui-même, et lui-même il est à soi-même... *les trois mousquetaires*. Que disons-nous, les *trois* mousquetaires, il est les *quatre* mousquetaires, quatre oiseaux qui ne sont pas des *oiseaux de paradis*, oiseaux de la même proie et du même plumage, avec la même serre : Athos, Porthos, Aramis, d'Artagnan !

Alexandre Dumas est né leur frère, leur fils, leur cousin, leur camarade ; et pendant quatre années, il a raconté à l'Europe attentive, la fortune des quatre fils Aymon de sa pensée. Il nous a dit, pendant quatre années, leur visage, leurs fortunes, leurs amours, leurs habitudes; pour quels motifs ces bons chevaliers..... un! deux! trois! quatre! se vont réunir.

Porthos, c'est ce vigoureux gaillard que vous entendez parler du creux de ses poumons militaires; il ressemble quelque peu à un ferrailleur de taverne; il chante du matin au soir, la chanson de *Falstaff :* « Quand Arthur parut à la cour, du vin, dit-il, et puis du vin! » La grande joie, en effet, de ce vaillant Porthos, l'Ajax-Télamon de cette Odyssée en prose et bourgeoise : « C'est de s'enivrer de vin d'Espagne, de dégaîner, et de se déboutonner après dîner. Si son foie est chaud, sa bourse est froide; sa vie est une illumination sans fin, un perpétuel feu de joie. » Athos, c'est l'autre; il ressemble à Porthos comme l'eau ressemble à la pluie; il est aussi bas que son ami sur l'article du linge; autant que lui, il est expert au charmant jeu de vide-bouteille et de brise-côtes ; c'est la même humeur avenante et facile, ornée du même extérieur fanfaron et martial. — Aussi pauvre que Job, mais moins patient, ça vous fait, l'un et l'autre, deux chauds éperons du Nord, deux vaillantes épées, disposées à se battre, un peu plus que de raison.

Aramis est le gentilhomme de la bande! Il tient de sa bonne mère la nature, son aspect royal, une grâce princière, et ce n'est pas celui-là, non certes, qui donnera jamais un démenti à la nature. Il est, en effet, tourné de façon à chercher de l'œil une glace amoureuse, et plus d'une fois il a entendu, à d'autres fenêtres que la sienne, le joyeux carillon de minuit.— Les uns et les autres ce sont autant de couteaux qui ont le fil. Dans l'œuvre entière, on entend le cliquetis des épées, mêlé aux bruits des baisers, au son argentin des écus d'or, au *tic-tac* de la broche, au hennissement des chevaux légers, et des plus légères amours. Ces quatre hommes, ils sont connus sur toute la surface de la France, autant que *Crédit est mort,* et la complainte du *Juif errant.* Or, voilà ce qui s'appelle, en bon français, réussir. Certes l'homme qui passionne ainsi la multitude, dont les héros les plus compliqués passent tout de suite, à l'état d'êtres réels, et qui pousse à ce point extrême, le grand art de s'emparer du vulgaire, est, à coup sûr, un de ces esprits rares et singuliers dont on ne peut méconnaître la puissance.

Il y a trente ans que dans toute espèce d'art, de tentative et de succès, vous rencontrerez M. Alexandre Dumas. Il s'est emparé du théâtre, il s'est emparé du roman, du voyage et de la traduction : mêlé à tout, prêt à tout, auteur et inventeur autant et plus qu'on le peut être. De cette popularité puissante, je ne voudrais pas d'autre exemple et pas d'autre épreuve que ces romans sans fin, sans lois, sans frein, taillés et coupés pour le théâtre... et quand la chose est arrangée, et disposée, et livrée aux émotions du théâtre, il se trouve aussitôt que tout ce monde, attiré par le nom de l'œuvre et par l'autorité du poëte, est en plein, dans le récit de cette composition aux cent mille aspects.

Rien n'est plus vrai ; il n'est personne en cette foule, en la prenant du haut en bas, veste, habit, bonnet, chapeau, cachemire ou tartan, l'ouvreuse de loges, et la marquise dans sa loge, le chef d'orchestre et le claqueur, qui n'aient lu les quatorze volumes in-octavo, qui renferment cette histoire d'Athos, de Porthos, d'Aramis. Ainsi devaient être les Athéniens de la grande époque, à l'heure éclatante où leurs poëtes, Sophocle, Eschyle, Euripide, composaient leurs drames, avec les héros de l'*Iliade*. Pas n'était besoin de commentaires; il n'était, fils de bonne mère, ou de marchande d'herbe que ne reconnût Ajax, Ulysse, Hector, Achille, le plus beau des Grecs. — Les Athéniens appelaient les tragédies de leurs poëtes : — *les reliefs des festins d'Homère !* — La France entière s'est portée à ces repas homériques de l'Ambigu-Comique, dévorant les reliefs des romans d'Alexandre Dumas.

Cependant la toile du prologue tombe sur le bourreau égorgé, et soudain les éclats de rire se font entendre. Je le crois pardieu bien ! ce sont nos trois mousquetaires qui entrent en scène, pour ne plus se quitter, avant une heure du matin. Aussitôt le public de saluer de ses cris, ces francs lurons, sur lesquels Robin, bon diable, cet esprit jovial errant dans les nues, a posé son aile légère. O dieux ! qu'ils soient heureux une fois en leur vie, et puisse la belle déesse de la fortune leur accorder son amour !

Nous allons les retrouver ce qu'ils sont en effet, généreux, dévoués, d'une humeur franche et gaie. Ah ! les heureuses physionomies ! et combien leur esprit correspond avec ces beaux dehors ! Pour ma part, je vous avoue, en effet, qu'à voir l'attention, la joie et l'orgueil du parterre, saluant avec amour ces enfants de son caprice, on prend une idée heureuse d'un roman qui soulève, à chaque épreuve, de pareils transports. Les voilà donc tous les quatre en belle humeur; mais hélas! quelque chose s'est dérangé dans la société de cette étroite amitié! Qui le croirait? ces gais camarades, qui ont dévidé ensemble, un si joli peloton, la politique les divise! Ils sont deux, qui tiennent pour le Mazarin contre la reine d'Angleterre et pour Cromwell; ils sont deux, qui tiennent pour le roi Charles Ier, contre Cromwell et le Mazarin.

Il faut donc, Messieurs, se séparer et s'aller battre les uns contre les autres, en dépit de la chair et du sang! Ici même vous avez une entrevue de cette reine d'Angleterre, cette *tête de mort* si touchante, dont parle Bossuet, et les deux amis Athos et Porthos. A cette reine dévouée, et dont le mari est entre les mains de *ses amis* les Écossais, nos deux héros promettent la délivrance de l'Angleterre. Or tel est l'enthousiasme du public pour la vaillantise de ces messieurs, que le public ne trouve pas cela ridicule! Allez donc prêcher le vieux Cromwell! et « bénédiction à vos poumons », preux chevaliers !

Remarquez cependant, l'homme habillé de noir qui a tué le bourreau du prologue, un quart d'heure avant le premier acte; cet homme n'est pas un grand merle blanc, je le sais bien; mais c'est le coquin le plus suivi, le plus implacable et le plus dangereux que je connaisse. Il a tué le bourreau, il veut tuer le roi Charles, et, chemin faisant, il tuera Athos, Porthos, Aramis et leur camarade Artagnan. Méfiez-vous de cet enfant sans père; en fait d'endurcissement et de perversité, son nom est inscrit en lettres funèbres, dans le grand livre du diable, et ce qu'il a promis il le tiendra. Vraiment, à l'aspect de ce gueux, j'ai vu le parterre se troubler et frémir. Et pourquoi ces frissons, je vous prie? Le parterre, en ce moment, se souvient de la mère de ce Mordaunt. Il faut donc que cette mère ait laissé une bien profonde impression dans l'esprit de ses lecteurs.

Cependant nos quatre gentilshommes, tout brûlants de zèle, sont arrivés en Angleterre, et deux d'entre eux sont reçus par Cromwell, à Windsor, dans ce Bedlam royal « où tout le monde est fou ou criminel. » Dame! il ne s'agit pas du Cromwell de Bossuet, ce magnifique portrait de van Dick qui s'est rencontré dans ces terribles pages de l'histoire contemporaine, racontée à Louis XIV! — un discours qui a rempli l'univers!

Il s'agit du Cromwell de M. Paul Delaroche, et voici le signalement de ce Cromwell noir : pourpoint de cuir, baudrier de cuir, boutons de cristal, cheveux en rond, la barbe ronde comme le couteau d'un gantier, l'agate au doigt, bas bruns, jarretières de flanelle, panse d'Espagnol, l'œil d'un chat de montagne, véritable Éphésien de la vieille Église, l'oreille crédule, la main sanguinaire, la cruauté du loup, la vigilance du renard ! Cependant, était-il bien nécessaire de nous montrer Cromwell, à propos de nos mousquetaires ? Est-ce juste aussi de nous faire assister aux lenteurs du supplice de Charles Stuart ? Je ne serais pas loin de dire que non, mais le peuple a dit *oui* à sa façon, car il s'est intéressé, outre mesure, à ces tortures, à cet échafaud dressé dans la cour de Witehall, à ce sang qui ruisselle... Ici, malgré tout le respect que je dois avoir *pour la voix de Dieu*, il m'est impossible, à propos de nos joyeux mousquetaires, d'accepter ce roi sur l'échafaud, d'accepter cette tête tranchée, et si près de nous, que le sang royal tombe sur la tête d'Aramis, placé en sentinelle sous ces planches scélérates. A quoi bon, je vous prie, accompagner cette histoire des quatre joyeux soldats, de tant de circonstances atroces ? Pourquoi toutes ces horreurs accumulées ?

Pourquoi ce sang sur la joue ? — Shakspeare l'a fait, dites-vous, et vous m'allez citer ce mouchoir, trempé dans le sang du jeune Rutland, et donné à son père York pour essuyer ses larmes ; eh bien ! Shakspeare obéissait, en tachant ce mouchoir du sang de l'enfant et des larmes du père, à une fatale invention ! « J'ai teint ce mouchoir dans le sang que ce brave Clifford a fait sortir avec la pointe de son épée du sein de cet enfant ; et si vos yeux peuvent pleurer sa mort, tenez, je vous le donne pour essuyer vos larmes ! » Dans tout ce passage on ne reconnaît pas là cette vérité profonde, humaine, que Shakspeare, en ses beaux ouvrages, a tirée abondamment des entrailles mêmes de la nature !

Pendant tout un acte de ces *Mousquetaires*, nous assistons aux luttes de l'aigle anglaise contre la belette écossaise ; mais enfin « la somme est payée et les traîtres sont d'accord. » C'en est fait, la querelle de Charles I*er* et de Cromwell est une querelle fatalement jugée, et nos quatre amis, perdus dans cette bagarre, ne pensent plus qu'à fuir, au plus tôt, loin de ce *nid de cygnes*, de *ce beau jardin enclos par la mer.*

Allons! gai, à cheval! Nous vivons comme des forestiers de Diane, en gentilshommes de ténèbres! Cependant, pour châtier le meurtrier du roi, nos quatre amis passent, de la bataille, au guet-apens. Ce Mordaunt est l'homme au masque dont la hache fait tomber la tête du roi Charles, et nos gentilshommes veulent châtier un pareil misérable. Donc ils entrent, par la fenêtre, chez ce terrible Mordaunt, et, l'épée à la main, ils le bafouent sans pitié; puis, au moment où Porthos va pour en finir, et se fend sur son homme, avec la confiance d'un faucon qui fond sur sa proie, aussitôt la vipère, en sifflant, glisse sur l'épée de Porthos, comme eut fait le vif-argent, et disparaît dans un souterrain. Voilà nos quatre gaillards, bien attrapés, et le public, qui les aime, nous paraît mortifié au dernier point, de les voir jouer si maladroitement, aux barres, et à cache-cache avec ce féroce ennemi.

A la fin, nos camarades s'embarquent pour la France; mais ils ont beau vouloir ranimer, de plus belle, leurs bravades et leur verve, chacun d'eux peut dire : *Per Styga et manes vehor!* L'étoile de ces messieurs jette sur leurs fronts, une clarté funèbre. — Tout est perdu! Mordaunt, le traître, est caché dans le navire; déjà la mèche est allumée qui doit mettre le feu aux poudres... Tout est sauvé; le navire saute, il est vrai, mais les quatre mousquetaires s'élancent dans une barque, et ils poussent du côté de la France.

Ici le poëte appelait à son aide une admirable et magnifique décoration, car jamais il n'a renoncé à un seul des petits moyens ou des grands moyens qui pouvaient contribuer au succès de son œuvre. Au milieu de l'Océan entr'ouvert, on voyait s'abîmer le navire. En ce moment, la barque monte et domine les flots; sur le rivage agrandi la lune prolonge sa désolante clarté; dans l'abîme entr'ouvert s'agite en blasphémant ce satané Mordaunt; Mordaunt reparaît, les mains tendues, en criant : Grâce et pitié!

A ces cris, Athos pardonne en gentilhomme, il tend la main au bandit qui se noie, et le bandit ranimé entraîne son sauveur dans les flots. Vous jugez de l'épouvante, et vous jugez de la douleur de ce public qui ne veut pas perdre un seul de ces quatre fils Aymon de son adoption. « Au secours! à l'aide! au secours! Athos se meurt! Tout est perdu! »

Non! non! Athos reparaît sur la vague bienfaisante, pendant que tout au loin, disparaît le cadavre de ce Mordaunt qui a rendu enfin *l'âme de sa mère.*

« Holà! hé! disait M. de Harlay, avocat, faites avancer vos troupes! » Voilà ce qu'on pourrait dire aux drames de M. Alexandre Dumas; mais le moyen de trouver trop longue, une fête acceptée avec tant de joie! Et puis, convenez qu'il est impossible de gagner plus habilement, à ce jeu de *tic-tac!* Convenez que l'on ne se joue pas avec plus de grâce et de bonheur, dans une intrigue plus scélérate; où donc avez-vous jamais rencontré, je vous prie, plus de fumée, et plus de feu dans la fumée? Où donc un charme plus puissant en désordre? où donc plus de mouvement et d'agitation dans l'impossible? des choses plus imprévues et plus étranges? Une façon plus ingénieuse et plus nouvelle de nous épouvanter?... « *Ouf! je devine, Macduff?* »

Ce qu'il a fait pour *les Mousquetaires,* M. Alexandre Dumas l'a fait aussi pour *Monte-Christo.* De ses plus grands romans, il a fait des drames qui ne demandaient pas moins de deux journées; de ses romans en cinq ou six tomes, il a fait des drames en cinq ou six petites heures, tout au plus. Il avait bâti à ses drames, à ses romans, un théâtre immense où il pouvait déployer tout à son aise, un certain côté amorti dans ses livres, le côté du bruit, de la fougue et de l'impossible. Il était sur ce *Théâtre-Historique* (or le titre était singulier) tout son drame à lui tout seul, et le poëme était le moindre élément de cette fortune.

Il est tout... le machiniste et le décorateur! — Il est le *metteur en scène* (encore un mot de cet abominable argot dramatique), il est le souffleur, il est le comédien, en ce sens que le premier comédien qui se présente à lui, par sa volonté, par ses conseils il en fait, soudain, un comédien supportable, et bientôt un comédien *de génie!* Oui, *de génie!* Il a donné du *génie*, à plus d'un pauvre diable en haillons, qui avait déclamé toute sa vie, le récit de Théramène. « Moi tout seul, et c'est assez! » Puis, chemin faisant, si par hasard son roman se repose, il s'empare, et sans demander le *congé* de personne; des poëmes d'autrui.

C'est ainsi que le *don Juan* devait tenter cet esprit entreprenant, et qui ne connaissait pas d'obstacle. A ces causes, il s'adressa non pas à l'ancien *don Juan* de Molière, de Thomas Corneille et de Mozart, à *don Juan Tenorio,* mais au *don Juan* de M. Mérimée, un certain *don Juan de Marana,* dont M. Mérimée a vu la tombe, à Séville.

On a raconté beaucoup d'histoires de ce don Juan de Marana. Il commença par être amoureux de la Giralda, la statue en bronze qui surmonte la tour de la cathédrale. Il commença aussi par provoquer un certain spadassin, don Garcia Navarra, « qui avait le diable au corps », à telles enseignes que don Garcia devint l'ami de ce nouveau don Juan, et que l'un et l'autre, ils parcoururent toutes les Espagnes, en faisant mille folies. Aussi bien on écrivit sur le tombeau de don Juan de Marana : « Ci-gît le pire homme qui fût au monde! » Oui, le pire homme, et le plus mauvais des don Juan, si l'on compare, celui-ci à celui-là.

M. Loève-Veimars, qui tenait en ce temps-là une bonne moitié du feuilleton au *Journal des Débats*, a raconté, dans un récit vif, animé, charmant, le *don Juan* de M. Alexandre Dumas, et je prends ici un morceau de cette page brillante, afin qu'elle ne soit pas perdue. En ont-ils perdu, ces dépensiers de leur esprit, au rez-de-chaussée du *Journal des Débats*, Étienne Béquet, Charles Nodier, Loève-Veimars!

« Quand donc (c'est Loève-Veimars qui parle ainsi) don Juan de Marana, poussé par le diable, imagine de séduire dona Térésa, la fiancée de son frère, il s'en va frapper à la porte du château :

Qui va là? — Don Juan! — On n'ouvre pas. — Mais je veux parler à la camériste. La camériste ouvre, et don Juan lui donne une bourse pleine d'or, des bagues d'or, et des chaînes d'or, sans compter les diamants. Quant à la maîtresse, don Juan ne la traite pas comme la camériste, il lui donne une cassette pleine de bagues de diamants, et de chaînes de perles. — Juste ciel! je n'ai jamais vu de si belles choses, s'écrie naïvement Térésa, qui ne peut s'empêcher de se parer de ces bijoux, et de se regarder au miroir, derrière lequel apparaît ce démon de tout à l'heure, que je reconnais maintenant. Il se nomme *Méphistophélès;* et la fille qui essaie des parures de perles et de diamants, c'est *Marguerite,* et non pas Térésa. Cette scène est belle; en effet, *Faust* de Goëte est un admirable drame.

Quand Térésa s'est ainsi parée des diamants de Marguerite, et tandis qu'elle admire le beau docteur Faust, qu'elle prend pour don Juan de Marana, don José, son fiancé, se présente dans le château. Don Juan ne se déconcerte pas, et il annonce à son frère, qu'il aime Térésa. — Mais, mon frère, c'est ma fiancée que tu aimes! dit le pauvre don José. — Alors j'aime ta fiancée, répond paisiblement don Juan, et quand don José veut faire valoir ses droits de mari, d'aîné et de chef de la maison de Marana, don Juan lui montre le contrat laissé sans signature par son père. Faute de cette signature, don José n'est qu'un serf et qu'un bâtard, et, pour le lui mieux expliquer, don Juan le dépouille de ses habits, et le fait battre de verges. Puis il prend Térésa évanouie, et l'emporte au grand galop de son cheval. Ah! bravo, don Juan de Marana!

« Bravo, Mullner ou Grillparzer, je ne sais lequel! Gloire à l'auteur d'un drame allemand, nommé *Olgierd et Olga*, ou *les Serfs*, dans lequel se trouve, littéralement, cette scène des deux frères, où ces deux frères vivent en Russie, non pas au XVe siècle, mais en notre temps, l'un né d'une maîtresse, et l'autre d'une femme légitime, élevés tous deux ensemble, sur le pied de l'égalité, l'un affranchi par l'amour de son père, par la tendresse même de son frère, et redevenant tout à coup esclave et serf, quand son frère aime la même femme que lui, et la lui dispute, en maître altier.

— Où est ta lettre d'affranchissement, serf? dit le plus jeune; et le malheureux, accablé, descend d'un coup, non-seulement d'un haut rang, d'une vie heureuse et brillante, mais des rangs mêmes de l'humanité. Par ordre de son frère, les autres serfs, qui lui obéissaient jusqu'à cette heure, le dépouillent de ses habits d'homme, lui jettent une souquenille d'esclave, et, en présence de la femme qu'il aime, et dont il est aimé, le knout déchire ses épaules et fait couler son sang! Je ne puis vous dire quel retentissement obtint en Allemagne ce drame, où le serf finit par atteindre l'homme, et le forcer à croiser l'épée avec lui, comme fait, plus tard, don José avec son frère, grâce à l'intervention du démon, tandis que le démon du drame que je cite n'est autre qu'un misérable esclave qui a le génie du mal parce qu'il est avili, malheureux et opprimé, création bien autrement philosophique que le démon grotesque de M. Dumas, avec ses ailes de toile peinte, et ses griffes de carton!

Ce beau drame joue de malheur; il avait passé par les mains

de M. Scribe, qui en a fait un coquet vaudeville au Gymnase, et M. Scribe l'avait saisi, je pense, encore tout couvert de la poussière de la Gaîté et de l'Ambigu-Comique, avant qu'il retombât, tout pomponné par la plume de M. Scribe, dans les impitoyables mains de M. Alexandre Dumas.

« Que faire, quand on est esclave, dépouillé de son nom, battu, privé de sa maîtresse et de son bien, sinon se donner au diable? C'est ce que fait don José. Il appelle le démon. Vous savez que le démon n'est pas loin. Il vient; don José lui donne son âme, à condition qu'il le vengera de son frère. Mais comment se venger de don Juan? — En restant l'aîné de la famille, en reprenant votre nom et vos titres, dit le diable qui est quelquefois de bon conseil. — Et comment les reprendre, puisque mon père est mort sans signer le contrat? — Allez donc faire signer ce contrat par votre père, dans la tombe où il est maintenant. — C'est bien; partons, dit José. Une planche s'ouvre, et le diable emporte don José.

« Walter Scott a écrit, entre autres romans, un roman où se retrouve cet épisode, conté par Willie, un musicien aveugle. Le roman se nomme *Redgauntlet*, et l'épisode a fourni le sujet d'un opéra comique (comique si l'on veut) à M. de Calvimont. Ledit opéra se nommait *le Revenant*, et la musique était de M. Gomis. Le diable emmenait, en enfer, un pauvre fermier qui avait une quittance à faire signer à son maître, un vieux laird, mort avant d'avoir réglé les comptes de ce fermier. Convenez qu'il faut quelque mémoire, pour apprécier les chefs-d'œuvre de M. Alexandre Dumas!

« La scène suivante se passe dans le ciel. Le théâtre est tendu de grandes toiles grises et bleues, qu'on est convenu de nommer des nuages : au milieu de ces toiles, est un bel ange emplumé, qui récite des litanies en vers à la Vierge Marie. Les litanies dites, l'ange demande à la Vierge de le dépouiller de ses ailes, et de l'envoyer sur terre pour y vivre sous la forme humaine, *et connaître les fils des hommes*, comme dit l'Écriture.

« La Vierge n'a pas d'objection à faire. Les ailes de l'ange se détachent d'elles-mêmes, comme les ailes de la sylphide Taglioni, et l'ange descend sur la terre, tandis que José et le diable descendent dans les enfers.

« Nous allons passer, s'il vous plaît, du ciel, dans un cabaret de Madrid. Deux hidalgos causent dans ce cabaret, après boire, et causent de don Sandoval. Ils se content que le père de don Sandoval, don Diègue de Sandoval, avait un fils qui tomba dangereusement malade ; ce père, qui n'avait pas d'autre enfant, appela tous les médecins de l'Espagne, fit venir toutes les reliques des églises, mais son enfant ne guérissait pas. Enfin, regardant un tableau où saint Michel terrassait le démon, il dit : « Puisque tu ne peux sauver mon fils, je veux voir si celui qui est sous tes pieds aura plus de pouvoir. » L'enfant guérit, et don Sandoval...
— « Don Sandoval a le diable au corps, depuis ce temps-là ! » dit Sandoval lui-même, qui survient pendant l'entretien.

« Don Sandoval sort, et les deux gentilshommes continuent de deviser ensemble, parlant de don Juan de Marana qui vient à son tour, et raconte son histoire, sans se nommer. La veille de ce jour, dit-il, don Juan se promenait sur la rive gauche du Mançanarès. N'ayant pas de feu pour allumer son cigare, il fit signe à un homme qu'il vit sur l'autre rive, et lui commanda de lui apporter du feu. Mais celui-ci se contenta d'étendre son bras par-dessus le fleuve, lequel bras s'allongea tant, que don Juan put allumer son cigare à celui de cet homme, qui était le diable, sans doute. En copiant, dans la nouvelle de M. Mérimée, cette seconde histoire, M. Alexandre Dumas a substitué le Mançanarès au Guadalquivir, il est vrai ; mais M. Dumas ignorait sans doute que le Mançanarès n'est qu'un ruisseau qui est à sec, à Madrid, pendant neuf mois de l'année, ce qui diminue beaucoup le mérite du diable.

« Don Juan, dont le gosier est aussi sec que le Mançanarès, demande du vin, et se met à une table. La place qu'il prend, est celle de Sandoval. — Vous vous mettez à cette place, dit un buveur, ignorez-vous que c'est là que s'assied, d'ordinaire, don Carlos de Sandoval ? C'est un homme terrible ; malheur à qui l'offense ! Mais don Juan s'assied, boit, et quand vient Sandoval, il lui propose de jouer une partie ensemble. Ils jouent ; Sandoval, après avoir perdu sa bourse, sa chaîne et son château, *ses armes et ses chevaux,* comme Robert le Diable, Sandoval joue sa maîtresse, dona Inès d'Oyedo, et il perd aussi dona Inès.

« Don Juan exige une lettre pour Inès, et quand elle arrive, car il paraît qu'Inès a l'habitude d'aller au cabaret, don Juan lui remet cette lettre. Inès est bien un peu étonnée d'abord, mais comme elle porte *un poignard à sa jarretière, et des poisons à sa ceinture,* elle se remet, et demande du vin. Inès verse du poison dans le vin, qui est du vin du Montilla ; or don Juan, qui se doute de ceci, demande du vin de Val de Penâs, force Inès à boire du Montilla, et Inès meurt, victime de la différence des crus. Cette jolie petite scène appartient à M. Alfred de Musset, qui l'a placée dans un proverbe intitulé : *les Marrons du Feu,* que M. Dumas a lu aussi dans la *Revue des Deux Mondes*, et dont il a fait son profit.

« Avant le cabaret, le ciel ; après le cabaret, l'enfer ou la tombe au moins. Don José, guidé par le diable, ou plutôt par Walter Scott, vient faire signer à son père son acte de légitimation. Le vieux comte de Marana, qui est mort saintement, obéit au diable sans murmurer. Un damné n'eût pas mieux fait.

« Puis, M. Dumas revient à M. Mérimée, et nous montre don Juan dans une église, près d'une nonne. J'avais oublié de vous dire qu'en buvant, don Juan avait exhibé sa liste de femmes, en deux colonnes, où figurent, *excepté Dieu,* tous les maris, depuis le pape jusqu'au cordonnier, et qu'il avait promis de compléter sa liste par une religieuse. La religieuse se nomme Marthe. C'est cet ange femelle, de tantôt et de là-haut, qui a demandé à venir sur la terre, et qui se trouve maintenant sans ailes, sous la griffe de don Juan. La nonne consent à se laisser enlever, et donne rendez-vous à don Juan, dans l'église, au commencement de la nuit.

« A la nuit, maître don Juan arrive en chantant, en blasphémant, et d'une façon si scandaleuse, que la statue lui commande de se taire. Don Juan brave la statue, c'est le propre de tous les don Juan, mais la statue l'empoigne par les cheveux et le lance violemment par terre. Alors toutes les statues marchent, d'autres statues sortent des dalles de l'église et viennent, l'une après l'autre, se dresser devant don Juan, et lui dire, l'une : Je suis le prieur don Mortez, que vous avez tué dans une orgie ! L'autre, je suis Carolina, que vous avez fait noyer par désespoir ! Une autre, je suis Térésa que vous avez enlevée à votre frère, et que vous avez abandonnée ! Une quatrième, je suis dona Inès de Oyedo qui s'est empoisonnée pour ne pas vous appartenir !

« On dirait le champ de bataille de Salisbury, où les victimes de Richard III se dressent devant lui : moi, je suis Hastings ! moi, je suis Buckingham ! moi, je suis Gloester ! moi, je suis Clarence ! désespère et meurs ! *despair and die !* La vision cesse, et don Juan, au lieu de se faire tuer, comme Richard, se fait moine.

« Au cloître, don Juan de Marana creuse sa tombe. M. Dumas ne pouvait échapper à cette idée commune. Marthe vient au cloître, et se consume en chantant ; elle est folle, folle comme Ophélia ; seulement ce qu'elle chante ne vaut pas la romance du *Saule*, ou la chanson de Shakspeare : *He is dead and gone lady*, etc. Quand Ophélia, je veux dire quand Marthe a bien chanté, elle s'en va, et don José arrive des enfers, avec son diable. José provoque don Juan. Je laisse M. Mérimée conter la scène de M. Dumas : « Mon frère, dit don Juan, je suis un misérable, couvert de crimes. C'est pour les expier, que je porte cet habit, et que j'ai renoncé au monde. S'il est quelque moyen d'obtenir mon pardon, indiquez-le-moi, la plus rude pénitence ne m'effraiera pas. »

« Don Pedro (lisez don José) sourit amèrement. — « Laissons là l'hypocrisie, Marana, je ne pardonne pas. Quant à mes malédictions, elles vous sont acquises. » A ces mots, il jeta son manteau, et montra qu'il portait sous son bras deux longues rapières de combat. « Choisissez, don Juan, dit-il, on assure que vous êtes un grand spadassin, je me pique un peu d'être adroit à l'escrime. Voyons. »

« Don Juan fit le signe de la croix, et dit : — « Mon frère, vous oubliez les vœux que j'ai prononcés. Je ne suis plus le don Juan que vous avez connu. Je suis le frère Ambroise. » — « Lâche hypocrite, s'écrie l'autre ; misérable ! tu n'es qu'un vil poltron ! » Puis il le poussa contre le mur et lui donna un soufflet, le premier que don Juan eût jamais reçu. La fierté et la fureur de sa jeunesse rentrèrent dans l'âme de don Juan ; il s'élança vers une des épées, tous les deux s'attaquèrent, et l'épée de don Juan s'enfonça jusqu'à la garde dans la poitrine de son adversaire. Cela fait, don Juan s'échappe du couvent.

« Le roman du *Moine*, de Lewis, sert ensuite de texte à M. Dumas. Don Juan se rend au couvent des nonnes, où Marthe est en train de mourir, et de retourner au ciel. Mais ce n'est pas l'affaire du démon et de don Juan. Le démon promet à Marthe de la rendre à don Juan, si elle veut donner son âme à l'enfer; et Marthe signe, bêtement, de son sang, un de ces vieux pactes sur papier rouge, qui n'ont plus de cours, même dans les opéras comiques. Puis elle meurt. Quand elle est morte, don Juan arrive, la ressuscite de par le diable, et l'enlève sur un bon cheval noir, comme dans la ballade de Bürger. Seulement, au lieu que ce soit le mort qui enlève la vivante, comme dans la ballade, c'est le vivant qui enlève la morte.

« *Die todten reiten schnell!* Les morts vont vite! dit Bürger. Don Juan et la morte arrivent dans un palais. Le diable leur donne un bal masqué, et les masques sont encore ces spectres de tout à l'heure, Mortez, Carolina, Térésa, Inez, qui disparaissent dans des flammes bleues, comme au théâtre de Debureau. Ensuite minuit sonne, minuit, l'heure la plus usée, la plus vieille qui soit au monde, quand il s'agit de spectres! A cette heure, don Juan meurt avec Marthe devant un tombeau où on lit : Vengeance, miséricorde, justice, et je ne sais combien de légendes encore. Voilà ce que c'est que *Don Juan de Marana!*

« Qu'eût dit M. Alexandre Dumas si, dans la nuit qui a suivi la première représentation de ce drame, vingt spectres, couverts de linceuls blancs, tachés d'encre, se fussent dressés autour de lui, et lui eussent tour à tour crié :

« Je suis Molière, à qui tu as enlevé la scène de don Juan et de son père, pour l'affaiblir et la mutiler. Je suis Molière que tu as refait, et que tu as traité, comme un jour tu as traité, parlant à sa statue, le grand et le divin Corneille!

« Un autre : Je suis Goëthe. Que t'ai-je fait pour m'avoir pris ma Marguerite, si chaste et si pure jusque dans ses désordres, et l'avoir fait grimacer devant le miroir où je l'avais montrée si radieuse et si belle? N'as-tu donc pas de respect pour le génie mort, et pour les centenaires aux cheveux blancs, toi, jeune et superbe, poëte aux cheveux noirs!

« Un autre : Je suis Mullner, un poëte rêveur; tu as livré mes *serfs* aux démons. Hélas! le démon n'était pas nécessaire pour augmenter la douleur et la tristesse de l'état de servitude!

« Un long spectre boiteux dirait à son tour : Je suis Walter Scott; rends-moi mon diable, et mon vieux laird qui donne des quittances dans son tombeau!

« Un autre encore : Je suis Hoffmann ; tu m'as pris le *bonheur au jeu*, la maîtresse qu'on joue à l'ombre et mes scènes de cabaret. Je m'étais pourtant réfugié au cabaret, pour fuir les écrivains. Où me réfugier, maintenant qu'on me poursuit jusque dans mon nocturne caveau ?

« Et Shakspeare : Rends-moi mes ombres, *je suis Richard III !* Et Lewis : Rends-moi mes nonnes, je suis le moine, mes nonnes ne sont qu'à moi ! Et Bürger qui viendrait redomander le galop des morts, puis Mérimée et Musset qui n'ont pas encore envie de se faire spectres ; puis enfin viendrait un tout petit fantôme, à la voix flûtée, qui dirait : Je suis Henri Blaze, je n'ai fait encore que *le Souper du Commandeur*, et tu m'as pris *le Souper du Commandeur*. Rends-moi mon souper ! — Je ne sais ce que dirait M. Alexandre Dumas, mais moi, à sa place, j'avoue que je serais très-embarrassé de leur répondre.

« Tout ce pêle-mêle de choses étranges, tout ce vaste larcin est magnifiquement couvert de manteaux de velours brodés d'or, de satin, de dentelles, de perles, de peintures pittoresques, de tout ce qui peut charmer les yeux, et suppléer à la pensée. Le drame lui-même n'est fait que pour parler aux yeux. Tout y est matériel, positif, depuis les ailes des archanges, jusqu'aux coups d'épée de don Juan. »

Je place ici ce feuilleton de M. Loève-Veimar (M. Loève-Veimar est mort en 1855), d'abord parce qu'il serait difficile de mieux parler, et parce qu'il ne faut pas perdre une si bonne chose, et si bien dite ; en second lieu, pour donner au lecteur une idée approchante de ce système de composition dramatique et peu littéraire, qui consiste à prendre, à pleines mains, tout ce qui convient à l'accomplissement d'une œuvre dramatique. Eh ! si M. Loève-Veimar se fâchait contre les emprunts multipliés, c'est qu'il n'était pas au fait de ces façons d'agir. M. Alexandre Dumas est tout semblable à ces prodigues, à qui vous pouvez prendre à l'instant même tout ce qui vous convient dans leur ménage, et qui, de leur côté, ne se gênent guère pour s'emparer du manteau de celui-ci, du cheval de celui-là. La belle affaire ! Un homme a dix chevaux dans son écurie ; il prend le cheval attaché à la porte de son voisin, on est bien sûr qu'il rendra la bête empruntée. Il a vingt manteaux ; il emprunte au voisin son manteau, et : — Voisin, dit-il, ne vous fâchez pas, choisissez mon meilleur manteau; le vôtre est là sous la main, je n'ai pas le temps d'ouvrir mon armoire, il faut que je me mette en route à l'instant même... et le voilà parti!

On peut diviser le travail dramatique de M. Alexandre Dumas en grandes œuvres, en petites et en moyennes. Des petites, nous n'avons rien à dire, et des moyennes, pas grand'chose. Un homme est exposé à ne pas réussir toujours, quand il essaie à tant de reprises; l'attention se fatigue, et le public est toujours ce même Athénien qui ne veut pas toujours entendre répéter à son oreille que monsieur *un tel* est un très-honnête homme, et que monsieur *un tel* est un homme de talent. D'où vient le succès? on l'ignore! Et d'où vient la chute? on n'en sait rien! Nous en avons vingt, sous la main, de ces drames du troisième degré, et nous en ferions un gros tome, s'il nous était permis de raconter tout ce que nous avons vu, en moins de trente années. Mais à quoi bon se souvenir des œuvres que le public oublie en si peu de temps, et dont l'auteur ne se souvient pas lui-même? On se contentera de vous en raconter une ou deux, et d'une façon très-sommaire, s'il vous plaît.

Voici, par exemple, un certain *Tom Jones* qui présenterait une histoire assez amusante, si M. Alexandre Dumas lui-même se donnait la peine de la raconter, et que nous allons gâter un tantinet, j'en ai peur.

La scène se passe dans un vieux château de la Bretagne, au *rez-de-chaussée*. Le comte Emmanuel, qui revient de Paris, s'est arrêté chez la marquise d'Auray, sa mère. Le premier soin du comte Emmanuel, c'est de prendre avec lui ses pistolets, et d'en *tourner les canons contre le mur;* car, dit-il, sa mère *a peur de ces armes*. Mais si madame la marquise d'Auray a si grand'peur de ces armes, il serait bien plus simple de les laisser dans l'antichambre. Au reste, il s'agit de marier mademoiselle Marguerite d'Auray, la sœur du comte, avec le baron de Lectoure.

Ce mariage est convenu entre toutes les parties, seulement on n'a pas encore songé à prévenir mademoiselle Marguerite. — Hélas! mademoiselle Marguerite a commis *une faute*, elle s'est donnée au *jeune Lusignan*, et quand elle a mis au jour, dans un jour clandestin, l'enfant de ce petit Lusignan..... Lusignan a disparu!

On l'a fait embarquer dans un navire, *qui portait plus de toile que de bois.* — Ce navire appartenait au capitaine Paul Jones ; ce Paul Jones a été touché des malheurs de Lusignan, et le voilà qui revient, tout exprès de Cayenne, pour aider mademoiselle Marguerite, et pour lui rendre son enfant. — Je suis le capitaine Paul, dit-il au comte Emmanuel, vous m'avez vu trois fois : « La première fois, je portais de longs cheveux noirs, coupés car-« rément, un large chapeau de paille, et le paletot de marin : — « la seconde fois, *j'étais en* officier anglais, et m'appelais John ; « je portais des cheveux blonds, un habit rouge, un pantalon « collant ! » Bref, il en dit tant, que le comte Emmanuel le reconnait tout de suite. — Et maintenant, dit le capitaine au comte, il me faut cent mille francs, pour faire une position au fils du comte Lusignan, le fils de votre sœur, votre propre neveu, comte Emmanuel !

Au second acte, nous sommes encore au *rez-de-chaussée*, non plus dans le château, mais dans un pavillon, habité par Louis Achard. Achard et la marquise d'Auray sont en présence. Tout à l'heure encore, cette marquise était, pour nous, une femme austère, d'une vertu passionnée... eh bien, la marquise, elle aussi, elle a commis sa petite faute, tout comme sa fille Marguerite. Elle aussi, elle a eu son petit Lusignan avant le mariage ; seulement le Lusignan de ce temps-là s'appelait le comte de Morlaix.

— Quand elle eut mis au monde son premier enfant, mademoiselle Louise épousa le marquis d'Auray. Pauvre marquis ! il ne savait rien des amours de sa femme ; il était plein de confiance et de bonne amitié conjugales ; mais un jour, — jour cruel, — le marquis d'Auray vint à savoir les faits et gestes du comte de Morlaix. A cette nouvelle, Auray s'emporte contre Morlaix, — ils se battent, — duel funeste et peu loyal. — Auray assassine Morlaix, — Morlaix tombe, en confiant son fils à ce brave Achard.

Il y a de cela vingt-cinq ans, et maintenant ce brave Achard raconte toutes ces choses au capitaine Paul, qui s'écrie : — « Mon « père !... mon père !... Et il vit, cet homme ! N'est-ce pas, Achard, « qu'il vit, cet homme ? N'est-ce pas, que nous irons le trouver, « et que tu lui diras : c'est son fils ! son fils, entendez-vous, son « fils ! Et il faut que vous vous battiez avec lui ! » Malheureusement, le comte d'Auray ne peut plus se battre avec personne ; il est fou ; il entend sans cesse retentir à son oreille, les dernières paroles du comte de Morlaix. — Le capitaine Paul se contente de reconnaître Marguerite pour sa sœur, et il se fait reconnaître à elle, par un moyen très-simple et des plus ingénieux :

« Vous portez au bras gauche un bracelet, ce bracelet se ferme
« par un cadenas dont la clef est cachée dans une bague. » A de pareils indices il est impossible de ne pas se rendre ; aussi Marguerite dit-elle à Paul : — « *Mon frère!* » et elle ne croit pas si bien dire.

Cependant (acte troisième) il s'agit d'empêcher Marguerite d'épouser le baron de Lectoure, et la chose sera difficile. Lectoure tient à ce mariage, car Marguerite est riche et belle ; le comte Emmanuel y tient, car Lectoure est puissant à la cour ; la marquise d'Auray y tient, car elle veut rester seule, dans le vieux château, avec son mari qui est fou, et avec sa vertu qui est sauvage. Pauvre Marguerite ! D'abord elle avoue à son prétendu, qu'elle aime un autre homme que lui ; mais cet infâme Lectoure répond à la douce Marguerite, ces propres paroles : — « *Il* laissera
« passer six mois (l'amant en question) pour les convenances ;
« il mettra ses connaissances en quête de quelque charge à la
« cour ; il sera présenté chez vous, par un ami commun, et tout
« sera dit ! » Comme vous le voyez, il est donc impossible d'empêcher ce mariage ; mais quoi ! n'avons-nous pas sous la main le capitaine Paul ?

En effet, il arrive au beau milieu du contrat, à l'instant même où M. le marquis d'Auray va pour signer le malheur de sa fille· — « O surprise ! c'est lui ! s'écrie le marquis, l'homme que j'ai tué, il y a vingt-cinq ans ! » — A ces mots, la marquise est atterrée ! — Elle a reconnu son fils, — son fils né hors du mariage... un peu au delà, ce qui vaut toujours mieux que d'être né en deçà !

Silence ! Au second rez-de-chaussée habité par M. Achard, se passe une scène de désolation et de mort. Achard est malade, il demande un médecin et un prêtre, surtout un prêtre. Il veut se confesser à ce prêtre, et lui remettre la clef d'une cassette. — Au lieu et place du prêtre, arrive le capitaine Paul. Il confesse, de son mieux, ce digne Achard, il lui parle des solitudes de l'Amérique : « J'ai pensé qu'un monde plus nouveau devait être
« plus près de Dieu ! » Il lui parle des *mille bruits divers, de la*

nature, de la nature qui s'endort, *et du monde qui se réveille*, et il ajoute : « Longtemps je suis resté à comprendre cette langue « inconnue que forment le murmure des fleuves, la vapeur des « lacs, le bruissement des forêts, et le parfum des fleurs... »

Il dit encore : « J'ai cherché sur l'Océan le reste de convic-« tion que me refusait la terre. La terre, ce n'est que l'espace, « l'Océan c'est l'immensité,... je l'ai entendu rugir comme un « lion irrité... — puis, à la voix de son maître, se courber « comme un lion soumis. Je l'ai senti se dresser comme un « géant rebelle, qui veut escalader le ciel, puis, sous la forme « de l'orage, se plaindre comme un enfant qui pleure. Je l'ai vu « croisant ses vagues avec l'éclair, et essayant d'éteindre la foudre « avec son écume ; puis s'aplanir comme un miroir, et réfléchir la « moindre étoile du ciel. Sur la terre j'avais reconnu l'existence, « sur l'Océan j'ai reconnu le pouvoir ! Dans la solitude, j'avais « entendu la voix du Seigneur ; mais comme Ézéchiel, je le vis « passer dans la tempête, dès lors le doute fut chassé de mon « cœur, je crus, et je priai ! »

Et notez bien que je ne cite pas la tirade en entier. A ces belles paroles, Achard répond, en récitant son *Credo*, à la façon de feu l'abbé Châtel : « Je crois en Dieu, *père* tout-puissant » ; puis il ajoute, en regardant le capitaine Paul : — « *Ce que tu m'as dit est grand !!* » Quand il parle ainsi, on devine que ce brave Achard n'a pas toute sa tête. — Bref, mons Achard, avant de mourir, remet au capitaine Paul la fatale cassette qui contient les preuves du déshonneur de la marquise d'Auray : c'était bien la peine, pauvre bonne vieille femme, de se donner tant de mal et de souci, pour se trouver, enfin, à la merci et miséricorde du capitaine Paul !

Heureusement que ce capitaine Paul est un brave homme, abondamment rempli des plus saintes et des plus bienveillantes vertus. Non certes, ce n'est pas lui qui voudrait déshonorer la marquise d'Auray, sa mère ! Non, il ne voudrait, à aucun prix, se mettre au lieu et place de son frère utérin, le comte Emmanuel. Au contraire, il apporte au comte, son frère, une croix d'honneur, un régiment, toutes sortes de bonnes choses ; il rend à la marquise, sa mère, les papiers en question ; il marie sa sœur Marguerite, non pas à ce petit Lusignan, le proscrit, fi donc ! mais à M. le baron Anatole de Lusignan, gouverneur, pour Sa Majesté, de l'île de la Guadeloupe. Quant à M. de Lectoure, le capitaine s'est battu avec lui, et il l'a désarmé deux fois, sans lui faire le moindre mal, au contraire. — C'est une glace de ce vieux château qui paie pour toutes ces violences : le comte Emmanuel la brise d'un coup de pistolet.

On entend le canon, — deux coups de canon, — le capitaine s'agenouille devant la marquise : — « Votre bénédiction, ma mère, et je pars ! » — Il part en effet, et tout le monde est bien heureux ; mais ce bonheur-là ne doit pas durer longtemps, car nous touchons aux dernières années du règne de Louis XVI.

Voilà ce mélodrame. Il réunit toutes les qualités du genre : il est plein d'emphase, de mouvements, de passions curieuses, d'événements impossibles, de déclamations furibondes ; la scène de l'homme au potiron est aussi gaie que la fameuse scène d'*Antony*. — Cela ressemble plus ou moins à tous les drames de M. Alexandre Dumas, dont on peut dire ce qu'il dit, lui-même, du château d'Auray : « Cela date de Philippe-Auguste comme architecture, et de Henri IV comme décoration ! »

Un des plus aimables, des plus faciles et des plus ingénieux récits que M. Alexandre Dumas ait jamais faits au peuple assemblé dans un théâtre, à coup sûr, c'est *Mademoiselle de Belle-Isle*, et voilà ce qui s'appelle une comédie habilement attaquée, heureusement défendue, et tant de belle et bonne intrigue, avec beaucoup de verve, pas mal de style, des intentions très-fines, des choses très-hardies, mais elles ont passé ; des choses très-hasardées, mais elles ont été acceptées ; des mots qui sentent leur Régence, et des mœurs !... En un mot, un grand entrain, une vivacité charmante, un feu roulant de saillies qui dépassent quelquefois, d'un pied furtif, le seuil même de l'alcôve. Quel bonheur, quand M. Alexandre Dumas trouve au fond de sa besace tant de verve, d'audace, de hardiesse et d'esprit !

Donc madame de Prie, ambitieuse femme et sans cœur, qui régna un instant sur la France, en concurrence avec M. le cardinal de Fleury, et sous la protection de M. le duc de Bourbon, madame de Prie habite le château de Chantilly, et madame de Prie, au lever du rideau, est occupée à brûler ses lettres d'amour. C'est la précaution ordinaire des passions qui commencent.

A peine un nouvel amour vient au cœur d'une femme, elle brise avec tous les autres. Il faut tout brûler, tout détruire : et lettres, cheveux, portraits, gages éternels d'une passion éphémère. Et pas une de ces lettres, pas un de ces portraits n'obtiennent un dernier coup d'œil; la dame jette au feu toutes ses passions d'hier, sauve qui peut! C'est qu'en effet, madame de Prie a distingué un beau jeune gentilhomme dont elle a fait un officier, et comme elle le veut aimer tout à l'aise, elle prend toutes ses précautions. Et voilà pourtant ce que deviennent, mes amis, les plus sincères amours!

Comme elle est en train de tout brûler, madame de Prie raconte à sa dame d'honneur, qu'elle aimait, hier encore, M. le duc de Richelieu, et que M. de Richelieu est bien amoureux d'elle. Et la preuve, c'est que le duc n'a pas encore renvoyé à la dame la moitié d'un sequin, qu'elle et lui ils ont coupé en deux, avec cette condition, que le premier qui n'aimerait plus renverrait la moitié du sequin, et que l'autre n'aurait pas la plus petite plainte à faire. L'invention est bonne, elle est commode, elle abrège bien des lenteurs. Quand elle a tout raconté et tout brûlé, entre, chez madame de Prie, M. le duc de Richelieu.

Je me souviens d'avoir rompu déjà bien des lances en faveur du brillant Richelieu, que nos grands moralistes dramatiques chargeaient de haines et d'outrages. Je disais que cela était étrange et mal fait, d'insulter ainsi un homme qui avait été le favori de deux rois de France, que Louis XVI, la vertu couronnée, avait très-bien reçu à sa cour, qui avait eu sa grande part de la victoire de Fontenoy, qui était le protecteur de Voltaire, et, au dire de quelques-uns, qui était pour Voltaire, un peu mieux que son père. Eh bien! cette fois, soyez tranquilles, notre comédie n'ira pas donner dans ces lieux communs, beaucoup trop communs. On prendra le maréchal de Richelieu tel qu'il est, et sans injures, sans déclamations. Fi de la morale qui s'attache au manteau des personnages historiques, pour les gêner dans leur course rapide! Le personnage historique, s'il se sent trop tiraillé, laissera son manteau entre les mains de cette autre dame Putiphar, et le héros n'en sera qu'un peu plus nu. Donc, vous voyez entrer chez madame de Prie, et comme s'il entrait dans sa propre maison, M. le duc de Richelieu.

La conversation entre les deux amants est des plus naturelles. Le dialogue est tout rempli de quelques mots heureux, qui ont été en effet prononcés dans ces salons du Paris spirituel, sceptique et licencieux. Mais ces mots-là sont si bien à leur place, et si naturellement encadrés dans ce dialogue, qu'on ne s'aperçoit pas du plagiat. L'auteur n'a fait que reprendre son bien où il le trouvait, et il était parfaitement dans son droit. Voici, au reste, une charmante scène, et qui perdra beaucoup à être racontée à ma façon :

M. de Richelieu tire de sa poche un portefeuille aux armes de madame de Prie. — J'ai pensé à vous, lui dit-il, acceptez ce portefeuille à vos armes. — Eh! moi donc! répond la marquise, acceptez, mon cher duc, cette bourse que j'ai brodée à votre chiffre. — Ceci fait, ils prennent congé l'un de l'autre. Richelieu sorti, madame de Prie ouvre le portefeuille; et... voilà la moitié du sequin! A l'instant même rentre M. de Richelieu; il a trouvé, au fond de la bourse, l'autre moitié du même sequin! Et de rire. En vérité, on n'est pas plus joyeux et plus inventif que cela.

Alors, entre ces deux personnages du bel esprit, la conversation qui languissait s'anime de plus belle. Grâce à cette touchante sympathie, Richelieu et madame de Prie s'entendent plus que jamais. — Qui donc aimez-vous, marquise? — J'aime le chevalier d'Aubigny. Et vous, qui donc aimez-vous, mon cher duc? — Moi! je suis amoureux fou de mademoiselle de Belle-Isle... » A l'instant même on annonce mademoiselle de Belle-Isle.

Alors vous voyez entrer, non, ce n'est pas un conte d'autrefois, la plus calme et la plus charmante jeune femme qui se puisse voir. Elle est simple, elle est gracieuse, elle est touchante. Elle vient supplier madame de Prie, afin qu'elle rende à la liberté son père et ses frères, qui sont à la Bastille. A peine on la voit, l'aimable femme, et déjà on se sent le cœur pris pour elle. Et comme elle raconte sa triste histoire, les malheurs de sa famille, son isolement, la captivité paternelle! Richelieu la dévore des yeux. Madame de Prie, égoïste au fond de l'âme, se sent prise de pitié pour cette femme égarée en cette maison corrompue, qui ne se souvient déjà plus de Bossuet et du grand Condé. Cette belle, honnête, éloquente et touchante fille, qui voulez-vous que ce soit, au monde, si ce n'est mademoiselle Mars!

Ici l'intérêt, déjà vivement excité par tous ces ingénieux détails, va grandir encore. Toute la cour de Chantilly se presse au lever de madame de Prie. Richelieu, tout frais arrivé d'Allemagne, est, naturellement, le sujet de ces piquantes causeries. On l'entoure, on lui raconte les grandes révolutions de son absence : comment, à cette heure, M. le cardinal de Fleury a réformé les mœurs ; comment la messe l'emporte sur le bal ; comment les femmes, qui, naguère, avaient deux amants et un confesseur, n'ont plus, à cette heure, que deux confesseurs et un amant ! Vous pensez si le duc de Richelieu ouvre, à ces menus propos, de grandes oreilles ! — Bah ! dit-il à la fin, laissez là vos histoires à dormir debout. Tel que vous me voyez, je parie mille louis que j'obtiendrai, ce soir, un rendez-vous de la première femme qui va se présenter, ici même, à vos regards. — Tope ! disent les amis du duc, mille louis !

Sort la marquise de Prie. Alors Richelieu, beau joueur, se penche vers ses amis : — Celle-là ne compte pas, dit-il, je vous volerais votre argent ! — L'instant d'après, se montre à ces gens mademoiselle de Belle-Isle.

Au même instant, un jeune homme, que vous avez à peine aperçu dans les salons, un témoin de ce terrible pari, s'approche de M. de Richelieu : — C'est à moi, monsieur le duc, à tenir votre pari, car je dois épouser, dans trois jours, la femme que vous voulez déshonorer ce soir.

M. de Richelieu accepte le pari de ce jeune homme, qu'il voit pour la première fois. A cet instant, j'avoue que j'ai eu bien peur. J'ai tremblé que l'on ne nous montrât encore quelque bâtard contrefait de ce bâtard d'Antony, quelqu'un de ces jeunes gens sans aveu, dont la mélancolie est insupportable ; insipides vaporeux qui pensent faux, qui aiment faux, qui souffrent faux, qui gâtent, par leur bave rêveuse, tout ce qu'ils touchent, et même les jeunes passions des belles années ; mais cette fois, j'en suis quitte pour la peur. L'amant de mademoiselle de Belle-Isle, le chevalier d'Aubigny, un peu plus sentimental que les autres, il est vrai, est cependant tout à fait taillé sur le patron des jeunes talons rouges de Versailles. Sa vertu n'a rien d'austère, son amour n'a rien de langoureux ; c'est un véritable soldat, qui sera un des plus vaillants à Fontenoy.

Vous avez rarement vu, même chez M. Scribe, un plus joli premier acte, net, rapide et bien posé. L'esprit et la bonne humeur circulent dans ce dialogue, comme le sang dans les veines : chacun a déjà dit ce qu'il devait dire, et chacun s'est déjà montré ce qu'il sera dans tout le reste de la pièce ; Richelieu léger, vif, et joyeux, la marquise égoïste et vaine, mademoiselle de Belle-Isle innocente et chaste, M. d'Aubigny amoureux et passionné, quoique un peu triste. On pourrait faire cette objection, que ce jeune capitaine est un bien petit monsieur, pour s'attaquer ainsi, de front, à Son Excellence M. de Richelieu ; mais l'auteur a soin de nous avertir que le chevalier d'Aubigny porte un des meilleurs noms de la Bretagne. Parlez-moi des comédies qui commencent dès le premier acte !

Vous allez juger, par vous-même, des difficultés du second acte ; elles sont telles, que j'aurai bien de la peine à vous les raconter, moi qui vous parle en tête-à-tête, et qui suis assis à votre côté, Madame ; jugez donc quand il faut raconter cela à deux mille personnes assemblées, dont la moitié se croit obligée de rougir, et de ne rien comprendre. — La nuit du pari approche. Il y va de l'honneur de M. le duc de Richelieu de gagner ce pari-là. Cependant comment faire pour s'introduire chez mademoiselle de Belle-Isle, cette jeune Bretonne honnête, sincère et sans détour ? La chose est d'autant plus difficile, que madame de Prie ne veut pas y prêter les mains. Au contraire, la dame se souvient du portefeuille de tout à l'heure, et malgré le programme, elle veut se venger. En effet, elle loge mademoiselle de Belle-Isle dans sa propre chambre ; et le soir venu, elle apporte à sa nouvelle amie, qu'elle veut éloigner du danger, une lettre pour le gouverneur de la Bastille. Mademoiselle de Belle-Isle sera à Paris, dans deux heures et demie ; à la Bastille, elle verra son père et ses frères ; elle sera de retour, demain, à six heures ; nul, dans le château, ne saura qu'elle est partie ; et tant que M. le duc de Bourbon sera premier ministre, mademoiselle de Belle-Isle ne dira ce voyage à personne, elle en fait le serment !

Cependant madame de Prie, qui sait son Richelieu par cœur, ferme les portes à double tour ; toutes les portes, excepté la porte secrète. Mais tout à l'heure encore, Richelieu a juré à la marquise qu'il avait oublié cette clef à Paris. — *j'étais si pressé de suivre mademoiselle de Belle-Isle!*

Ce mot, qui est très-joli, est tout à fait digne du chevalier de Grammont.

Mais, de son côté, M. de Richelieu est sur ses gardes ; ce n'est pas celui-là, qui sera jamais pris sans vert! Il a bientôt reconnu toutes les difficultés de l'entreprise. Portes fermées, fenêtres fermées, valets qui veillent au dehors, rien ne l'arrête. M. le duc a envoyé son valet de chambre à Paris, pour chercher la clef de la petite porte ; il a cette clef à minuit ; à minuit donc, il entre chez mademoiselle de Belle-Isle. Homme de précaution, M. de Richelieu a écrit, à l'avance, le billet que voici : « Je suis entré chez mademoiselle de Belle-Isle à minuit, je vous dirai, demain, à quelle heure j'en suis sorti. » Et il jette le billet par la fenêtre, et c'est le chevalier d'Auvray qui reçoit le billet! Le pari est gagné, et plus que gagné, car la marquise, qui ne comptait pas que la porte s'ouvrirait, éteint les lumières; Richelieu n'y voit que du feu. — La toile tombe, et devinez le reste..... si vous pouvez.

Silence! je vous entends! Vous allez vous écrier : — « Mais rien n'est plus immoral! » Je vous avertis, mon gros monsieur, que vous perdriez votre temps et vos cris. Toute cette intrigue a été parfaitement acceptée par bien des honnêtes gens qui vous valent. Les plus honnêtes femmes ont applaudi, sans y entendre malice. Il y a manière de tout dire, entre gens de la bonne compagnie. Ainsi, soyez bref, n'hésitez pas, lancez votre mot discourtois, d'une façon aisée, et comme la chose la plus naturelle du monde ; aussitôt votre mot passé, personne ne songe à vous dire... que vous êtes un insolent! Au contraire, hésitez, rougissez, tournez votre chapeau dans vos mains, pour dire aux gens la chose la plus simple du monde, et les vaudevillistes vont crier à la gravelure! Notre poëte comique a saisi à merveille toutes ces nuances ; il a été hardi comme un page, et comme un page élevé chez madame de Parabère! Et voilà comment notre homme, à force de gaieté, de bonne humeur, et surtout à force de hardiesse et d'esprit, a fait tout passer.

Ceci dit, voyons le troisième acte. Mademoiselle de Belle-Isle est revenue de la Bastille, heureuse comme une fille qui vient

d'embrasser son vieux père, dont elle est séparée depuis huit ans.
Madame de Prie est mieux vengée qu'elle ne pensait, mais elle ne
songe déjà plus à sa vengeance. M. de Richelieu, tout insolent
qu'il est, s'étonne un peu de son bonheur. Seul, M. le chevalier d'Auvray est bien triste. Il a vu, à coup sûr, de ses yeux
vu, ce qui s'appelle vu, le séducteur s'introduire chez sa fiancée ;
il a entendu sa voix, de la fenêtre ; il a lu son billet, il tient dans
sa main ce billet fatal. Comment douter de son malheur ? Comment ne pas croire à la perfidie, à la trahison de mademoiselle de
Belle-Isle ? Elle, cependant, heureuse et calme, elle vient au devant du chevalier, et vous pensez, si elle le trouve hargneux,
maussade, insolent !

Il fallait entendre mademoiselle de Belle-Isle, ou plutôt mademoiselle Mars, se défendant, de son mieux, contre l'horrible récit
du chevalier d'Auvray ! — Oui, tout cela, disait-elle, est vraisemblable, mais rien n'est vrai de tout cela. Elle veut s'en expliquer
avec Richelieu lui-même, et elle le fait appeler, pendant que son
amant est caché là, qui écoute. Arrive Richelieu, plus fier, plus
insolent, plus conquérant que jamais. En effet, il parle à cette
pauvre fille comme un amant heureux ; il est si convaincu de sa
victoire, et cette victoire a été si facile, si complète ! Il l'a dit,
tout à l'heure, à madame de Prie. — « Deux chevaux crevés pour
une clef, c'est mille louis qu'il m'en coûte ; mais tenez, marquise (*Il se penche à son oreille*), je ne les regrette pas ! »

Cette scène est dramatique, elle est naturelle. On comprend
très-bien le désespoir de mademoiselle de Belle-Isle, se voyant
traitée avec un sans gêne inexplicable, et pourtant si naturel.
Ce que l'on comprend moins, c'est que cette malheureuse fille,
qui est perdue et déshonorée aux yeux de son amant, ne lui dise
pas tout de suite, où donc elle a passé cette nuit fatale. — Il est bien
vrai qu'elle a juré de ne pas le dire, tant que M. le duc de Bourbon
serait premier ministre ; mais en présence d'un pareil malheur,
le moyen de garder un secret ? D'ailleurs, le chevalier d'Auvray
est trop honnête homme, pour abuser d'un secret qui lui rend sa
maîtresse ! — Mais « maudit censeur, te tairas-tu ? » C'est le
bonhomme qui l'a dit.

Cependant l'action marche, en même temps que marchent les
plaisirs et les affaires de la cour. Étrange époque ! Elle suffisait

aux plus difficiles entreprises de l'esprit et du cœur. Elle tenait l'épée et la plume; elle tenait le sceptre et le verre; elle tenait même l'éventail.

Il ne faut pas la calomnier cette Régence; elle a l'esprit, l'intelligence, le courage et l'amour; beaucoup d'esprit, beaucoup d'amour. Ainsi, c'est fête chez madame de Prie; elle a réuni les plus élégants seigneurs dans ses riches salons, et ces messieurs s'abandonnent au jeu, avec fureur. Vous entendez l'or et les éclats de rire, dont le bruit se heurte et se mêle. Richelieu a passé la journée à la chasse, et il arrive au bal, un peu tard. A ce bal, il rencontre enfin le chevalier d'Auvray, qui l'a cherché tout le jour. Alors, entre ce jeune homme offensé, et M. le duc de Richelieu l'explication gronde et grandit, et monte enfin aux dernières violences. Le chevalier provoque Richelieu, Richelieu répond au chevalier, qu'il est prêt à se battre. On se battra tout de suite, à l'épée, et sans témoins, c'est convenu. Mais un damné capitaine, préposé par messieurs les juges du point d'honneur pour empêcher les duels, et prévenu par madame de Prie, arrête ce duel. Il fait donner aux champions leur parole d'honneur qu'ils ne se battront pas, avant d'avoir porté leur affaire par-devant MM. les maréchaux de France! Mais comment donc fera ce pauvre d'Auvray?

— Monsieur le duc, dit-il à Richelieu, il me faut cependant prompte et loyale satisfaction; nous ne pouvons pas nous battre et déshonorer mademoiselle de Belle-Isle, par-devant messieurs les maréchaux de France; faisons mieux, jouons aux dés; celui de nous deux qui perdra la partie, à neuf heures du matin, demain, sera un homme mort! — Vous avez trouvé là un moyen très-ingénieux, répond M. de Richelieu... en hésitant.

Puis il dit : J'accepte. Et nous autres, les spectateurs, nous sommes contents que cet homme soit conséquent avec soi-même. *Et sibi constet.* Il était juste, après tout, que M. le duc de Richelieu ne donnât pas ce démenti à toutes les actions de sa vie! Il a été l'homme le plus heureux de cet heureux XVIIIe siècle. Il vint au monde assez à temps pour saluer les derniers rayons de ce soleil couchant qu'on appelait Louis XIV; il a eu sa part, et la plus large part, même en comptant le roi Louis XV, des fleurs, de l'esprit, de la gloire et des amours du règne suivant.

Après avoir assisté à cette lutte de tant de génie et de forces différentes, qui devaient produire les grandeurs de 1789, il est mort, assez à temps pour ne pas voir la Révolution française. Certes, celui-là, même sans être trop brave, pouvait bien, sur un coup de dé, jouer sa vie, il était sûr de gagner.

Vraiment, c'est M. le duc de Richelieu qui gagne; il trouve même de très-jolis mots dans cette partie où sa vie est l'enjeu. — Qui veut être de moitié dans ma partie? dit-il aux courtisans qui le regardent faire. La partie perdue; le chevalier d'Auvray quitte la table, et il s'en va, sans que le duc le puisse retenir, en lui disant : — Demain, à neuf heures, vous serez payé, monseigneur!

Au même instant arrive, chez madame de Prie, la nouvelle que M. le duc de Bourbon est renvoyé, que M. le cardinal de Fleury s'est nommé premier ministre; que madame de Prie est exilée dans sa terre. C'est une confusion universelle. Madame de Prie, hors d'elle-même, veut écrire à la reine, qu'elle a faite reine. Elle écrit. Richelieu reconnaît alors, seulement, cette écriture, qu'il a prise pour l'écriture de mademoiselle de Belle-Isle. Il comprend confusément sa fatale erreur. — Mais qu'est-il donc arrivé? demande-t-il. Et madame de Prie, toujours écrivant, lui répond : — *Vous ne devinez pas?* Mademoiselle Mante disait ce mot-là à merveille, avec toute cette insolence de si bonne compagnie, qu'elle avait prise on ne sait où.

Aussitôt M. de Richelieu, tout blasé qu'il est, se sent bouleversé au fond de l'âme. — Il s'est trompé! Il a déshonoré une honnête fille! Il a perdu un honnête jeune homme! Si jeune et si beau! si brave et si loyal, dévoué, amoureux, fier, charmant! Ah! le malheureux! Il va se tuer, demain, à neuf heures! Il faut donc partir, il faut sauver d'Aubigny; il faut implorer son pardon, de mademoiselle de Belle-Isle... Vain espoir! Un capitaine des gardes demande son épée à M. le duc de Richelieu, et l'arrête... *au nom du roi!* — Tout est perdu!

Allons, allons, rassurez-vous; ne craignez rien les uns et les autres, ils se porteront tout à l'heure aussi bien que se portait, ce matin, madame de Prie. Il est vrai que l'amoureux de mademoiselle de Belle-Isle veut revoir sa maîtresse avant de mourir. Il part, il arrive à Chantilly, il retrouve cette femme qu'il aime, il la revoit, plus belle que jamais, et plus touchante; il lui dit adieu sans pleurer, mais adieu pour toujours. Elle cependant, qui est bien malheureuse, elle lui répète : *Je t'aime!* Il ne veut rien entendre, il veut partir. — Mais au moins, dit Gabrielle (elle s'appelle Gabrielle), attendez que revienne madame de Prie, et je vous dirai le secret qui me tue et qui vous perd. — Mais, répond le jeune homme, madame de Prie, eh! vous savez bien qu'elle est exilée, et que M. le duc de Richelieu, votre amant, est à la Bastille? A ces mots, mademoiselle de Belle-Isle, enfin délivrée de son serment, s'écrie, ivre de joie : — A la Bastille! M. le duc de Richelieu! Chassée de la cour, madame de Prie, et le duc de Bourbon dans ses terres? O malheureux chevalier, la nuit dont vous parlez, la nuit même de mon déshonneur, savez-vous bien où je l'ai passée?..... A la Bastille! à côté de mon père, et je ne suis revenue que le lendemain, à six heures, et M. de Richelieu a menti!

— C'est vrai, j'ai menti, s'écrie alors M. le duc de Richelieu qui s'est sauvé de la Bastille, ou plutôt j'ai été trompé comme un niais, et je vous demande pardon à deux genoux, Mademoiselle; vous êtes un ange! — Ils se pardonnent, ils s'embrassent; mademoiselle de Belle-Isle devient madame d'Aubigny, et M. de Richelieu devient le meilleur ami du chevalier, et voilà comment cela a porté bonheur à M. Alexandre Dumas, de ne pas s'abandonner à cette féroce et nauséabonde déclamation, dont le nom de M. le duc de Richelieu est l'objet. Il eût fait un drame insipide, il a trouvé la plus aimable comédie. Il eût été commun et trivial, il a été vif, aimable, et le plus gentil du monde. Aussitôt que cet homme est en belle veine, aussitôt qu'il a pris le bon sentier, rien ne résiste à sa parole, à son action, à sa belle humeur! C'est un prodige, à condition que ce prodige ira dans la bonne voie, et qu'il n'ira pas chercher, comme on dit, « midi à quatorze heures ».

L'esprit, la gaieté, la grâce et les belles passions lui sortent par tous les pores. Jamais, peut-être, au même degré que dans cette comédie, on n'a plus complètement reconnu le poëte ingénieux, hardi, plein du feu nouveau, ne copiant personne, et rencontrant souvent ces mots heureux qui peignent tout un sentiment. Quel bonheur, et quelle joie de retrouver cet esprit-là dans toute sa valeur!

Et mademoiselle Mars! Mademoiselle Mars, esprit persévérant, infatigable, ingénieux, comme elle était contente dans ces grandes batailles! Avec quelle grâce, quelle ardeur, quelle ferme volonté de vaincre, elle acceptait son nouveau rôle! Ah! la pauvre femme! quelle lutte! quelle volonté! quelle énergie! Et comme elle a forcé, jusqu'à la fin, ce public changeant, ce public ingrat, ce public infidèle, ce public qui tourne à tous les vents, de revenir à ses pieds, plein d'admiration et de repentir! Qu'elle était grande et belle, et touchante dans son triomphe, et comme on est convenu, tout d'une voix, ce soir-là, que c'était là encore la gloire dramatique la plus incontestable, la plus loyale, la plus légitime et la plus noble de son temps!

Même dans les drames oubliés de M. Alexandre Dumas, et dont lui-même il ne se souvient plus sans doute, on retrouvera, plus tard, en les cherchant avec beaucoup de zèle et d'attention, des scènes puissantes. Je me rappelle une certaine *Louise Bernard*, la fille d'un menuisier, séduite par le roi Louis XV; un rôle fait pour madame Dorval, et madame Dorval s'y montrait bien touchante. Elle n'était pas jolie, elle n'était plus jeune, même en ses beaux jours, mais elle avait le charme, et le charme allait jusqu'à la séduction, lorsqu'elle se montrait en simple cornette :

> Cotillon simple, et souliers plats,

les cheveux sans poudre et le visage sans fard; et quelle grâce elle avait dans ce négligé, dans ce costume à peine attaché avec une épingle, toujours prêt à tomber, laissant entrevoir tantôt un bout d'épaule, et tantôt un autre bout, et l'épaule était fort blanche. On avait vu, rarement, une nudité aussi coquette, aussi décente que celle-là.

C'était le grand art de madame Dorval; elle savait tout, elle savait même au besoin être belle, et le grand talent de M. Alexandre Dumas, c'était de mettre en œuvre cette beauté, cette intelligence en lumière. Avec madame Dorval, il était sûr de réussir; de son côté, madame Dorval n'hésitait pas, quand elle s'appuyait sur ce géant, par qui soudain tout obstacle était franchi, toute vallée était comblée. Otez madame Dorval des drames de M. Alexandre

Dumas, son drame, aussitôt, perd une grande part de sa force et de son autorité. *Angèle* était peut-être un bon drame... on ne sait plus... Qui donc était Angèle ? On ne sait plus, même le nom de ce M. d'Alvimare, mêlé d'antipathie et de séduction. « Je n'aimais pas cet homme ; j'éprouvais contre lui une secrète prévention ; je ne pouvais lui résister, mais il me fascinait. »

Térésa était un mélange assez heureux, en dépit de sa désinence italienne, de deux pièces françaises et très-françaises, *la Mère et la Fille*, et *l'École des Vieillards*. Il y avait un peu d'*Antony*, dans cette *Térésa* : la scène où le jeune Arthur pénètre, la nuit, par la fenêtre, avec toutes les circonstances aggravantes de complicité, chez madame sa belle-mère, est une scène d'*Antony*. — Remarquez cependant que le théâtre moderne a beaucoup ajouté à l'adultère, et que l'adultère a subi, au théâtre, d'étranges progrès, depuis *George Dandin*. Nos auteurs dramatiques ont fait de l'adultère une science énorme. Ils l'ont entouré de voiles, de commentaires, de réticences, de révélations, d'explications et de justifications des plus étranges. Avant les adultères de cette première moitié du xixe siècle, et sur le théâtre ancien, il était fort rare que l'adultère allât plus loin que le simple indice ; on s'arrêtait sur le seuil même de George Dandin, on n'entrait pas dans l'alcôve de Sganarelle ! Dans la comédie de Molière, on ne sait jamais, au juste, où en est le mari ?... La tragédie a poussé, en ceci, le scrupule aussi loin, et beaucoup plus loin que n'a fait la comédie. Ainsi, Beaumarchais lui-même, dans *la Mère coupable*, il a mieux aimé tuer son joli page, oui, son page, une charmante et poétique figure dont La Fontaine serait fier, que de nous le montrer, quand la belle comtesse a succombé ! Beaumarchais, cependant, était un homme hardi, pour le moins autant que l'auteur de *Térésa*, et véritablement avoir plus d'audace que Beaumarchais, c'est en trop avoir.

Donc, je le dis hautement, de pareilles scènes ne pouvaient pas s'éterniser sur un théâtre français, et ces spectacles de l'adultère au grand complet, après nous avoir étonnés, finirent bientôt par nous paraître insupportables. Qu'Antony soit heureux sur un lit d'auberge ; qu'Arthur, l'amant de Térésa, soit heureux dans la chambre de sa mère, à peine avons-nous le droit de le savoir, à peine avez-vous le droit de nous le dire. Mais nous le montrer, grand Dieu ! Nous ouvrir les rideaux de l'alcôve banale, nous ouvrir la porte de *Térésa*, chez Térésa ; nous conduire, ouvertement, à ces seuils déshonorés, y laisser nos femmes, et nos filles et nos mères, voilà ce qu'il est impossible de concevoir ! En ceci, les anciens sont dignes d'être imités. La chambre nuptiale était dérobée à tous les yeux. Lisez dans le poëme d'Homère toutes les précautions qui entourent le lit nuptial du divin Ulysse ; Shakspeare lui-même, un barbare, comment a-t-il montré le lit d'Othello ? Ce lit est occupé par une femme qui vient de prier Dieu ! L'instant d'après, Othello étouffe, en pleurant, sa femme innocente et chaste, et c'est à peine si le poëte lui laisse prendre un suprême baiser.

Le duel est un des moyens dont M. Alexandre Dumas a le plus abusé ; on trouverait difficilement, dans tout son théâtre, une pièce où le duel n'ait pas été proposé, accepté ou refusé. Le défi que le général Alcan, le mari de Térésa, porte au jeune Arthur, l'amant de sa femme, était terrible ; il l'eût été beaucoup plus, si l'auteur n'eût pas déjà accoutumé son public au *châtiment de Dieu*. C'est toujours une faute, et même un danger, d'agrandir, plus qu'il ne faudrait, les passions de son drame. Il ne suffit pas de pousser à l'extrême l'amour, la haine et la violence dont la poésie et le drame ont le droit de se servir, il faut penser au moment où cette passion sera assouvie, et par quels moyens vous mènerez à bonne fin toutes ces exagérations. Une passion est un homme ; elle naît, elle vit, elle meurt. Elle est morte, il faut l'enterrer ; mais si votre passion est un géant, que ferez-vous de ce grand cadavre, et quelle fosse ouvrirez-vous, assez vaste et profonde, pour le contenir ? Votre chêne

> De qui la tête au ciel était voisine,
> Et dont le pied se perd dans l'empire des morts.....

comment le déraciner, et quelle foudre est assez puissante ?

Voilà une de ses fautes ! M. Alexandre Dumas n'a jamais pensé au dénouement de son nœud gordien, et que, pour le dénouer, il ne fallait rien moins que l'épée de l'autre Alexandre. — C'est pourquoi, à l'heure où il fallait en finir absolument avec les passions qu'il avait déchaînées, il avait eu forcément recours aux plus violents moyens. Dans *Henri III*, la duchesse de Guise fait de son bras un verrou, les assassins égorgent Saint-Mégrin sous sa fenêtre ; dans *Christine*, Monaldeschi est assassiné aux imprécations de la reine ; dans *Charles VII*, le haut baron tombe sous le poignard d'un Africain ; dans *Antony*, l'amant tue sa maîtresse afin de lui sauver l'honneur ; Richard d'Arlington, embarrassé de sa femme, jette son Amélie par la fenêtre. Que de morts violentes ! que de meurtres inouïs ! que de sang répandu ! que d'épées ! de poignards ! de poisons !

A ces critiques générales, nous ajouterons d'autres critiques. Non content de copier les autres, M. Dumas se copie, et fort souvent, lui-même. Habitué au succès, plus que personne, il dédaigne de chercher d'autres moyens que ceux qui lui ont déjà réussi. Il est comme ce renard de talent, qui n'avait qu'un tour dans son bissac. C'est toujours le même artifice, et toujours le même système de composition. Voyez plutôt : dans *Christine*, il trouve Paula pour accompagner son héros ; dans *Richard*, il fait accompagner son héros par le bourreau ; un espion accompagne Napoléon jusqu'à la tombe ; dans *Térésa*, l'accompagnateur de Térésa, c'est un Italien qui aime Térésa. Cet Italien, au service de sa maîtresse, l'aime en secret, comme Yagoub, dans le *Charles VII*, de M. Dumas, aime Bérangère. Yagoub, aussi bien que Carlo l'Italien, sont deux personnages de toute fausseté : l'un, mahométan, est à la cour d'un baron chrétien, insultant et traitant de Turc à More tous les vassaux de son maître ; l'autre, Italien rempli de toutes les superstitions de son cru, et armé d'un couteau de son pays, fait précisément sentinelle à la porte de la femme qu'il aime, afin de protéger ses amours avec cet Arthur, qu'il exècre, et quand Térésa meurt par le poison, il se tue avec son propre fer.

Quand l'heure aura sonné, pour les beaux esprits de ce siècle, du jugement définitif (elle arrive !), les critiques à venir se plairont à réunir, dans un parallèle ingénieux, les écrivains les plus dramatiques de la nation qui a mis au jour Corneille, Racine et Voltaire ! Alors ils étudieront, dans l'ensemble et dans le détail de leurs diverses productions, l'auteur de *Louis XI* et de *l'École des Vieillards*, l'auteur d'*Hernani*, de *Marion Delorme* et de *Ruy-Blas*, l'auteur de *Christine* et d'*Antony*.

Que de parallèles ingénieux, et qui feront briller les plumes diligentes ! Le premier, M. Casimir Delavigne, épris justement des belles et savantes formes de Racine, en recherchait le beau langage, la période élégante, et la grâce et la majesté, et toutes les qualités inspirées à ces grands poëtes par celui-là qu'on appelait *le grand roi!* Le second, M. Victor Hugo, amoureux du grand Corneille, et plus Espagnol que Corneille, amoureux des grands noms historiques et des histoires merveilleuses, s'étudie à reproduire les formes qui ne sont plus, les vieilles passions usées et non pas éteintes, les récits hardis, tout le roman de l'histoire, personnes, amours, costumes, malheurs. Le troisième, et les suivant de près, M. Dumas, après quelques essais dans les deux genres, les quitte, et cherche, à son tour, des terres inconnues. Son domaine à lui, c'est la passion. Il a soufflé sur les passions éteintes, il en a ranimé le spectre ; dans ses drames, il croit à la beauté, à l'amour, à la vengeance, à la vertu, aux faiblesses des femmes, et les femmes lui en savent gré ; il a rendu les femmes au théâtre, il les a faites tendres, cruelles, hardies, peureuses, mourantes, échevelées ; il les a mises toutes nues, il les a prostituées tant qu'il a pu, et les femmes se sont intéressées, et elles ont pleuré à ses drames. Grand et rare succès !... D'un autre côté, il n'a pas moins fait pour les jeunes gens, que pour les femmes.

Voyez que de jeunes gens, voyez que d'amoureux, voyez que d'insensés dans les pièces de M. Alexandre Dumas! Les uns et les autres, ils sont les fils d'*Antony,* leur maître et leur père ; ils sont nés, ils ont vieilli, ils sont morts, ceux-ci et celui-là, à la même heure, et le même jour. Certes, *Antony* est absurde, impossible, inexplicable..... à la bonne heure, mais il est curieux, amusant, intéressant ; il occupe, il plaît ; il a donné le signal à tous ces petits jeunes gens, sombres, rêveurs, mécontents, portant des moustaches et des gants jaunes, qui s'en vont, en véritables chevaliers déshérités, le nez au vent, le cœur plein, la tête vide, et se donnant mille peines et mille tourments, pour s'attirer l'amour des dames, et l'attention du genre humain.

Jusqu'à M. Alexandre Dumas, personne encore n'avait pris au sérieux cette espèce de jeunes gens. On les trouvait plaisants (« Je vous trouve plaisant ! » disait mademoiselle Mars) ; on avait mis à l'index la barbe, les gants jaunes, les pantalons et le gilet noir, boutonné jusqu'au menton, tout l'*accessoire* de ces jolis messieurs; l'auteur d'*Antony* a réhabilité toute cette friperie.

Il a pris ce jeune homme ainsi construit, et il en a fait le héros de ses drames; puis, dans ses drames, il a rendu, à cette espèce, tout ce que nos révolutions lui avaient ôté. Il lui a rendu, avec ses dettes d'autrefois, l'amour, la jalousie, la vengeance, le dégoût du monde, le besoin de poésie et d'idéal. Et de même que l'on rattache au chapeau d'un jeune homme un frivole ruban qu'il regrette, il a rendu à notre jeunesse le duel, cette émotion presque perdue. A ces hardiesses, tient en grande partie le succès de M. Dumas; c'est un compositeur trop hâté, il se répète souvent; il copie, il imite; il fait, il refait, mais il croit aux femmes et aux jeunes gens; il leur a rendu toutes les passions, et tous les travers dont on les avait dépouillés. Ainsi, il est devenu leur héros et leur poëte, ils sont venus à lui, comme il leur est venu lui-même!.....

Hélas! l'âge, à son tour, est venu; l'âge a donné au pauvre Antony un gros ventre, il a blanchi ses cheveux, il a ridé son visage; il en a fait un grand-père...

Et le combat finit, faute de combattants.

Que de fortunes diverses les œuvres de M. Alexandre Dumas auront subies, avant que lui-même, et ses œuvres, ils soient arrivés au repos suprême! Que de fois il a vu sa plus ferme espérance changée en défaite, et que de fois il a réussi, où il ne comptait pas réussir! Telle œuvre, annoncée à l'avance comme un chef-d'œuvre, et la véritable découverte des temps modernes, pour laquelle on n'a pas assez de couronnes, assez de médailles, paraît, et s'en va soudain, comme une fumée. Ainsi, pour *Caligula :* les fanatiques avaient coulé une médaille en plomb, qui se conserve avec soin dans le cabinet des curieux. Au contraire, une invention d'hier, écrite au hasard de ce matin, et que le théâtre oisif aura jouée aux oisifs, le public transporté l'adopte et la porte aux nues.

Quel pêle-mêle incroyable! et quelles ténèbres pour les Saumaises à venir! C'est que de nos jours, chacun joue avec son esprit, comme avec une poupée achetée à la foire. On l'habille, on la déshabille, on la berce; on la bat, on lui casse un membre, on la couvre de dentelle ou de bure ; un jour arrive enfin où l'enfant mal élevé veut savoir ce que contient sa poupée ?..... Il l'éventre... il trouve un gravier !

L'auteur de tant de drames fameux, et de tant d'œuvres sans nom, plus que tout autre, au milieu des mortels qui vivent de leur esprit, devait être exposé à ces variations de la fortune poétique. Il est de ces inventeurs qui ne s'arrêtent ni le jour ni la nuit. Il écrit comme l'oiseau chante. Il fait un drame aussi facilement que vous faites une tapisserie, ma belle dame, sur un dessin tracé à l'avance.

Quand le théâtre est pris par un succès, M. Alexandre Dumas renonce au théâtre, et le voilà qui se met à écrire un livre. Aussitôt les feuillets du livre improvisé tombent çà et là, comme les feuilles de la sibylle de Cumes, jouets capricieux des vents. Que de fois il est arrivé à cet infatigable esprit de se voir exposé, promis, annoncé, lu, joué, répété, le même jour, à la même heure, ici et là, partout. Alors — où courir ? où ne pas courir ? Dans l'incertitude, il restait entre les deux feux, jusqu'à ce que la double bataille, ou gagnée ou perdue, eût rendu la liberté à cet infatigable. A ce propos, rappelez-vous deux pièces de M. Alexandre Dumas, représentées à vingt-quatre heures de distance, la première au Théâtre-Français, la seconde au théâtre appelé jadis le *Théâtre de la Renaissance*. Ainsi, les voilà annoncées l'une et l'autre : *Mademoiselle de Belle-Isle*, et *l'Alchimiste*. Entre ces deux comédies, l'auteur eut donné le choix pour une épingle : Voulez-vous *l'Alchimiste* ? à la bonne heure. Vous voulez *Mademoiselle de Belle-Isle* ? on ne dispute pas des goûts.

Cependant, à tout seigneur tout honneur, le Théâtre-Français donne à son public *Mademoiselle de Belle-Isle*, et l'œuvre, avec le sourire et le talent de mademoiselle Mars, va, ce qui s'appelle aux nues ! A l'instant même, il n'est plus question, dans toute la bonne ville, que de *Mademoiselle de Belle-Isle*, et, depuis vingt ans, le succès dure encore ! En même temps voilà notre auteur qui se récrie et qui proteste, hautement, contre un pareil succès :
— Ces gens-là, dit-il, n'y entendent rien, mais attendez mon *Alchimiste*, et vous verrez.

Le jour suivant, on joue en effet, sur le théâtre voisin, le drame intitulé : *l'Alchimiste*..... O misère ! ô vanité ! *L'Alchimiste* est sifflé, que c'est une bénédiction. — Bon cela, dit l'auteur, ces sifflets se trompent, autant que ces louanges se sont trompées, et vraiment c'est à n'y rien comprendre! Et puis, chute ou succès, que lui importe? Il a tant de revanches à prendre, et tant de défaites! Mais aussi il a tant de victoires devant lui! Laissez-le donc aller dans les inventions-contemporaines, comme va le soldat à la bataille, tantôt seul, tantôt en compagnie; aujourd'hui dans le fossé, le lendemain sur le rempart. Toujours est-il que rien n'est difficile à suivre comme ces esprits prime-sautiers, disposés même à sauter par-dessus les plus simples lois de la grammaire, de l'art, du bon goût et du bon sens.

Par exemple, vous passez devant le théâtre de la Porte-Saint-Martin, et sur l'affiche flamboyante vous lisez: *Paul le Corsaire!* L'affiche ne dit pas le nom de l'auteur, mais elle donne à entendre que l'auteur est un des maîtres du théâtre moderne, — Alexandre Dumas! — Vous entrez, et vous êtes déjà sur le seuil du théâtre, quand un de ces grands connaisseurs, qui circulent incessamment autour des théâtres parisiens, oisifs malheureux, qui font leur grande affaire de savoir le nom de messieurs les comédiens, et de vous répéter les habitudes de mesdames les comédiennes, vous arrêtant par l'habit, se met à vous dire : — N'allez pas là, ce *Paul le Corsaire* est un vieux mélodrame, autrefois joué sur le dernier théâtre de Paris, sous le titre de *Paul Jones;* les bonnes d'enfants, les tourlourous et messieurs les étudiants n'en veulent plus, n'allez pas là!

Vous, cependant, qui avez confiance en la fortune de M. Alexandre Dumas, vous entrez, nonobstant toute opposition, et jugez de votre étonnement, lorsque vous venez à découvrir qu'il s'agit, cette fois, d'un mélodrame aussi bien fait, aussi habilement *charpenté*, intrigué, écrit, parlé, que tous les drames flamboyants et populaires du théâtre d'Alexandre Dumas. — Oh! oh! c'est là une œuvre de 1838, et, depuis trois années, je n'ai pas lu un mot de ce drame? Et l'auteur de *Tom, ou Paul le Corsaire* ne s'inquiète pas un instant de cette innocente supercherie. « A ceux qui ces présentes verront..... pour la première fois, salut! A ceux qui ne les ont pas vues, salut deux fois, et même davantage! »

Le voilà tout entier! Il joue avec le feu, il joue avec la hache, il joue avec ce merveilleux talent que nous cherchons en vain à expliquer, à commenter, à définir. Il arrangeait *la Tour de Nesle* en trois jours ; un autre que lui avait fait la pièce, mais lui, il en trouvait *le nœud:* lui, il la recommençait, juste au moment où le premier inventeur l'avait laissée ; un autre avait tracé le labyrinthe, il avait bâti, lui, le labyrinthe, et, de sa main fébrile, il y avait enfermé *le monstre*, à savoir : la vie et la passion !

Naguère il demandait, dans une lettre publique, vingt-quatre heures pour écrire un drame, et, de toutes parts, on s'écriait : C'est trop peu de temps ! — Les gens habiles répondaient : C'est trop, de douze heures ! Et ceux-là avaient raison. En douze heures, il avait fait *Halifax*, un compère de Figaro, Scapin, Robert Macaire, avec tant de bons mots que l'heure emporte ! Où donc est *Halifax?*... Avec les neiges d'autan. Elégance, esprit, belle humeur, l'ironie insolente du marquis, la moquerie et le cynisme du valet, la batte de l'arlequin, l'épée du gentilhomme... un moment a créé tout cela ; le moment d'après a tout emporté. Quoi d'étonnant ? Vous crayonnez vos comédies au fusain, et sur un mur ; le fusain s'efface, et le mur s'écroule ! Adieu la comédie !... Ainsi, dans ses ruines même, on retrouve Alexandre Dumas : absent, présent, il est partout. En quelque lieu qu'il soit, tenez-vous pour assurés qu'il écrit un livre, un drame, un roman, une élégie ; un discours à la statue, à l'édification de Corneille ; une tragédie en vers, une tragédie empruntée à Racine, avec cette épigraphe : *Cur non?* « Pourquoi pas ? » Que vous dirai-je ? Il écrit quelque chose enfin, parmi les cent millions de choses qu'un homme peut écrire.

Depuis le premier jour où il a pris une plume, à dix-sept ans, cet homme infatigable n'a pas quitté la plume, entre sa pensée et son style, il n'a pas trouvé d'autre intervalle, que l'espace étroit qui sépare la plume, de l'encrier. Voilà toute sa méditation, voilà tout son loisir ! Il écrit quand il est triste et quand il est gai, quand il est bien portant et quand il est malade ; il écrit la nuit et le jour ; à pied et à cheval, il écrit ; il écrit partout : dans les auberges, sur les grands chemins, en voiture, en bateau, sur la lisière du bois, il écrit ! Il écrivait hier, il écrit aujourd'hui, il écrira demain. On peut définir Alexandre Dumas, une vive intelligence servie par une plume toujours taillée.

Quand il passe, arrêtez-le en son chemin, et lui demandez

le titre des livres, échappés à ce cerveau que rien n'épuise?...
Eh! je vous fais le pari que notre homme, ainsi pris au dépourvu, ne vous dira pas la moitié des livres qu'il a composés! Le singulier talent d'improvisation, et combien nos plus fertiles inventeurs sont dépassés!

Tout lui convient, tout lui réussit : le conte, l'histoire, la fantaisie, le roman, le poëme, la nouvelle, l'introduction, le prospectus, la préface, l'épilogue et même le journal. Cependant, de toutes les choses faciles à faire, il faut convenir que le journal est la chose qu'il fait le moins bien.

Comme aussi, pour l'accomplissement de cette énorme tâche, à laquelle il s'est maladroitement condamné lui-même, aussitôt tout lui sert : la vertu, le crime et le vice, la dentelle et le haillon, le bourreau sur son échafaud, le prêtre dans son presbytère, le voleur dans sa caverne, le mendiant en son chemin, la belle fille au printemps qui passe, et qui se perd sous le rayon de soleil! S'il s'arrête, il s'arrête parce que le récit l'étouffe; et s'il marche, il va, parce que le récit le pousse. Il obéit au récit, comme on obéit à la muse, et tantôt il l'emporte, et tantôt il est emporté par le récit. Ainsi, sa jeunesse et sa vie, et son âge mûr se sont passés à obéir à la narration, à l'ogre qui a dévoré tant de beaux génies. — Conte! et conte! et conte! — Voilà la voix qui retentit à son oreille comme, au milieu de cette période célèbre, cette voix de Bossuet, qui dit : Marche!

Un jour, comme il n'avait rien à raconter, il s'est mis à raconter les *Crimes célèbres*, et ces vieux crimes, ensevelis dans les geôles, avec les instruments de la torture abolie, il les a ravivés d'une épouvantable façon : on sentait l'odeur de la chair grillée; on entendait les cris des suppliciés; on s'abreuvait des larmes des misérables. Lui cependant, d'une main légère, il déroulait ces annales épouvantables!...

Et cela fait toujours passer une heure ou deux.

C'est un homme étrange et si curieux, que les étrangers et même les bourgeois de Paris s'arrêtent pour l'entendre, et pour le voir. Il arrive, il parle, on l'écoute; éloquent, on l'admire! Il raconte, il invente, il se souvient, il est charmant..... Tout à coup, notre homme, il s'en va, et c'est à peine s'il emporte son manteau ; le voilà parti pour ne plus revenir. Il part, moins prudent que l'hirondelle qui consulte au moins le vent qui souffle, et qui s'enfuit de compagnie ; il s'en va seul, au hasard, sans savoir d'où le vent souffle, et laissez-lui, croyez-moi, la bride sur le cou. Aussi bien ne va-t-il jamais mieux et plus loin, que s'il ne sait plus où il faut aller.

Voilà comment il a voyagé dans tout le monde connu. Plus une contrée est explorée, et plus il se plaît à la parcourir. Il fait jaillir le feu du caillou, la vérité des ténèbres ; l'anecdote, il la tire des vieilles ruines ; au besoin, le muletier qui le conduit va devenir un héros de ses histoires. Il met à contribution les moindres accidents de la route ; le bouchon de l'hôtellerie, l'aboiement du dogue fidèle, le chant de l'oiseau, le cri joyeux de l'enfant, la flamme qui brûle dans l'âtre, ou la pluie qui tombe comme un fin nuage. Toutes choses vulgaires, dites-vous ; mais les choses vulgaires il les aime, et d'autant mieux qu'il les rend avec toutes leurs nuances ; il s'en sert, comme fait un paysagiste habile d'un morceau de bois, oublié devant une cabane. En ces détails, en cette menue monnaie de la poésie descriptive, le revenu le plus clair de notre voyageur, c'est sa monnaie courante de chaque jour, c'est son pain, c'est son habit, c'est le cheval qui le traîne, c'est le bateau qui l'emporte, et surtout le bruit qui se fait autour de ce singulier voyageur.

D'où viennent cependant l'intérêt de tous ces livres, et la curiosité de tous ces lecteurs ? Pourquoi de ces trois à quatre cents volumes, signés du même nom, la destinée a-t-elle été heureuse ? Qui nous force à parcourir (ce qui est un grand voyage à faire) ces chapitres divers où il est parlé des histoires les plus célèbres, et des villes les plus connues de l'univers ? Moins que rien..... Un petit reste de drame que l'auteur de *Henri III* aura laissé, malgré lui, dans tous ses livres ! Ce crâne puissant est ainsi fait, que soudain tout s'arrange en sa boîte osseuse, et de façon à présenter, confusément, une scène dramatique, un dialogue, une décoration, quelque chose, enfin, qui ressemble aux passions et aux tumultes du théâtre ! En voilà un qui, pour être un auteur dramatique, n'a pas besoin de vos affreux tréteaux, de votre toile d'avant-scène, de votre gaz allumé et de vos loges remplies de créatures équivoques! Son théâtre, il le porte en soi-même ; il est le propre recéleur de ses comédies, vêtues, parées, ornées, l'épée au côté, le fard à la joue, et le plumet sur la tête ! Dans ses livres fantasques, où tout marche à grandes enjambées, où tout mange à grandes bouchées, ces héros fanatiques, ces femmes épileptiques, ces pourfendeurs de géants s'entrechoquent à se briser. D'où il suit que le lecteur est attentif, et qu'il lirait ces beaux livres jusqu'à la fin du monde.

Le moyen, en effet, de ne pas suivre un improvisateur ardent qui vous prend au collet, qui vous presse et vous pousse, et vous emporte, à vous donner le délire? O miracle! ô tempête! ô vertige! On n'a même pas le temps de retourner la tête, et de demander à l'enchanteur Merlin : *Où allons-nous?*

Le drame est la véritable force et la vraie puissance de cet homme. Il regarde..... aussitôt, tout ce qu'il voit, est drame! Il écoute..... un drame ! Il rêve..... un drame ! Il prend l'histoire, et sous son genou nerveux il la ploie, et, ployée à son commandement, l'histoire elle-même fera mentir les événements et les hommes, et tant pis, pour l'histoire elle-même, si elle veut résister à cette fantaisie impérieuse et furieuse. Ainsi, bon gré, mal gré, sous cette main puissante, absolument tout se tourne en drame.

En même temps, quel homme fut jamais mieux disposé pour accomplir cette œuvre de ténèbres et de lumières qu'on appelle un drame, et qui jamais a mieux deviné l'art de disposer et d'exposer ses héros sur un théâtre, et l'art de les faire parler, sinon d'une façon héroïque et correcte, au moins, ce qui vaut mieux pour le succès, d'une façon claire, nette et vive? Tous les empêtrements du drame, ses tours, ses détours, ses extases, ses hurlements, ses délires, ses instincts, son cynisme et ses tendresses les plus charmantes, qui donc a jamais compris tout cela aussi bien que M. Alexandre Dumas? Évidemment, il a été créé et mis au monde exprès pour tenir dans sa main tous les fils de ces longues intrigues, dont il a eu le rare honneur de reculer les limites au delà de toutes les bornes connues. L'inspiration de cet homme est là, tout entière avec toute sa puissance. Même aux êtres qui ne vivent pas, dans ses livres aussi bien que dans ses drames, il donne une certaine vie abondante et turbulente à laquelle le spectateur ou le lecteur se laisseront prendre inévitablement, tant qu'il plaira à M. Alexandre Dumas de ne pas expliquer ses tours de force et de gobelets.

Il a fait un drame, ou pour mieux dire un long roman, avec ce vieux roi d'Angleterre Henri VIII, une des hontes de la royauté absolue, un de ces brigands sans foi ni loi, que rien ne gêne e n'arrête, et que l'on ne saurait entourer de trop d'exécrations. Cette fois, Catherine Howard jouait, à côté de cet affreux Henri VIII, le rôle de Juliette à côté de Roméo. Elle buvait, au premier acte, cette liqueur distillée *qui jette dans les veines une assoupissante humeur*, et, morte au prologue, on la retrouve, au premier acte, dans les tombeaux de son village. Elle est sur le lit de Juliette, et parée d'une robe blanche empruntée à Juliette. Ses compagnes lui disent adieu, en lui jetant l'eau du bénitier. Sur le devant de la scène, Éthelwood, le mari de Catherine Howard, attend le réveil de sa femme. Ainsi, elle ne court aucun danger; quand elle se réveillera, elle passera de sa tombe aux bras de son mari; elle n'a pas peur de rencontrer, à ses côtés, *le corps sanglant de Tybalt!*

Et que l'on vous regrette en ce moment, ô sombres et poétiques tombeaux, tombeaux des Capulets!

Dans ce tombeau de Catherine Howard, notre auteur dramatique fait descendre Henri VIII. Il arrive, à son tour, pour pleurer sur la Morte! Henri VIII, ce bourreau qui a fait périr soixante-douze mille hommes dans les supplices, sans compter les femmes, le voilà pleurant, comme un enfant, sur le marbre innocent d'une jeune fille (il ignore, en effet, que sa Catherine est mariée), à genoux devant cette enfant, et passant à son doigt glacé l'anneau nuptial!

Voici cependant une rencontre assez dramatique; nous parlons de ce mari qui a fait passer sa femme pour morte, afin de l'enlever à l'amour d'un roi; ce mari, tout à coup, voit arriver ce rival couronné sur le tombeau de sa femme, or cette femme... elle va se réveiller tout à l'heure! En ce moment il y avait dans la salle entière un de ces admirables instants d'inquiétude et d'épouvante, qui suffirait au succès de tout un acte. Combien cependant la scène eût été plus belle, si Catherine, en effet, se fût réveillée entre les bras du roi! Que la joie du roi eût été grande!

Que le désespoir d'Éthelwood, le mari, eût été profond! Que la passion de Catherine pour Henri eût été excusable!... Hélas! pour l'accomplissement de son drame en cinq actes, M. Dumas avait besoin de bien d'autres crimes, et de beaucoup d'autres invraisemblances, c'est pourquoi il a reculé devant cette belle scène, qui lui appartenait, pour rentrer dans la scène de Shakspeare, moins la pitié, l'intérêt et la terreur. Le roi s'en va, Catherine se réveille; l'instant d'après, son mari l'emmène hors du caveau, et la conduit dans un autre appartement de son château.

Au troisième acte, ou tableau, nous sommes, en effet, au château d'Éthelwood. Éthelwood, toujours plus amoureux de sa femme, l'a cachée en son château, comme Leicester cache la sienne à Kenilworth. Voici cependant que l'ambitieuse Catherine Howard ne rêve plus que sceptre et couronne. Son mari a eu l'imprudence, j'allais dire la sottise, de lui raconter l'amour de Henri VIII, le désespoir du roi quand il l'a vue morte, et comment il a passé, à son doigt, cette bague... et l'ambitieuse Catherine s'ennuie à mourir, dans son château d'Éthelwood.

Tout à coup, comme dans Kenilworth, on annonce le roi! C'est en effet le roi lui-même qui vient faire visite à son sujet. Le roi veut partir, tantôt, pour l'Écosse; il a nommé Éthelwood gouverneur de Londres. Le roi veut aussi marier sa sœur Marguerite, et il propose sa sœur, à Éthelwood. Mais, ô surprise! Éthelwood rejette les offres du roi. La vice-royauté de l'Angleterre, il la refuse; la main de la princesse royale, il la refuse, et tant de refus, pour Catherine! Aussi bien, le roi indigné entre dans une épouvantable colère. Il veut absolument qu'Éthelwood soit son beau-frère, et son premier ministre. Il menace Éthelwood de la dégradation, il le menace de la confiscation, il le menace de la décapitation! C'en est fait, Éthelwood est perdu, et s'il ne meurt pas à l'instant même, il est mort!

Mais quand ce trop confiant Éthelwood vient dire à sa femme que lui aussi il a avalé la boisson somnifère, afin de passer pour mort, demain matin, comme elle a passé pour morte, il y a huit jours; et quand il lui remet une clef du caveau (faites attention à cette clef), pour qu'elle vienne, à l'heure de la résurrection, le reprendre sur sa tombe, la douce Howard n'a pas un regard pour son mari, pas un baiser, pas une tendre parole! Cependant, le breuvage produit son effet accoutumé, Éthelwood s'assoupit, il est immobile, il est froid, il est mort; ses vassaux l'enterrent, on l'enferme dans le caveau funèbre dont Catherine a la clef; l'autre clef de ce caveau, on l'apporte en grande cérémonie au roi Henri VIII, héritier légal de lord Éthelwood, mort sans enfants!

Je ne vous ferai pas remarquer combien il est malheureux que ce second acte ressemble au premier, et combien il est encore fâcheux d'abuser ainsi, deux fois de suite, du même moyen exceptionnel (très-exceptionnel), et dans deux scènes si rapprochées! D'ailleurs, l'action de lord Éthelwood est l'action d'un homme très-innocent, pour ne pas dire assez maladroit. Il avait tant de moyens d'échapper au roi! la France, l'Écosse, l'Espagne, Rome, quelle cité ne se fût pas ouverte à sa fuite? Mais non! il faut absolument que lord Éthelwood achève la fiole d'élixir commencée par sa femme, et le parterre de s'écrier :

> Je suis las à la fin de tant de léthargies!

Cependant voici venir un très-bel acte, imprévu et plein d'intérêt.

Donc, au troisième acte, Henri VIII est en compagnie avec sa sœur, la princesse Marguerite. Henri et sa sœur pleurent tous les deux, Éthelwood! Marguerite, inconsolable, redemande à son frère la clef du caveau funèbre où repose le corps de celui qu'elle aimait (Faites attention à cette autre clef!), puis elle sort. Henri, resté seul, voit entrer dans ses appartements une femme voilée, une ombre. — Catherine Howard! c'est elle! Jugez des transports du roi! Il lui dit : « Tu es ma femme! » Et il va du même pas chercher son grand chancelier. Elle, cependant, saisit à sa ceinture la clef du caveau d'Éthelwood, mort pour elle!

Elle ne pense pas qu'il va se réveiller, qu'il mourra de la mort des damnés! C'en est fait! elle jette la clef dans la Tamise. Horrible action! L'action d'une infâme! Alors enfin, elle est reine, et reine, elle monte sur le trône qu'elle essaie. — « Un témoin! dit-elle, un témoin!... » Alors, voilà que du fond de la chambre royale, apparaît un spectre. Un jeune homme pâle et livide! Il est encore dans ses habits mortuaires, c'est lui, le premier, qui saluera la majesté de Catherine Howard. Le voilà! Il s'approche du trône, il y monte degré par degré, il est auprès de Catherine!... C'est lord Éthelwood.

Seulement cette belle scène avait le grave inconvénient qu'elle ôtait, à l'instant même, toute espèce de sympathie et de respect à lady Catherine Howard, et qu'à l'heure du supplice, il faudrait avoir trop de bonté, vraiment, pour s'intéresser à la femme adultère qui laissait mourir son mari légitime de misère et de faim dans son tombeau. En même temps que nous entrions dans l'odieux, nous entrions aussi dans l'impossible. Ainsi, lorsqu'un champion noir se présente (à la façon de Tancrède) pour soutenir l'innocence d'Aménaïde... je veux dire de Catherine, arrive un champion masqué, et ce masque tue, en champ clos, le chevalier de Catherine!

Ainsi, c'en est fait! plus d'espérance! et lady Howard doit mourir! Cependant, voici venir le bourreau. A l'aspect de cet homme rouge (ô dieux, que de bourreaux! que de prisons! que d'échafauds!) Catherine espère encore. Elle propose au bourreau de prendre la fuite, et d'aller à la campagne, pour quelques jours. Le bourreau hésite. Catherine offre alors à ce terrible agent une bague qui vaut mille guinées (la bague d'Henri VIII). Le bourreau répond insolemment à la reine d'Angleterre, que cette bague lui appartient. Il la menace même de la prendre, et de vive force. Cette scène est incroyable! Jamais le bourreau n'avait été si hardi jusqu'alors, que de venir faire la conversation sur le théâtre. Le bourreau de *Marie Tudor* est muet comme le bourreau de M. Paul Delaroche. Celui-ci se livre à l'emportement d'un misérable. C'est la première fois, il faut le dire, que le bourreau dramatique ne nous a pas été montré comme le plus doux, le plus humain, le plus sentimental et le plus sensible des êtres créés.

A la fin, cependant, quand il voit la reine résolue à avaler la bague, plutôt qu'à se la laisser prendre, le bourreau accepte à la fois la bague et la proposition de Catherine; mais il fait jurer à la reine, sur le Christ, que la bague vaut bien mille guinées! La reine, de son côté, fait jurer au bourreau, non pas sur le Christ, *mais sur le plus jeune de ses fils* (ô sentiment, où vas-tu te nicher?) qu'il ira passer quelques jours à la campagne. Le bourreau sort avec la bague, et il part. La reine espère au moins quelques jours de répit. Vain espoir : vous entendez, derrière le rideau de la prison (car M. Dumas a mis un rideau à la prison, derrière lequel rideau est situé l'échafaud, comme il a posé un rideau à la Chambre des communes d'Angleterre, derrière lequel rideau est situé le cabinet du roi), la voix du héraut qui promet mille guinées (justement le prix de la bague royale) à celui qui voudra, en l'absence de l'exécuteur des hautes œuvres, prendre sa place, et frapper la reine de sa hache, lui permettant, en outre, de mettre un masque. La proclamation du héraut retentit à travers tout un peuple, réuni pour voir l'exécution. « A mille guinées ! » Pas de réponse... Et le crieur prolonge au loin sa funèbre proclamation.

Mais tout à coup, voici que dans la prison de Catherine Howard entre un homme !... Il est masqué ! il s'est proposé pour remplacer le bourreau absent... Aussitôt, tope-là, voilà la reine ! Il la prend, il l'emmène, et passe avec elle derrière le rideau. La hache tombe. Éthelwood, bourreau volontaire, fait rouler la tête de Catherine Howard. Puis il se tue !

On vous donne ici quelques-unes de ces analyses, dont la réunion seule suffirait à composer un tome entier ; on vous les donne afin que vous sachiez exactement où le drame était arrivé, en l'an de grâce 1836.

En présence de pareilles conceptions, l'esprit reste épouvanté, muet, et sans savoir à quoi se résoudre. Avez-vous eu peur ? Avez-vous écouté ? Vous êtes honteux, vous-même, de votre méprise et de votre émotion ; vous vous en voulez d'être attentif, et quand vous avez applaudi, vous vous rejetez dans le fond de votre loge, indigné de votre faiblesse. D'un autre côté, comment louer ou blâmer ce qui échappe à la louange, à tous les blâmes ? Comment définir une chose sans définition, un rêve, un cauchemar, une vision ? Cela serait si facile de venir porter la hache sur une composition pareille, et de la détruire, de fond en comble, jusqu'à ce qu'il ne reste plus mensonge sur mensonge, et passion sur passion ! Et c'est justement parce que cela serait facile de tout détruire, qu'on n'ose pas y porter la main.

On voit, çà et là, dans ce rêve, tant de lueurs ; on trouve en ce cahos, tant de pitié, tant de terreur ; il y a dans ce mauvais flux de paroles mal coordonnées, et qui tiennent si mal l'une à l'autre, tant de mots heureux, que la force de la situation arrache à l'auteur, sans qu'il s'en doute, qu'on ne sait plus à quoi entendre!... On est prêt, également, à sauver ce drame, à le perdre, à le siffler, à l'applaudir.

Dans un de ses plus fameux drames, et le plus oublié peut-être, appelé *Richard d'Arlington*, M. Alexandre Dumas avait composé tout son prologue avec un roman de Walter Scott; on voyait le héros venir au monde : — « Enfant au premier acte ! » eût dit Boileau.

A peine la mère est-elle heureusement délivrée, à peine elle sait qu'elle a mis au jour un bel enfant *du sexe masculin*, que son père, le marquis da Silva, arrive et s'écrie : — « O ma fille ! elle a quitté son père... elle a suivi cet homme (en montrant le père de l'enfant), et cet homme est *le bourreau!* » Voilà le prologue : Une fille séduite, un accouchement clandestin, un bourreau, un enfant trouvé !

Au bout de vingt ans, cet enfant trouvé est un beau jeune homme, amoureux de la fille du docteur noir, Jenny, et le fils du bourreau. Ce fils du bourreau est un ambitieux, un ambitieux des honneurs de la politique et de la toute-puissance de la parole. Il veut être au moins Fox ou Sheridan ! Il veut être, à tout prix, le député de son canton, pour finir par être conseiller de la couronne. Oui, mais comment faire, et par quel moyen?

Alors, encore une fois, avec une habileté qui rappelle le page de *Henri III*, le page de *Christine à Fontainebleau*, l'espion de *Napoléon*, ces personnages accessoires de la fable principale, placés là, pour accompagner le héros jusqu'à la fin, vous voyez surgir, du fond de ce drame, une nouvelle espèce de Figaro qui courtise le peuple, et qui se moque du peuple. — Je te servirai, dit-il à Richard, tu seras le premier, je serai le second ; simple particulier, je serai ton valet ; membre de la Chambre des communes, ton secrétaire ; lord, tout ce que tu voudras ! Pour premier service, le nouvel associé de notre ambitieux lui conseille d'épouser Jenny, la fille du docteur Grey. Tous les obstacles s'aplanissent avec Jenny. Avec Jenny, Richard aura une famille..... hélas ! l'infortunée Jenny, attachée à cet ambitieux, elle finit par lui devenir un obstacle, et cet obstacle, il le brise. En effet, au moment où Richard d'Arlington va commettre le crime de bigamie, il trouve, oublié sur une table, un chapeau de femme et ce chapeau ne lui rappelle aucun souvenir! Seulement, comme il ne faut pas que sa nouvelle épouse trouve ici cet objet compromettant, Richard ouvre le cabinet de Barbe-Bleue où sa première femme est enfouie. A l'instant même elle est perdue. En vain elle se traîne à ses pieds, en criant : grâce et merci : — Point de grâce et pas de pitié ! Richard jette sa femme par la fenêtre, et tout est dit.

Ainsi mourut Jenny, cet enfant, coupable d'avoir aimé un brigand de la pire espèce.

A peine le balcon est-il fermé, que le marquis da Silva arrive avec sa petite-fille. Richard va donc pour contracter cette seconde union, mais au moment de signer, il aperçoit, sur la grille du balcon, le mouchoir blanc de la femme qu'il vient d'assassiner..... C'est alors qu'avec un merveilleux sang-froid il confisque ce mouchoir accusateur, et, comme un fiancé très-amoureux, il prend la plume, et signe au contrat... quand tout à coup, nous voyons entrer Mawbray, Mawbray pâle et tremblant. Le père, alors, et son misérable fils se menacent l'un l'autre... A la fin, l'ambition de Richard l'emporte sur la menace et sur la peur... il signe... il est bigame !... Alors Mawbray se fait connaître : *Je suis le bourreau, et voilà mon fils!*

Ces machines de bourreau étaient innombrables et fréquentes sous le règne du drame, et c'était à qui inventerait les plus étranges. Après le drame arrivait l'histoire, et, s'il vous plaît, je vais vous dire une de ces histoires, très-dramatiques, et qui serviront de cortége à *Richard d'Arlington.*

C'était à Stockholm, en 1836, le bourreau menait au dernier supplice le parricide Alexandre Breitfeldt.

« En Suède, la peine de mort consiste en la décollation par le moyen d'une hache. A cet effet, la tête du patient est posée sur un billot devant lequel on creuse une fosse, où la tête tombe après avoir été coupée; on y jette aussi le corps du supplicié, après quoi on la remplit, de manière qu'il n'en reste aucune trace à la surface du sol.

« Or, en Suède et partout, il existe parmi le peuple une croyance déplorable, à savoir : que le sang d'une personne décapitée, pris comme médicament interne, guérirait radicalement l'épilepsie; et, ce qui est encore plus déplorable, c'est que les autorités, d'après un usage immémorial, permettent ou tolèrent que les spectateurs des exécutions recueillent le sang du parricide. Aussitôt donc que la tête de Breitfeldt eut été séparée du tronc, une paysanne, d'un âge déjà mûr, atteinte du haut mal, se précipita vers le lieu du supplice, avec un morceau de pain à la main, pour le tremper dans le sang qui jaillissait du cadavre; mais au moment où elle allait consommer cet acte épouvantable, elle fut frappée d'une attaque de sa cruelle maladie, et elle tomba roide morte dans la fosse où venait de rouler la tête ensanglantée... »

Tel était le commencement de ce récit funeste; écoutez la suite, et nous voilà, certes, bien loin de la hache même, et du bourreau de *Marie Tudor*.

« Parmi la foule qui revenait du sanglant spectacle, et que, sans crainte d'exagérer, on peut évaluer à vingt-cinq mille personnes, se trouvaient un garçon de magasin, nommé Olof Olson Kollén, et un ouvrier charpentier, nommé Charles Westerlund qui cheminaient bras dessus, bras dessous. Lorsqu'ils se trouvèrent près du lieu dit les Boutiques-Rouges (*Roeda Bodarne*), il s'éleva entre eux une querelle, qui devint de plus en plus vive; aux gros mots succédèrent des voies de fait. Westerlund donna à Kollén un vigoureux soufflet, et aussitôt ce dernier se glissa rapidement derrière son adversaire, et lui asséna, avec la hache de charpentier dont il était armé, un coup qui lui fendit la tête jusqu'au cou.

« Le meurtrier a été arrêté, et ensuite conduit chez un officier de police. Dans l'interrogatoire que ce magistrat lui fit subir sur-le-champ, il a déclaré à plusieurs reprises que la vengeance qu'il avait exercée sur Westerlund lui avait été inspirée par l'exécution dont il venait d'être témoin, et qu'il voulait se venger sur cet homme de la même manière que la justice s'était vengée sur Breitfeldt. »

Un autre jour, *le Mercure Savoisien* racontait cette histoire d'échafaud à ses lecteurs :

« La dernière exécution dont Genève a été témoin date de 1847, et il est bon de rappeler les péripéties qui la suivirent, relativement aux exécuteurs.

« Aucun ouvrier n'avait voulu prêter son concours à l'érection de l'échafaud, à l'exception d'un seul, qui disparut au moment d'exécuter les conventions qu'il avait faites, moyennant deux cents francs.

« On fut obligé de sommer un sous-inspecteur des travaux publics de découvrir un homme pour combler cette lacune. Moyennant trois cents francs, ce dernier trouva un manœuvre qui consentit à remplir ce triste office.

« L'exécution terminée (le supplicié était un pauvre bâtard que la loi ne protégea jamais, mais qu'elle sut punir), le même ouvrier qui avait dressé l'échafaud ne trouva pas un seul auxiliaire pour l'aider dans le travail de la démolition, et il fut obligé de le faire seul.

« Depuis ce jour, cet artisan, qui était généralement estimé, vit s'éloigner de lui tous ceux qui l'avaient connu, et, dégoûté de la vie par le vide qui s'était fait autour de sa personne, il se suicida en se précipitant sur un rocher.

« Genève aussi avait un exécuteur patenté; il avait rempli consciencieusement sa mission dans cette triste circonstance, assisté des bourreaux vaudois et bernois; eh bien, ce malheureux ne trouva probablement pas assez de sérénité dans sa conscience pour l'office qu'il remplissait : il eut recours au suicide en se noyant dans l'Arve.

« Ajoutons enfin que le principal promoteur de l'abolition de la peine de mort dans le canton de Neuchâtel a été le bourreau lui-même, dont le nom est généralement vénéré.

« Ces faits expliquent suffisamment la décision prise par le grand conseil de Genève, qui n'a pas cédé certainement à une pensée superstitieuse, mais à une manifestation de l'opinion publique. »

Il y eut même à Paris (tant le drame a de puissance) une association de malfaiteurs qui s'intitulaient : *les Chevaliers de la Tour de Nesle.* Ces messieurs épouvantaient le monde..... et le faubourg Saint-Marceau de leurs désordres. On racontait une histoire assez touchante d'une jeune ouvrière entraînée à *la Tour de Nesle* par ces Buridans de bas étage, et vous pensez quels frissons circulaient de la rue Quincampoix à la place Maubert!

§ XII

Disons cependant que toutes ces violences auxquelles s'est tant complu le théâtre moderne ne venaient pas uniquement de M. Alexandre Dumas, et des jeunes gens de son école. Il y avait beaucoup *d'importation* en tous ces tumultes, et je voudrais bien, en parlant de M. Alexandre Dumas, expliquer aux générations à venir, pour qui ce sera sans doute un grand souci, comment messieurs les comédiens anglais n'ont pas été tout à fait étrangers à ces phénomènes *puissants en désordres*, et tels qu'on en pourrait trouver dans cette tragédie de Shakspeare intitulée : *Titus Andronicus*. « Mon mal vient de plus haut ! » pourrait répondre à ses agresseurs le théâtre moderne, et le théâtre aurait raison.

Un beau soir de l'année 1829, la société parisienne la plus élégante et la plus choisie avait envahi la salle du Théâtre-Italien, plein de fleurs, de diamants, de beautés, de lumières, lorsqu'à huit heures sonnantes, ce public attentif et respectueux vit entrer dans sa loge accoutumée, au milieu de l'acclamation universelle, S. A. R. madame la duchesse de Berry. *Madame* avait eu la chance heureuse de protéger M. Scribe naissant ; elle aimait le théâtre et ses élégances ; elle avait donné son privilége au Gymnase, et le signal du départ au nouvel art dramatique. Le soir même dont nous parlons, elle venait, par sa présence aimable, encourager toute une révolution dans le drame et dans le jeu des comédiens. Quelle foule ! Et dans ce tas de princes, de duchesses et de cordons bleus, personne encore ne songeait à découvrir les consuls de la prochaine année. Ils étaient là, pourtant, les uns et les autres, et leur maître, et leur modèle, et leur exemple, Victor Hugo, jeune homme, et portant dans son front olympien ces héros, ces poëmes plus qu'épiques, ces élégies, ces drames, ces pitiés, ces terreurs, des *Odes et Ballades* aux *Contemplations*, de cette jeunesse à cet exilé ! O visions ! ô grands rêves !

Ils étaient accourus à cette fête énorme, et, perdus dans cette foule, eux-mêmes ils ne voyaient pas encore, au milieu de cette assistance de princes et de seigneurs, un homme et une femme attentifs aux moindres événements de cette éloquente soirée, elle étonnée, et lui muet d'admiration ! Cependant cette femme et cet homme, obscurs encore, ils devaient, elle et lui, donner la vie et l'accent à *Marion Delorme*, à *Ruy-Blas*, à la *Catarina*, à *Don César de Bazan*, à toutes ces épouvantes, à toutes ces douleurs, à tous ces amours. « Et moi aussi ! » se disait tout bas cette femme ; « et moi aussi ! » se disait cet homme. Ils disaient juste, ils disaient vrai. Cet homme, il s'appellera *Frédérick Lemaître*, et cette femme, elle aura nom Marie Dorval.

Cependant tous nos poëtes en herbe, et ces comédiens en fleur, ces critiques de vingt ans, cette foule heureuse, et ces âmes en peine de l'idéal, ils étaient accourus, ravis à l'avance et radieux, pour saluer Shakspeare à son aurore, au milieu du public français, Shakspeare et Kean le comédien, son illustre interprète. Il y avait à peine dix années que Shakspeare et ses comédiens avaient été, chez nous, couverts de huées ; à cette heure, ils devenaient le plus vif sujet de la curiosité la plus violente ; le poëte anglais était invoqué comme un dieu, son comédien était attendu comme un roi. Kean devait jouer, le soir dont je parle, un rôle horrible, affreux, le rôle même de Shylock !

Cependant Kean, attendu, n'arrivait pas. *Madame* était déjà dans sa loge, et Kean dînait, ce même soir, au Café Anglais en bonne compagnie. Or comme les Anglais ont toujours fait grand cas du vin de Bordeaux, en souvenir des provinces qu'ils ont perdues, Kean disait : Encore une bouteille ; encore une ! Et, de bouteille en bouteille, il fallut le prendre, à toute force, et l'emporter ivre au théâtre, où il fallut l'habiller en juif, et le précipiter, chancelant et balbutiant sous l'ivresse, dans l'arène éloquente où naguère madame Malibran, la grande inspirée, avait représenté *la Desdemona* de Shakspeare et de Rossini.

Quel homme était Kean, le comédien ! Il me semble que j'y suis encore, et que j'assiste à l'épouvante de ces beaux esprits et de ces femmes parées, à l'aspect du tigre hors de sa cage, et cherchant sa proie. Un petit homme énergique, intelligent, trapu, la tête énorme et les yeux pleins d'un feu sombre. Le poëte grec, en son catalogue des chefs devant Thèbes, raconte que Tydée avait gravé l'image de la nuit sur son bouclier.

« Le fond était noir, semé d'étoiles d'or. » Sophocle a vu Jupiter enveloppé de nuages, eh bien, Jupiter dans le nuage, et ce Tydée aux étoiles d'or, c'est l'Anglais Kean. A peine lâché, ivre, ébloui, frappé de stupeur, il s'arrêta sous les splendeurs de cette foule éperdue à l'avance. Au même instant, par un effet soudain de son génie et de sa volonté, s'arrêta son ivresse (elle avait passé du comédien au spectateur), et le voilà, de plain-pied, dans l'esprit de son rôle :

SHYLOCK, *à Bassanio.*

Vous dites donc qu'il vous faut...

BASSANIO.

Trois mille ducats!

SHYLOCK.

Trois mille ducats? Bien!

BASSANIO.

Oui, Monsieur, pour trois mois.

SHYLOCK.

Pour trois mois? Bien!

Ces deux : *bien!* faisaient déjà peur. En même temps le juif jetait, en hésitant, un mauvais coup d'œil, non pas sur Bassanio, qui lui dit courtoisement : « Monsieur! » mais sur le riche Antonio, un insolent armateur, citoyen de Venise. Antonio, c'est la générosité même : il gagne beaucoup d'argent, il en donne beaucoup; sa bourse est ouverte à tout le monde. Il a « la basse simplicité de prêter de l'argent gratis, ce qui fait baisser, à Venise, le taux de l'*usance*. » Ainsi se parle Shylock à lui-même : il ne prononce pas le mot *usure*. Il vend son argent, il ne le prête pas. Entre les mains de cet homme, l'argent est une marchandise, et tant pis pour le chrétien qui a besoin d'acheter au juif.

Le juif se venge, et non-seulement du chrétien, mais aussi « des adorateurs de Jupiter. » Que d'avanies, que de cruautés, que d'injustices le juif a subies depuis tant de siècles! Véritablement les historiens et les poëtes latins, en plein paganisme, c'est-à-dire en pleine acceptation des dieux étrangers par les dieux même du Capitole, sont remplis d'exécrations contre les juifs.

Ouvrez les satires de Juvénal, vous verrez que les juifs y sont plus maltraités que les Romains eux-mêmes ; le græculus est une honte, une infamie, un jouet... *In cœlum jusseris... ibit !* Martial lui-même, un faiseur d'épigrammes, qui dans le fond de l'âme était un assez bon homme, un parasite, un flatteur de gens, un faiseur de sonnets pour les puissances, un mendiant, il a trouvé, contre un certain juif, une certaine épigramme à ce point terrible, et partant si difficile à expliquer, que tous les commentateurs de ce bas monde, y compris messieurs de l'Académie des Inscriptions et Belles-Lettres, ont perdu leur latin, leur grec et même leur hébreu à vouloir expliquer cette épigramme de Martial. Je veux parler de la quatre-vingt-quinzième épigramme du livre II, où il est dit : « Misérable juif, tu vas jurer, eh bien ! jure par Anchialus, et je croirai que tu dis vrai ! » Il y a tantôt dix-huit cents ans que juifs et chrétiens, et même assez bon nombre de protestants se demandent ce que cela veut dire : *Anchialus ?...* et personne encore n'en sait rien !

Quant à moi, je ne vois, en tout ceci, qu'une preuve irrécusable de la misère du juif, avant les charmantes lueurs du moyen âge ! Elle se montre dans les histoires profanes, elle se montre dans les poëtes païens ! Donc, plus elle est ancienne et plus elle est injuste. De quel droit, quand cette terrible image de la vengeance du paria, du serf, de l'esclave contre son maître et seigneur vient se présenter à nos faiseurs de tragédies, sous la figure de Shylock, ne voulaient-ils pas se contenter des motifs que dit Shakspeare, expliquant la haine du juif pour Antonio ? « Il a insulté ma nation, il s'est indigné contre mes marchés, il appelle *usure* les biens que j'ai gagnés ; je le hais ; que je le tienne une seule fois, et maudite soit ma tribu, si je lui pardonne ! »

On voyait, en effet, que maître Kean haïssait cruellement le blond Antonio ; et si vraie était sa haine, qu'il n'y avait pas de motif à en donner. Je te hais, parce que je te hais !

Je te hais, non pas pour tes petites insultes, pour tes petites cruautés, pour tes mépris d'hier, mais pour l'insulte éternelle, impérissable, infinie ! Il y a des siècles que je te hais, et je châtie en toi, chrétien, toutes les haines de la race juive. Ajoutez ceci, que le chrétien, si le juif lui faisait grâce de sa dette, il ne voudrait pas la reprendre.

SHYLOCK.

« *Seigneur* Antonio, vous ne m'avez jamais rencontré sur le Rialto, sans m'accabler d'injures. Vous m'avez appelé mécréant, chien, coupe-gorge, et vous avez craché sur ma casaque de juif parce que j'use, à mon gré, de mon propre bien. »

Or, écoutez comment le dédaigneux Antonio répond à ce juif qui tient sa vie entre ses mains :

BASSANIO.

« Mais, juif que tu es, de quoi te plains-tu? je suis prêt à recommencer! A notre première rencontre, je cracherai sur toi, je t'appellerai chien, et je te repousserai du pied! Nous sommes ici pour te payer ton argent, et non pas pour te faire des amitiés! Et tu n'es qu'un chien, en résumé! »

Voilà ce qui s'appelle répondre, et vraiment ce chrétien est dans son rôle, aussi bien que ce juif.

Vous avez lu le roman de Walter Scott, *Ivanhoë*, un chef-d'œuvre où la sympathie et la bienveillance du xix° siècle, enfant de Voltaire et de Diderot, se montrent à chaque ligne, à ce malheureux juif, le timide et l'heureux père de Rebecca. Certes ce juif est bien malheureux dans ce monde féodal ; il est traqué comme une bête fauve ; il est pillé par le Saxon, il est battu par le Normand ; la torture et le bûcher le suivent d'un pas égal ; point de justice ici-bas pour le juif ; et là-haut, pour le juif, pas une étoile. Il est haï, mais cet infortuné se console et se glorifie en songeant à la tendresse, aux respects, au dévouement de Rebecca sa digne fille. Autant qu'il l'aime, il en est aimé, et la piété filiale de cette douce créature est un baume ineffable sur la plaie et sur les cicatrices de ce vieillard.

Au contraire, ici, à propos de juif au moyen âge, il advient que le poëte Shakspeare refuse au juif, même la consolation du père de famille. Il ne veut pas que ce malheureux se repose et se calme un instant, avec les douces joies paternelles. Une enfant, une sincère et obéissante enfant à ce monstrueux Shylock! Il eût semblé à Shakspeare, s'il avait eu cette faiblesse pour Shylock, que lui, Shakspeare, il trahissait son Dieu, sa nation, son orgueil, son siècle, et le siècle précédent, déjà caché sous ses nuages sanglants. Le juif n'a pas de patrie, il n'a pas de famille, tout au plus un antre, et tout au plus des petits. Voilà donc pourquoi Jessica, la fille même de Shylock, se montre à nous, si fière et si contente d'avoir quitté la maison paternelle (un enfer ! disait Jessica) avec son amoureux Lorenzo !

En même temps, voilà pourquoi le spectateur pardonne à la fille du juif d'avoir quitté son père, et fait main basse sur les bijoux de son père. Plus le père est Shylock en personne, et moins nous songeons à le plaindre. Il est quitté par sa fille, il est déshonoré, il est volé par sa fille ; eh bien, tant mieux, peut-être il apprendra la pitié que méritent les misérables. Mais, qui parle ici de la fille du juif ? Il n'y songe même pas ; il ne songe, en ce moment, qu'à réclamer l'abominable exécution de son horrible contrat. « Un simple billet *pour nous divertir*. En effet, que puis-je y gagner ? Une livre de la chair d'un homme, prise sur un vivant, ne me serait pas si bonne et si profitable que de la chair de chèvre et de mouton !... Un billet bouffon !... C'est pour m'acquérir vos bonnes grâces, Monseigneur ! » — Et plus tard, à propos de ce *billet bouffon :* Oh ! l'épouvante ! oh ! la terreur ! lorsqu'il disait dans sa rage, à voix basse, et comme s'il parlait à l'Erynnis invisible : « Qu'il prenne garde à son billet ! » En ce moment, « le bon billet » n'était pas une raillerie, et nous étions loin de cette épigramme à fleur de peau, que les anciens rhéteurs appelaient gaiement : « *des épigrammes d'ostentation.* »

Ainsi, l'heureuse Jessica, loin de *l'enfer paternel ;* l'heureuse Portia près de Bassanio, dans les jardins enchantés, « sous la voûte des cieux, incrustés de disques brillants » ; l'aimable Antonio, sous l'adoption de la florissante et poétique Venise, nous aident à supporter l'horrible humeur de Shylock. C'est un contraste à la Shakspeare. « Il y a deux choses, disait le maître Aristote, auxquelles se reconnaissent les chefs-d'œuvre : l'impromptu et l'art. » Il est vrai qu'il se hâte d'ajouter (sans doute pour n'être pas pris au mot par les impuissants) : « Que l'art et l'impromptu ne sauraient se passer de bon sens, de naturel et de vérité. » Cette espèce d'*impromptu*, basé sur la nature même, c'est l'inspiration du génie ; ainsi le génie, et, plus d'une fois, l'ébauche du génie, est le chef-d'œuvre même. Appelez donc, et vous le pouvez, *le Marchand de Venise* une ébauche, à condition que vous n'ajouterez pas un iota à ces grandes choses « que les Muses honorent (c'est un mot du poëte Malherbe) de leurs puissantes faveurs. »

Ce drame est écrit en prose et en vers ; à la première rencontre, Shylock parle en vers. Cependant racontez-lui cette horrible histoire que sa fille est partie avec un monsieur, et qu'elle a échangé, contre un singe, la plus belle turquoise de son écrin... notre homme aussitôt, laissant le rhythme et la cadence, enfants des passions maîtresses d'elles-mêmes, se met à parler le bon anglais du roi.

Ceci est vraiment le signe de l'ébauche et de l'impromptu. Molière, il est vrai, dans la hâte de son travail (le roi commandait, il fallait obéir), a écrit, une ou deux fois, sa comédie en vers et en prose, mais il s'en excuse avec son lecteur. Tout au rebours, le poëte anglais, il agit comme s'il était dans son droit. Prose ou vers, qu'importe, si ses héros tiennent le vrai langage ? Il écrit, sans le savoir, comme ont fait les anciens satiriques romains, dans ce mélange (*satira*), qui tolérait même l'emprunt d'un bon vers ou d'une bonne parole en prose, que l'on faisait à son voisin. Quant à la gêne que ce mélange du rhythme et de la période oratoire devait nécessairement imposer au comédien..... avec un grand bonheur de sentiment, de gestes, et d'expression, Kean échappait à cette gêne. Il ne la savait pas ou ne la sentait pas, tant il passait, librement, du vers à la prose, et de la prose au vers. Il était simple et vrai, terrible et tendre, ignoble et sublime : « Un ver : un dieu ! » Il y avait un certain moment où il aiguisait son couteau sur le cuir de sa chaussure... O le boucher ! Et ce couteau, quel triomphe sur le *glaive*, du grand poëte immolant Iphigénie ! Il était très-beau, ce Shylock ! Ce qui devait être aussi très-beau à contempler, en ce moment, c'eût été l'épouvante de madame Dorval à vingt ans, et l'étonnement de Frédérick Lemaître, jeune homme, et contemplant dans le jeu de Kean, le comédien anglais, la vivante réalisation des terreurs qu'il avait rêvées. Soirée implacable, et qui devait donner aux poëtes nouveaux des comédiens qui leur étaient indispensables. « Il y aura des grincements de dents ! » C'était écrit. Voyez déjà les dents grinçantes de Shylock !

Vous vous rappelez que ce drame funèbre aboutit à des fêtes, à des danses, à des mascarades. A peine Antonio est sauvé des griffes du tigre, que dis-je du tigre? « un loup sanguinaire, affamé et furieux », les spectateurs et les divers personnages du *Marchand de Venise* ne songent plus qu'à se réjouir, et à livrer le juif à la vengeance, à l'ironie, au châtiment des chétiens. Ici encore est le triomphe de l'*ébauche*. Antonio sauvé, tout est fini pour le spectateur français; Antonio sauvé, pour le poëte et pour le peuple anglais, tout recommence. Il n'était pas juste, en effet, dans l'opinion des gens du xiiie siècle, qu'un juif tînt plus longtemps en suspens, dans un débat public, le droit des forts contre les faibles, le droit des chrétiens contre le juif, le droit du serf contre le chevalier. Le misérable! il disait si bien, tantôt : « Une livre de cette belle chair! » Il disait si bien : « Je veux les clauses de mon billet! » Il voulait absolument *sa* livre de chair!

On lui offrait, tantôt, dix fois la somme d'argent qu'il a prêtée... il n'a pas voulu *se démettre;* on se passera de sa démission. En ce moment, de terrible et de furieux qu'il était, Kean devenait très-humble et comique à voir! Comme il tombait lourdement dans le piége qui lui était tendu! Comme il écoutait, avec un niais sourire, les dissertations du légiste Portia, caché sous la robe de juge! Il donnait son assentiment à toutes choses! — « O le juge équitable! ô le juge savant! » disait-il, puis, tout d'un coup, il voyait le piége, il se trouvait pris dans sa propre sentence!

Ose donc, Shylock, disait le juge imberbe, enlever cette livre de viande, ici, près du cœur, et prends garde de prendre justement, ni plus ni moins, la livre de viande qui te revient, et sans verser une goutte de sang, sinon tu es mort! Alors les rires, alors les mépris! alors les gaudrioles! alors le malheureux, écrasé par sa cruauté même, se replie et demande en grâce qu'on lui rende au moins l'argent qu'il a prêté. — Non-seulement tu n'auras pas ton argent, ô juif! mais encore, pour châtier l'attentat que tu voulais commettre contre un Vénitien, ta fortune est confisquée! « Au moins je mangerai de l'oie! » Ainsi parle, dans *l'Avocat Patelin*, le bonhomme dépouillé par Agnelet. — On lui répond : « Elle est mangée. »

Telles étaient ces vives et puissantes impressions des premiers jours, à l'heure où les dieux anciens étant partis, les dieux nouveaux n'étaient pas venus encore! *Hamlet, Othello, Roméo et Juliette, le Marchand de Venise,* Kean et miss Smithson étaient pour nous, et pour nos comédiens, autant de révélations. Quelle épouvante à l'aspect du fantôme dans *Hamlet*, fantôme impalpable et visible que le prince de Danemark voit *avec l'œil de son esprit!* Je vois encore Hamlet au cimetière, et le fossoyeur, semblable au fossoyeur d'Eugène Delacroix. En ce moment Voltaire, notre père et notre instituteur, était vaincu, son ironie était impuissante, et le tombeau de Ninus passait à l'état d'un conte d'enfant. Ce sont là des impressions ineffaçables.

Que disons-nous? Ophélie et miss Smithson nous apparaissent encore à tant de distance, et d'un geste enchanteur elles semblent indiquer aux poëtes nouveaux, aux comédiens inconnus, les sentiers nouveaux qui mènent à la pitié, à la terreur. Kean est le premier comédien qui nous ait montré les tragiques anglais; miss Smithson est la première comédienne qui nous ait révélé les femmes de Shakspeare, à savoir : la partie inspirée, ingénue et touchante de ces merveilleuses tragédies. Kean a dominé Frédérick Lemaître, miss Smithson a révélé son propre génie à madame Dorval. Au quatrième acte d'*Hamlet*, quand la pâle Ophélie a perdu son père, et qu'elle s'en vient, couronnée de roses blanches, effeuiller les fleurs de sa couronne sur cette tombe, il nous semblait alors que nous entrions dans un monde inconnu.

La touchante Ophélie, et l'admirable miss Smithson!..... Elle voilait, de ses deux mains palpitantes, son beau visage, et bientôt elle faisait entendre, à ce peuple attendri, des larmes véritables, entrecoupées d'un rire affreux. Tout pleurait! tout s'étonnait! Madame Dorval, haletante, écoutait et comprenait.

Certes, c'est une vocation très-belle, et un très-grand art d'être un grand comédien, mais une grande comédienne est, sans nul doute, une créature privilégiée. On est Kean, on est Talma..... mieux vaut encore s'appeler mademoiselle Dumesnil, mademoiselle Rachel, miss Smithson, mademoiselle Georges, madame Ristori. Cherchez donc, parmi les œuvres des grands poëtes, cherchez, dans les terreurs de Sophocle et dans les pitiés d'Euripide, cherchez dans les grâces parfaites de Racine, et dans le drame ensanglanté de Shakspeare... à coup sûr, vous rencontrerez une femme à côté d'un crime, une femme à côté d'un remords, une femme à côté d'un malheur. Toutes ces femmes ont le beau rôle; elles tiennent, par les cordes les plus sensibles, au beau côté de la vie humaine : à l'amour, à la piété filiale, à l'espérance, à la charité. Songez donc à ces miracles, à ces trésors : les femmes de Racine, les femmes de Shakspeare ! Racine, en ses prévoyances, a placé Iphigénie à côté d'Agamemnon, Hermione à côté d'Andromaque, Monime près de Mithridate, Athalie auprès de Roxane, et, non loin, Junie auprès de Néron. Elle-même, Aricie, elle nous repose de Phèdre et de ses fureurs.

A l'ombre sanglante et terrible d'Athalie, il nous a montré l'innocence et le courage du petit roi Joas. Il est vrai que Bérénice est seule dans le drame touchant des adieux, mais vous chercheriez en vain un coupable auprès de Bérénice ! Ainsi, Racine excelle à nous montrer ces passions pleines de calme et de tristesse, d'amour et de résignation, mais aussi songez donc aux femmes de Shakspeare, et comme il les a faites, non pas grecques, non pas du XVIIe siècle seulement, non pas Parisiennes de Versailles, mais Anglaises, Anglaises de tous les temps et de tous les lieux, et pour tous les génies, Anglaises pour Dryden, Anglaises pour Byron, pour Victor Hugo et pour Walter Scott !

Regardez ! Ophélie est près d'Hamlet ; Ophélie aimée d'Hamlet, mille fois plus que Britannicus n'est aimé de Junie ; Desdémone est près d'Othello, aimée d'Othello, mille fois plus aimée que Monime de Mithridate ! Eh ! quelles comparaisons misérables ! Qui voudrait comparer ?... Qui l'oserait ? la fille des Capulets, Juliette, Juliette morte d'amour deux fois, avec aucune des héroïnes de Racine ? Et quelle profusion d'élégies éclate partout dans Shakspeare, et quelle immense variété ! Il est aussi varié que Molière lui-même. Il y a autant de créations poétiques dans *le Roi Lear* que dans *les Femmes Savantes* par exemple, et elles sont aussi admirablement dessinées, distinctes, à leur place, à leur tâche, à leur silence, à leur parole. Quel génie et que de larmes, que de sanglots ! Ophélie pleure sur son père, et se lamente sur son amant ; Juliette pleure sur elle-même, la pauvre Juliette qui va mourir ! Cordelia pleure aux genoux du roi Lear, Desdémone implore, avec des tendresses ineffables, ce mari qui l'adore et qui la tue ! Puis, tout d'un coup, cessent les lamentations, s'arrêtent les sanglots, et voilà ces rêves blonds et bruns qui se réjouissent, et qui dansent, comme dans *le Songe d'été*, au clair rayon de la lune de mai.

Ou bien elles conjurent les esprits infernaux, avec un sourire dans *la Tempête*, avec des imprécations dans *Macbeth!* Non, rien n'égale, en tout l'univers des poëmes, les femmes de Shakspeare! Elles sont exposées à tous les amours, à tous les transports, à toutes les misères, à tous les bonheurs de l'humanité! Que n'a-t-il pas fait de ces pauvres femmes, ce demi-dieu de la tragédie et du drame, au delà des mondes connus? Il les a couvertes de sang et de fleurs, d'infamie et de gloire. A son ordre, elles foulent la pourpre de leurs pieds divins, ou bien elles se traînent dans la fange. Impitoyable et charmant, il est à genoux devant ces princesses; il les tue, il les étouffe, il les change en astres du ciel. Héroïnes incomparables d'amour, de colère, de haine, de toutes les passions, de tous les remords. Il a égalé tout ce qu'on a fait de charmant et d'horrible avant et après lui. A Rodogune, il oppose lady Macbeth, à la sincère Iphigénie, il oppose Ophélie, il garde Cléopâtre pour lui seul.

Vous concevez donc qu'il ne soit pas étonnant que ce soit une femme qui, la première, nous ait fait comprendre Shakspeare, puisqu'à tout prendre la femme est le véritable héros, hideux ou bouffon, cruel ou passionné du drame de Shakspeare. Cela nous étonna et nous charma tout d'abord, et nous nous laissâmes aller facilement à cette chaste fille anglaise qui représentait, à elle seule, tous ces poëmes. Elle alors, encouragée par notre enthousiasme, elle obéit, de son côté, à une vocation longtemps comprimée; elle fut d'autant plus facilement tragédienne avec nous, qu'elle avait été plus tremblante devant les Anglais. C'est ainsi que nous la vîmes, tour à tour, passer, ou plutôt briller d'une douce et limpide clarté sur le balcon et dans la tombe des Capulets. Nous fûmes enchantés à cette scène d'amour, dans la nuit, puis enchantés encore par la scène du réveil : *Non, ce n'est pas le jour, ce n'est pas l'alouette matinale!* Puis, de cette chambre si chaste, et de ces adieux si touchants, nous descendîmes avec elle dans les caveaux de Vérone, et nous la vîmes expirer, tordue par le poison; elle nous apprit, ce jour-là, comment on mourait du poison, après nous avoir appris, dans *Hamlet*, comment on mourait de la folie.

Ainsi nous étions là, étonnés, et d'autant plus étonnés que nos pères, littérateurs de l'Empire, nous avaient élevés dans l'admiration de M. Ducis, ce poëte tant fêté par l'Empire, et que dans ces pleurs, dans ces sanglots, dans les pathétiques adieux des deux amants, et, dans les atroces déchirements du dernier acte, nous ne retrouvions pas un geste de nos Ophélias consacrées, pas un symptôme de notre vieux poison, pas une scène, et pas un mot de notre vénérable et trop grand poëte Ducis !

Il en a été ainsi pour Othello. Othello était un des derniers rôles qu'avait joués Talma. Quand miss Smithson nous joua l'*Othello* de Shakspeare, elle nous fit oublier l'*Othello* de Talma. L'intérêt changea de place, il passa du More à la belle fille vénitienne ; et nous assistâmes, hors de nous-mêmes, au chaste sommeil de cette dernière nuit. C'étaient là des émotions ineffables pour nous, et des triomphes bien doux pour elle !

Ainsi, remontez à Shakspeare, et remontez à Kean, et remontez à miss Smithson, toutes les fois que vous voudrez retrouver les origines du poëte dramatique et des deux grands comédiens de ce siècle : Alexandre Dumas, Frédérick Lemaître et madame Dorval.

§ XIII

Or, il y avait ceci dans la destinée et dans la mort de madame Dorval : elle devait mourir, le jour même où le drame de sa création devait disparaître ; elle devait quitter la vie, à l'instant même où l'auteur de *Marion Delorme* allait quitter la France : l'exil à celui-ci, la mort à celle-là ; mais avant la mort, pour la pauvre Dorval il y avait la misère et l'abandon. Certes elle avait régné longtemps, dix-huit années, aussi longtemps que le cardinal de Richelieu et le roi Louis-Philippe, et reine, elle avait vu à sa cour les maîtres de l'esprit français, l'auteur de *Chatterton*, le plus assidu, le plus pénétré de tous, l'auteur d'*Hernani*, l'auteur d'*Antony* ; M. Scribe, lui-même, un instant infidèle à mademoiselle Mars, à madame Volnys, il avait courtisé le génie et l'inspiration de madame Dorval. Quel rêve..... et, tout d'un coup, le silence après ces grands bruits, l'avortement après ces enfantements remplis de promesses, l'abandon, à l'heure où s'élève et brille un astre nouveau, l'étoile de mademoiselle Rachel !

Ajoutez la vieillesse approchante et la pauvreté, compagne ordinaire des comédiennes imprudentes. C'étaient-là, convenez-en, trop de malheurs. Désormais madame Dorval était morte ; on le disait du moins ; morte, ou vouée aux plus tristes mélodrames, c'était même chose. Eh ! comment employer, désormais, ces cris, ces douleurs, ces souffrances, ces délires? « Rien ne m'est plus, plus ne m'est rien ! » C'était, désormais, sa devise. Hélas! ce grand feu, qui faisait sa flamme, était enseveli sous une cendre encore vivante, comme le sein de la femme endormie, quand son cœur, agité par l'espoir, rêve et palpite d'amour ! Parfois cependant, il arrivait qu'un mélodrame, un piteux mélodrame était offert à cette énervée, et, tout aussitôt, ses amis, ses fidèles l'entouraient avec de grands cris de joie. — Allons, disions-nous, réveille-toi, Dorval ! Allons ! cet amas tout-puissant de haillons et de voiles brodés, cette pourpre et cette bure, ces pierreries brillantes et ces chaînes sonores, cette femme au carcan, cette femme sur le trône... ou sur l'autel, tout cela va revivre, et tout cela va renaître ; en effet, tout cela se réveille, et tout d'un coup, ranimé, ressuscité par le souffle irrésistible, le souffle qui dit aux morts, dans le linceul : — Levez-vous et marchez ! *Tolle grabatum et ambula !*

Or, voilà la résurrection merveilleuse à laquelle nous avons assisté le jour suprême, le jour terrible et charmant de *Marie-Jeanne!* le dernier rôle. On écoutait, on admirait, on pleurait, on se regardait dans cet étonnement merveilleux, qui est placé justement au delà de l'admiration vulgaire. Madame Dorval! madame Dorval! C'est beau à voir un artiste épuisé, anéanti, qui rebondit soudain de la terre au ciel, et qui pleure, et qui crie, et qui se démène ainsi, fatalement dans le cercle invincible de toutes les douleurs ; c'est le sansonnet de Sterne qui se lamente en frappant le barreau de sa cage : *Je ne puis pas sortir! je ne puis pas sortir!*

Cette *Marie-Jeanne*, un des plus rares chefs-d'œuvre de madame Dorval et son dernier *râle*, est un vrai mélodrame ; l'art et le goût, le style et l'habileté des écrivains n'avaient rien à voir en tout ceci ; c'était habile et discret, comme un coup de bâton rudement asséné sur le crâne d'un homme ; seulement le coup de bâton devient, de temps à autre, un coup de foudre, et la foudre est une excuse à bien des excès.

Fille du peuple, cette Marie-Jeanne, à savoir pauvre et dévouée, est destinée à l'avance, par le crime même de sa naissance, à toutes les brutalités, à toutes les misères. Sa vie est une meule à tourner, pour un morceau de pain qui ne vient pas ! Ses jours appartiennent au travail, ses nuits au travail, sa vie aux larmes qu'il faut cacher, aux angoisses qu'il faut étouffer, à la misère avouée, à la misère hideuse, *à l'impossible!* Le bon Dieu, qui mesure le vent à la brebis tondue, ne mesure pas la faim, le froid, l'isolement, l'abandon à la fille du peuple. A-t-elle un mari, par hasard? Ce mari la dévore! Ha! Dieu! ce n'est pas un homme qu'on lui a donné, c'est une bête féroce : cet homme la vole, et il la bat; cet homme la rend mère, et il lui tue à coups de pieds son enfant; cet homme s'en va, au dehors, courir après les affreuses bombances du vin frelaté et des femmes frelatées, pendant que Marie-Jeanne, mal enveloppée en ses haillons, porte à son sein, tari par les fatigues et par les veilles, un pauvre petit enfant qui se meurt.

Que faire alors? Que devenir? Dans quel berceau, que dis-je? Hélas! dans quel abîme et dans quelle tombe avare précipiter cette pauvre petite créature, innocente de tant de misère? Alors, oh! la honte! oh! le désespoir! Marie-Jeanne prononce tout bas d'abord, ensuite assez haut, ce mot fatal, ce mot féroce, un mot furieux, le mot d'ordre et de damnation, du désespoir, de la honte, du mensonge, de la mendicité, de la corruption, de l'inceste, de l'adultère, du néant, ce mot infâme, impossible, hideux, qui ne devrait pas se trouver dans une bouche humaine... un mot que les païens ne savaient pas : — *la Bourbe!*

A cette Bourbe, ici, s'arrêtent, honteuses de leurs mères, ces enfances d'une heure! La Bourbe! c'est le Père-Lachaise de ces demi-nés, perdus dans les limbes des greniers et des carrefours! C'est la fosse aux lions où tant de malheureuses créatures, à peu près humaines, viennent enfouir leur dernier sentiment d'honneur, de pitié, de devoir. *La Bourbe!* Ah! nous voilà bien loin des chastes sentiments, des grandes réserves de la tragédie, et bien loin du chaste et correct langage qui cherche des mots, doués de pudeur décente, pour raconter Pasiphaé ardente à sa proie!

Alors voilà madame Dorval qui foule aux pieds les voiles de Phèdre et le manteau d'Hermione ! que naguères elle avait portés, l'imprudente ! Il fallait la voir et la comprendre, au moment où cette mère éperdue, idiote, abîmée et damnée (avec tant de larmes, de désespoirs, de pâmoisons), prononce, haletante et désespérée, ce mot horrible et funèbre. En ce moment, la voilà qui se noie elle-même, dans le flot de ses larmes ; sa douleur bondit, soudaine et dévorante, hors de sa poitrine brisée ; la pauvre Marie-Jeanne hésite et chancelle, et se heurte, en gémissant, dans ce dernier et impitoyable dévouement maternel. — Croyez-vous cependant que la mère, attelée à de ce fardeau sacré, se puisse traîner sans mourir, jusqu'à l'orifice de ce taudis muet, sombre et silencieux des créatures abandonnées ? Non, non ! c'est impossible ! et le drame a fait là une vaine menace ! Marie-Jeanne a beau dire : — *la Bourbe !* Oseras-tu toucher à la Bourbe, ô Marie-Jeanne ! Non, non ! tu n'iras pas !

Eh bien ! — elle y va, — ou plutôt elle s'y traîne, et chaque pas qu'elle fait, dans cette agonie immense, est empreint d'une sueur douloureuse. On l'entend venir ! On respire le souffle haletant, fétide, et la fièvre, et le tourment de cette angoisse maternelle ! On prête, en frémissant, une oreille déchirée au froid frôlement de ces lambeaux qui suintent la misère, on entend le clapotement aigu de ce soulier éculé, clapotant dans la boue immonde, un cloaque !...

Eh ! voyez ! La mère, en proie à ces transes infinies, gravit, affolée et déguenillée (on voyait palpiter sa chair), le Golgotha de ces hauteurs formidables ! Ce n'est pas une femme alors, mais une ombre hideuse, une ombre allongée, affamée, efflanquée, aux longs doigts, desséchés comme les ossements des squelettes, à minuit, dans les contes de revenants ! Pourtant, Messieurs, silence et respect devant cette femme qui se chasse, elle-même, du nombre des mères ! — Voyez-vous aussi, dans ce tohu-bohu noir ce point lugubre ? Et voyez-vous ce jet de lumière jaunâtre, annonçant quelque horreur au delà de ce mur suintant ? — C'est là ! c'est là ! c'est là ! — Marie-Jeanne avance, elle recule ! — elle revient, — elle s'arrête, — elle regarde, — elle s'affaisse enfin sur elle-même, — elle interroge... ô désespoir ! sa poitrine desséchée ; — elle cherche... un ange qui la sauve !

— Ah! pas d'ange, et pas même d'homme, et pas de pitié, rien dans le ciel, rien sur la terre ! — ... et, toujours ce rayon menaçant qui passe... un feu follet sur l'abîme. — A la fin, ô la pauvre femme ! — à la fin, voici que la muraille abominable ouvre à cette misère une gueule béante... et, dans ce recoin des malédictions infinies, elle dépose enfin son triste enfant... son enfant !
— C'en est fait, la muraille a dévoré l'enfant ! — Tout s'est enfoui, et la mère, écrasée, tombe en poussant un cri!... Ce cri retentit encore à toutes les oreilles qui l'ont entendu ! La Bourbe elle-même, la Bourbe immonde, a dû en tressaillir, jusqu'au fond de ses entrailles complaisantes ! Voilà la partie impitoyable, le côté sauvage, la palpitation implacable de ce drame ; on a eu beau faire, jusqu'à ce jour on n'avait pas encore été aussi loin.

Le reste de l'aventure était d'une vulgarité désespérante. Vous étiez à l'esprit-de-vin tout à l'heure, soudain on vous met au petit-lait. A peine a-t-elle accompli ce crime effronté d'une maternité éperdue et si touchante, la femme du peuple entre au service d'une grande dame, aussi riche que Marie-Jeanne est pauvre. Cette dame, elle aussi, est la mère d'un enfant qu'elle aime, et sans l'avoir jamais vu. Cet enfant, arrivé avant terme, est mort de sa belle mort ; mais un certain médecin italien a remplacé le fœtus de la comtesse par un enfant pris à la Bourbe. Cet enfant s'est trouvé naturellement être le fils de Marie-Jeanne. Mais on lui dit qu'elle est folle ; on fait plus que cela, on le lui prouve, et la voilà plongée au fond d'une maison de fous.

Quand elle se voit atteinte et convaincue de folie, alors Marie-Jeanne se récrie et s'emporte. Hélas! plus elle s'agite, et plus on la croit folle. Que faire alors? Pour déjouer les projets du médecin italien, Marie-Jeanne redevient douce et soumise. Elle convient qu'en effet son enfant est mort, et qu'elle a eu le tort de vouloir enlever le fils de la comtesse. On relâche alors la femme du peuple, et elle revient au berceau de son enfant.

Mais si le troisième acte et l'acte suivant ne valent pas grand'chose, le dernier acte ne vaut rien. C'est de l'invraisemblance en pure perte. Heureusement que madame Dorval, qui était inspirée comme elle ne l'a jamais été, a sauvé la pièce entière. A chaque mot, à chaque geste, elle trouvait une inspiration. Elle s'emportait, que c'était une rage ; elle pleurait, que c'était un délire ;

elle a fait, ce jour-là, son chef-d'œuvre. — Que c'est beau pourtant ces talents que rien ne peut user !

Hélas ! l'infortunée ! elle jouait son dernier rôle ! Elle était chaque jour, mourante. Elle pleurait, elle se lamentait, elle se désolait. C'étaient des plaintes si touchantes, c'étaient des plaintes si tendres ! O misère ! ô désespoir ! Un écrivain célèbre, en parlant de la douleur des femmes, a très-bien expliqué les misères de ces cœurs féminins :

« Les femmes, quoi qu'elles en disent, ne souffrent pas comme
« nous. Leurs chagrins, comme leurs joies, comme leurs affec-
« tions, sont en raison de leur organisme. Elles ont peut-être plus
« de délicatesses, des perceptions de sensibilité plus exquises,
« mais moins de vigueur et d'énergie, moins de persévérance
« surtout. Leur âme, plus moelleuse et plus souple, s'imbibe
« aisément de toutes les consolations, comme leur peau de tous
« les parfums. Elles n'ont pas, comme nous, la douleur éche-
« velée, elles auraient trop peur d'effaroucher une distraction
« dont elles ont besoin. Leurs faibles nerfs se briseraient, s'il
« leur fallait vibrer à l'unisson des nôtres. Leur amour est comme
« certains arbres d'Amérique qui s'élèvent souvent à des hau-
« teurs prodigieuses, mais qui ne tiennent pas au sol ; un coup
« de vent les abat. Le nôtre est comme ces grands chênes qui
« ont autant de racines que de branches. L'orage peut les casser,
« mais le tronc déchiré reste debout, menaçant le ciel de ses
« échardes, et repoussant par le pied. Si la tempête les arrache,
« la terre se crève autour d'eux, et ne vomit leur souche qu'en
« ouvrant un abîme. »

Ne dirait-on pas que ces pages sont écrites à propos de madame Dorval ? Et quoi de plus touchant, que cette parole appliquée à la maîtresse d'Antony : « Elle n'avait pas la douleur échevelée ! » Eh oui ! sa propre douleur était calme, résignée et correcte ; elle aurait honte de s'affliger pour son propre compte, à la façon de ses douleurs de théâtre. Elle avait mis en réserve, au fond de son âme, ce deuil et cette douleur, comme une mère attentive a déjà choisi, dans son drap nuptial, le lambeau qui lui doit servir de linceul.

Nous ne raconterons pas la mort de madame Dorval, une autre plume que la nôtre a raconté ces angoisses suprêmes, et ce récit, où se retrouve en toute sa grâce une âme attentive à ces intimes douleurs, nous l'avons précieusement conservé comme un précieux et rare ornement de ce livre, où se sont ouverts déjà tant d'abîmes, tant d'exils et de tombeaux.

LA DERNIÈRE ANNÉE DE MADAME DORVAL.

« Le 16 mai 1848, madame Dorval perdit un de ses petits-fils âgé de quatre ans, le premier-né de sa fille ; un an après, presque jour pour jour, le 20 mai 1849, elle allait le rejoindre.

« L'étonnant, pour ceux qui ont vu de près madame Dorval et sa tendresse pour cet enfant, n'est pas qu'elle l'ait suivi si vite, c'est qu'elle ait pu vivre un an sans lui. Avant qu'il fût au monde, elle l'aimait déjà ; elle posait la main sur le ventre de sa fille, et disait : — Laisse-moi bénir mon Georges ! — A peine né, il fallut absolument le coucher près d'elle. Elle ne le quittait que pour aller au théâtre. Dix-huit mois se passèrent ainsi ; mais, un jour, elle revint toute triste : on lui proposait beaucoup d'argent pour aller donner des représentations en province.

« Elle ne pouvait pas refuser, à cause de sa famille ; mais se séparer de Georges ! Elle sentait qu'il ne lui appartenait pas, et elle n'osait pas le demander ; seulement, le lendemain, elle le trouva bien pâle ; c'était au père et à la mère à voir s'il n'avait pas besoin de changer d'air ? Quant à elle, elle avait rencontré un médecin qui lui avait dit que cela serait bon. Elle obtint ainsi de le mener jusqu'à Versailles.

« Le soir, elle ramena le petit Georges, les joues roses. Alors elle fut plus hardie. Le voyage avait trop bien réussi pour ne pas le pousser plus loin. Le père et la mère sourirent en répondant : — Nous vous le donnons ! — A partir de ce moment, il fut à elle ; elle ne fit plus un pas sans lui, et, en quelque ville qu'elle allât, elle l'emmenait...

« La dernière fois, c'est lui qui l'a emmenée.

« Une telle tendresse, d'une telle âme, n'avait pas manqué d'échauffer et de développer, plus tôt que d'ordinaire, le cœur et l'intelligence de l'enfant. Lorsque sa grand'mère avait, le soir, quelque représentation importante, il s'en inquiétait. En rentrant, à quelque heure que ce fût, madame Dorval était toujours sûre de le trouver réveillé. Il lui demandait si elle avait été bien applaudie, si on l'avait rappelée, si on lui avait jeté beaucoup de fleurs? Madame Dorval avait toujours à répondre : *Oui!* Et l'enfant, tout joyeux, se rendormait, tenant les gros bouquets dans ses petites mains.

« La préférence que madame Dorval avait pour Georges ne l'empêchait pas d'adorer les autres enfants de sa fille. Elle exprimait cela d'une façon charmante. Elle disait : — J'aime les autres comme on aime, et celui-ci comme on n'aime pas.

« La mort de Georges fut un coup d'autant plus cruel au cœur de madame Dorval, qu'elle en fut frappée dans un moment où le bonheur intérieur lui aurait été plus nécessaire pour lui adoucir les tristesses du dehors. Par une incroyable injustice qui sera le remords de tous les théâtres de drame, et particulièrement du Théâtre-Français, institué et subventionné pour être l'asile des talents principaux et glorieux, madame Dorval, lorsqu'elle perdit son petit-fils, était pour ainsi dire au ban de toutes les scènes.

« L'inintelligence des directeurs, et les rivalités de coulisses s'entendaient pour s'interposer entre elle et le public, et de toutes ces ovations qui avaient fêté chacun de ses rôles, de tout cet enthousiasme qui avait enorgueilli sa vie, de ces acclamations, de ces transports, de ces tendresses, de cette foule qu'elle avait si longtemps remplie de son âme, il ne lui restait plus que le sourire d'un enfant !

« Après le premier désespoir, elle regarda autour d'elle, et, comptant les êtres auxquels elle était nécessaire, elle se résigna à vivre. Il faut le dire à la honte du XIXe siècle et de la civilisation, la gêne était chez cette grande actrice. Madame Dorval comprit qu'elle n'avait pas le droit de ne pas agir. Quelque répugnance qu'elle éprouvât à faire antichambre, et à passer pour une sollicitéuse, elle lutta entre ce qu'elle devait à sa fierté, et ce qu'elle devait à sa famille.

« Elle fit plusieurs démarches pour rentrer au théâtre. Elle avait d'ailleurs, plus que jamais, besoin de la foule, des applaudissements, du bruit, pour étourdir la voix intérieure qui ne se taisait pas. Elle avait un motif de plus pour ne pas rester chez elle. — Cette chambre, où Georges s'était éteint, l'étouffait ; la mort était là, visible, palpable, perpétuelle, vivante. Deux motifs, après chaque démarche avortée, l'empêchaient de renoncer et de s'enfermer à jamais dans sa maison : ceux qu'elle y retrouvait... et celui qu'elle n'y retrouvait pas.

« Cette situation si déplorable d'une si immense comédienne ne pouvait manquer de finir par frapper ceux que préoccupent les choses du théâtre. Un jour, un poëte dont le cœur répond à tous les appels de l'art, Auguste Vacquerie, révolté de voir qu'on ne faisait rien pour celle qui avait tant fait pour notre gloire dramatique, prit tout simplement un morceau de papier, écrivit, en quatre lignes énergiques, une pétition au ministre de l'intérieur, laquelle demandait l'engagement immédiat de madame Dorval à la Comédie-Française, et fit signer cette pétition par tous les auteurs dramatiques, et par tous les critiques qui ont un nom.

« Pendant qu'on signait, et que toute la littérature, Victor Hugo, Alexandre Dumas, Scribe, Jules Janin et Théophile Gautier en tête, s'associait avec empressement à l'impérieuse requête d'Auguste Vacquerie, madame Dorval partit pour Caen, où elle avait un engagement de quelques semaines. Elle tomba malade en route, et elle arriva à Caen pour se mettre au lit. Elle avait compté sur les recettes de ses représentations ; elle se trouva sans ressources, sans crédit, n'ayant pas de quoi payer le médecin, les médicaments, l'auberge. On parla de cette détresse au ministre de l'intérieur (M. le comte Duchâtel), qui, en se cotisant avec le directeur des Beaux-Arts, envoya trois cents francs !

« Dès le commencement, la maladie fut jugée grave. Madame Dorval ne s'y méprit pas. Elle fit seulement promettre à son gendre, M. Luguet, qui l'accompagnait, et qui, pendant dix-huit jours et dix-huit nuits, l'a soignée et veillée avec un dévouement filial, de ne pas la laisser mourir sans prêtre, et loin de sa famille. Mais elle était trop faible pour risquer un si long trajet. — Elle se faisait chanter, par son gendre, des airs de *Richard Cœur-de-Lion*, des opéras de sa jeunesse et de son enfance, comme si ces airs lui rapportaient un peu de force et de vie.

« Une crise nécessita une consultation. Le médecin l'ayant abandonnée, M. Luguet pensa qu'elle serait peut-être mieux traitée à Paris, ou que la vue de sa fille et de ses petits-enfants pourrait lui faire un peu de bien ; et le voilà qui la ramène à Paris ! Tous les malheurs s'en mêlèrent : la voiture versa ; et brisée par ce dernier choc, l'illustre comédienne arriva dans un état désespéré. Les médecins de Paris dirent comme ceux de Caen ; il n'y avait plus d'espoir. Cependant la joie de revoir les siens la soutint encore deux jours. Trois heures avant sa mort, elle dit à son mari : — Je vais te quitter, embrasse-moi ; je meurs confiante ! — Elle rappela à son gendre, qu'il lui avait promis un prêtre. Le prêtre vint, et s'enferma avec elle ! En sortant, il disait : — C'est une chrétienne ! — Quelques minutes après, elle entrait dans le calme, et dans l'éternel silence.

« Le bruit de la mort de madame Dorval éclata dans la littérature comme un coup de foudre. Tous ses amis accoururent. — En entrant dans la chambre où reposait la morte, après les larmes et les prières qui vous échappaient d'abord, il y avait une impression saisissante qui vous prenait, en apercevant un portrait au pastel de madame Dorval enfant. Dans ce portrait, madame Dorval avait neuf ans, et jouait un petit rôle d'un opéra de Grétry, intitulé : *Sylvain*. C'était un contraste navrant de comparer les deux visages, et de voir, enfant, celle qu'on voyait morte. Ici, curieuse, heureuse et souriante, les yeux questionneurs, les narines gonflées, altérée d'air et de vie... Hélas ! Tournez la tête, et voyez... tout est mort ! Les yeux sont fermés ; la bouche est close, glacée, assouvie ! Et plus d'âme ! Et plus de volonté !... Plus rien !

« Au pied du lit, se voyait un linge plié, auquel était attaché par une épingle un papier portant ces mots, de l'écriture de madame Dorval : *Mon linceul*... C'était le drap dans lequel Georges était mort. On l'avait trouvé en défaisant la malle de madame Dorval, à son retour de Caen. Elle l'emportait dans tous ses voyages... en prévision du dernier départ.

« Pour ceux qui ne voulaient pas quitter la chère et grande morte, sans emporter, dans un dernier regard, la mémoire de sa figure tout entière, il y avait une autre chambre à visiter, la chambre où madame Dorval se tenait le plus souvent ; elle y couchait. Le petit Georges vivait encore dans cette chambre, son berceau était toujours auprès du lit de sa grand'mère, et, chaque soir, elle continuait à chanter au pauvre absent, qui n'était plus là pour l'entendre, une romance en patois languedocien, avec laquelle elle avait eu coutume de l'endormir.

« Un méchant petit portrait du pauvre enfant était accroché à la muraille, en pendant avec une vue d'Alby, d'où il avait rapporté le germe du mal dont il était mort.

« Une armoire de chêne contenait les objets auxquels madame Dorval attachait un plus précieux souvenir; entre autres, deux boîtes, dont l'une gardait une tresse noire, et un médaillon de sa mère, et l'autre une boucle blonde, et une esquisse de Georges expiré. Au dos de cette esquisse, on lisait ce passage de la Passion :

« Mon Père, tout vous est possible; transportez ce calice loin
« de moi; mais que votre volonté soit faite, et non la mienne. »

Et cet extrait des Psaumes :

« Si je viens à t'oublier, ô mon fils, que ma main droite de-
« vienne sans mouvement; que ma langue demeure attachée à
« mon palais, si je ne me souviens toujours de toi. »

« Madame Dorval avait renfermé, parmi ses reliques, une croix qu'elle portait à son bras depuis sa première communion. Elle attachait à ce bijou une idée de bonheur. Elle cessa de le porter à la mort de Georges, ne voulant plus du bonheur.

« Dans la même armoire gisaient un accordéon usé, et un éventail en lambeaux. Madame Dorval avait épuisé l'accordéon à amuser Georges, elle avait rompu l'éventail à lui faire de l'air lorsqu'il étouffait dans son agonie. L'accordéon et l'éventail étaient également brisés, l'un par la douleur, l'autre par ces jeux enfantins.

« Un coffre était plein des habits qu'avait mis l'enfant. Ainsi, habits, portrait, lit, jouets, linceul, tout Georges était là. Le tombeau n'avait que son corps; mais cette chambre était le tombeau de sa vie.

« Rien ne rompait l'harmonie; tout ce qui n'était pas Georges le touchait, par la tristesse ou par la piété. Chaque objet le pleurait ou priait pour lui. Aucun n'était indifférent à sa perte.

« Une gravure reproduisant la tombe de Chateaubriand, un Christ, une Madeleine, une étagère sur laquelle étaient rangées les tasses où buvait l'enfant, c'était là à peu près tout ce qui « ornait » la chambre, avec un beau et morne dessin de Louis Boulanger, d'après une fille morte de madame Dorval! Sur cette morte, aux cheveux blonds, les amours d'un poëte appelé *Fon-*

taney (mort aussi), Victor Hugo écrivit, jadis, cette strophe amère :

> Nous songerons tous deux à cette belle fille
> Qui dort là-bas, sous l'herbe où le bouton d'or brille,
> Où l'oiseau cherche un grain de mil,
> Et qui voulait avoir, et qui, triste chimère!
> S'était fait, cet hiver, promettre par sa mère
> Une robe verte en avril!

« La chambre avait trois croisées, auxquelles pendaient cinq petits rideaux, tricotés par madame Dorval. Le sixième manquait. Madame Dorval avait entrepris cet ouvrage, pour se distraire en travaillant de sa préoccupation unique ; la maladie était venue avant qu'elle l'eût terminé. Ces rideaux faisaient mal à voir. La mort les avait commandés à cette laborieuse ; la mort avait empêché de les finir.

« Sur une table, qui occupait le milieu de la pièce, un sachet de soie, mêlé à des livres, était ouvert. Un fait étrange et lugubre se rattache à ce sachet.—Madame Dorval ne permettait pas qu'on y touchât. Elle, dont le grand plaisir était de voir les petites mains des enfants fouiller à même ses tiroirs, et tout mettre sans dessus dessous, elle se fâchait sérieusement, lorsqu'on voulait approcher du sachet, et elle le renfermait aussitôt. Pourquoi ? C'est ce qu'elle n'avait jamais voulu dire. A la première question qu'on lui en avait faite, elle avait prié qu'on ne lui en reparlât jamais.

« Le jour de sa mort, on pensa que ce sachet contenait quelque volonté dernière, quelque recommandation dont elle n'avait pas voulu attrister les siens d'avance. On l'ouvrit. On trouva dedans un écran en bois de citronnier, sur lequel était peint ceci : un nid renversé, un œuf brisé ; la mère revient, regarde et meurt.

Cette peinture, c'était madame Dorval, elle-même, qui l'avait faite, en 1832. La mode d'alors était que les femmes, au lieu de broder des mouchoirs, peignissent des écrans. C'est le seul dessin qu'ait jamais fait madame Dorval. A peine achevée, frappée sans doute d'une superstition que le temps n'a que trop réalisée, elle avait eu peur de cette peinture, et, ne pouvant ni la voir ni s'en séparer, elle l'avait cousue dans le sachet, avec des herbes cueillies sur la tombe de madame Malibran.

« Quant aux livres qui traînaient sur la table, c'étaient la *Bible*, les *Évangiles*, l'*Imitation*, et *Paul et Virginie*. La *Bible* et l'*Imitation* étaient couvertes de lignes, écrites par madame Dorval, versets extraits des Psaumes, fragments de lettres qu'elle avait reçues à l'occasion de la mort de Georges, cris de douleur ou d'espérance, échos du lugubre anniversaire. A la première page de l'*Imitation*, il y avait :

« Mon pauvre enfant, prie Dieu d'envoyer à ta grand'mère un peu de ce calme dont tu jouis près de lui. »

« A la dernière page :

« Cher ange, prie Dieu pour moi, afin que j'aie le courage de
« supporter ta perte, jusqu'au moment où il plaira à Dieu de me
« réunir à toi. »

« Dans la Bible, on lisait, en divers endroits :

« Songez à Dieu et regardez le ciel. J'ai là un ange que j'y
« revois ; vous y verrez le vôtre. »
« Victor Hugo. »

« 22 mai 1848. »

« On entendit les cris lamentables de Rachel pleurant ses en-
« fants, et ne pouvant se consoler. »

« Sa pauvre mère, hélas! de son sort ignorante,
« Avait mis tant d'amour sur ce frêle roseau,
« Et si longtemps veillé son enfance souffrante,
« Et passé tant de nuits à l'endormir pleurante,
  « Toute petite, en son berceau!

POUR NOTRE GEORGES :

« 16 janvier 1845, Orléans, entendu la messe à la cathédrale.
« 16 février, Valenciennes, à Saint-Géry.
« 16 mars, Saint-Omer, à Saint-Denis. »

« Tant qu'elle a eu l'enfant, elle n'a pas laissé passer un seul mois, le jour de sa naissance, sans aller, dans quelque église, remercier Dieu de le lui avoir donné. Lui mort, elle n'a jamais laissé passer la date de son enterrement, sans aller le redemander dans quelque cimetière. En voyage même, elle n'oublia jamais le 18 du mois :

« 18 janvier 1849, cimetière de Tours.
« 18 février   —   cimetière de Valenciennes.
« 18 mars   —   cimetière de Dunkerque.

« Ce bel enfant tenait une telle place dans l'existence de madame Dorval, il vivait si profondément dans tous ses actes et dans toutes ses paroles, qu'il n'était mort chez elle pour personne, pas même pour les enfants, si oublieux. Georges était absent, voilà tout, et sa petite sœur Marie le plaignait de rester si longtemps dans ce souterrain, où il devait s'ennuyer beaucoup, tout seul. Un jour qu'on l'avait menée au cimetière, on la surprit fourrant des jouets sous l'herbe.

« Ceux qui ont visité les crèches du huitième arrondissement ont pu voir, inscrits en tête d'un des bureaux ces mots : *Fondé par Georges Luguet*. Piété touchante de madame Dorval, qui avait voulu que, du fond de sa fosse, Georges vînt en aide aux enfants pauvres. Chose attendrissante : cette vie qui sort de cette mort ; ce tombeau qui protége ce berceau !

« J'ai voulu écrire ces détails de l'existence de cette grande comédienne qui laissera dans l'art dramatique une trace ineffaçable, afin de montrer combien madame Dorval était différente de l'idée que s'en faisait cette partie du public qu'on appelle le monde. Le monde, toujours prompt à se venger de toute supériorité et à calomnier toutes les gloires, voyait dans madame Dorval une actrice et une femme débraillées, un talent sans règle et une vie désordonnée, une bohème perpétuelle. C'était méconnaître l'actrice, aussi bien que la femme.

« Parce que madame Dorval n'avait pas la roideur tragique, parce qu'elle avait la souplesse de la réalité, et qu'elle ne se préoccupait guère de ne pas faire un mauvais pli à sa robe, elle était, pour les jugeurs superficiels, le type du mélodrame violent et grossier, la brutalité échappée, la tragédie à quatre pattes, une sorte de tourbillon aveugle avec des éclairs de génie. Seuls, les artistes comprenaient qu'elle était, au contraire, la délicatesse même, la poésie, la grâce, la nuance choisie, l'effusion lyrique, la vérité de l'idéal.

« Le monde ne se trompait pas moins sur la femme que sur la comédienne. Par les faits que j'ai rapportés, on peut juger si madame Dorval ressemblait à la créature lâchée, vagabonde et échevelée qui passait pour elle. Tout au rebours, elle était faite pour la famille, humble, discrète, domestique, mère et grand'mère. Elle poussait la religion jusqu'à la dévotion, la croyance jusqu'à la superstition.

« Cette piété, qui l'entraînait aux églises et aux cimetières, elle ne l'avait pas seulement dans ses dernières années, elle l'avait possédé en ses jours les plus jeunes et les plus bruyants. L'année que j'ai racontée est semblable, ou peu s'en faut, à toutes les années de madame Dorval. Les passions de la jeunesse, les agitations momentanées, les triomphes, les luttes, les tumultes, ont pu remuer en certains instants cette nature sympathique et frissonnante, mais, sous ces troubles accidentels, la foi sérieuse persistait.

« En se retirant, tout ce flot des sentiments orageux a laissé mieux voir le fond de son cœur. Mais cela n'était pas nécessaire pour les amis de cette noble femme; aucun d'eux n'a été surpris de voir cette vie si pleine de lumière, de rumeurs et de fanfares, se terminer entre un berceau et un prie-Dieu. »

Que dites-vous, lecteurs, de cette élégie, et pensez-vous qu'il soit possible de rencontrer un accent plus sympathique? Eh bien! cette élégie... elle est de bon lieu; elle sort d'un noble cœur. La personne éloquente et charmante, qui l'écrivit, porte honorablement et glorieusement le plus grand nom de notre âge, elle s'appelle madame Victor Hugo!

Hélas! la malheureuse Dorval, née à la veille d'une révolution, morte à la veille d'une révolution! Elle avait tenu, dans ses mains vaillantes, la double couronne enlevée au front de Racine, enlevée au front de Shakspeare; et, fière de son audace, elle a replacé chaque couronne sur ces fronts inspirés. Seulement, par une fraude intelligente, elle a donné, au poëte d'Élisabeth, la couronne du poëte de Louis XIV, si bien que chacun de ces deux fronts a paru rajeuni, celui-là sous le laurier, celui-ci sous la verveine!

O bonheur ! quand nous n'étions occupés que de ces rivalités du génie, et des tentatives de ces écoles ! O le bonheur ! quand M. Victor Hugo, ce géant nouveau-né, essayait ses premiers pas dans la carrière, où chaque grain de poussière représentait un chef-d'œuvre. O le triomphe ! à l'heure éclatante où cette femme ingénieuse, inspirée, allait en avant, armée du couteau, armée de l'éventail, tremblante, acharnée à son œuvre, ivre de ce vin nouveau dont la coupe tragique était remplie ! Et c'était un miracle si les poëtes pouvaient la suivre, haletante et traînant dans ses meurtres et dans ses vengeances, cette robe à peine attachée sur ses épaules, pantelante de tout le feu intérieur des plus jeunes, des plus violentes et des plus sincères passions !

Oui, nous l'avons vue, impitoyable, échevelée, éclatante, traîner, d'une main sûre, toutes les amours défendues dans sa voie douloureuse. Et nous avons entendu les gémissements qui brisaient sa poitrine, et nous nous sommes étonnés, les uns les autres, de la quantité de larmes que contenaient ces yeux étranges, et tout remplis de l'ivresse amoureuse. Oui, grande âme aux grandes inspirations ! tes douleurs, tes extases, tes rêves, ton idéal terrestre, ton septième ciel, ton enfer, nous avons partagé toutes ces ivresses, toutes ces tortures, tous ces doutes. Car elle était l'extase en personne, la pythie inspirée, la prophétesse aux cheveux noirs ! Mais que parlons-nous de cheveux noirs ? Sait-on quelle était la couleur, même de son regard ? Se rappelle-t-on si elle était belle ? Tournez les yeux et regardez-la... Non, vous ne la voyez pas telle qu'elle était... à peine si elle vous apparaît dans ce lointain lumineux qui est tout le drame. O fantôme ! où donc est ta voix ? femme, où donc est ta force ? O reine, hélas ! ta couronne est tombée ! Amoureuse, eh ! plus de larmes ! Mère, hélas ! plus de douleurs !... Elle est morte, le 21 mai 1849.

Quant à moi qui l'ai vue et suivie, la plume à la main et l'émotion plein le cœur, pendant vingt ans, moi dont elle est le premier souvenir, j'ai vainement tenté de la montrer telle que la France entière l'a vue, et applaudie avec des cris, avec des transports, avec des étonnements ! Tempêtes perdues, et dévorées par d'autres tempêtes ! Pour cette femme excellente, le cœur de la foule était un but auquel elle visait toujours, et, contrairement à la loi des meilleurs archers, elle touchait le but, surtout quand elle le dépassait. Elle était tantôt la duchesse idéale de l'Italie, au temps de ses grandeurs, et tantôt la fille éplorée d'un peuple écrasé sous le dédain des superbes. Aujourd'hui, elle était le lis de la vallée, et, le lendemain, elle était le chardon qui demande en mariage, au cyprès, la fille du cyprès. Elle se plaisait dans l'habit de tous les jours; le haillon ne lui déplaisait pas; elle avait une certaine façon de porter le velours brodé d'or, qui faisait tout de suite des velours armoriés une guenille admirable. Alors elle triomphait de l'abaissement de sa parure, et son orgueil perçait à travers les trous de son manteau!

En un mot, si c'était toujours la même et la grande artiste, aux sommets de cet art dont la gloire est si passagère, elle n'était jamais la même femme : et tantôt dans l'abîme, et tantôt dans les cieux... Mais la terre était sa vraie patrie; la terre, *le plancher des vaches*, et le vrai plancher du drame, la terre, le vrai théâtre, la vie réelle, et le vrai drame aux bords bruyants du bruyant Océan! — Deux ou trois fois, elle a voulu toucher à l'idéal grec; elle s'est parée, la capricieuse, du manteau de la Phèdre d'Euripide, mais, nous l'avons vu, elle s'est trouvée mal à l'aise en ces draperies de la Melpomène athénienne! On l'eût prise, en ce moment, pour un chat sauvage sous la peau d'une panthère! Le vers de Racine et la mélodie inimitable de la cadence poétique lui convenaient beaucoup moins, que le vers nouveau, la parole hardie, la césure brisée et sanglante du drame en prose! Elle voulait parler comme elle agissait, par bonds impétueux : c'était la fièvre, cette femme, et c'était le torrent. — Il a plu sur la montagne... Ah! dieux et déesses! l'onde féroce emporte à la fois le troupeau et le berger!

Bien souvent cette étrange comédienne sans frein et sans mors, indocile du joug, amoureuse de l'espace et du mouvement, que rien ne gênait dans son allure impétueuse, emportait le poëte et son drame à travers des champs et des plaines, dont le drame et le poëte ne se doutaient pas! Par exemple, ce qu'elle a fait (oublions une centaine de mélodrames épouvantés de cette interprète surnaturelle), mais tout simplement ce qu'elle a fait de *Chatterton*, suffirait à placer madame Dorval au premier rang des créatures heureuses qui ont créé quelque chose, par un des priviléges que donne parfois le bon Dieu aux âmes d'élite!

Ce drame de M. Alfred de Vigny, *Chatterton*, quand une fois ce vif esprit eut soufflé sur cette masse (*mens agitat molem*), devint tout d'un coup un poëme, une élégie, un drame irrésistible, une passion à laquelle la critique cherchait en vain un obstacle! Or, moi qui vous parle, je m'y suis brisé! J'ai voulu m'atteler au char en sens inverse; eh bien! madame Dorval a emporté le char et l'attelage; elle a foulé aux pieds cette critique inerte, elle a poussé ce poëte, qui ne savait pas aller si loin, dans un drame d'analyse, elle a jeté, sur cette parole académique, le phosphore éblouissant de sa propre parole; elle a voulu prier, pleurer, mourir; on a prié avec elle, on a pleuré de ses larmes; on a porté le deuil de sa mort. Vous vous en souvenez, vous la voyez encore! Eh! du haut de cet escalier, devenu un piédestal impérissable, son agonie a brisé, même les âmes qui voulaient résister à l'entraînement du suicide! Cette femme allait, victorieuse, contre toutes les règles de l'art accepté; elle allait même au rebours des passions, et, parfois, contre le droit des gens!

Certes elle était grande, ainsi vue à ce moment solennel d'une poésie évoquée par tant de voix puissantes et fraîches, inconnues et sonores, ces voix, ou plutôt des tonnerres en révolte, qui savaient parler si haut, et de ces fabuleuses hauteurs, à cette génération, à ses instincts, à ses orgueils! Elle était grande en effet, chez madame Dorval, cette violente et juste ambition d'atteindre à tous les sommets difficiles, de parcourir tous les sentiers inconnus, de proclamer, de sa bouche éloquente, tous ces noms nouveaux dans leur ennoblissement impérissable!

Rappelez-vous, ou plutôt rappelez-moi ces soirées fameuses de nos vingt-cinq ans de vie et de règne, à l'ombre fécondante de deux trônes, honorés et bénis! — Dans ce mouvement libre et spontané des esprits et des beaux-arts, à coup sûr, c'est madame Dorval qui domine! Certes, mademoiselle Rachel a fait un grand chef-d'œuvre, quand elle a ressuscité pour une heure, de son souffle puissant, tant de merveilles oubliées dans la nuit de deux siècles, mais pour quoi comptez-vous donc la femme qui enfante, si vous faites tant d'estime de la femme qui ressuscite des poussières? La résurrection des morts est un grand miracle, qui en doute? Mais le plus grand des miracles, c'est l'enfantement, c'est la maternité, c'est la vie, entourée de ses gloires et de ses œuvres! — *Lève-toi et marche!* Ah! Dieu! la divine parole! — Mais ce qui est mieux, c'est de dire au nouveau-né : — O mon enfant, sorti de mon sein maternel! O parcelle sacrée de mon âme! Voici mon sein, prends et bois! Sois vivant, enfant d'une mère vivante! Marche devant moi, ô mon chef-d'œuvre à l'âme immortelle! Ainsi elle était faite, cette Dorval!

Oui, cette même femme aux accents pathétiques, que nous avons vue apportée, ô misère! par charité, pour ainsi dire, dans cette chapelle où brûlaient à peine quelques cierges fumeux! Oui, cette infortunée, honneur de son art, dont l'humble cercueil, recouvert à regret du drap des pauvres, touchait les dalles de l'église! Oui, cette femme enfouie en toute hâte, et sans un mot d'oraison funèbre, au fond de cette fosse ouverte à regret... en la voyant ainsi traitée, et traînée en silence, cette guerrière de la poésie moderne, je me rappelais, peu à peu, comme dans un songe, les batailles, les victoires, les pompes, les cérémonies, les fêtes, les clameurs, les couronnes! En ce moment je l'ai revue et entendue, cette Adèle d'*Antony* le bâtard. « *Mais qu'ai-je donc fait à cette femme?* » Je l'ai revue aux genoux de l'homme rouge qui passe, cette Marion Delorme, noble enfant de la révolution de 1830, qui a signalé, si dignement, la liberté du théâtre renaissant; je l'ai revue, et je l'entends :

> Au nom de votre Christ, au nom de votre race!
> Grâce! grâce pour eux, Monseigneur!

et je n'entends plus rien! Je n'entends même pas la voix qui répond : *Pas de grâce!* cette voix de la force sans pitié et sans cœur, qui se rencontre au début de toutes les histoires, à la fin de tous les drames! *Pas de grâce!* un cri de la voie Scélérate où l'on passerait, pour aller plus vite, sur le corps de son propre père et sur le cadavre de sa patrie! tant la passion du commandement est irrésistible! — Et ces autres paroles de madame Dorval : — *Est-ce un huguenot? — Être en retard, déjà? — Monseigneur, je ne ris plus!* Non, non, cet humble drap des morts ne nous empêche pas d'entendre et d'admirer cette plainte muette, ces lèvres inanimées, ce regard éteint! Je vous revois aussi, à travers ces planches, clouées du matin et de la veille, vous la Thisbé, et vous la Catarina. — *Il y avait une chanson qu'il chantait!...*

Et j'entends cette douce chanson d'amour, mêlée au *De Profundis!*

> Mon âme à ton cœur s'est donnée....
> Toi l'harmonie et moi la lyre!
> Moi l'arbuste et toi le zéphyre!
> Moi la lèvre et toi le sourire!
> Moi l'amour et toi la beauté!

Était-elle belle et charmante dans cette scène où mademoiselle Mars allait venir! Puis, une fois en présence, étaient-elles, l'une et l'autre, admirables et touchantes, ces deux femmes, ces deux rivales, à travers tant de précipices? — Madame Dorval qui lutte avec mademoiselle Mars, dans un choc électrique de poésie et de passion! Et quand elle a lutté avec mademoiselle Mars, elle la remplace, elle joue à son tour les rôles de mademoiselle Mars, elle s'appelle, elle aussi, *Clotilde* et *dona Sol!* — Elle a dit aussi, avec son entraînement irrésistible, trois drames-tragédies, de M. Casimir Delavigne : *Une Famille au temps de Luther, Marino Faliero, les Enfants d'Édouard.* Pour comble d'audace et de bonheur, quand revint au monde, après *les Burgraves,* la tragédie à la marque ancienne, madame Dorval eut les honneurs de ce tour de force, elle fut *Lucrèce,* elle fut *Agnès de Méranie!* — Bataille éclatante et stérile! Ah! bataille d'Actium!

Et les pitiés du boulevard! Et les terreurs prosaïques! Et le drame du grenier! Et la femme qui manque de pain, d'habits, de feu, de souliers, de linge, de souffle; la malheureuse abandonnée aux tortures de la misère et du désespoir; la femme du *Joueur,* ou Marie-Jeanne, clapotant dans la boue, au sommet de la rue Saint-Jacques, froides demeures de la honte, où la mère va déposer son enfant! Oh! ces plaintes, cette faim, ces rages, ces râles de la nature au désespoir; cet océan de malheurs, dans lequel se plongeait cette malheureuse créature; ces épouvantes qui nous torturaient jusqu'à demander grâce et merci!... C'était pourtant la beauté régnante des brillantes amours d'autrefois, qui s'appelait tantôt la duchesse de Guise, et tantôt Amy Robsart!

Adieu, c'en est fait! la tombe s'est refermée à jamais sur ces drames, l'oubli pèse sur cette renommée, arrêtée avant l'heure!

A peine l'ombre nous reste de cette âme, la cendre de ce flambeau, le souvenir de cette femme « si charmante, si spirituelle, si « pathétique ; si profonde par éclairs, si parfaite toujours ! — Ma« dame Dorval, une des grandes comédiennes de ce temps-ci ! — « Tant de bravos ! tant d'applaudissements et tant de larmes ! Une « foule immense et émerveillée ! »

Qui parle ainsi? C'est le maître, c'est M. Victor Hugo lui-même ! Poëte reconnaissant, il a attaché à ses drames le nom de la grande comédienne qui les a créés avec lui ! Ainsi Phidias écrivait le nom de son disciple sur le petit doigt de son Jupiter !

Hélas ! tout ceci se résume en deux mots : *Il y avait une chanson qu'elle chantait!*...

Madame Dorval avait épousé un des plus aimables et des plus bienveillants esprits de ce temps-ci, M. Merle, un royaliste, mort le jour même du 2 décembre 1851. Celui-là aussi nous l'avons conduit, en très-petit appareil, à son dernier asile. Il y avait à ses obsèques, plus que funèbres, peu d'amis ! peu de confrères ! M. le général Magnan et M. Empis menaient le deuil. M. Merle écrivait, depuis tantôt vingt-cinq ans, le feuilleton de *la Quotidienne*, et dans ce journal, ami des choses bien dites, où l'urbanité est une condition de succès, ce digne ami de M. Michaud donnait l'exemple d'une critique droite, ingénieuse, correcte, un peu froide, un peu dédaigneuse, un peu abandonnée au courant de la plume... et là étaient le mal et la peine de cette critique, digne en effet de nos sympathies et de nos respects.

M. Merle appartenait à ce petit coin d'écrivains de la fin de l'Empire et du commencement de la Restauration qui ont compris, certes, les nouveautés les plus hardies, qui les ont excusées, et qui les ont pardonnées. Les habitudes de leur esprit les poussaient à la résistance, et cependant leur coup d'œil et leur instinct leur faisaient pressentir que ces révolutions du langage, du drame, de la comédie et des beaux-arts auraient leur cours, et produiraient leurs chefs-d'œuvre ! Alors ils applaudissaient en gémissant ; ils se résignaient de bonne grâce, et non pas de gaieté de cœur ! Si donc ils n'ont pas poussé à la roue, ils n'ont pas arrêté ce noble char tout chargé du fardeau sonore de *Marion Delorme*, d'*Antony* et de la *Closerie des Genêts*.

Dans ce petit groupe d'esprits affables et malins, indulgents, et sceptiques, il faut placer, le premier, M. Charles Nodier lui-même; il faisait grand cas de M. Merle, son camarade, et, de tous les esprits environnants, c'était celui avec lequel il avait le plus d'affinité. Ils s'entendaient l'un l'autre à merveille; ils se comprenaient d'un mot, ils s'expliquaient d'un clin d'œil ils obéissaient à la même fantaisie, ils accomplissaient le même rêve, aussi peu ambitieux celui-là que celui-ci, et chacun d'eux bien convaincu de la misère des longues études, de leur supplice dans la vie, et de leur néant à l'heure de la mort. La paresse et le hasard, ils ne savaient rien de mieux en ce bas monde, Merle et Nodier; mais la pauvreté, cette marâtre, les avait condamnés au travail, au plus rude, au plus ingrat de tous les arts : la plume, l'encre et le papier, l'idée et le développement de l'idée, et les mille nécessités de l'écriture de chaque jour! Écrire! ils avaient la chose en horreur..... ils sont morts la plume à la main! et morts si pauvres, en dépit du vœu de cet aimable monsieur qui accusait, l'autre jour, le vieux Pégase de ne plus mener personne à l'hôpital!

Il est vrai que la renommée était venue en aide à Charles Nodier; mais il ne trouvait pas que ce fût une aide! Il comptait pour rien cette consolation qui vient toujours trop tard! Il se mourait; le roi envoya pour avoir de ses nouvelles. — Le roi est bien bon, dit-il....., et il ajouta tout bas : de s'inquiéter d'un pauvre diable comme moi!

Merle, à coup sûr, a été plus malheureux que Nodier sur la fin de ses jours; il avait été plus heureux que lui, au commencement. Le commencement est assez beau en toute chose, oui! La jeunesse et l'espoir vous tendent la main! Tout sourit et tout chante; on porte en soi-même des concerts! Le hasard, pour les jeunes gens, est un Dieu! Le *peut-être* est une fortune! On est riche à si peu de frais! Tout vous tente et vous appelle, et les sentiers viennent à vous, tout jonchés des fleurs de l'églantier au mois de mai, de la mousse tiède en septembre.

Il avait été jeune en son temps, M. Merle, et qui lui eût dit qu'il écrirait, avant de mourir, un feuilleton de vingt ans, celui-là l'eût fait rire, ou pleurer, à son choix. Comme sa plume était bien taillée, et comme son goût était très-sûr, avec un peu de douce gaieté par-dessus tout, il écrivait, jeune homme, en se jouant, sur le coin d'une table encore humide du dernier toast, quelque folie en vingt couplets, et tout de suite il avait, pour donner un corps et presque une âme au *Ci-devant Jeune Homme*, au *Bourgmestre de Saardam*, par exemple, le plus grand comédien de l'Europe, un certain Potier, qui est une ombre aujourd'hui. Merle et Potier, c'était la main et l'outil, le bruit et l'écho, le couplet et le refrain, la demande et la réponse, une comédie en un petit acte, en deux personnes, celui-ci tout prêt à inventer une malice innocente, et celui-là tout prêt à la faire entrer doucement, peu à peu, sans soubresaut et sans violence, dans la tête et dans la gaieté de ce peuple qui l'aimait!

Merle et Potier disaient tout à voix basse, et d'un geste ingénu ils indiquaient, plutôt qu'ils ne soulignaient leur malice; ils étaient deux bons compagnons, très-simples, très-prudents, très-adroits, le comédien beaucoup plus zélé que n'était le poëte. Ils auraient fait, à eux deux, une belle paire de bons plaisants, si l'écrivain avait eu la centième partie du zèle et de l'ardeur de son camarade. Allez-y voir! Une fois que M. Merle avait accouché d'un petit acte, il se frottait les mains, comme s'il venait de mettre au jour l'Encyclopédie et ses démons! Potier, au contraire, il aimait la louange, il voulait voir, être vu, parler, être écouté! L'applaudissement lui plaisait plus que tout le reste. — A quoi bon? disait M. Merle, à demi sommeillant. Il aimait le sommeil, il aimait le repos! Son plus grand travail, c'était d'aller tout droit devant soi. On raconte, une fois, qu'il mit huit jours pour se rendre, à partir du Café des Variétés, au théâtre de la Porte-Saint-Martin, dont il était directeur; et comme il y faisait répéter une pièce de sa composition, il trouva bonnement qu'il était encore arrivé trop tôt.

Il était royaliste, il était né royaliste, il est mort comme il est né; il est mort comme nous mourrons tous, au pied d'une petite Babel que chacun de nous s'est construite à son usage, à sa hauteur, sans se donner la peine d'entreprendre une tâche pour l'avenir. Son cœur était royaliste comme ses cheveux étaient bruns; dans ce dévouement à la même idée, il n'est pas entré, Dieu le sait, une seule espérance qui lui fût personnelle! Il ne s'était pas inquiété de savoir si les princes sont ingrats ou reconnaissants; la chose lui était bien égale... il savait seulement que c'est une honte, pour agir, d'attendre les événements de la fortune ; que la fortune a fait plus de traîtres que l'opinion, et qu'il n'y a pas de plus grande récompense ici-bas : l'estime des honnêtes gens, complétant sa propre estime. Son dévouement était peu bruyant ; très-simple était sa fidélité, et persistante. Il avait une ambition cependant : il se proposait de demander à son roi, quand il serait assis sur le trône de France, une place de concierge à Fontainebleau, à Meudon, quelque part d'où il pût voir, tout à son aise, et sans payer un loyer, des arbres, des eaux et des fleurs. L'infortuné! Sa demande eût été bien simple, et je ne crois pas qu'elle lui eût été accordée. A quoi bon une plume, et qu'est-ce que ça fait aux rois exilés, un écrivain de plus, un écrivain de moins? Saura-t-on même qu'il est mort? Et si on l'apprend par hasard, un geste de pitié, voilà tout ce qu'il obtiendra, ce malheureux, qui ce matin encore n'avait pas de cercueil!

Ce qui m'attriste ici, ce n'est pas la mort de M. Merle, il était mort depuis six ans ; ce n'est pas l'isolement de son agonie et de sa pauvreté, qui est le partage des lettres ; non, il faut de bonne heure savoir être pauvre en l'exercice de cet art difficile ; il faut savoir, à votre premier pas dans la carrière éloquente, choisir entre deux routes parallèles : l'une mène à je ne sais quel bruit confus qui s'appelle la gloire, et l'autre aboutit à l'abîme! D'abord on marche dans la première, on se dit, voyant la seconde : J'en suis bien loin! On se promet de n'y pas tomber. Peu à peu les deux sentiers se rapprochent, jusqu'au moment fatal où la première route arrive, et tombe dans la seconde... Alors vous voilà dans l'abîme! Honte et malheur aux sages qui viennent ensuite, et qui disent d'un œil sec : « Le malheureux et l'imprudent ! il ne voyait donc pas qu'il était dans la route de perdition? » Hélas, il l'a vue, en effet, il l'a vue... il n'était plus temps d'en sortir !

M. Merle a fait comme on fait toujours, il s'est abandonné au fil de l'eau, parce qu'il n'avait plus la force de ramer contre le courant. C'est la loi ! Ce n'est donc pas ce qui m'attriste ! Eh ! je m'attriste, en songeant à tant de choses qu'il a écrites en toute sa vie, et qui sont à jamais perdues. On finira bientôt, demain au plus tard, par ne plus en retrouver une seule, et de tant de volumes sortis, à contre-cœur, de cette main paresseuse, il n'y aura peut-être pas une page, ô néant! qui surnage, afin d'attester aux lecteurs à venir l'activité, la fidélité, le talent, le courage, la loyauté de ce digne homme, et tant de labeurs dont on lui a si peu de gré.

Quoi! nulle récompense, et rien qui surnage de cette tête en travail? Quoi! ces regrets, ces causeries, ces colères, ces gaietés, ces indignations, ces plaidoiries, ces conseils, ces louanges, ces blâmes, toutes ces choses écrites, elles vont disparaître, et de ce bel esprit qui semait les diamants et les fleurs, de cette grâce et de ce sourire, on ne dira plus rien dans l'avenir, on ne saura plus rien! Quoi! c'est en vain qu'il aura été toute sa vie ingénieux et fidèle, studieux et bienveillant, son nom va mourir, à peine répété de temps à autre par des hommes de son espèce, voués comme lui à cet oubli rapide, à cette toile qui tombe, accablante, sur le drame à peine achevé?

Il est mort, c'est fini! Il est mort, tout est dit! Les oiseaux de l'hiver ont dévoré le peu de grain qu'il a semé, l'orage a déraciné ces branches frêles qu'il avait plantées! S'il est heureux, il aura une tombe dont on le chassera dans cinq ans d'ici, heure pour heure, et jour pour jour! Pleurons-le, nous autres, qui avons un peu plus de mémoire que le public! Pleurons-le, ce brave et digne homme, le seul d'entre nous qui n'ait pas soulevé sur ses traces les haines, les colères, les rages de l'amour-propre aux abois! Il touchait à ces plaies d'une main si délicate! Il pansait ces blessures profondes avec tant de charité! Il était si fâché quand, absolument, il était forcé de convenir qu'il n'avait pas découvert un chef-d'œuvre! Ah! le brave et digne homme! Il est mort sans se plaindre; il est mort en chrétien, le cœur tranquille et les mains jointes, au milieu d'une pauvre famille d'artistes qui l'ont entouré, jusqu'à la fin, des soins les plus dévoués et les plus tendres. O notre cher et digne camarade! votre mémoire vivra du moins parmi les hommes qui vous ont vu à l'œuvre, et qui savent à quel point vous avez honoré cette pénible, inquiète et très-ingrate profession!

CONCLUSION.

Quand nous parlons ainsi, il nous semble que nous assistons à nos propres funérailles, et que nous écrivons notre propre oraison funèbre. On a beau faire, et choisir les plus longs sentiers, il faut toujours arriver à cet oubli : silence! abîme! abandon!

Regardez autour de vous! Ces fêtes que nous avons chantées, où sont-elles? Ces poëmes que nous avons racontés aux peuples attentifs, que sont devenus ces poëmes? Ces comédiens fameux, dont le rire ou la douleur étaient l'occupation de la ville et du monde, ils sont à peine un écho! Ces comédiennes, qui marchaient au niveau de toutes les divinités mortelles, les voilà ensevelies sous la ronce, et leur nom même, inscrit naguère sur toutes les murailles, au frontispice de tous les drames, au fronton de tous les temples poétiques, la pluie ou le vent du cimetière l'ont effacé sur leur marbre d'emprunt! Voilà bien la vanité de cet art dramatique, et la vanité de nos histoires. O lamentable accusation de nos labeurs! Juste condamnation *du livre,* quand il parle de ces grandeurs périssables dont le nom disparaît avec le bruit qu'elles ont fait ici-bas : *Memoria eorum periit cum sonitu!*

C'est la loi de nos œuvres frivoles ; nous y perdons tout ce que nous avons de bel esprit, de zèle, de style et d'invention ; notre vie est attachée à cette éphémère ; à peine, en passant, les oisifs y jettent un regard distrait, puis le vent l'emporte, et demain efface aujourd'hui. Donc ne vous étonnez pas que les plus sages, parmi les plus habiles improvisateurs de l'heure présente, abandonnent à la tempête, au vent qui souffle, à l'oubli, ces pages faites pour un meilleur sort ; et cependant, honnêtes gens qui savez lire encore, accordez un regard favorable aux obstinés qui ne veulent pas de cet oubli sans pitié, et qui, voyant disparaître au fond des gouffres les œuvres de chaque instant de leur vie, en retirent du moins une parcelle. Ambitieux qui ne veulent pas mourir tout entiers, et qui, de ces ruines sans récompense, s'efforcent de retirer au moins un souvenir!

Voilà comment, voilà pourquoi j'ai recherché, j'ai retrouvé

dans un travail honnête, assidu, loyal, de trente années, ces six premiers tomes, qui représentent à peine une part de ma pensée et de mon labeur de tous les jours. Dans ces pages légères qu'un souffle emporte, j'ai recherché, non pas ce qui sourit et ce qui brille un instant, mais la part active et sérieuse; à savoir, la profonde admiration des chefs-d'œuvre, et l'intime contentement du critique, lorsque, dans ces jeux et dans ces caprices quotidiens, il rencontre un homme, une œuvre, un poëte, une langue, une forme excellente, une chose heureuse et voisine de l'avenir.

J'ai recherché ce qui doit vivre en ce néant, ce qui mérite un respect au milieu de ces ironies, ce qui ressemble à la gloire au plus fort de ces doutes; j'ai recherché ce qui est la fidélité, l'honneur, le zèle et le dévouement aux anciennes libertés, la reconnaissance au bon vieux roi, à la reine auguste, à la famille illustre que nous avait donné la libérale et glorieuse révolution de Juillet dont nous sommes les enfants.

Certes, le roi sage et prudent, dont l'influence heureuse et bienveillante se retrouve à chaque instant dans l'histoire des belles-lettres, sur lesquelles il a régné sans le savoir, sans le vouloir, il n'avait pas, j'imagine, un penchant bien vif pour les poëtes, pour les romanciers, pour les critiques, pour les beaux esprits de son temps; il ne les lisait guère; à peine il savait leurs noms; l'Académie et la littérature officielle suffisaient, et au delà, aux contentements de Sa Majesté, et je suis bien sûr que le roi est mort sans avoir lu dix pages de M. Victor Hugo, ou deux cents vers de Lamartine; il en était resté, le bon sire, à l'abbé Delille, à J.-B. Rousseau, à madame de Genlis; à son protégé Casimir Delavigne; tout le reste était pour lui lettre close, et pourtant comme il était une intelligence, il obéissait aux volontés de l'opinion publique, il avait choisi ses plus habiles ministres parmi les lettrés que la France avait désignés à son choix : M. Guizot, M. Thiers, M. Villemain, M. Cousin, M. de Salvandy, M. de Rémusat, ministres du roi, M. Victor Hugo, pair de France, s'étaient faits les garants de leurs confrères en deçà de l'Académie, et leur première garantie avait été la liberté d'écrire.

Il a mieux fait que de s'occuper des lettres, il les a laissées libres, ce roi d'une révolution pacifique, et c'est au nom de cette liberté même que les lettres lui seront reconnaissantes. Il n'a fait que cela pour elles ; mais quel bienfait plus inestimable et d'un plus glorieux profit leur pouvait être accordé? Qui que vous soyez, donnez-leur la liberté, voilà toute leur espérance et toute leur ambition : elles vous tiendront quittes de tout le reste. En vain vous nous montrez les louanges que l'empereur Auguste et le roi Louis XIV ont ramassées dans le génie et dans l'inspiration des poëtes de leur siècle, il manque à ces louanges, à ces poëmes, à ces adorations, la spontanéité de l'écrivain. A force de génie, il est vrai, leur louange est éternelle, mais la postérité ne saurait séparer cette louange des récompenses du prince. On sait le prix de ces dédicaces ; les poëtes eux-mêmes s'en sont vantés. Horace et Virgile, Despréaux, Molière et Racine, ils se faisaient une gloire étrange de ces bienfaits.

Au contraire, il semble que ce soit une louange à dire au roi de Juillet, que si les belles-lettres l'ont pleuré et le célèbrent avec des regrets sincères et des larmes pieuses, c'est d'une façon désintéressée ; il n'a fait, pour les lettrés de son temps, que ce qu'il a fait pour tous les sujets de son royaume : il ne leur a donné rien de plus que la liberté, mais c'est un miracle encourageant pour les princes à venir que les lettrés de ce doux règne aient gardé un souvenir beaucoup plus vif de leur prince mort en exil, que tous les pensionnaires du roi Louis XIV se souvenant de leurs pensions et des *encouragements* du roi.

Cependant, nous arrêtons ici, à ce *tome VI*, à ce fragment, ce travail cruel, qui nous ramenait sans cesse aux belles années, aux grands artistes, aux amours, aux fêtes, aux romans, aux poëtes que nous pleurons. O jeunesse! ô force! inspirations! poésies! liberté d'autrefois! Même la génération des hommes qui nous lisaient, qui nous aimaient, qui nous protégeaient de leur souffle et de leurs regards, qu'en a-t-on fait? que sont-ils devenus? quelles mains désormais nous seront tendues, quelles voix consolantes se feront entendre à nos oreilles, à nos esprits, à nos cœurs? Tout est mort pour nous, tout se tait pour nos œuvres. Les pères sont morts ; les enfants ignorent, se taisent, rêvent, ou s'endorment. Le passé... le néant! Et je m'étonne, en ce moment, que tant de choses de ces pages éteintes aient vu le jour!

— Six tomes de *la Littérature dramatique!* Y pensez-vous? Qui les a lus?... Qui les lira?

De tous ces hommes de la révolution de Juillet dont je raconte ici les passions, les romans, les drames, les histoires, de ces princes exilés, de ces nobles déshérités d'une couronne éclatante entre toutes, je n'en ai pas encore entendu un seul, un seul, qui ait témoigné de sa sympathie et de sa reconnaissance méritée, pour un livre où respire, en ses plus profondes cachettes, le sens même de ces grandes journées qui ont produit, définitivement, tant de belles œuvres! Ingrats pour qui les sauve, et maintient leur souvenir dans ce courant littéraire qui emporte, en sa bourbe, en son flot limpide, avec des bruits qui glorifient, et des silences qui tuent, les hommes, leurs œuvres et leur mémoire! Ils ne savent plus lire; ils ne lisent plus; ils laissent aux nouveaux venus l'inquiétude et le souci de l'histoire passée, et si par hasard vous leur parlez des œuvres qu'ils ont accomplies, ou tout au moins applaudies, ils vous regardent, étonnés d'eux-mêmes; on dirait que vous leur parlez des hommes d'un autre règne, et des événements d'une autre époque.

Tant pis pour qui s'abandonne, et tant mieux pour qui fait son devoir, même avec la certitude injurieuse que pas un ne le saura de ceux qui, les premiers, devraient le savoir. Si donc j'arrête à ces six tomes une œuvre qui en comportera bien davantage, il ne faut pas s'en prendre au découragement de l'écrivain; l'écrivain est plein d'espérance et plein de force; il croit au temps présent comme au passé; il connaît bien les sentiers dans lesquels il marche, et il savait à quelles landes stériles ces sentiers devaient conduire. Il sait aussi qu'en toute espèce de pensée et d'action, il ne faut pas abuser de la patience et de l'intérêt du lecteur. Le lecteur a peur des longs ouvrages; vous aurez beau lui dire: Encore un jour, une heure encore!... aussitôt qu'il s'est promis de s'arrêter, il s'arrête, et puis si vous voulez marcher, marchez tout seul!

Enfin, sur ce tome *sixième et dernier*, que mon lecteur se repose, et plus tard, si véritablement il a trouvé que nous avons convenablement parlé des choses qu'il aime, et s'il remarque enfin que pas une réclamation, pas une plainte ne s'élève, et ne s'élèvera de toutes ces pages, empreintes de la vanité, des gloires et des misères contemporaines, et qu'ainsi ces jugements sont du moins acceptés pour leur clémence, leur justice et leur sincérité, peut-être alors qu'il nous sera permis d'ajouter à notre œuvre et de la compléter.

Chose étrange, au moment où presque toujours je ne sais quelle intime joie, abondante en promesses, en sourires, saisit l'écrivain qui vient de terminer un livre, au moment solennel du *non omnis moriar*, ou tout au moins du *plaudite cives!* Quand le plus humble et le plus petit écrivain, voyant enfin son livre accompli, après tant d'années et tant de jours, se loue et se remercie au fond de l'âme d'avoir résisté si longtemps à la paresse, à la fatigue, à l'ennui, aux tentations mauvaises, lorsqu'il se rend cette justice à lui-même qu'il n'a rien négligé pour le digne accomplissement de sa tâche, et qu'il y met tout ce qu'il y pouvait mettre... un profond sentiment de peine et de regret s'empare en ce moment de mon esprit en proie au doute, et j'ai dit presque au désespoir.

Ah Dieu! quel livre ai-je fait, comparé au livre éclatant que j'avais rêvé? Où sont les actions de grâces, où sont les apothéoses que je m'étais promis en commençant ce résumé de mes peines, de mes espérances, de mes souvenirs? Combien échappent au châtiment! Combien n'ont pas encore obtenu toutes les louanges auxquelles avait droit leur génie? Et que de travail encore avant de compléter ce résumé de trente années de luttes, d'espérance, de déceptions!

FIN DU TOME SIXIÈME ET DERNIER.

TABLE DES MATIÈRES

I.

Que la curiosité et l'intérêt se portent de préférence aux œuvres du théâtre. — Histoire d'une traduction de Pindare. — Le chanteur Magnès et le roi Gigès. — Naissance miraculeuse de la critique romaine et du feuilleton romain. — Histoire de la *Littérature dramatique* par le roi Juba. — Esope et Roscius. — L'anneau de Scylla. — La comédienne appartient aux temps modernes. — La danseuse Eucharis. — Le docteur Féria et mademoiselle Duthé. — Le comédien au XVIIe siècle. — Les trois Crispins. — Les comédiens errants. — Les *rentrées*. — Tiercelin. — Perlet. — Les vieilles comédiennes : Mademoiselle Duchesnois. — Mademoiselle Clairon. — Mademoiselle Montansier. — Racine et la Champmeslé. — La Raisin et M. le Dauphin. — Térence expliqué par Bossuet. — Mademoiselle Mante et l'embonpoint. — *La Belle Fermière*. — *Pertinax*. — *Le Devin du Village*. — Hymne à la jeunesse. — La première ride. — Un cheveu blanc. — Les diverses conditions de Dorine. — Les splendeurs du bon critique Étienne Becquet. *Pages*................ 1 à 56

II.

La débutante. — Le directeur de théâtre. — Les coulisses. — La défaite et le succès. *Pages*............................... 56 à 68

III

Madame Siddons. — Qu'il faut porter un grand respect au public. — Les vieux comédiens. — Les vieilles comédiennes. — La jeunesse et la femme de quarante ans. — *La duègne*. — La duègne dans la tragédie antique. — Hécube. — La nourrice. — Arsinoé. — Philaminte. — Bélise. — Histoire d'une duègne de la Porte-Saint-Martin, d'un jeune avocat et du roi Louis-Philippe. — *La répétition générale.* — Le metteur en scène. — Le machiniste. — Le chef des accessoires. — Le comparse et la décoration. — Le chef d'orchestre. *Pages*................... 68 à 94

IV.

Les martyrs de la comédie. — Le souffleur. — Le foyer des comédiens. — Jean Ballandrouxe et son âne. *Pages*................. 94 à 106

V.

Le claqueur. — M. Sauton. — Le comédien aux premiers jours de théâtre. — Le *Saint-Genest* de Rotrou. — Les comédiens de *Hamlet.* — Histoire de Lelio, le comédien, par George Sand. — Le château des Désertes. — *Rosambeau, ou les mémoires d'un comédien.* — Madame Saint-Aubin. — Les crimes du chanteur Ramel. — Mort de madame Faye au théâtre d'Avignon. — Le prince comédien. *Pages*........ 106 à 142

VI.

La peau du comédien. — Testament du vieux comédien Jean-Frédéric-Lessering de Francfort-sur-le-Mein. — Qu'il faut être indulgent et facile aux grands artistes. — Van Amburg dévoré par son tigre.
Pages..... 142 à 152

VII.

Ici commence la vie et la mort de madame Dorval. — Ses débuts. — Ses premiers rôles. — *Paméla.* — *Werther.* — *La Cabane de Moulinard.* — *Les deux Forçats.* — Madame Dorval reconnue une comédienne. — Collision du drame moderne et de la nouvelle école dramatique. — Apparition de Frédéric Lemaître. — La même âme en deux corps. — *Ruy-Blas* et *Robert Macaire.* — Macaire et Bertrand. — *L'auberge des Adrets.* — Qu'il ne faut pas jouer avec le théâtre des peuples. *Pages*.. 152 à 166

VIII.

Ruy-Blas. — *Le Joueur.* — *Faust.* — *Lucrèce Borgia.* — *Don César de Bazan.* — *Kean* et Frédéric Lemaître. *Pages*............... 166 à 185

IX.

Paillasse. — Le Bohémien de Béranger. *Pages*......... 185 à 189

X.

Marie Tudor. — Madame Dorval dans le rôle de Jane. — La Thisbé. — Mademoiselle Mars. — Mademoiselle Mars et madame Dorval dans le même rôle. — Les grandes soirées. — *Hernani.* — *Lucrèce Borgia.* — *Le Roi s'amuse.* — Shakspeare et M. Victor Hugo. — La catastrophe de *Marie Tudor.* — Le supplice de l'incendiaire Rhamke. — *Chatterton.* — M. Alfred de Vigny. — La misère des poëtes est une part de leur gloire. — Madame Dorval dans le rôle de Kitty Bell. — La biographie de Chatterton. — Chatterton insulteur public. — Les petits inconvénients de la diffamation. — *Phèdre* et madame Dorval. — La *Phèdre* de Pradon. — La tragédie et madame Dorval. *Pages*......... 189 à 228

XI.

La tragédie et la littérature de l'empire; les poëtes de l'empire. — *Les classiques* de 1810. — Les poëtes de 1830. — *Le décret de Moscou.* — Acte de société des comédiens du Théâtre-Français. — *Germanicus.* — *Artaxercès.* — *Sylla.* — *Ninus II.* — Une première représentation. — M. Alexandre Dumas. — L'improvisation et les improvisateurs. — Les drames et les romans. — La collaboration. — M. Scribe et ses collaborateurs. — *Henri III et sa Cour.* — *Antigone.* — *Lacenaire.*
Pages... 228 à 269

XI (*suite.*)

Les funérailles. — Madame Malibran. — Mademoiselle Sontag. — Une inscription pour le tombeau de mademoiselle Rachel. — Jenny Colon. — MM. Smithson. — *En note* la croix d'honneur de Talma. — Mademoiselle Flore. — La vieillesse des comédiennes. — Achille Ricourt, ou le prodigue de son esprit. — Les projets d'un rêveur. — M. Alexandre Dumas et la causerie en plein vent. — *Les trois Mousquetaires.* — *Don Juan de Marana* analysé et commenté par M. Loeve Weymar. — On prend son bien où on le trouve... quand on a du bien. — *Paul Jones.* — *Mademoiselle de Belle-Isle.* — M. le duc de Richelieu. — *Louise Bernard.* — Parallèle entre MM. Casimir Delavigne, Victor Hugo et Alexandre

Dumas. — *L'Alchimiste.* — *Tom ou Paul le Corsaire.* — *Halifax.* — *Les Crimes célèbres.* — *Catherine Howard.* — *Richard d'Arlington.* — Le Bourreau de Stockholm. — Le dernier supplicié à Genève. *Pages* 269 à 331

XII.

Une soirée mémorable au Théâtre-Italien. — Shylock joué par Kean. — La première inspiration de l'art dramatique moderne.
Pages 331 à 342

XIII.

Les dernières années, les derniers travaux et les derniers malheurs de madame Dorval. — *Marie-Jeanne.* — La mort de madame Dorval, racontée par madame Victor Hugo. — *Lucrèce.* — *Agnès de Méranie.* — M. Merle, le mari de madame Dorval. — Conclusion. — Pas de récompenses, et l'oubli définitif. *Pages*.................... 342 et suiv.

PARIS. — IMPRIMERIE DE J. CLAYE, RUE SAINT-BENOIT, 7.

www.ingramcontent.com/pod-product-compliance
Lightning Source LLC
Chambersburg PA
CBHW060600170426
43201CB00009B/840